Harald Becker
Lauter Linien

mjbEDV

Das Buch
Lauter Linien: Bei äußerster Reduktion der Mittel führt Harald Becker mit der vorliegenden Auswahl von mehr als 230 Skizzen und Zeichnungen aus den Jahren 1995-2003 in eine überreiche Welt an Formen und Gestalten, Themen und Techniken. Lapidares steht neben Filigranem, Angedeutetes neben Ausgearbeitetem, vor allem aber Schwarz auf Weiß. Vom imaginären Comic bis zur klassisch anmutenden Aktstudie reicht die Palette; groteske technische Konstruktionen finden sich ebenso wie Szenen aus dem Alltag, nicht selten satirisch verfremdet und immer voller Leben. Zusammen mit dem sehr persönlich gehaltenen Einführungstext ermöglicht dieser pralle Bilderbogen einen Blick in die Werkstatt; ein Blick, der an sich Vergnügen bereitet, der aber auch einen bis dahin wenig bekannten Zugang zu den meist farbkräftigen und großformatigen Gemälden des Künstlers eröffnet.

Der Autor
Der Maler Harald Becker, Jahrgang 1940, ist Professor für Gestaltungslehre und Experimentelles Gestalten an der Fachhochschule Dortmund. Ausgebildet bei Harry Kögler an der Hochschule für bildende Künste Berlin, hat er sich durch zahllose Ausstellungen im In- und Ausland einen Namen gemacht. Harald Becker lebt und arbeitet in der ehemaligen Schule in Waltringen, am Nordrand des Ruhrtals im Kreis Soest.

Mehr zu Harald Becker finden Sie im Internet unter
http://www.becker-kunst.de/

Harald Becker

Lauter Linien

Skizzen 1995-2003

mjbEDV, Werl

Bibliografische Information Der Deutschen Bibliothek
Die Deutsche Bibliothek verzeichnet diese Publikation in der Deutschen
Nationalbibliografie; detaillierte bibliografische Daten sind im Internet
über http://dnb.ddb.de abrufbar.

Bibliographic information published by Die Deutsche Bibliothek
Die Deutsche Bibliothek lists this publication in the Deutsche Nationalbibliografie; detailed bibliographic data are available in the Internet at
http://dnb.ddb.de.

Information bibliographique de Die Deutsche Bibliothek
Die Deutsche Bibliothek a répertorié cette publication dans la Deutsche
Nationalbibliografie; les données bibliographiques détaillées peuvent être
consultées sur Internet à l'adresse http://dnb.ddb.de.

Harald Becker: Lauter Linien. Skizzen 1995-2003

ISBN 3-935198-03-5

© 2003 mjbEDV, Multimedia-Agentur & Verlag Manfred Joh. Böhlen, Werl
http://www.mjbedv.de/verlag

Alle Rechte vorbehalten.

Das Werk ist urheberrechtlich geschützt. Nachdruck, elektronische Verwertung und Entnahme von Abbildungen oder Texten nur mit schriftlicher Genehmigung des Verlags.

Titel, Satz und Layout: mjbEDV, Werl

Herstellung: Books on Demand GmbH, Norderstedt

Inhaltsverzeichnis

7   Lauter Linien, Vorwort

11   Skzizzen 1995-2003

247   Biographie Harald Becker

248   Anmerkungen zur Edition

Lauter Linien

> Laß die Moleküle rasen,
> was sie auch zusammenknobeln!
> Laß das Tüfteln, laß das Hobeln,
> heilig halte die Ekstasen!
>
> *Christian Morgenstern*

Die Augen schließen, an etwas denken, und los (kritzeln, schreiben, stricheln). Der Punkt bewegt sich. Die Linie entsteht.

Mit den Augen zeichnen.

Der Bogen Papier: Briefpapier, Kopierpapier, Zeichenpapier. Das Schreibgerät und Zeichengerät: Bleistift, Graphitstift, Füllfeder, Kugelschreiber, Gelschreiber, Filzstift.

Farben keine, nur Schwarz und Weiß; weißes Papier und schwarze Linien, selten Schraffuren, aber Linien, Linien, Linien.

Aus Linien werden Umrisse, Umrisse von Menschen, Tieren, Pflanzen, Dingen. Durcheinander, übereinander, miteinander, nebeneinander, voreinander, hintereinander, verschlungen, auseinander, rechts, links.

Vollkritzeln von Büchern, Zeitschriften, Rechnungszetteln, Telefonnotizblöcken, Zeitungsrändern, Einkaufszetteln, Einladungen, Anzeigen, Vorderseiten, Rückseiten.

Der weiße Bogen Papier, da ist noch nichts. Das Blatt läßt sich drehen: Hochformat oder Querformat?

Und nun: Apparate in Landschaften, auf Wiesen, auf Äckern. Figuren und Tiere? Figuren in Bewegung? Fahrzeuge? Linien, Umrisse, Strukturen? Oben und Unten. Stehen, liegen, sitzen, knien, gehen, schreiten, wandern, laufen, rennen, stürzen.

Der Stift wird in Bewegung gesetzt. Erst ist da gar nichts, dann ein Männchen, nein doch kein Männchen, sondern ein Ding, es ist ein Fahrzeug; der Stift hastet weiter, nun sitzt einer drin im Vehikel, und nun sitzt einer auch oben drauf. Der ist ja nackt, warum das? Igittigitt! Einer liegt auch drunter, die Beine lugen noch hervor. Daneben steht einer auf dem Kopf, ein andrer steht dreibeinig da, eine Frau ist auch dazugekommen: schön rund und drall, aber ohne Füße, statt dessen mit Rollen. Fertig! Nun ein neues Blatt. Dann wieder ein Blatt und noch eins und noch eins. Das macht Spaß. Ist das etwa Kunst? Oder wirres Reden mit dem Stift. Lautloses Reden, Relikte von Träumen, kreuz und quer, Zeichnen oder Kritzeln oder beides oder gar nichts. Am besten wegschmeißen, Papierkorb.

Ich sitze im Restaurant. Papier, Kugelschreiber, Essen und Trinken. Der Mensch ist, was er ißt. Großes Eisbein: dicker Mann; Bockwurst mit Kartoffelsalat: dünne Frau. Trinken, die Gläser fliegen durch die Luft, einer übergibt sich. Nur auf dem Papier! Ein zweiter auch noch. Vor wenigen Minuten war das alles noch nicht da.

Fußball: Bälle, Arme, Beine und Köpfe fliegen durch die Gegend. Wir glauben nicht an Spuk und Geister, Borussia wird Deutscher Meister! Werder vor, noch ein Tor!

Sich trimmen: Armbeuge, Kniebeuge. Tolle Geräte, Schwitzen: Was für Muskeln!

Manche Linien sind gar nichts, nur Linien. Oder ist da vielleicht doch etwas? Länger hingucken? Könnte ein Tier sein: Hund, Schwein, Vogel oder gar ein Engel.

Ein großes Vergnügen, mit dem Gelschreiber hin und herzufahren, nicht abzusetzen, in einem Zug immer weiter, mal gerade, mal kurvig und nun Schluß: ein neues Blatt! Wie einfach, nur Papier und Stift. Keine Farbe, keine Leinwand, keine Kamera, kein Computer, keine Theorien, kaum Nachdenken.

Nicht nur in der Psychiatrie zeichnen und malen die Irren wie verrückt!

Ganz ohne Konzentration geht es nicht. Manchmal ist es sogar anstrengend und mühsam. Groß ist die Auswahl an Zeicheninstrumenten mit ihren vielfältigen Strichstärken, und für die Plazierung des ersten Ansatzes als linearem Ausgangspunkt auf dem Papier gibt es unendlich viele Möglichkeiten. Dann stellt sich die Frage nach dem Weiter, und es entwickeln sich Regeln, auch Zwänge. Welche Formen? Gerade, runde, eckige? Welche Themen? Z.B. Mann mit zwei Koffern? Oder Mann mit Hose? Natur in Töpfen? Schweine auf Podesten? Hunde aus Dortmund? Abstürzender Ikarus? Das Formlose formt sich und wird sichtbar. Oder eben doch *nur* Formen aus Linien, aus vielen Linien, aus wenig Linien.

Kurze gerade Linien (Striche), lange gerade Linien (Striche), kurze gebogene Linien, lange gebogene Linien, unendliche Linien, eine Linie, zwei Linien, viele Linien, Doppellinien, Dreifachlinien, Überschneidungen, keine Linien.

Stop, umfallen, liegen, verschwinden unter vielen Strichen, wieder hervorkommen, weitermachen, anfangen, aufhören, wieder anfangen, korrigieren mit Tipp-Ex, weiterzeichnen, wegschmeißen.

Eine Kuh(?) steht auf dem Blatt mit pechschwarzen Tuscheflecken. Linien *und* Flächen ergeben KUH (und was für eine). Zweites Blatt: zwei Kühe!

Sich duschen, stehen und sich bücken; mal einer, mal zwei unter einer Dusche. Ein Wassertropfen; ganz viel Wasser; der letzte Wassertropfen. Dame wäscht Herrn den Rücken, Herr wäscht sich selbst den Rücken, Paar mit Waschlappen, Kamm und Zahnbürste.

Dralle Frau, nackt, saugt Staub. Der Staubsauger, was für ein Ding! Sehr erotisch. Der Teppich ist nicht so wichtig.

Was ist eine nutzvolle Zeichnung? Was ist eine nutzlose Zeichnung? Sind Picassos oder Klees Zeichnungen nutzlose? Wenn nicht, was ist der Nutzen?

Immer zeichnen mit den Augen, oft zeichnen mit dem Stift. Eine Auswahl treffen. Messen, abwägen, vergleichen, vergrößern, verkleinern, umdrehen, doppelt umranden, eine Figur betonen, eine andere wegstreichen. Was entsteht? Das Paradies, die Hölle: im Tollhaus, im Schwimmbad, im Wald, auf der Wiese, in der Luft; schwimmen, fliegen, reiten, Auto fahren, Fahrrad fahren, rollern, gehen.

Die Linie kann sich das Sichtbare und Wiedererkennbare neu erschaffen, die Linie kann auch das Nichtsichtbare, das Gehörte, das Empfundene zum Ausdruck bringen: Musik, Klänge, Rhythmus, Ruhe, Bewegung, Stimmungen, Wut, Angst, Verzweiflung, Freude, Diskussionen, Streit.

Sehen, hören, lesen und krakeln, krickeln, kritzeln, schreiben, zeichnen.

Wozu noch weitere Kommentare?

Harald Becker, November 2003

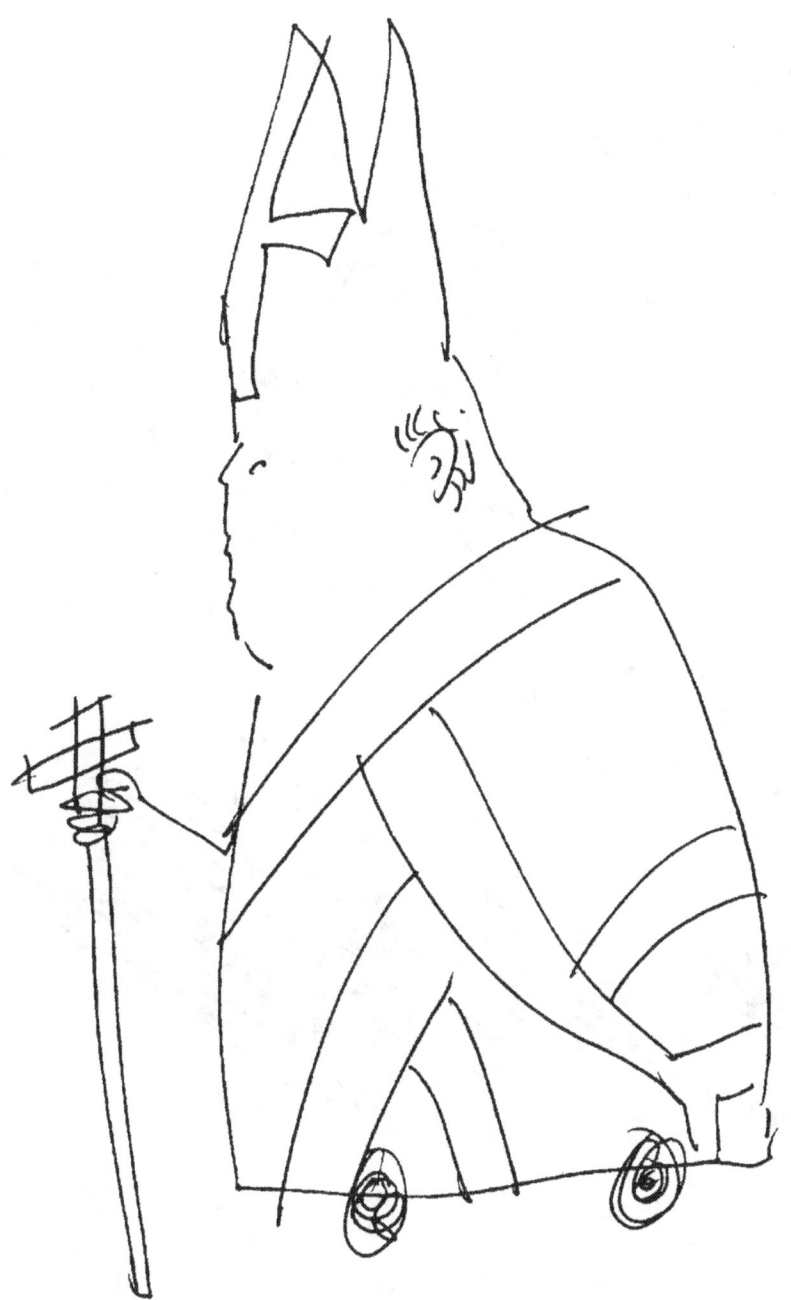

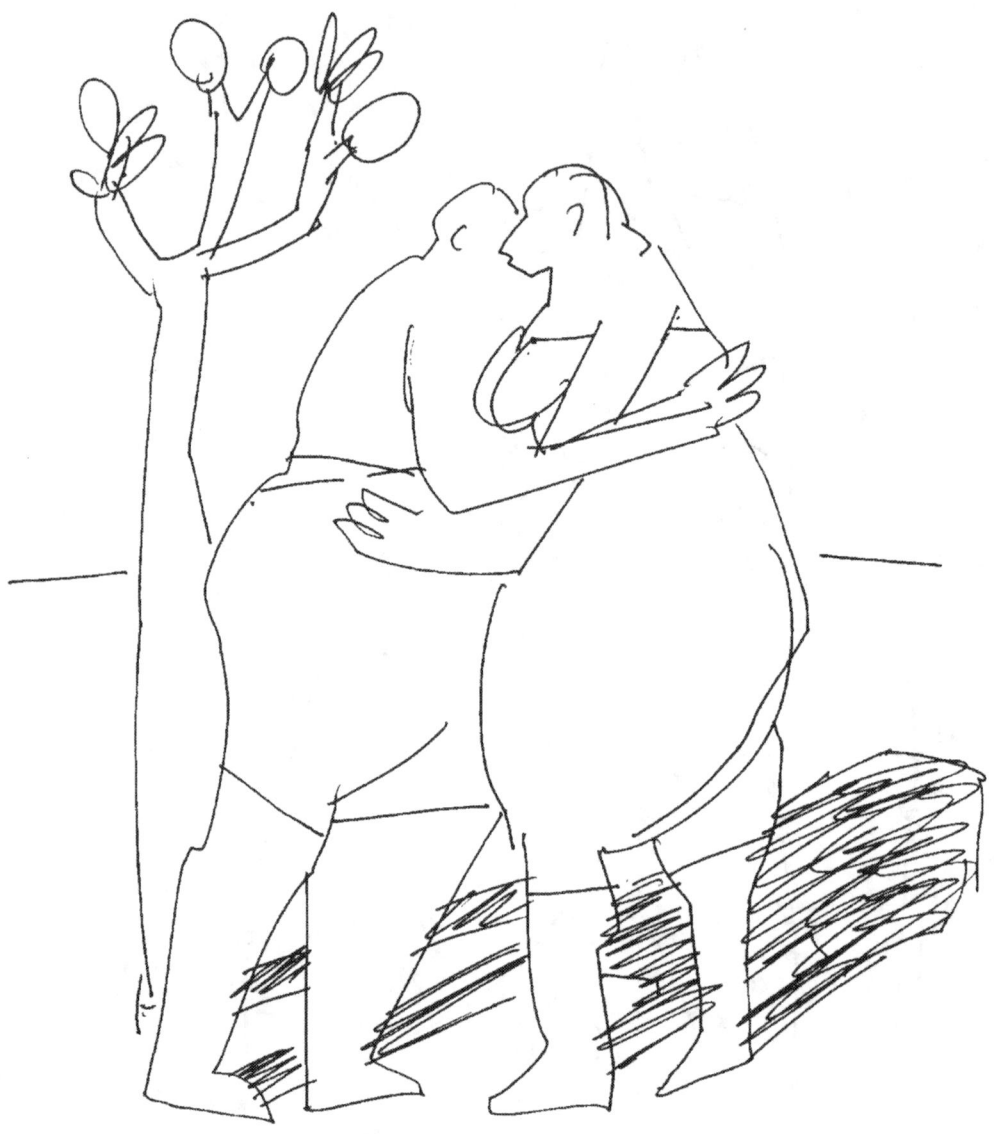

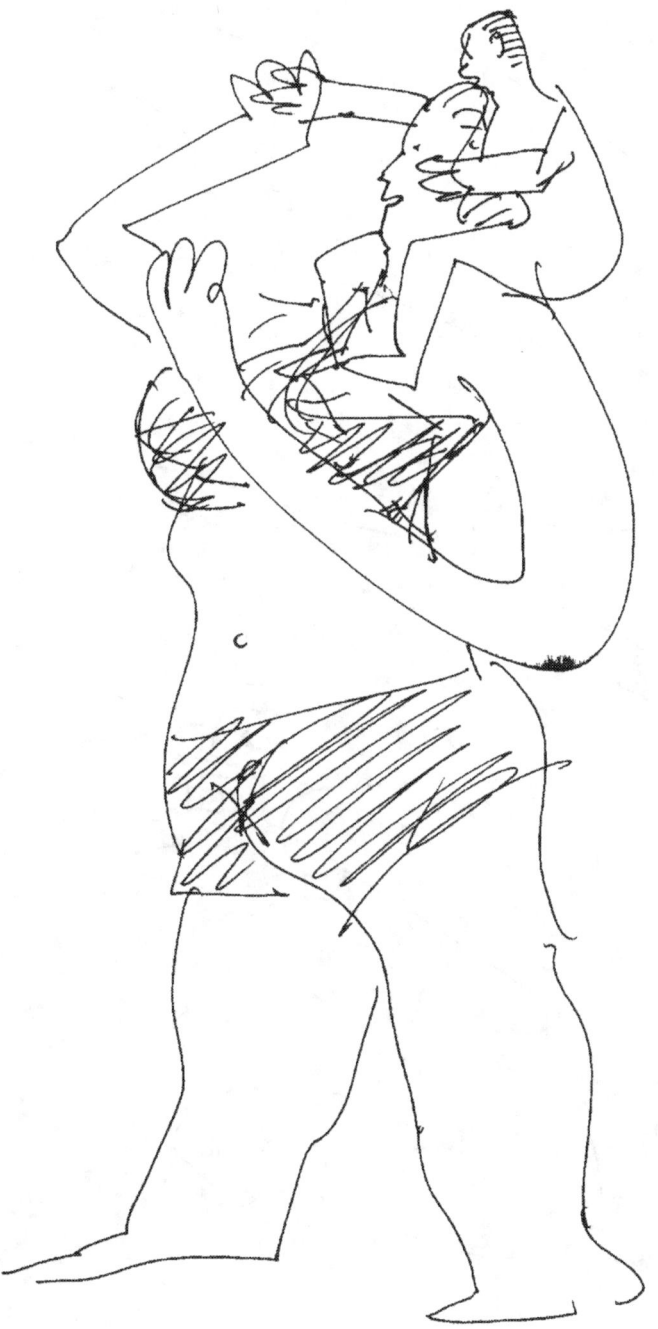

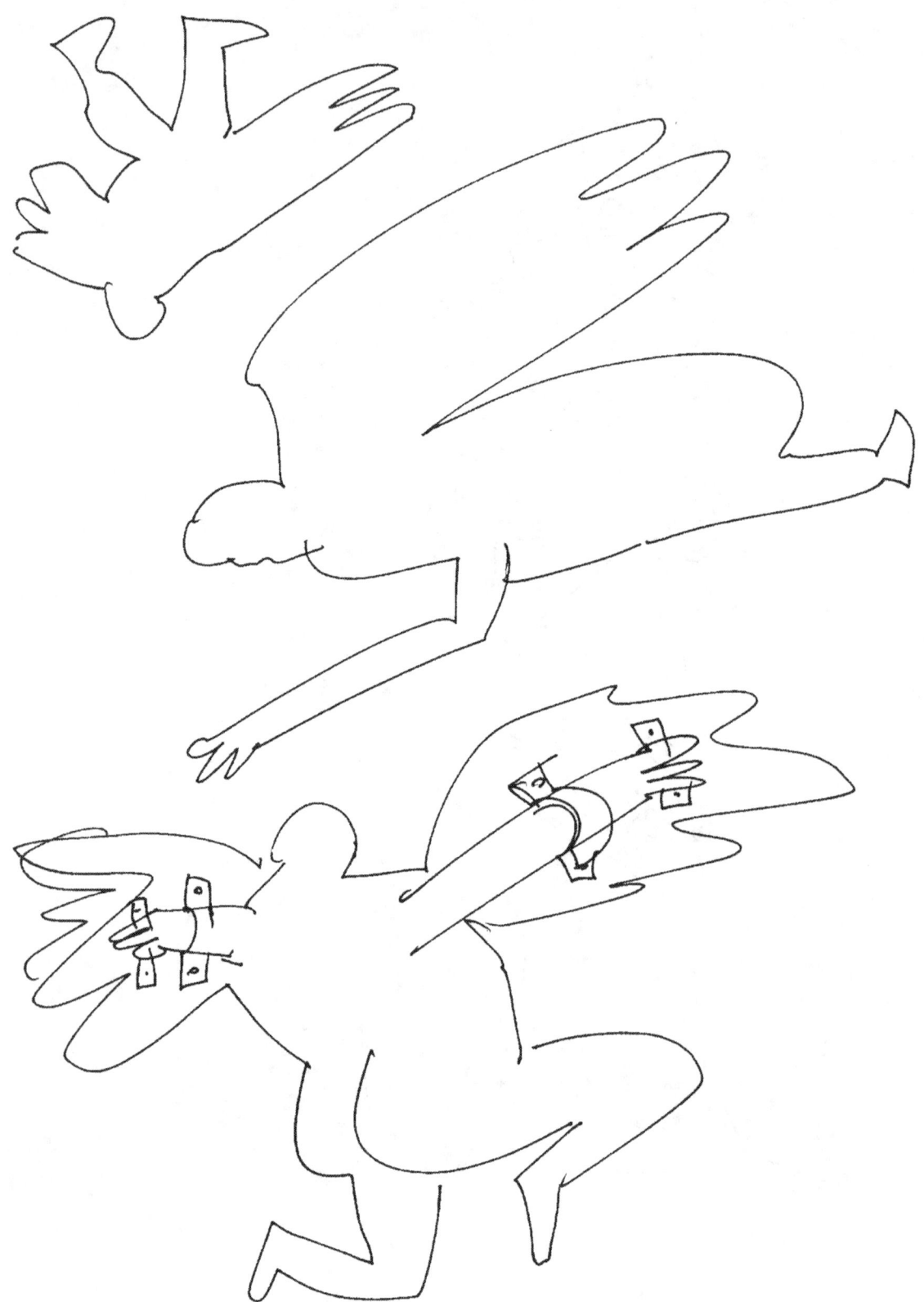

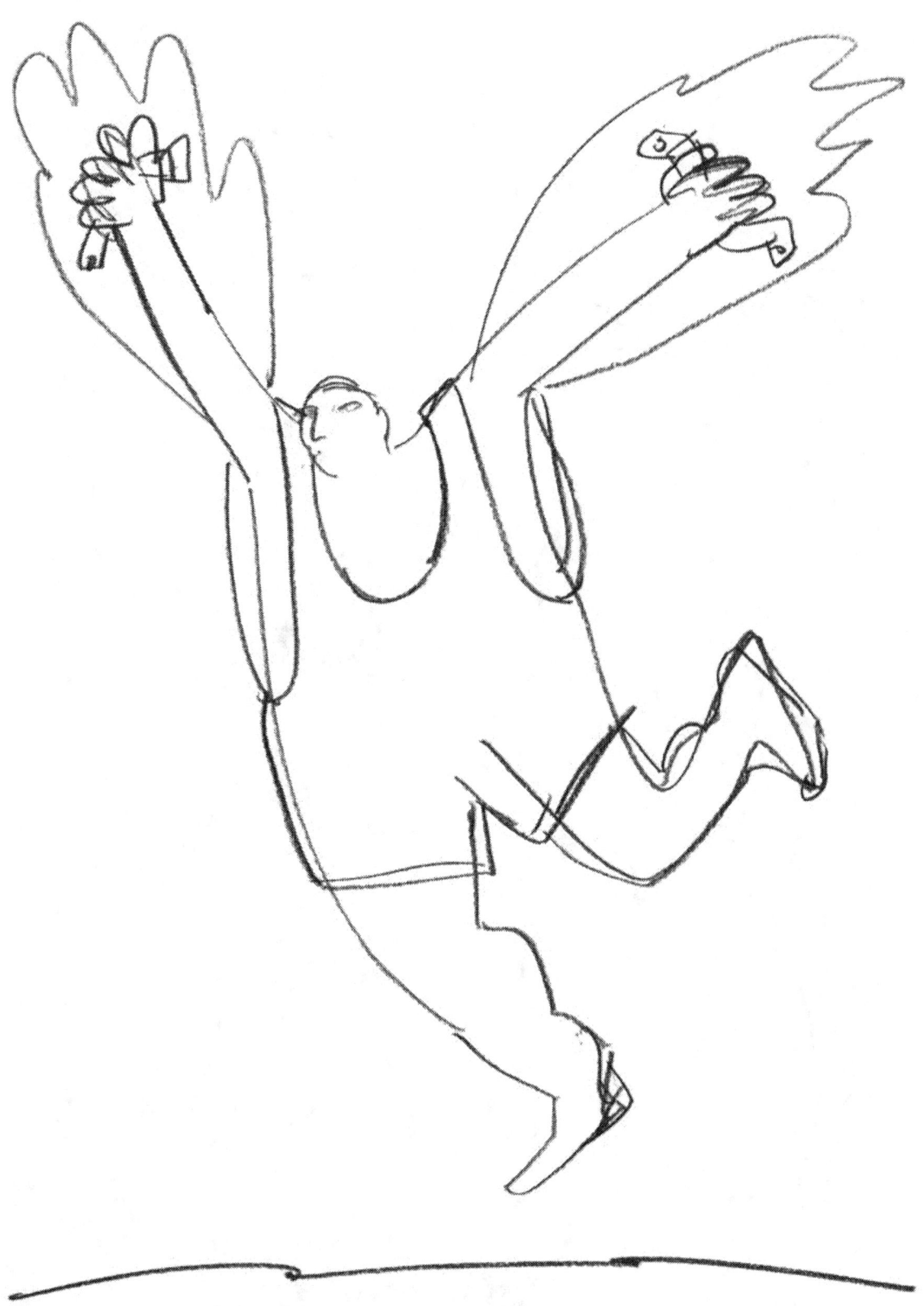

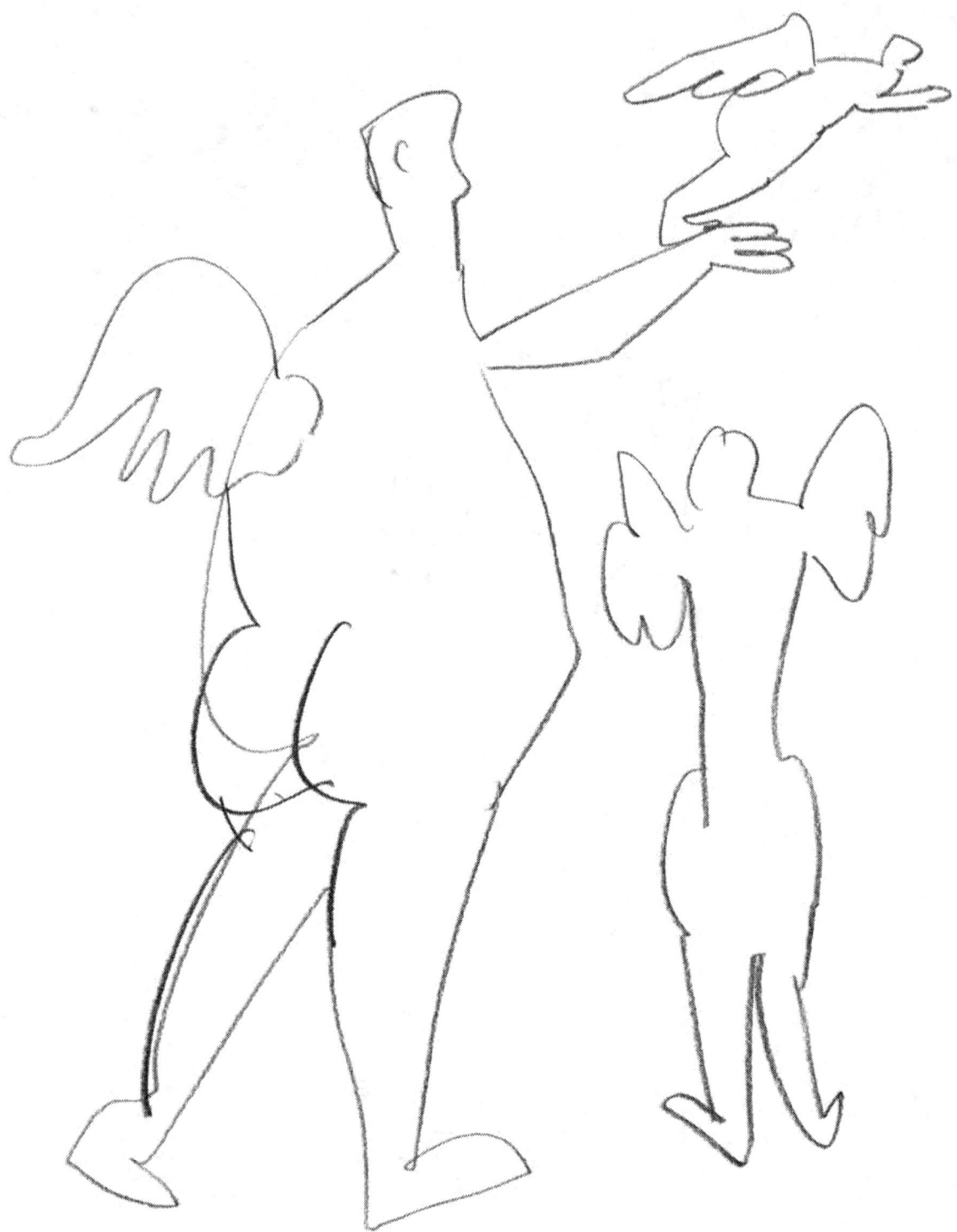

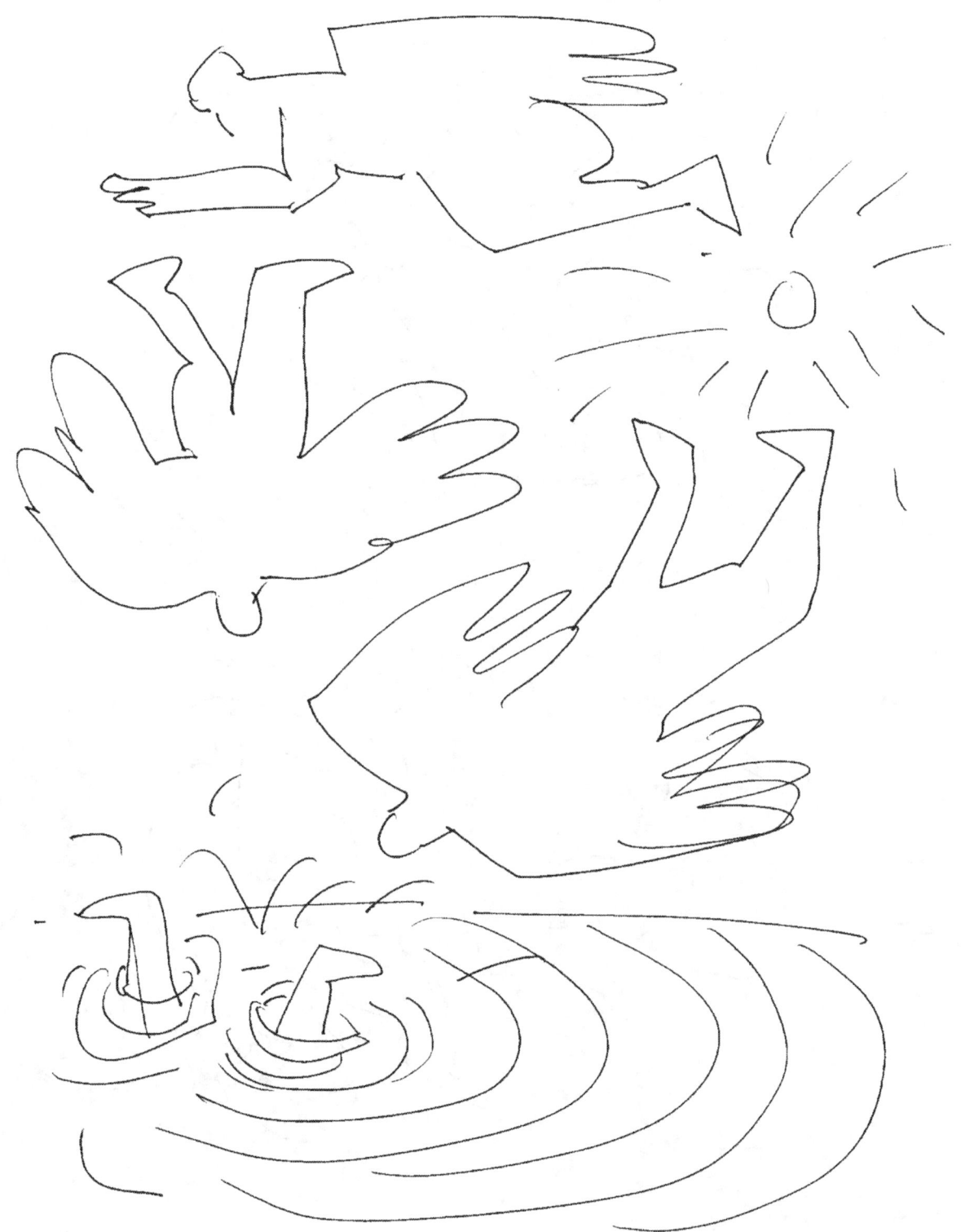

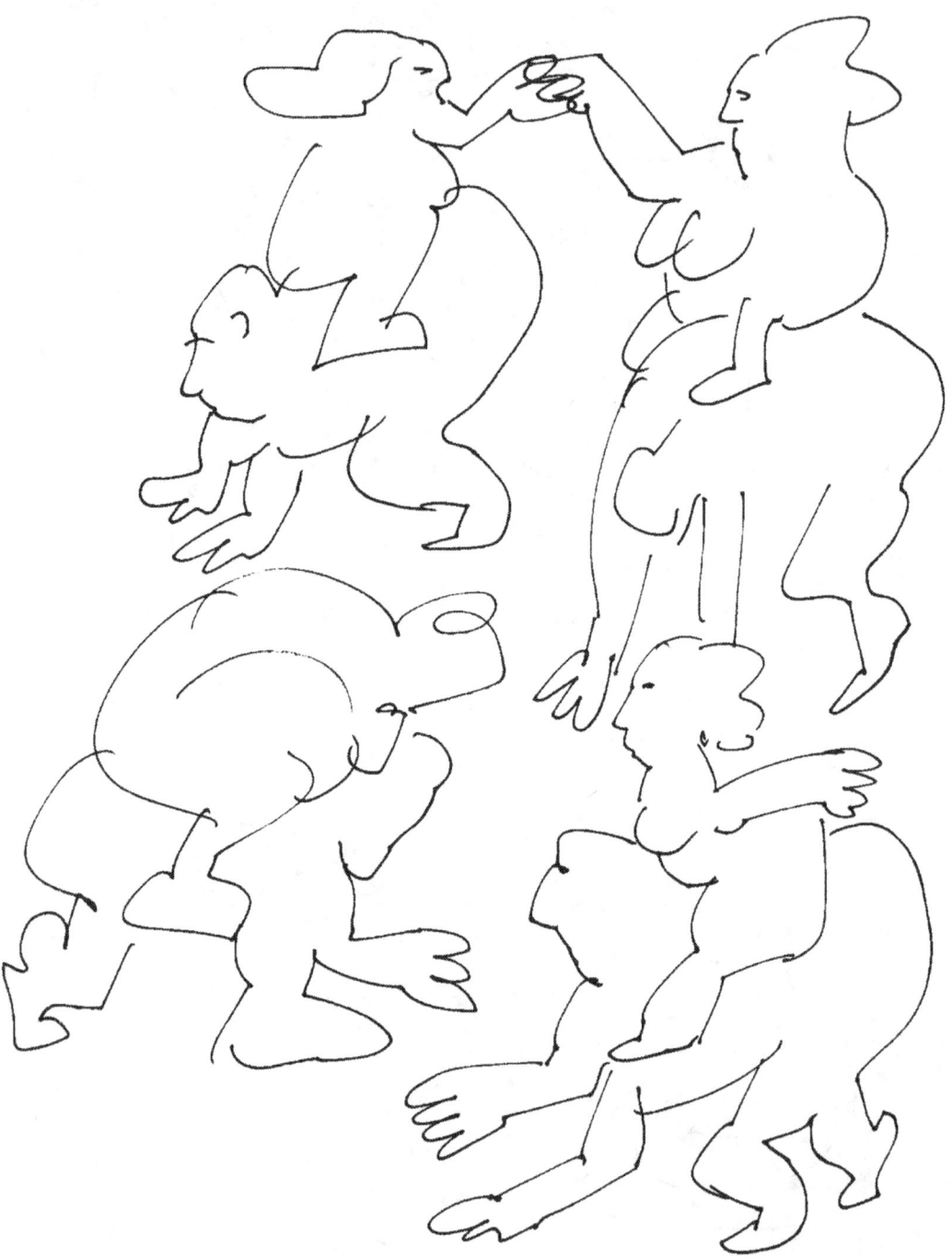

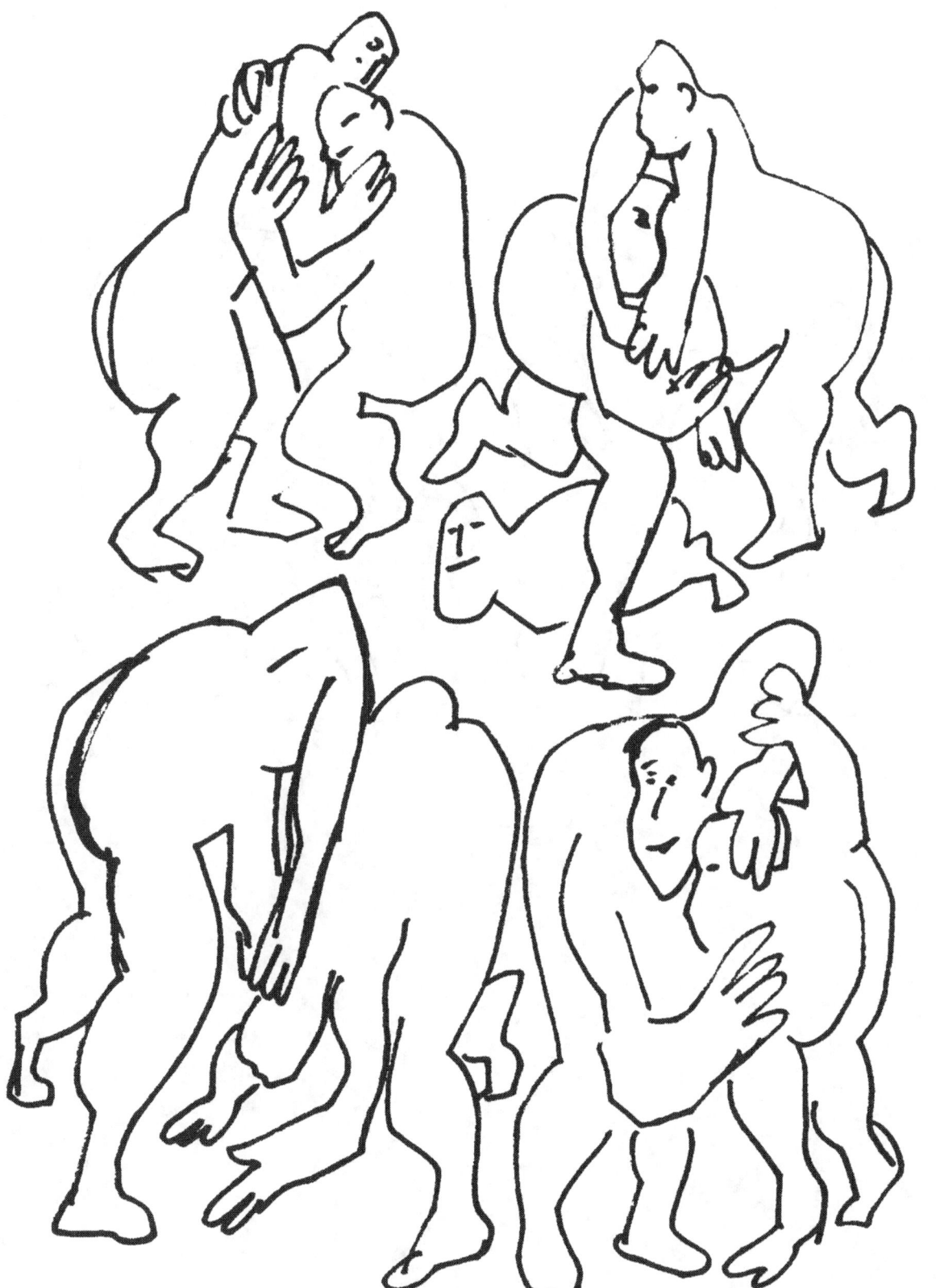

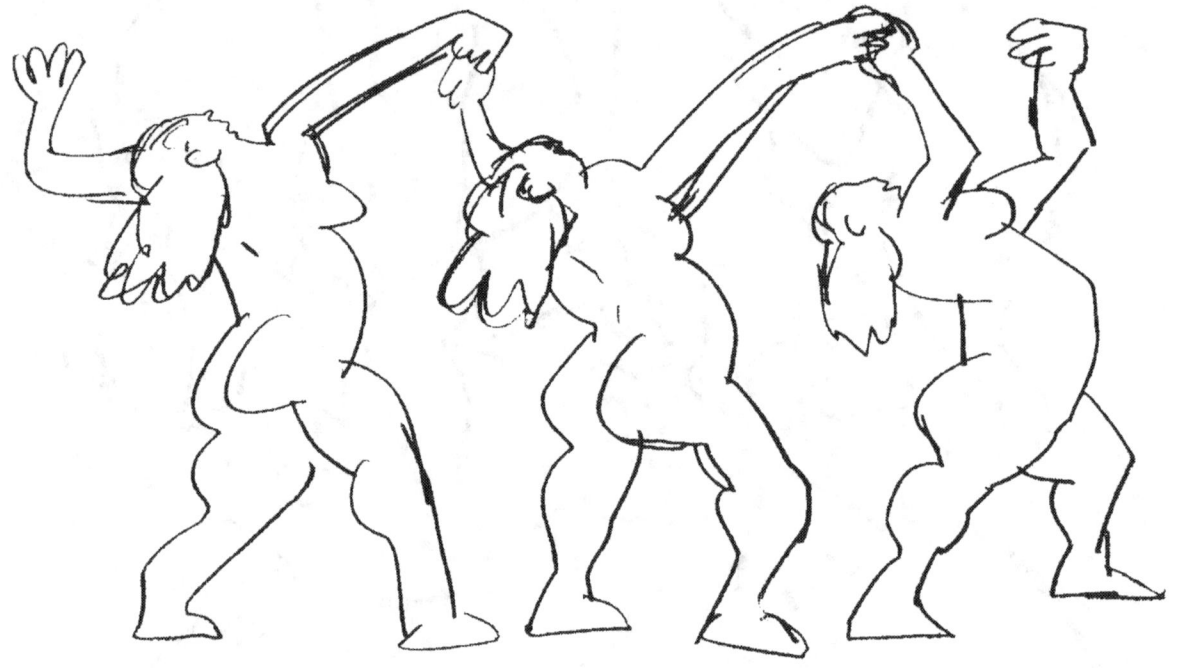

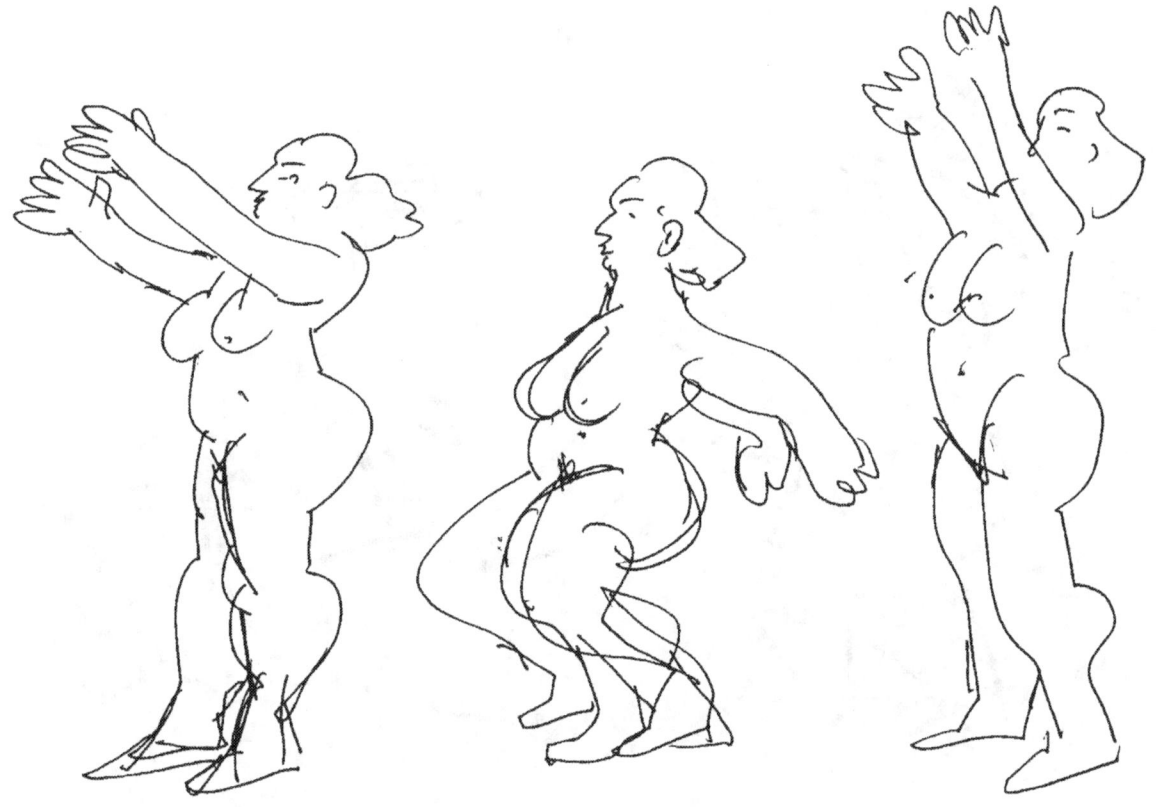

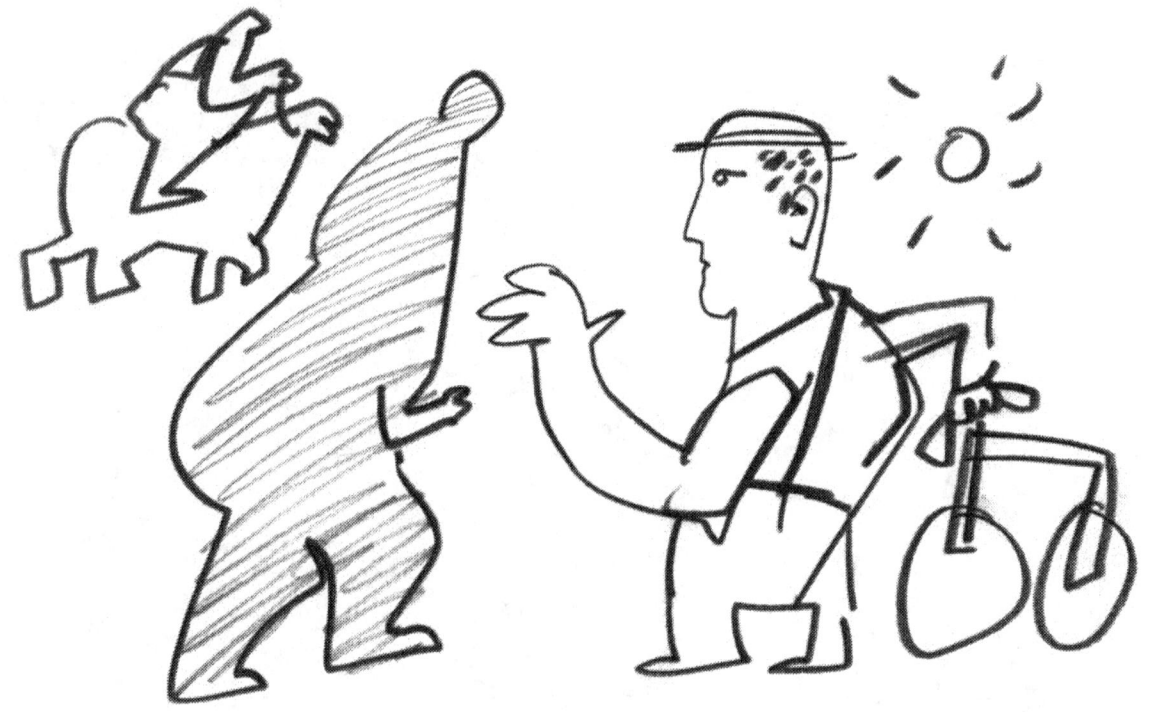

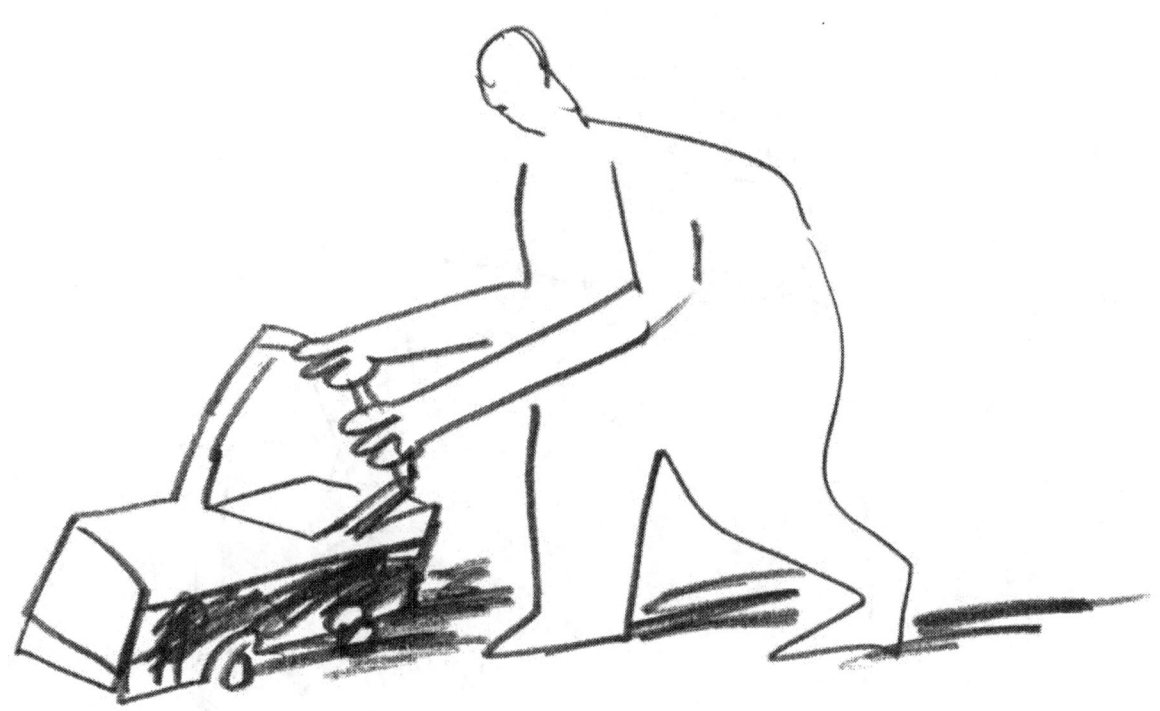

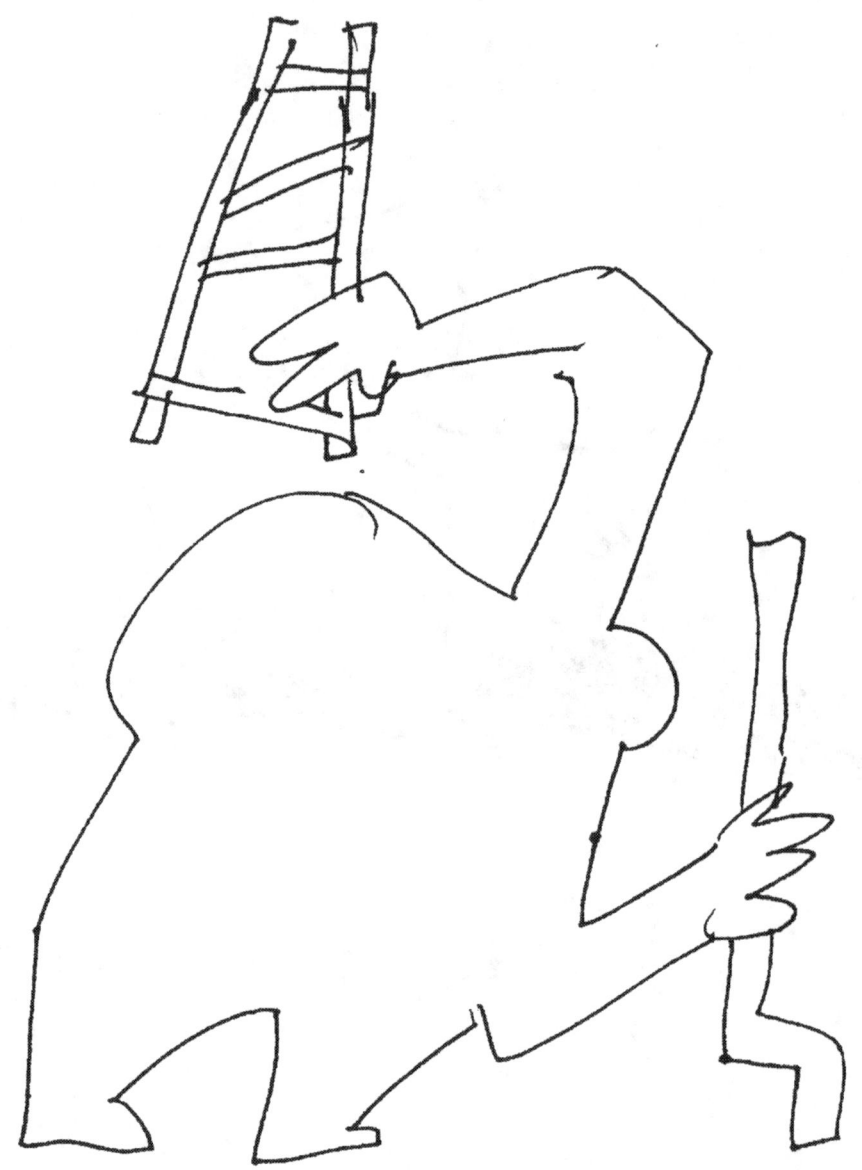

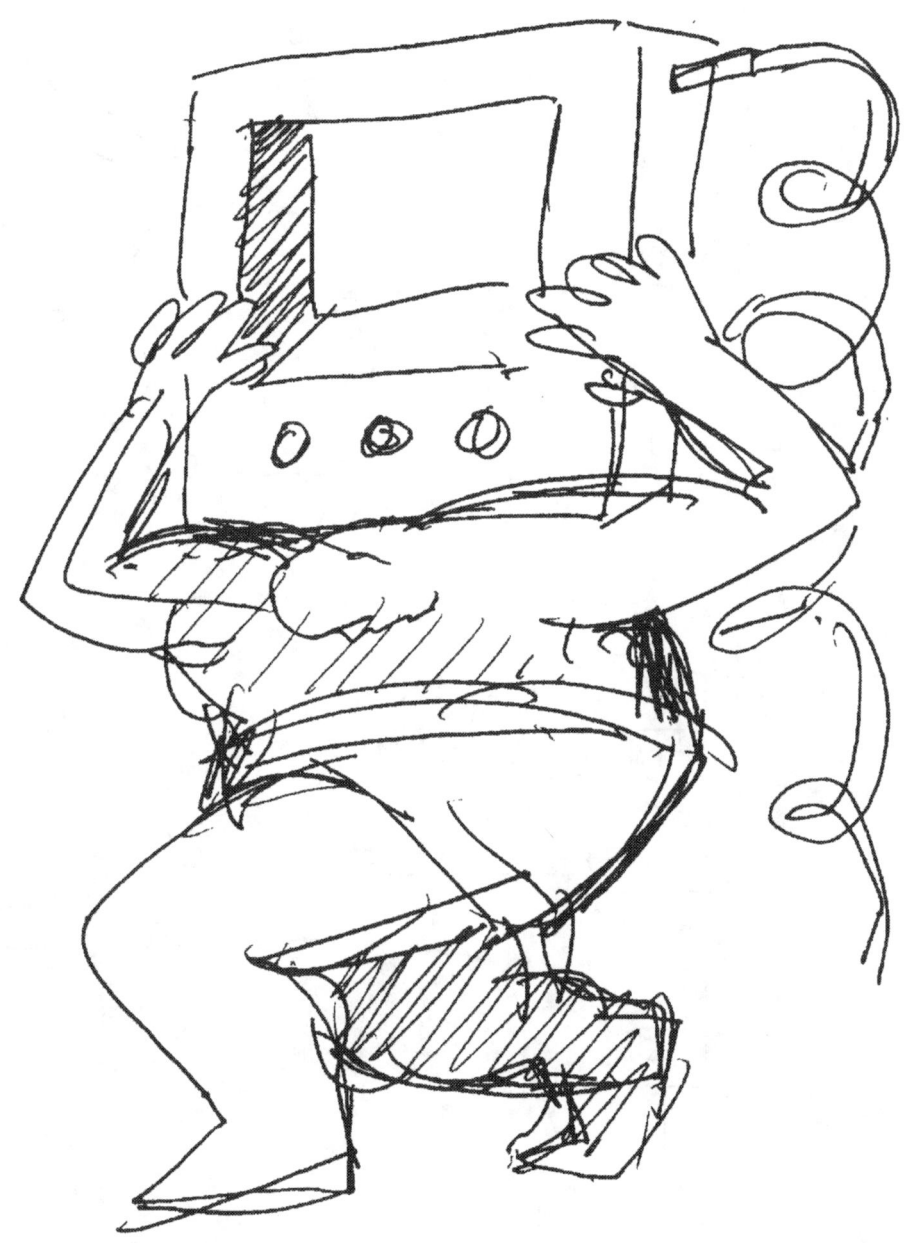

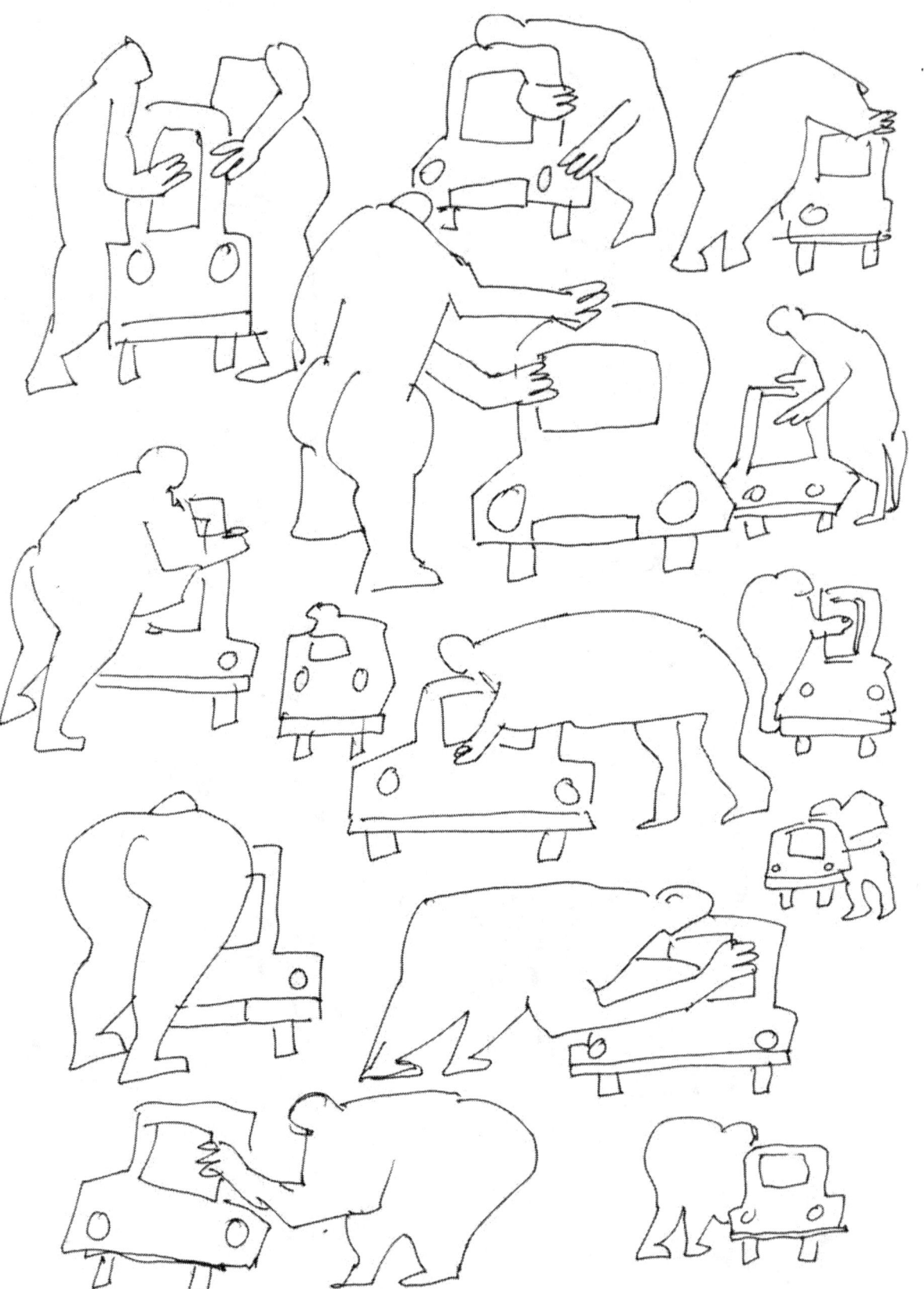

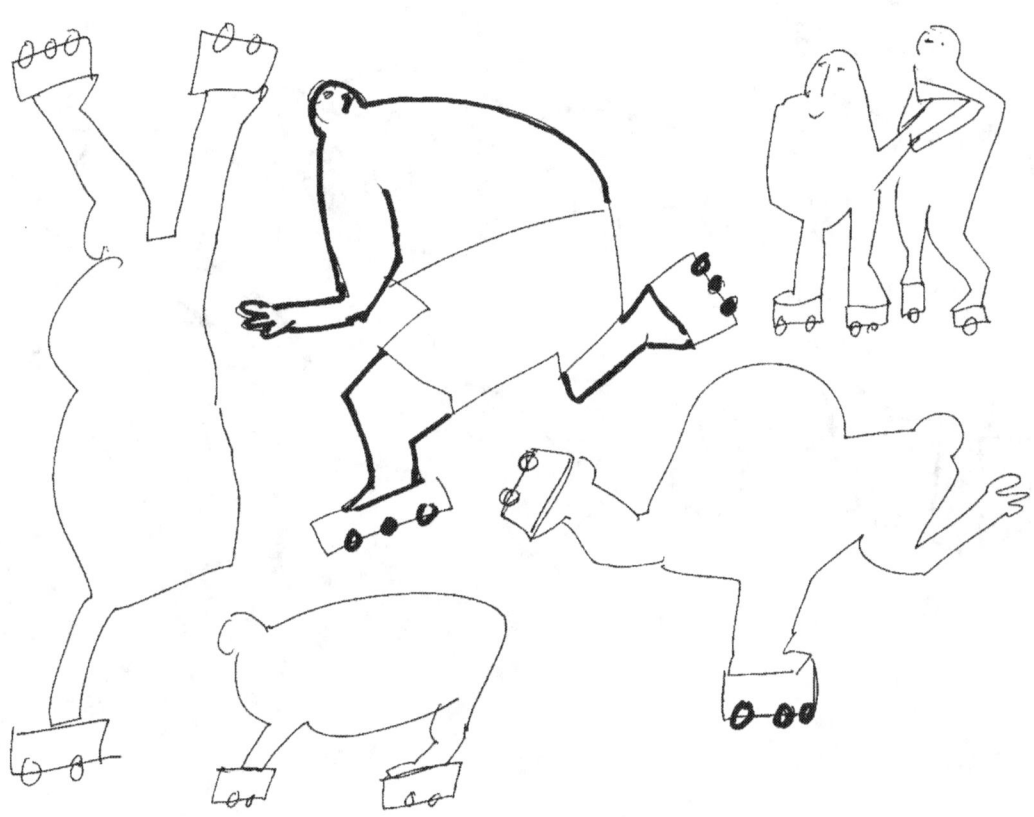

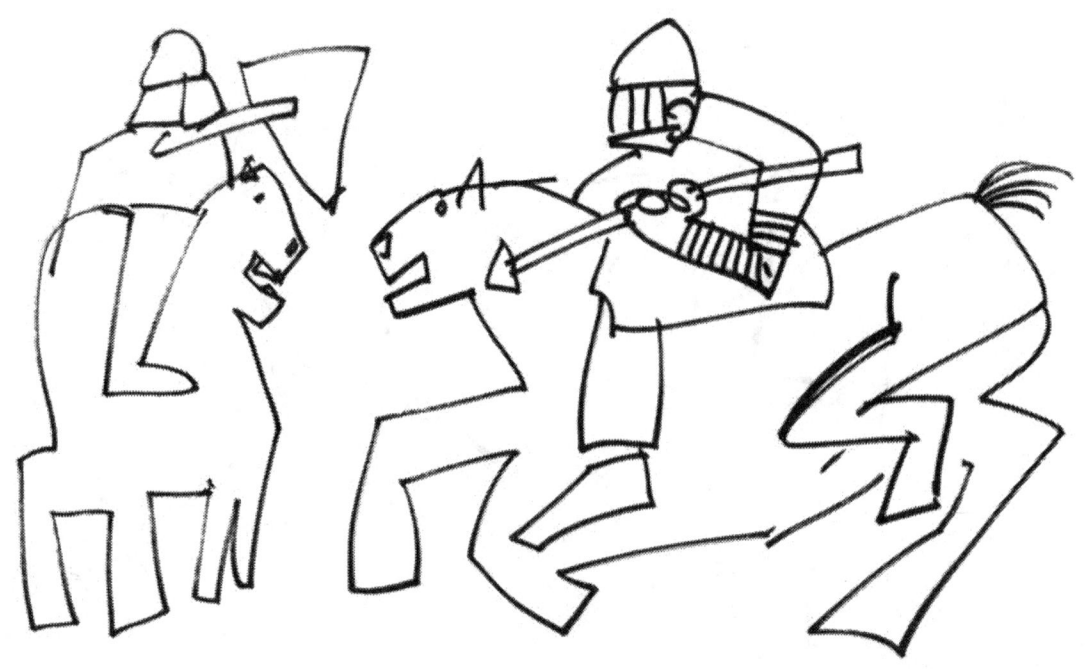

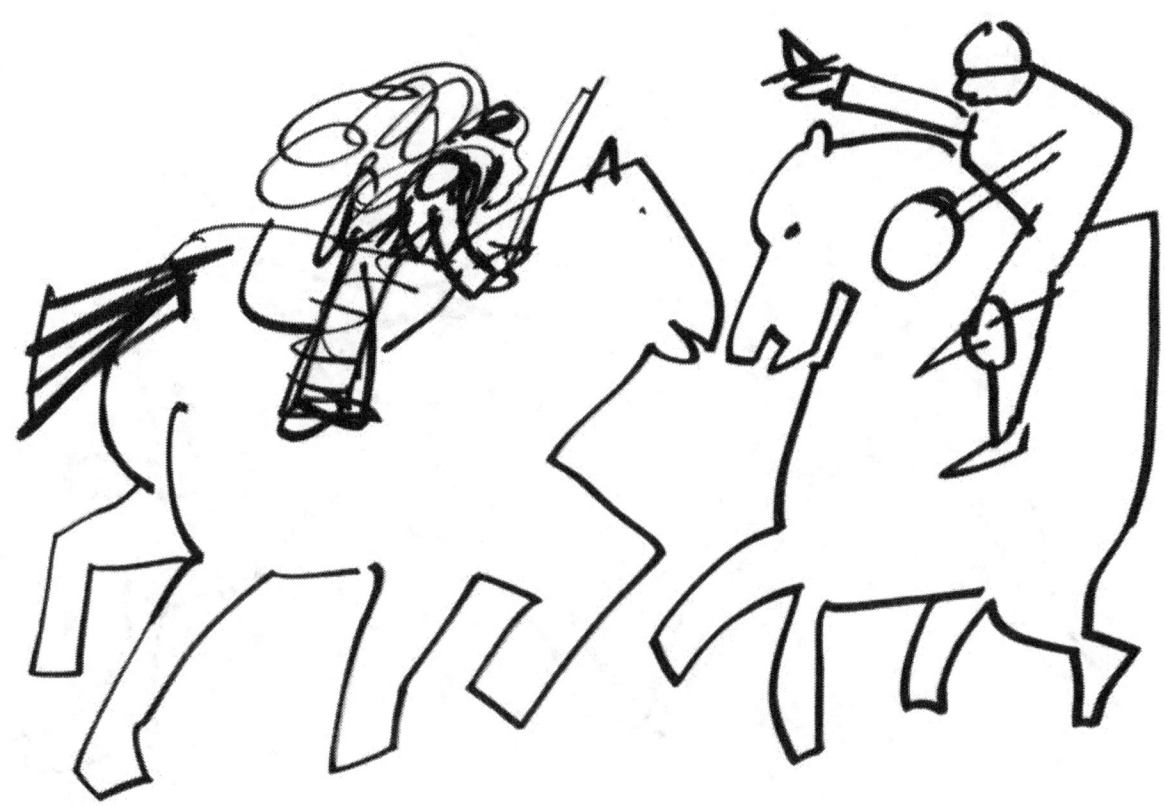

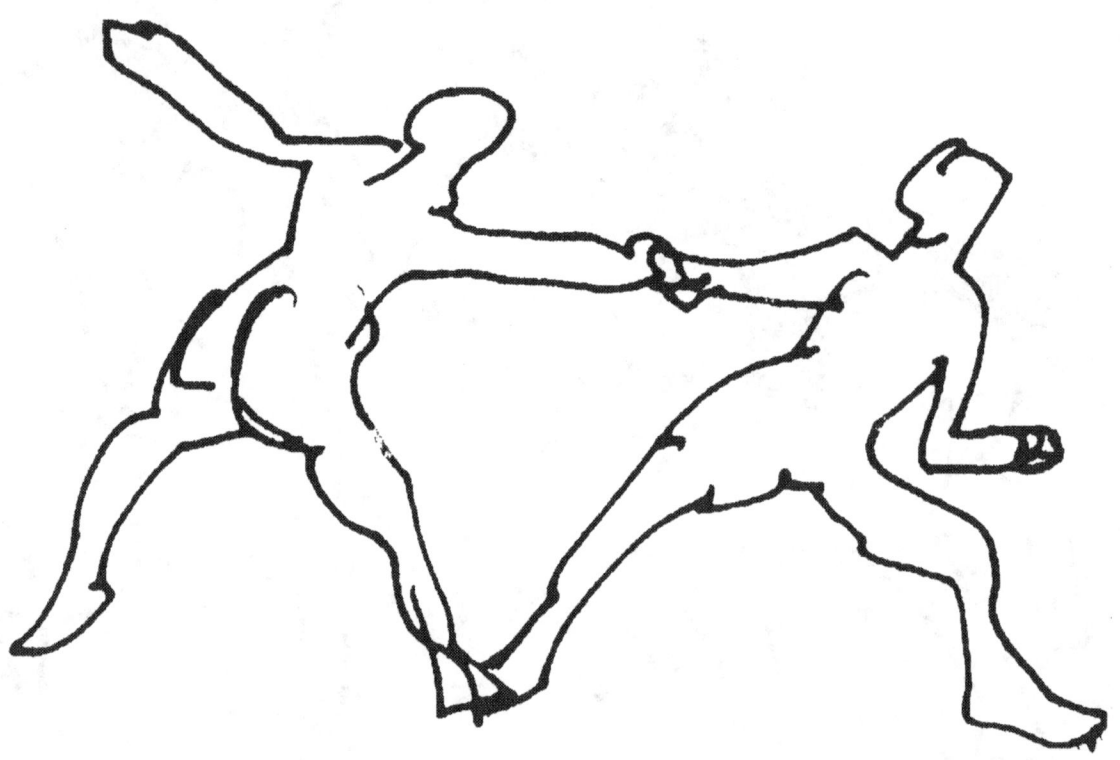

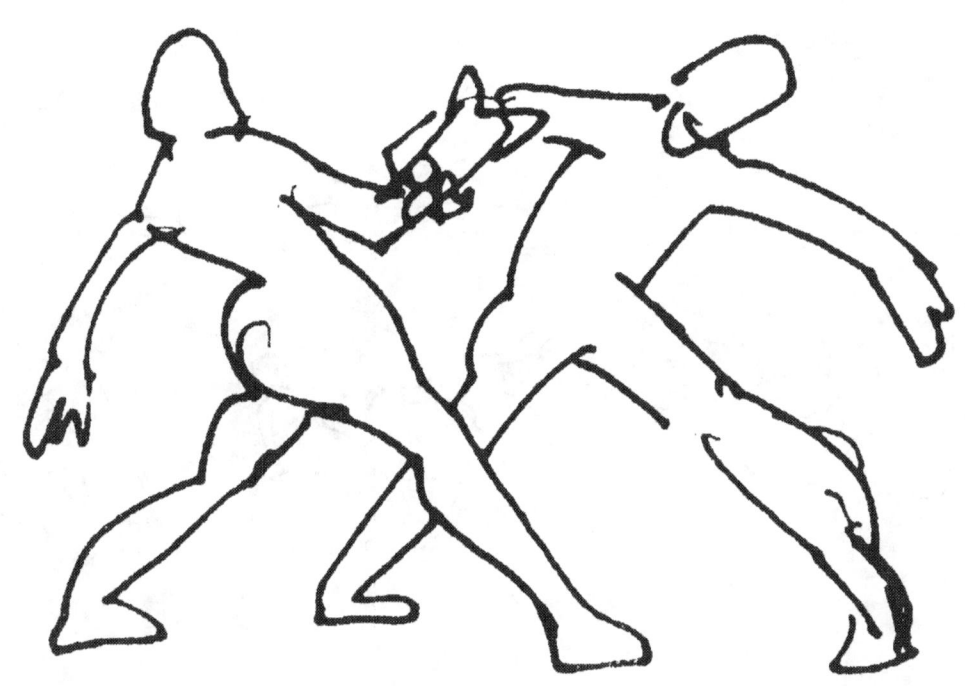

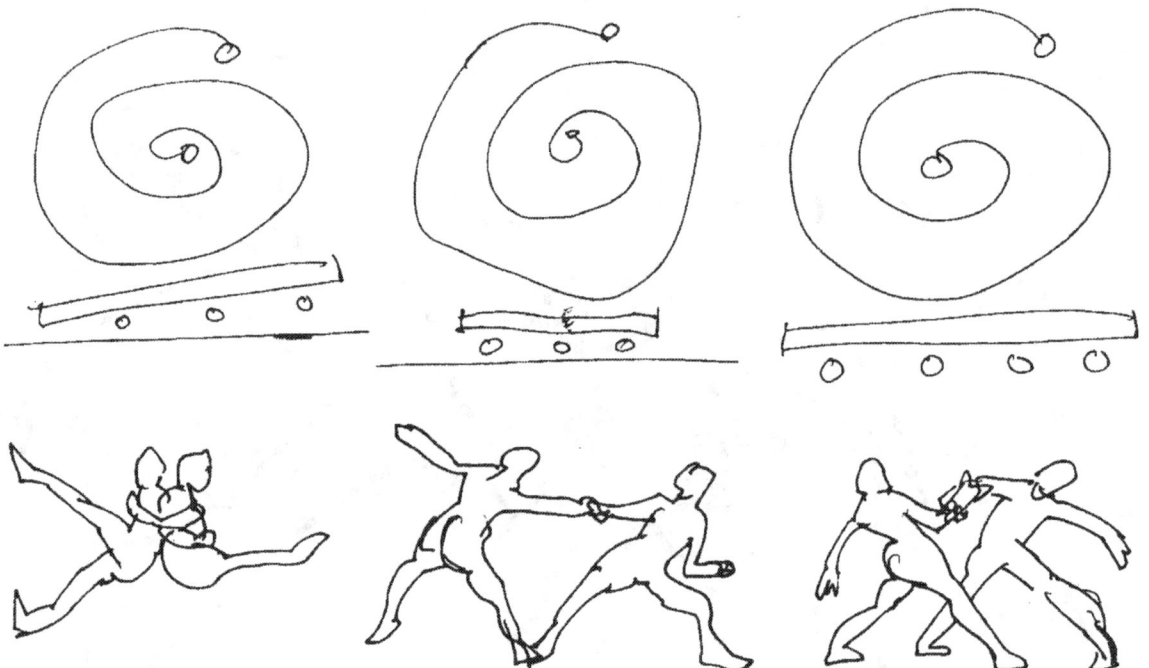

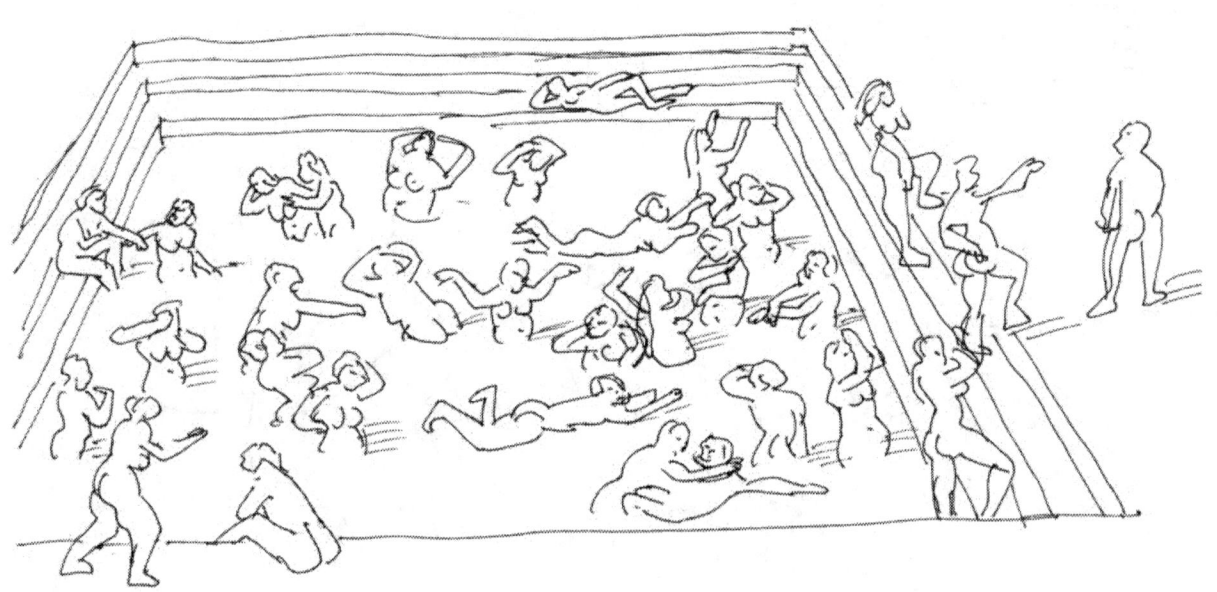

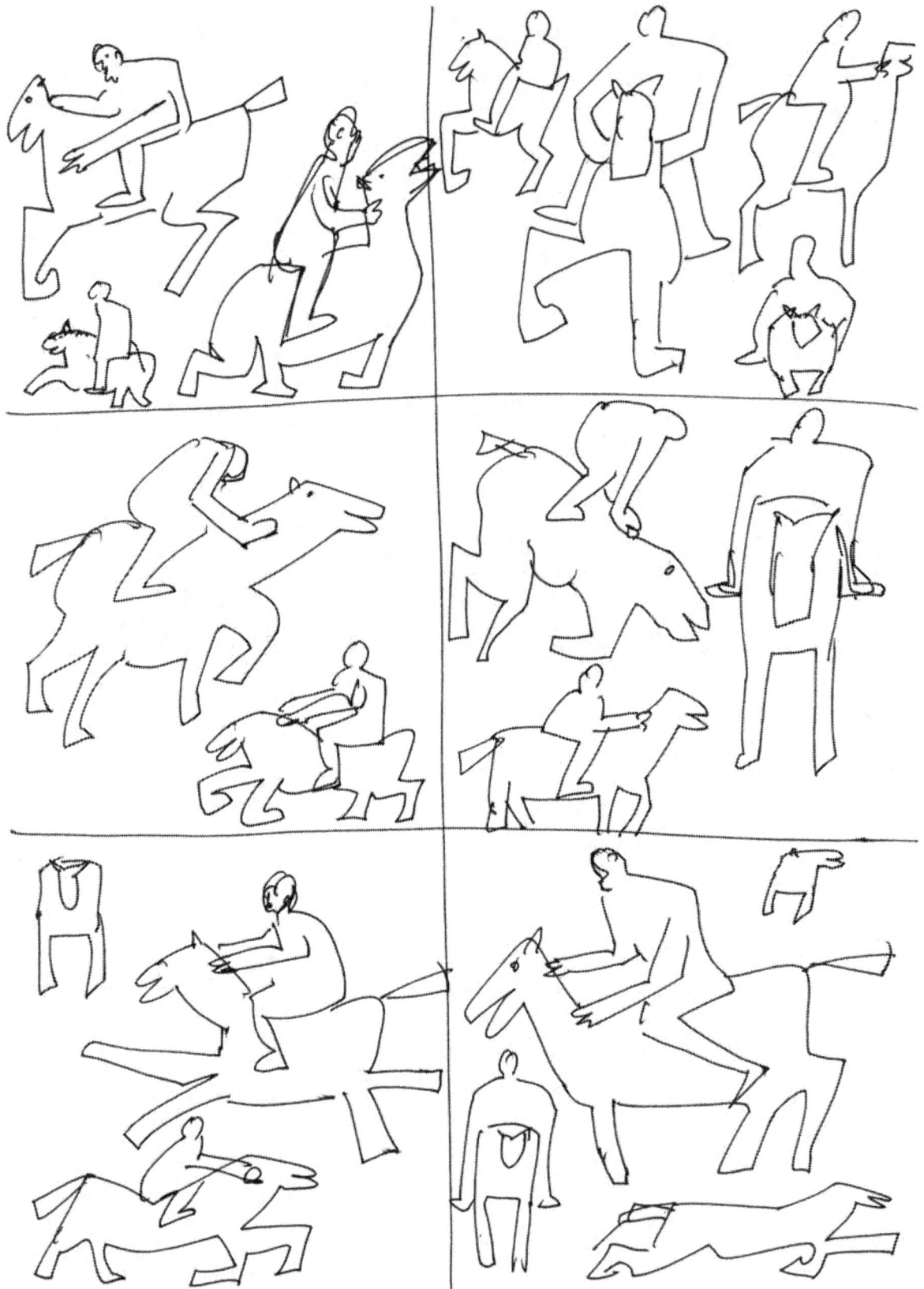

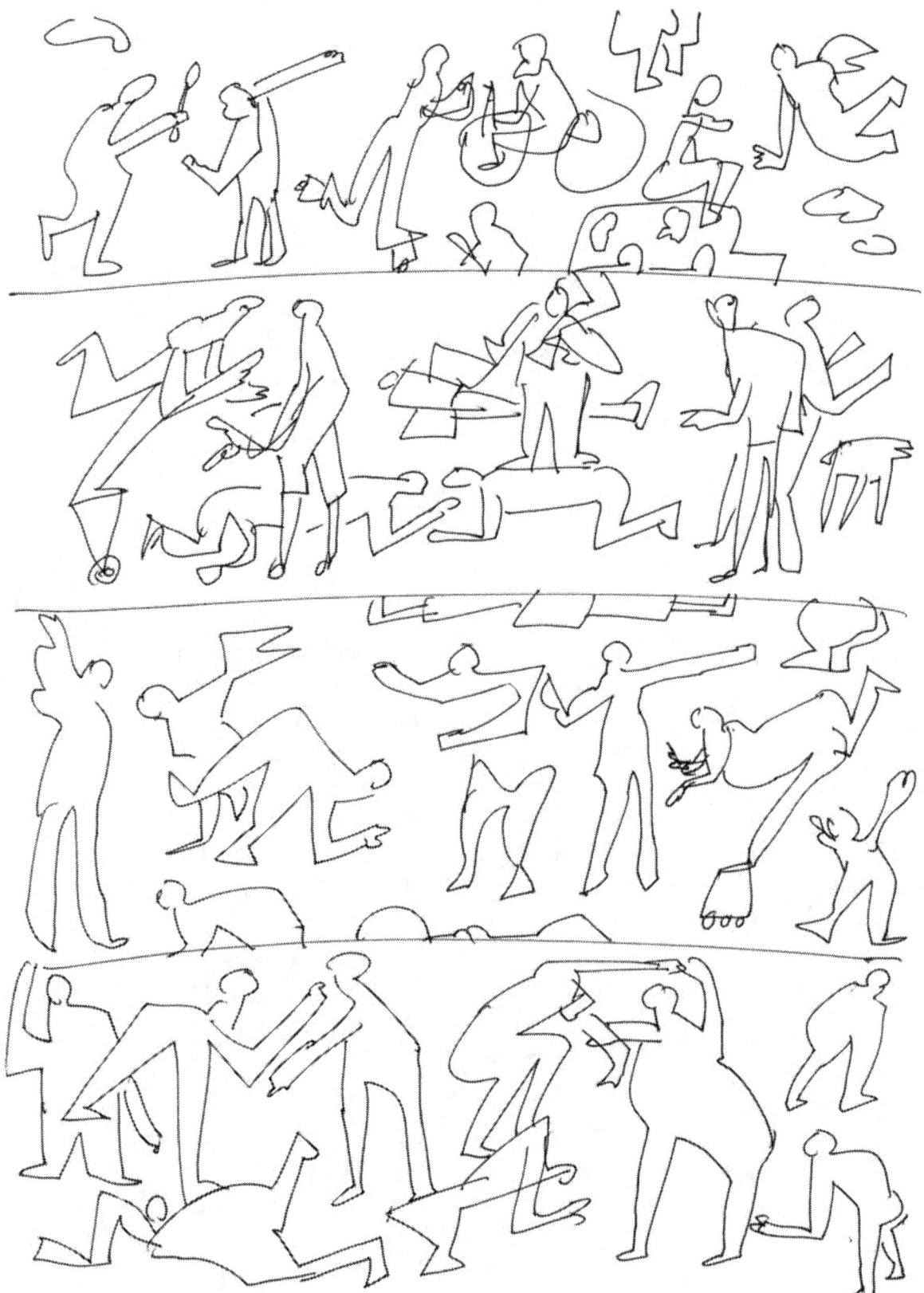

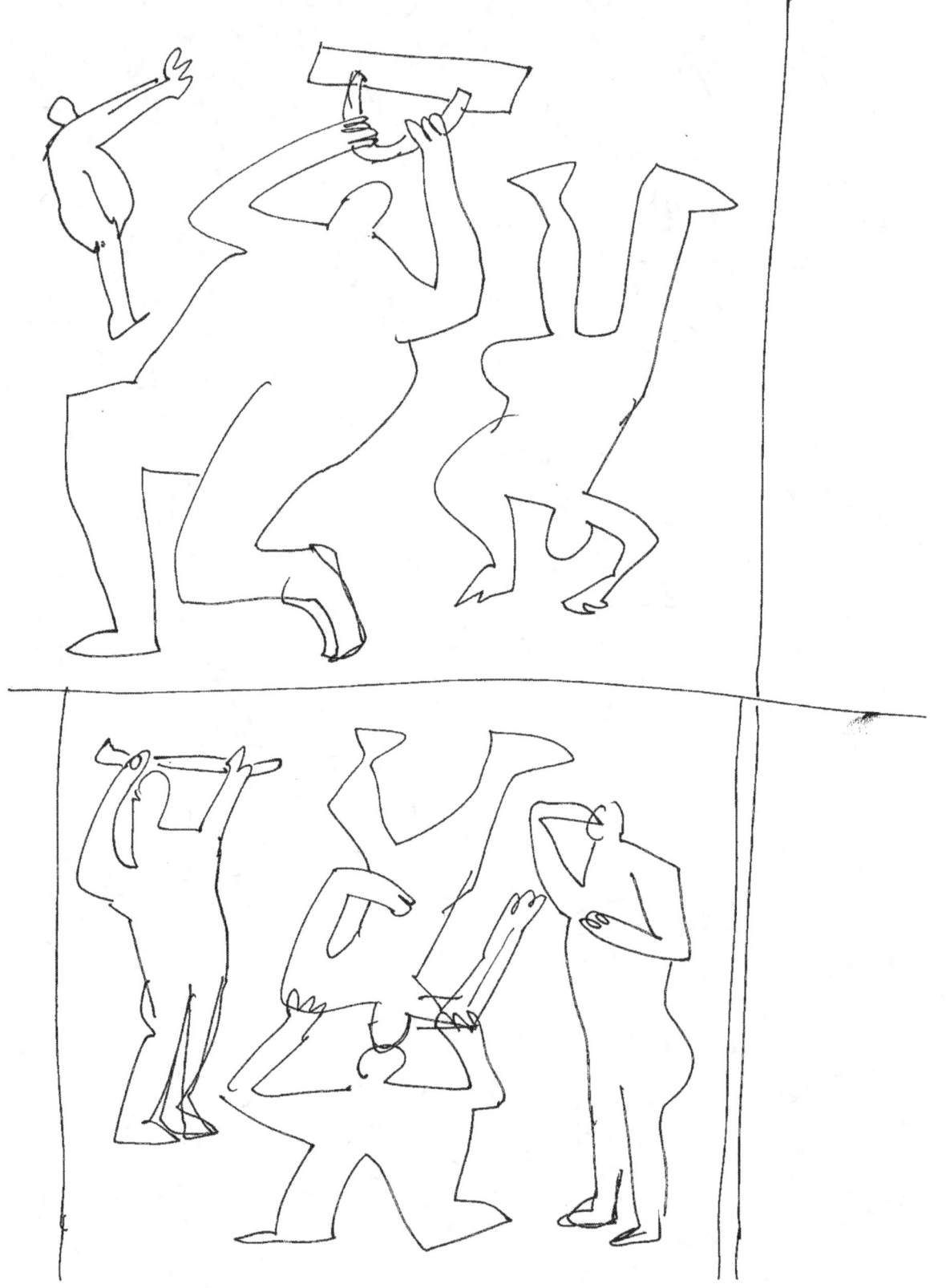

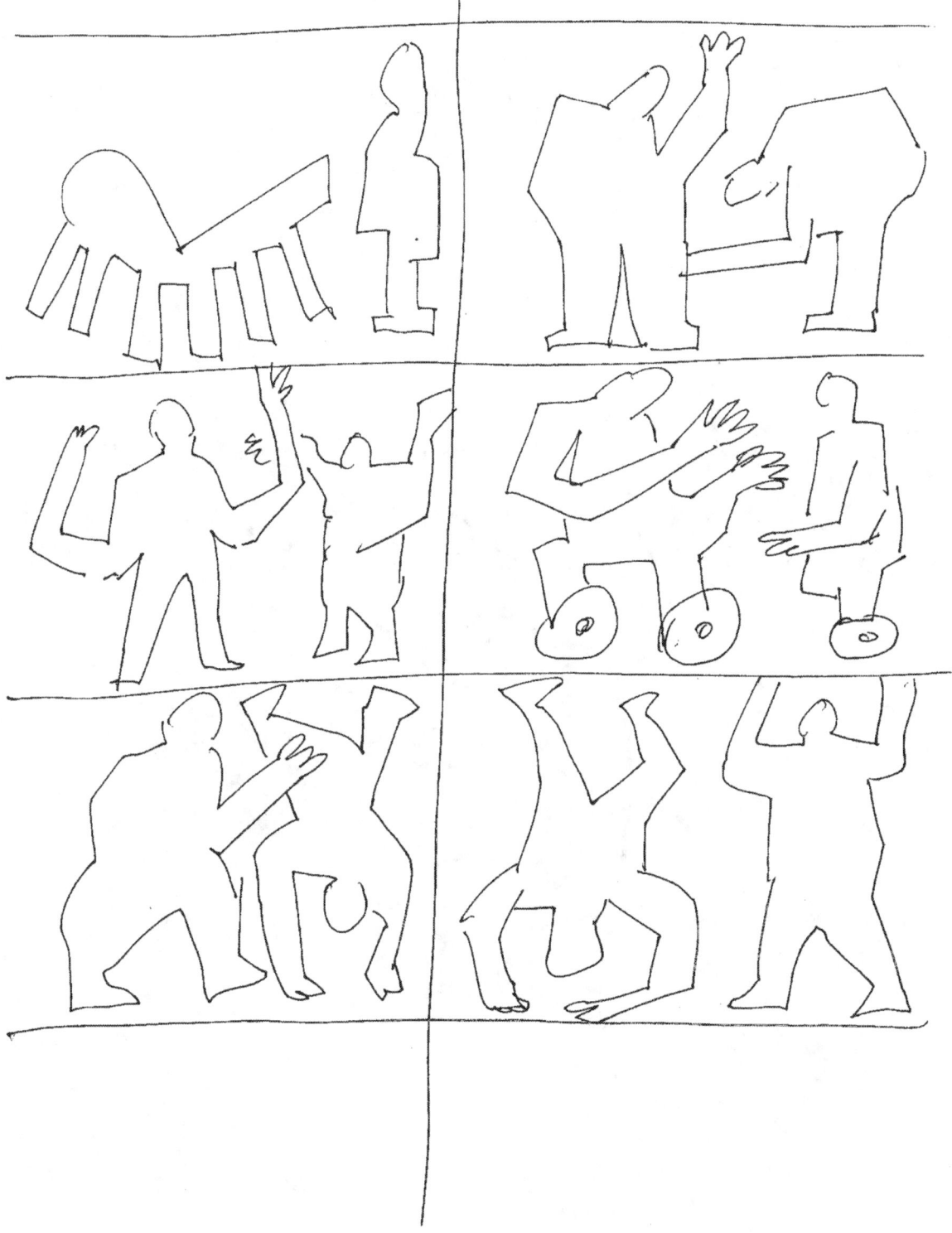

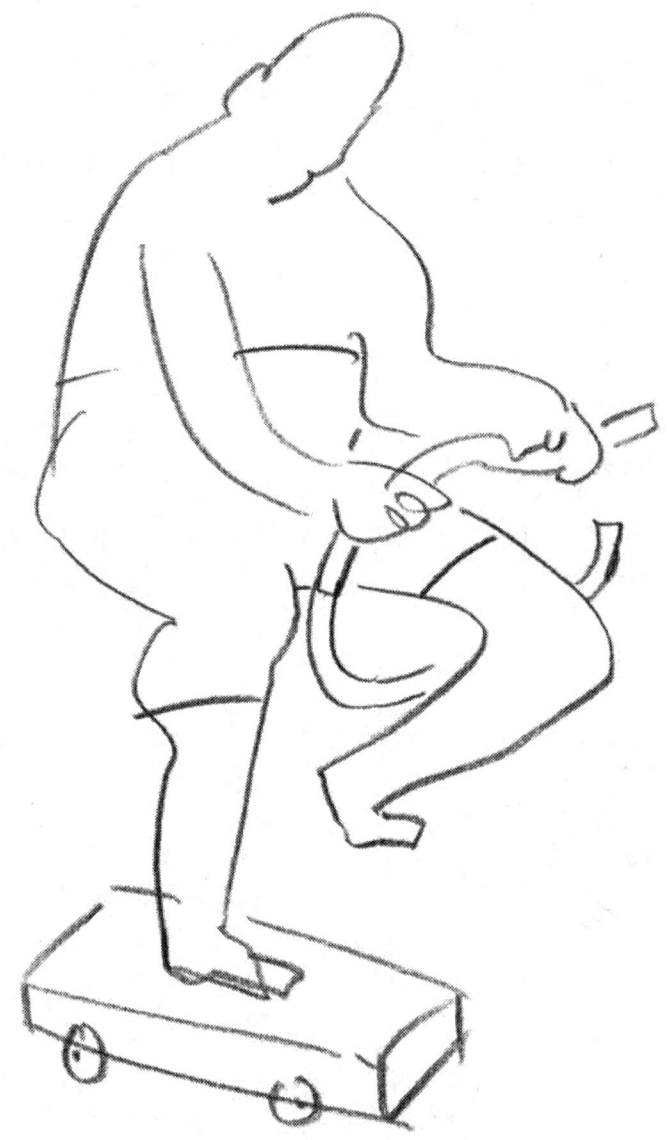

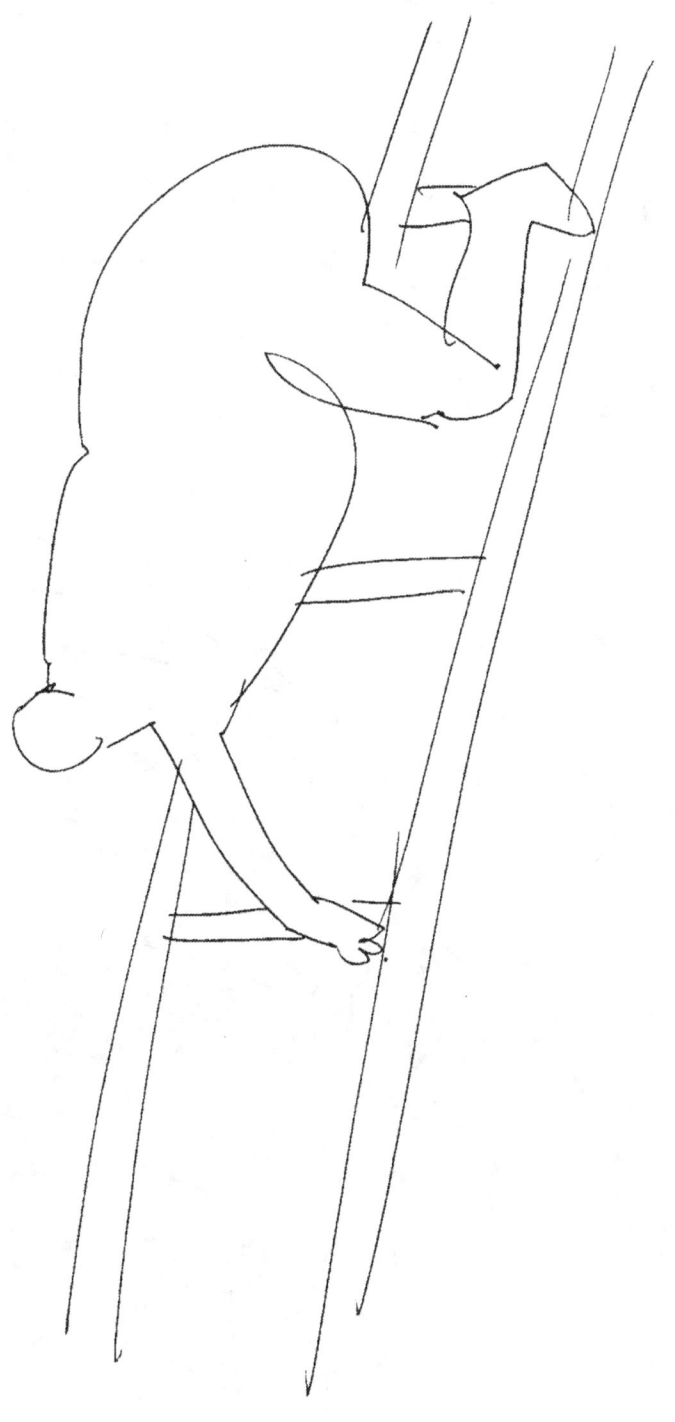

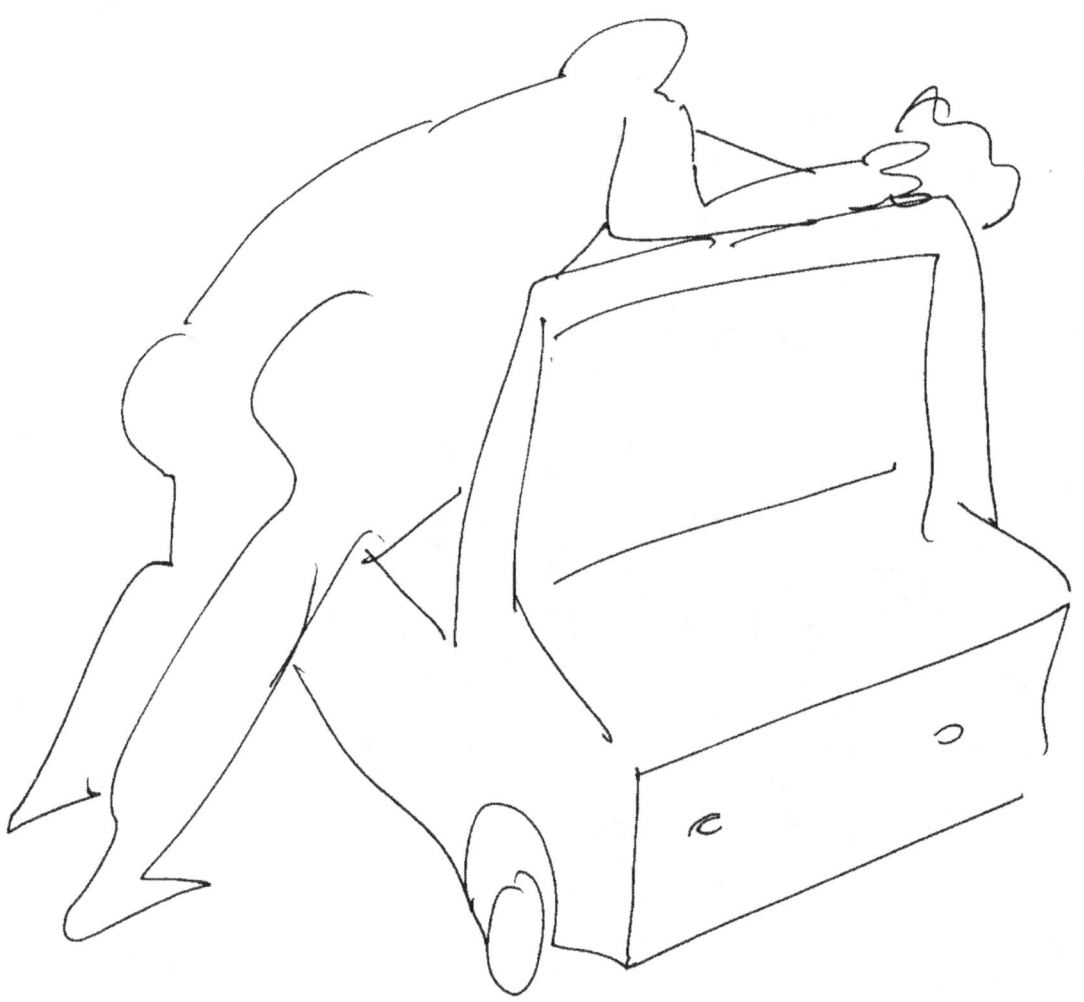

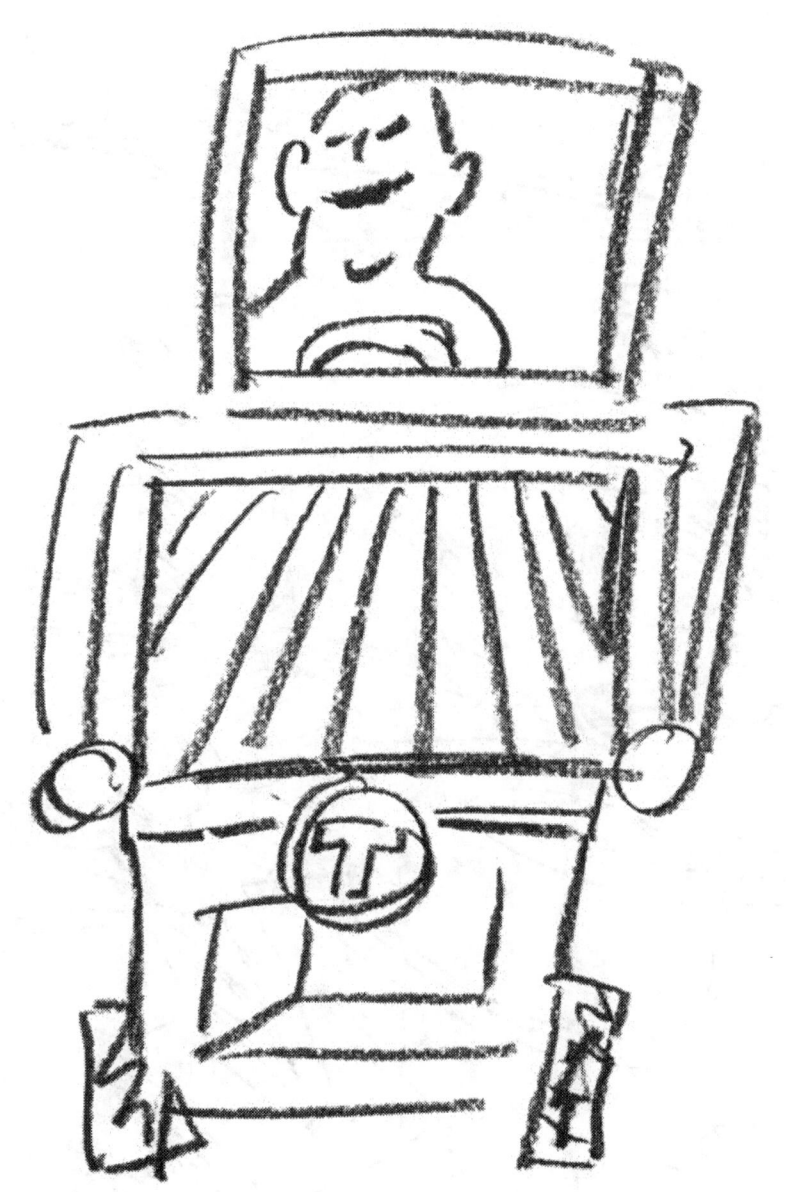

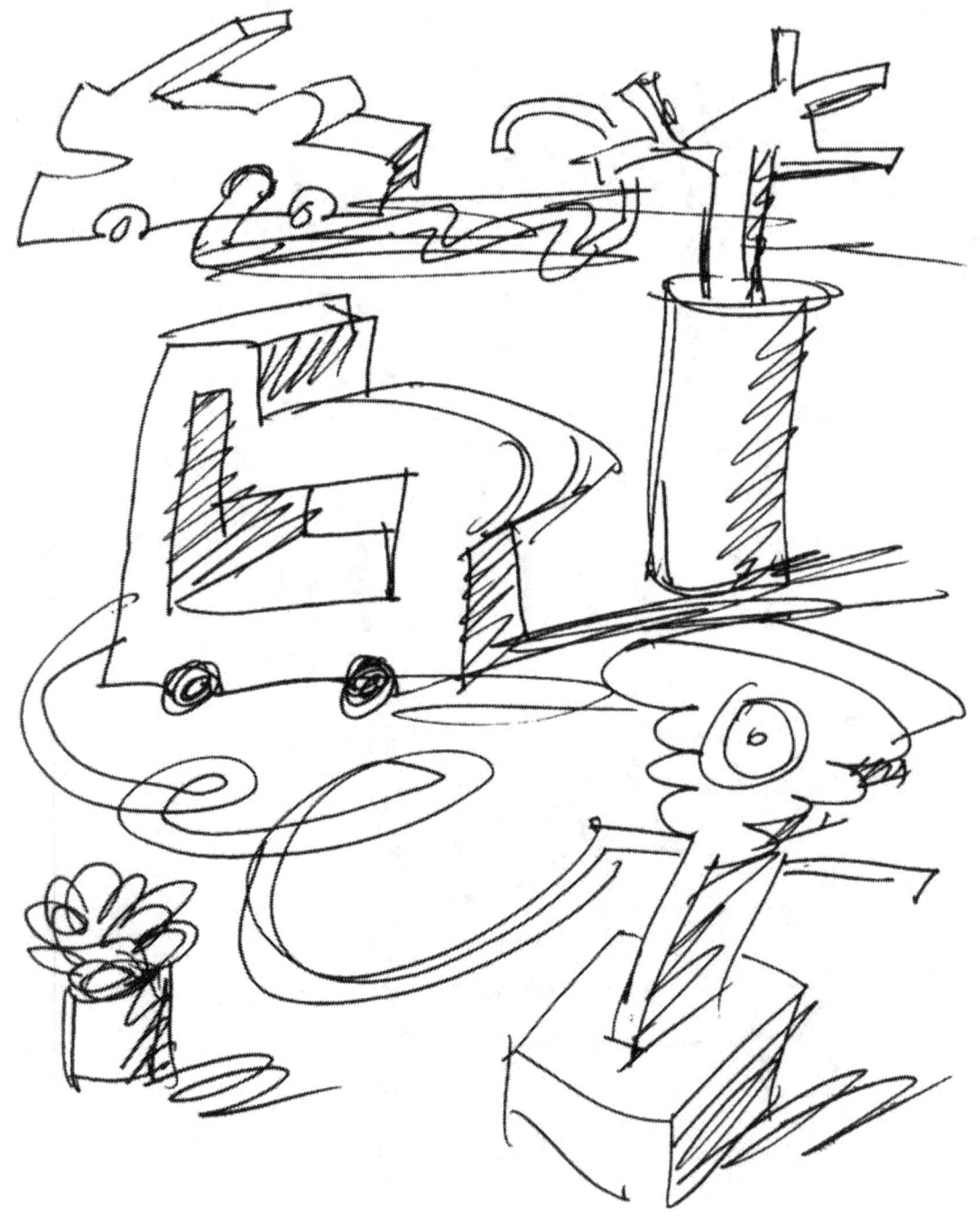

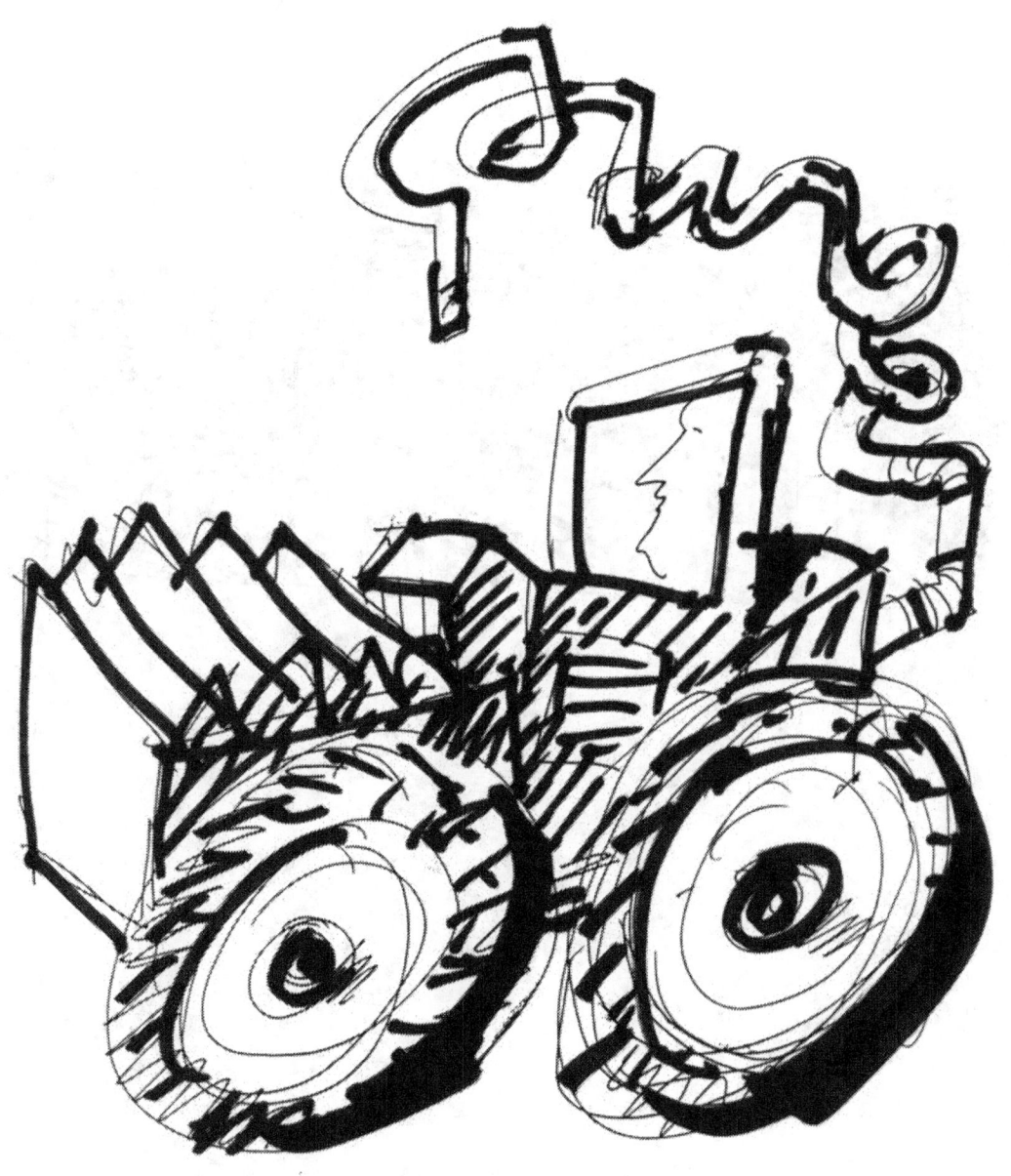

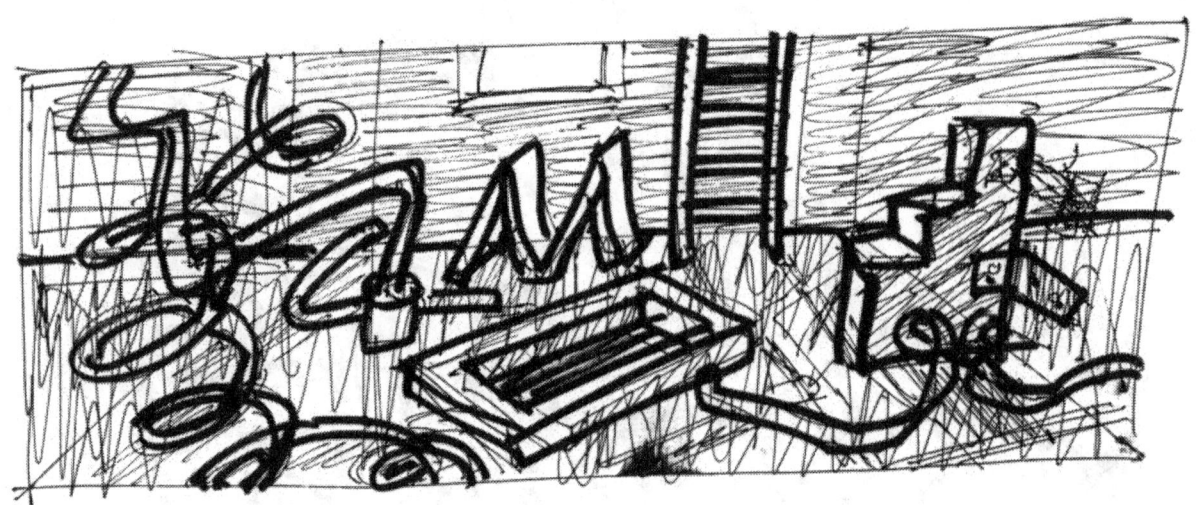

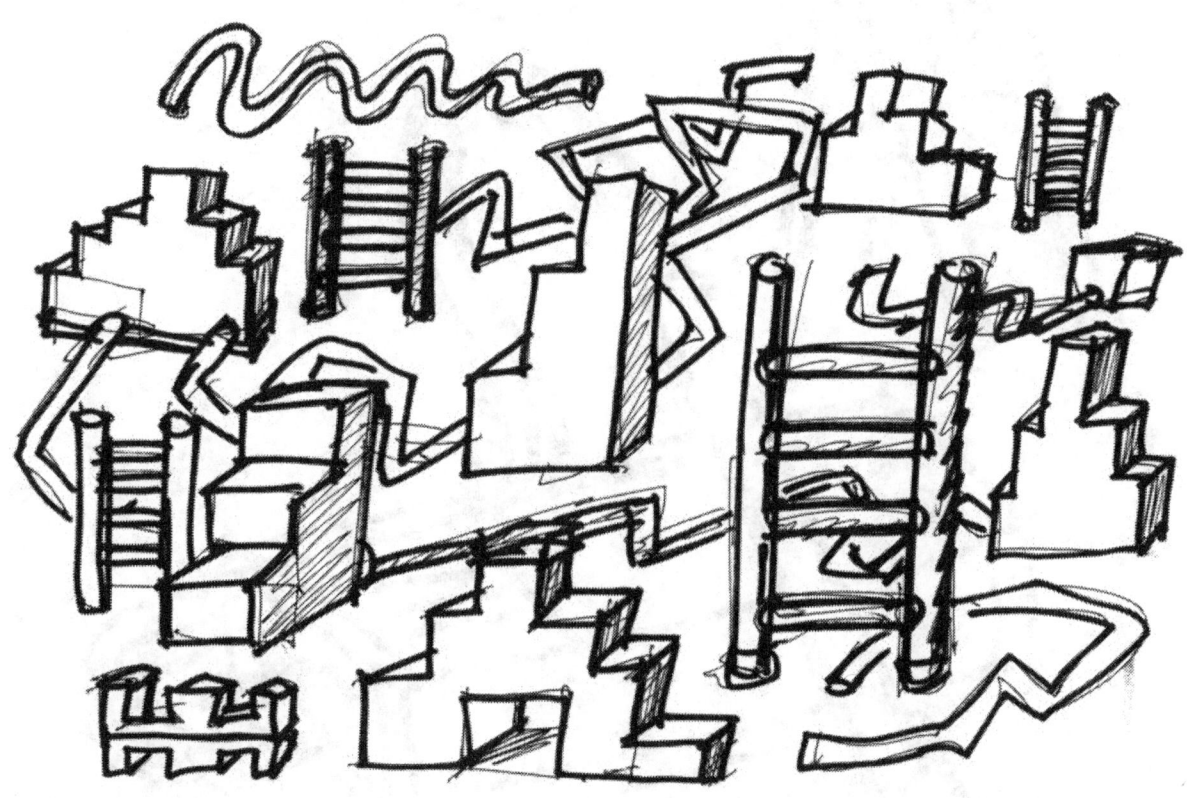

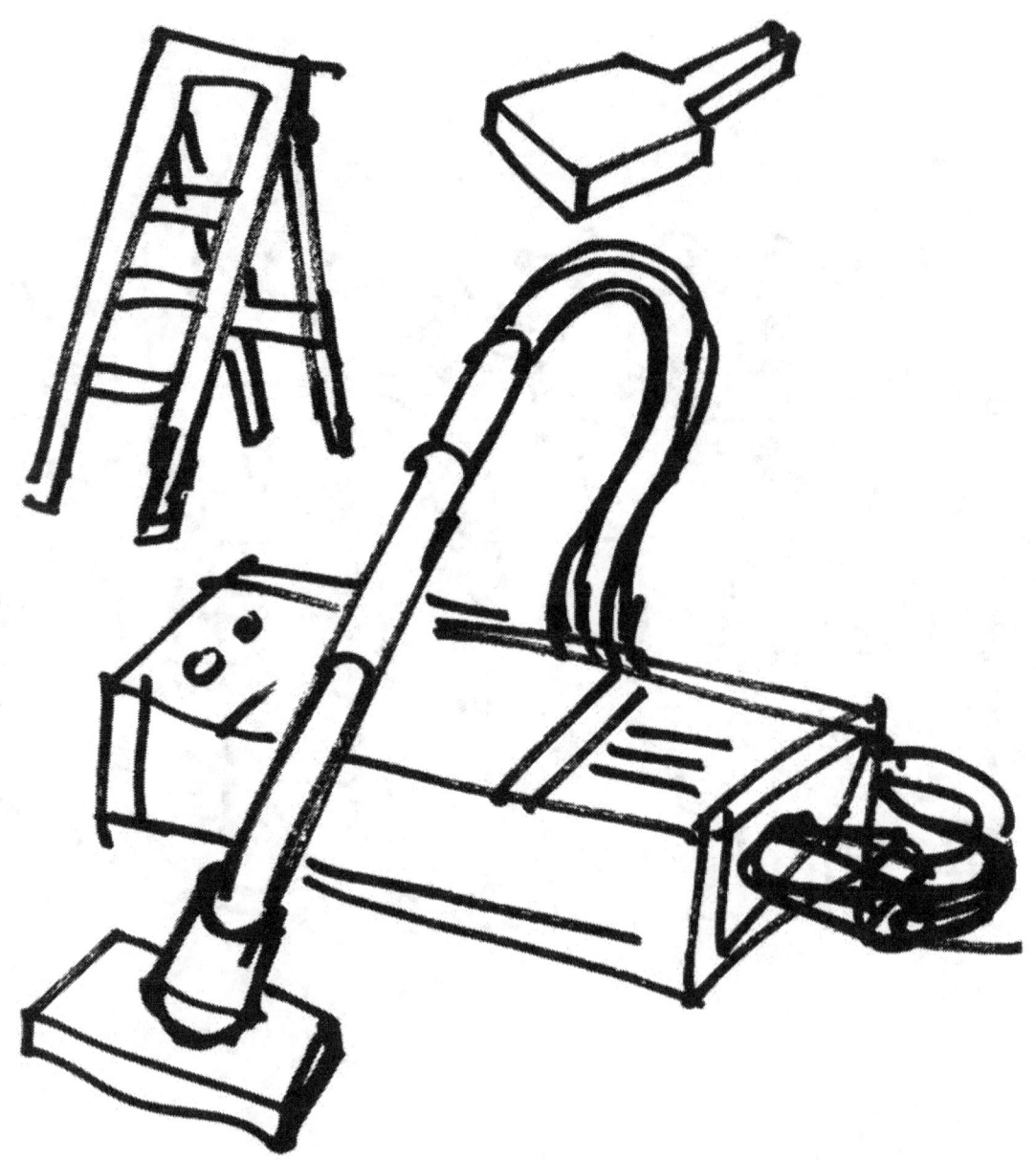

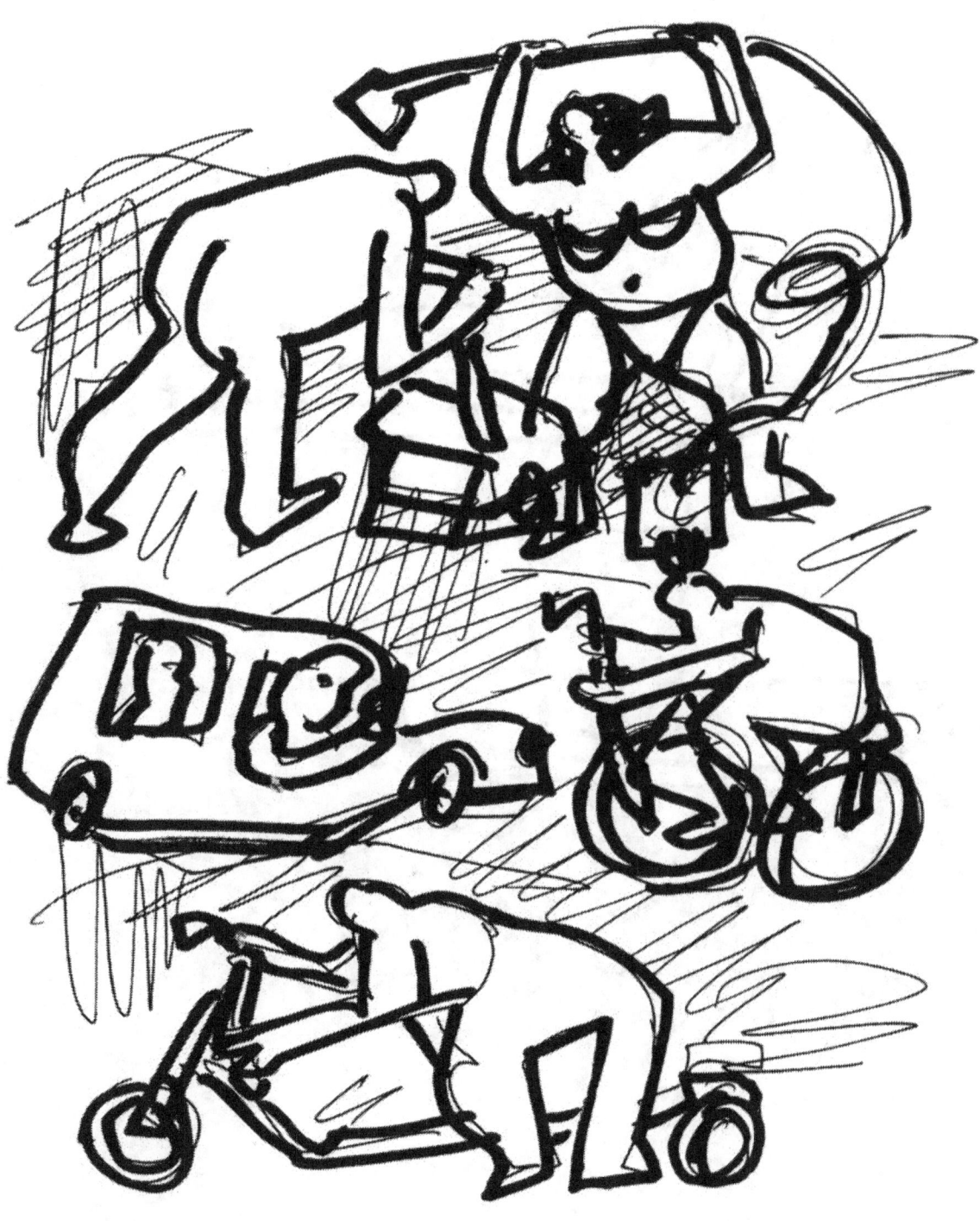

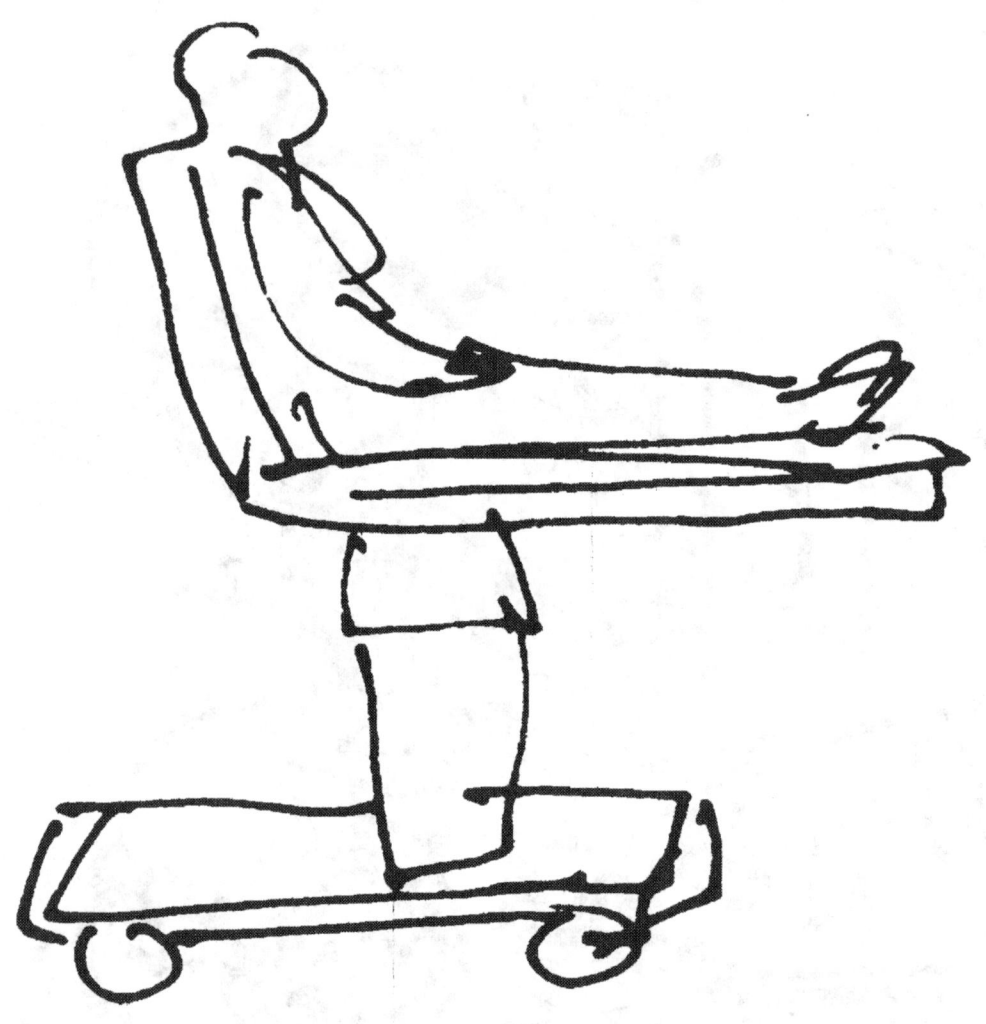

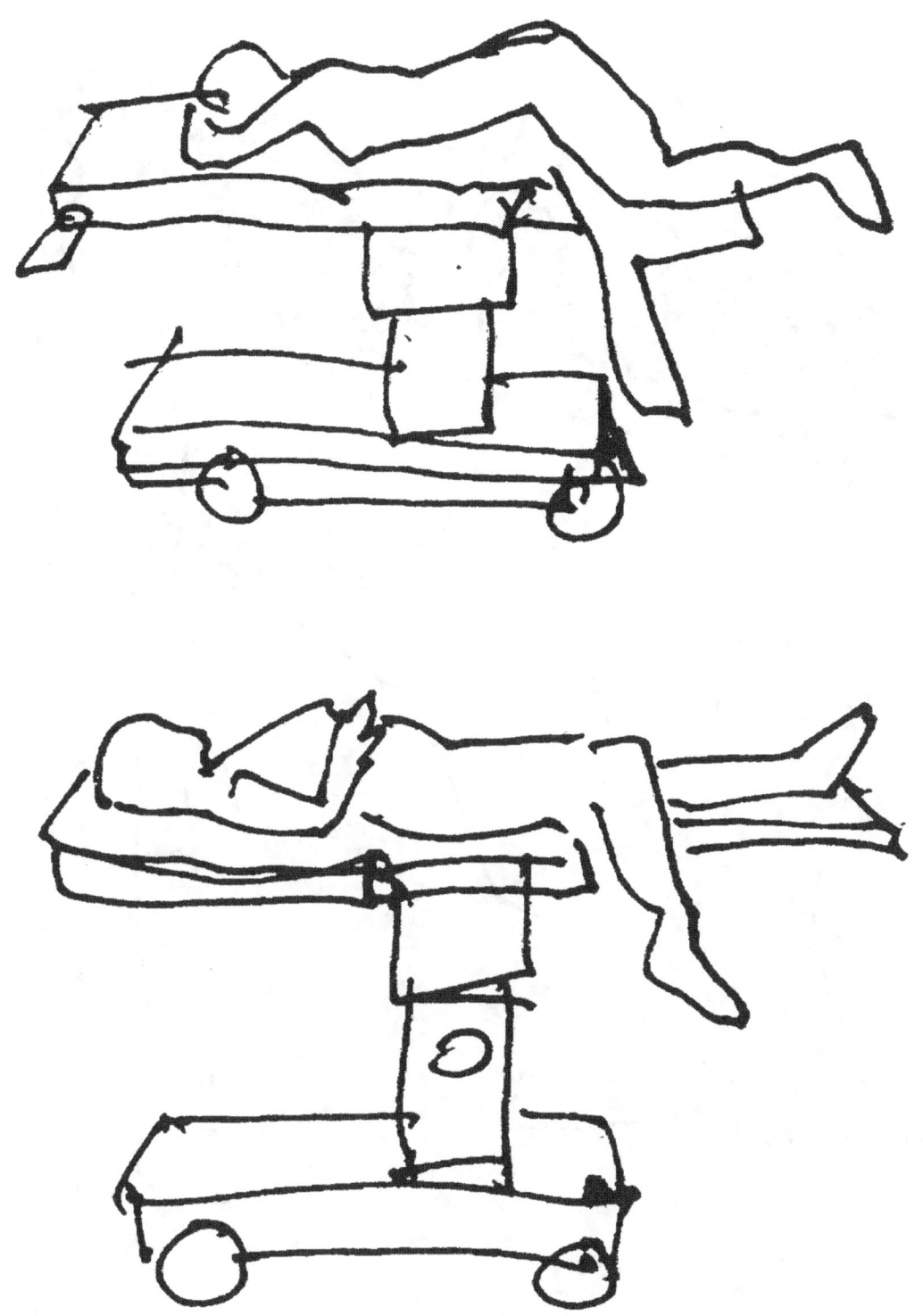

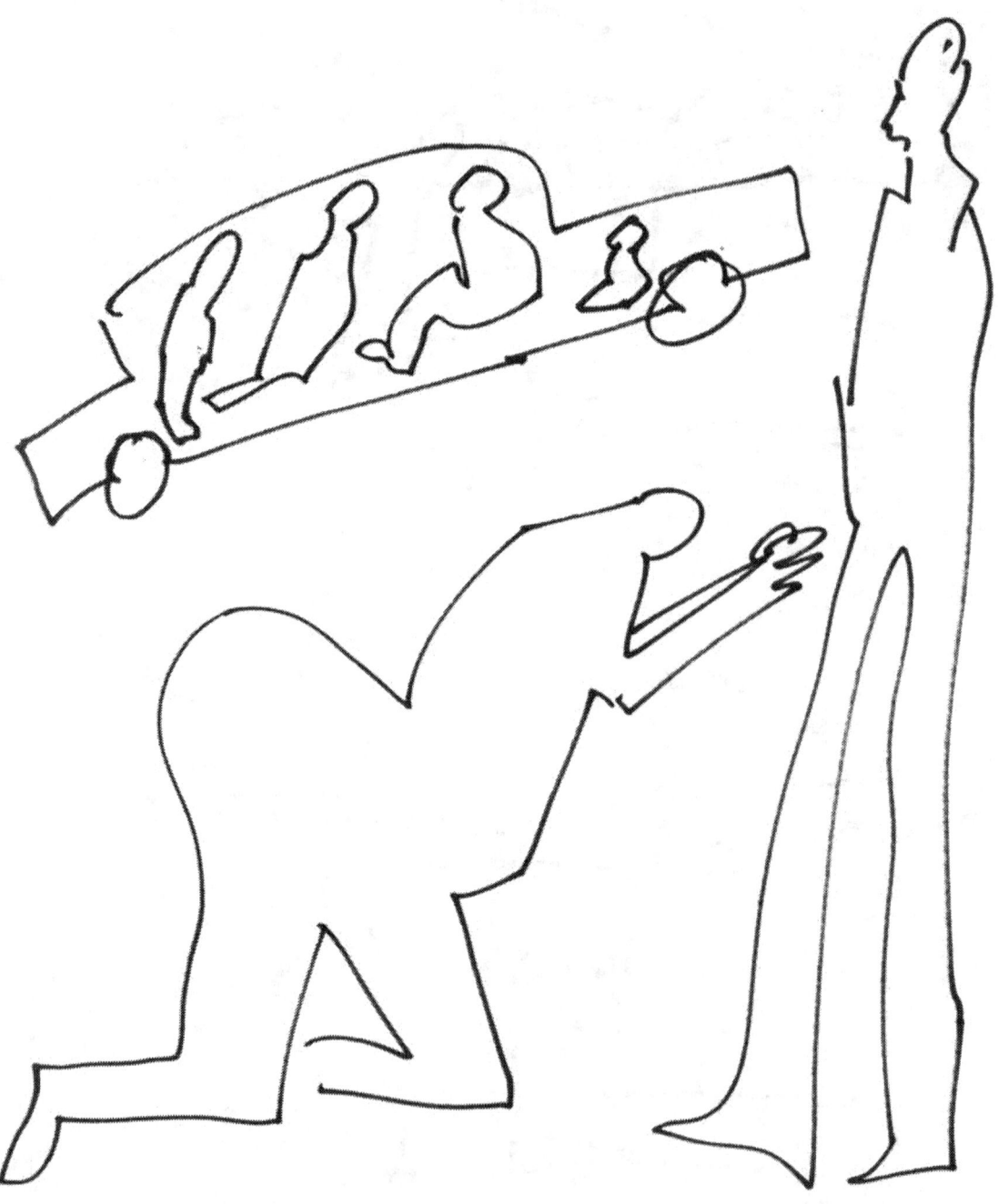

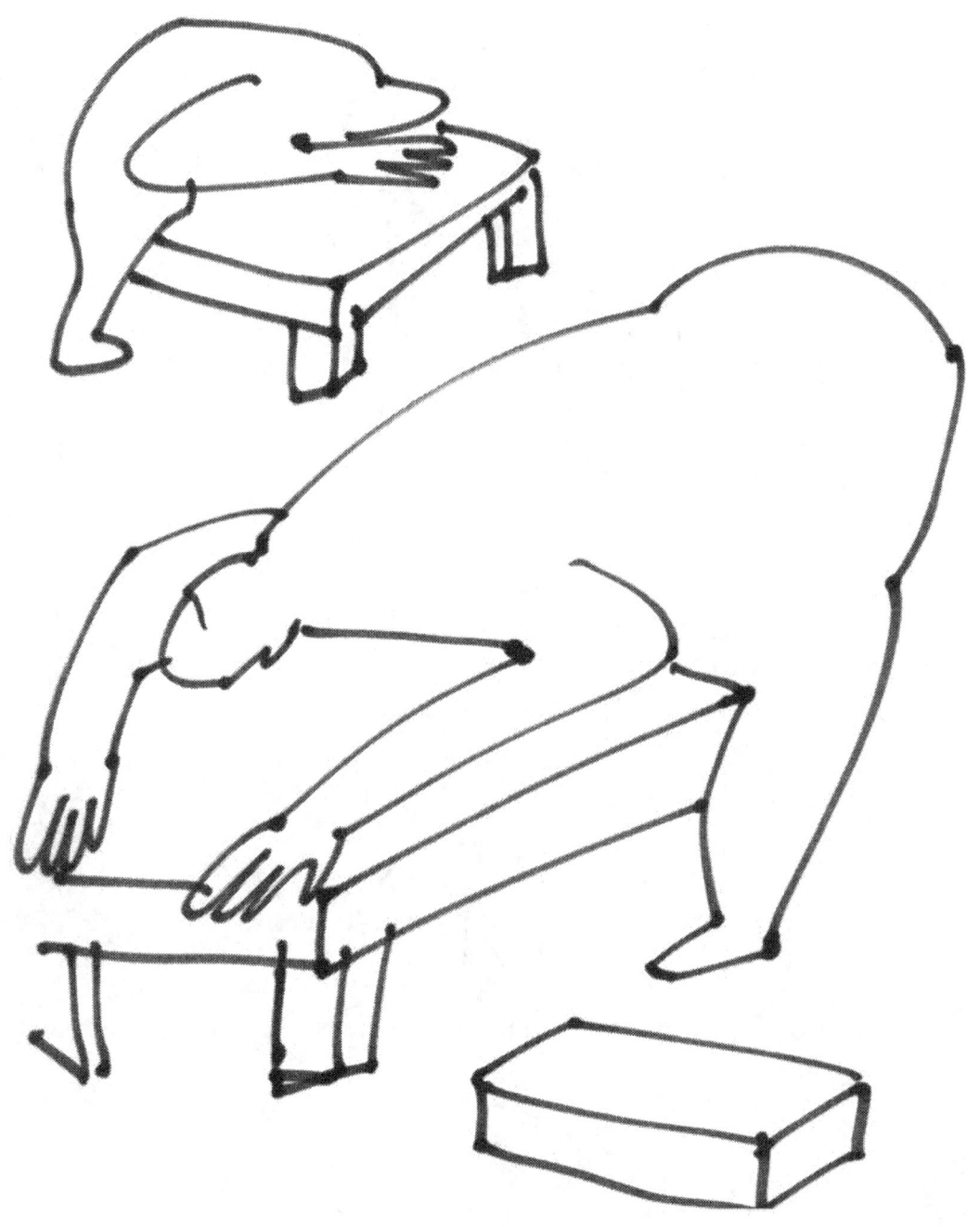

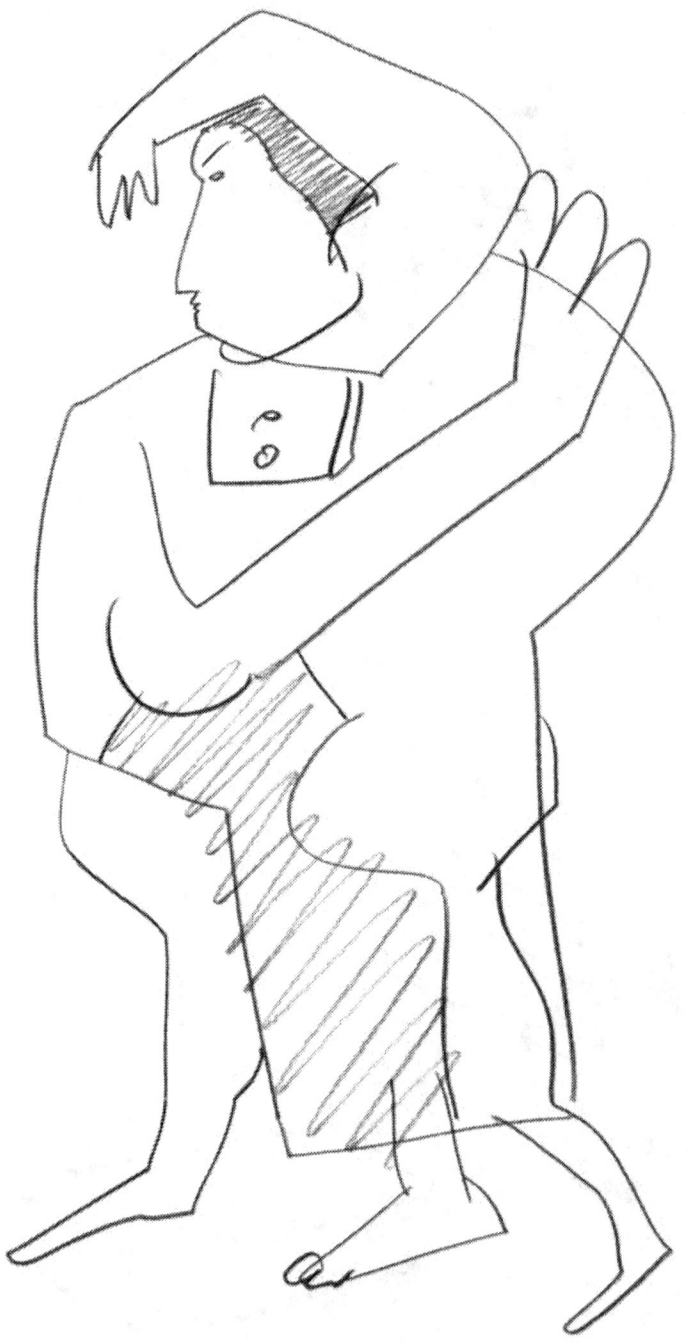

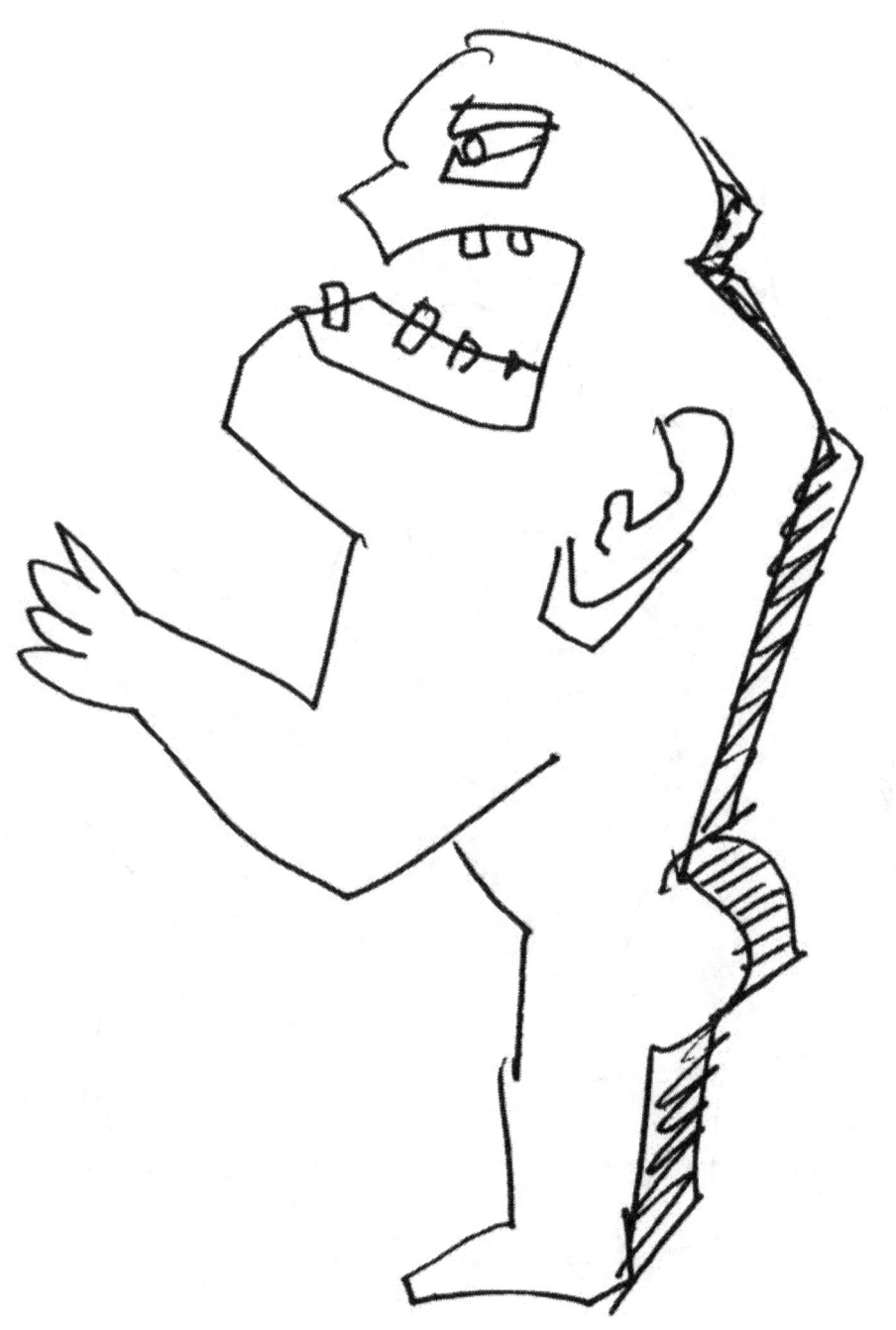

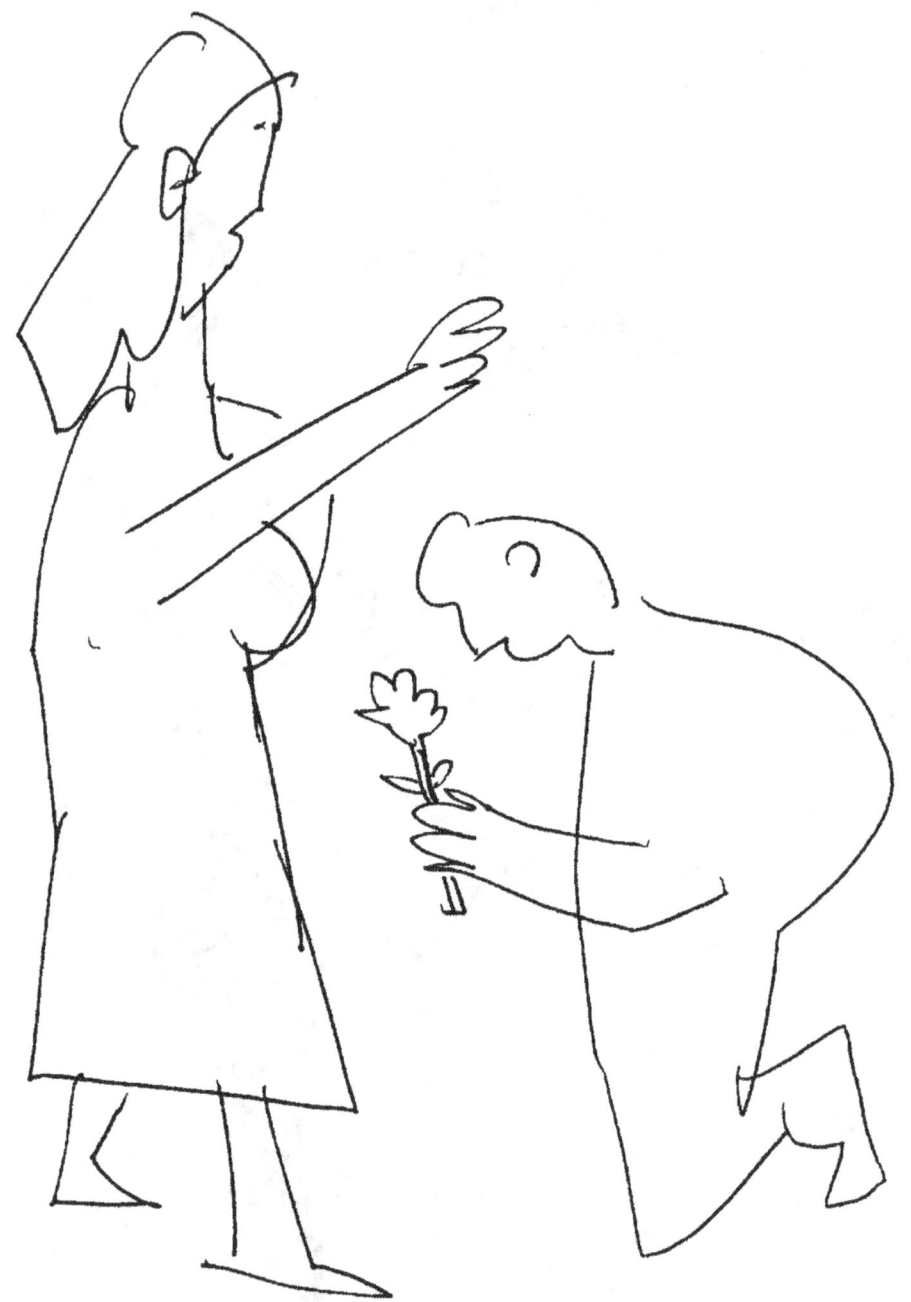

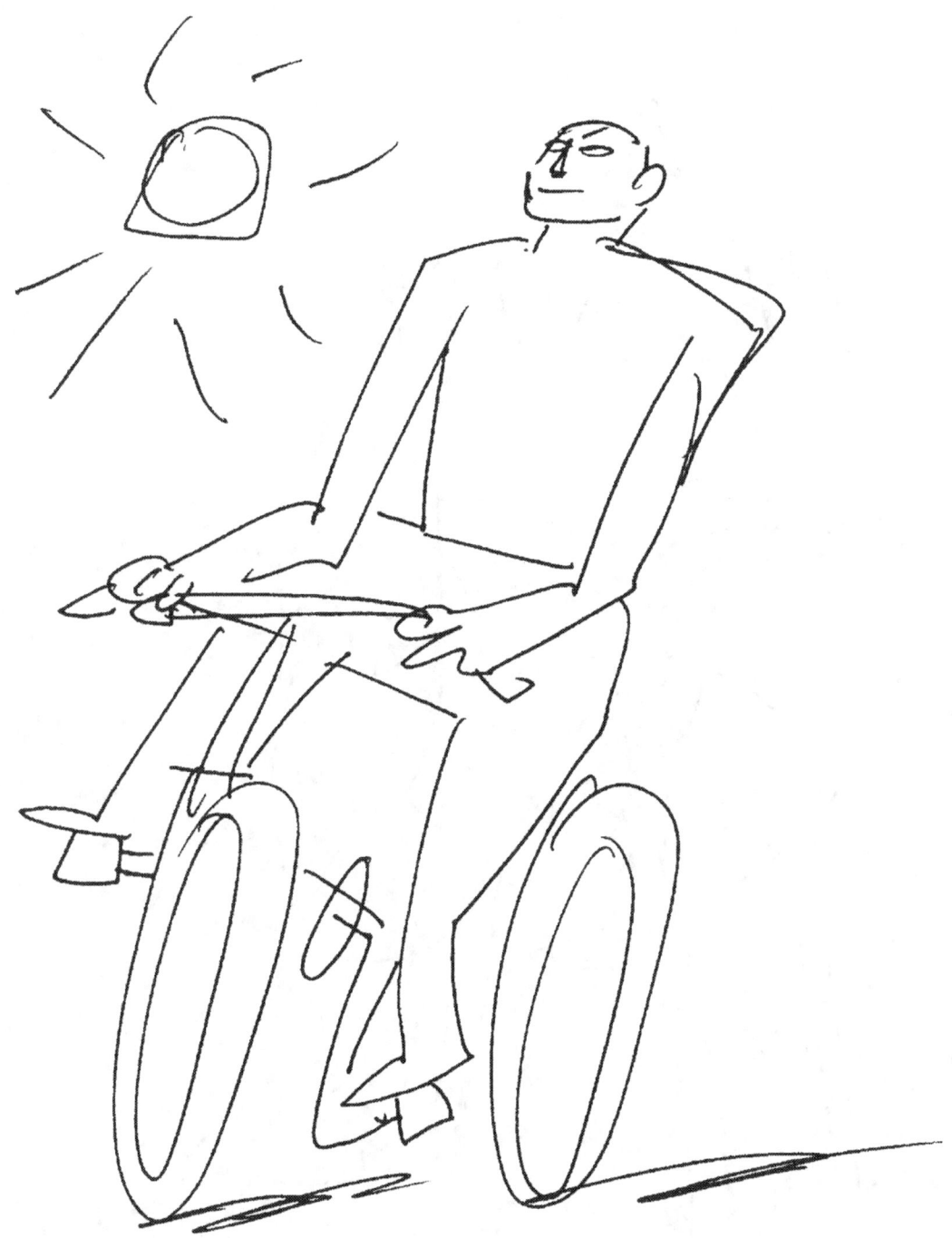

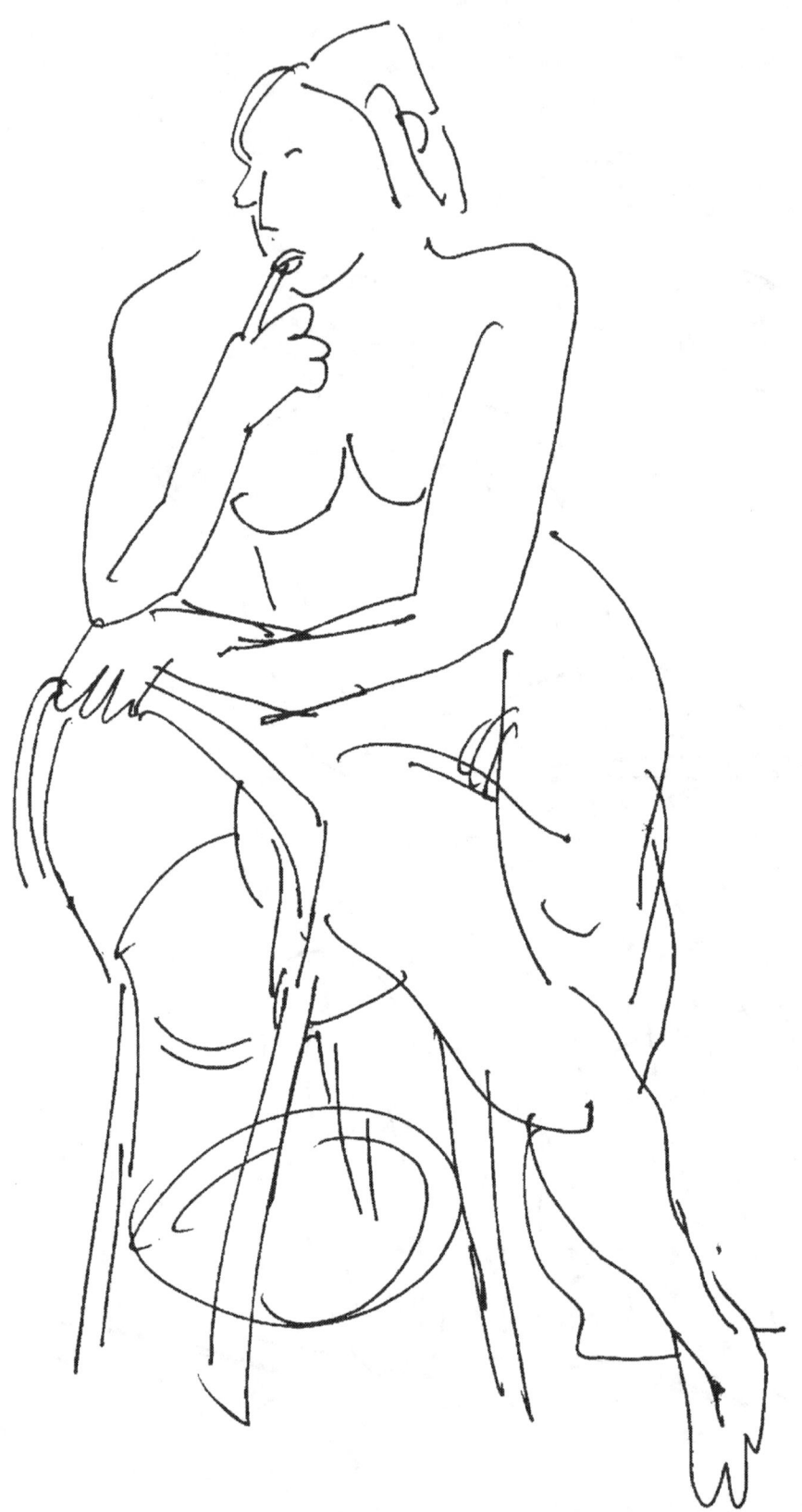

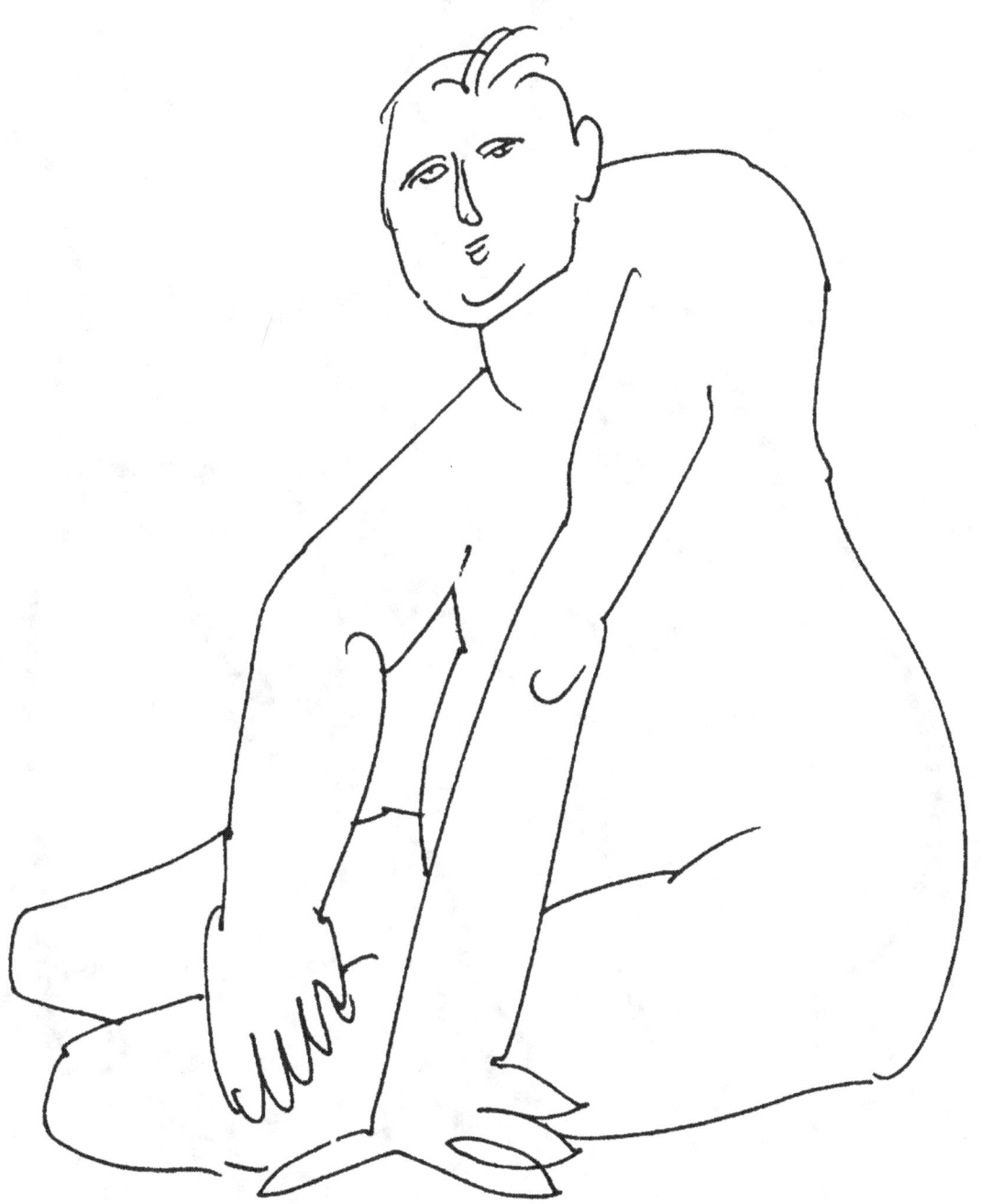

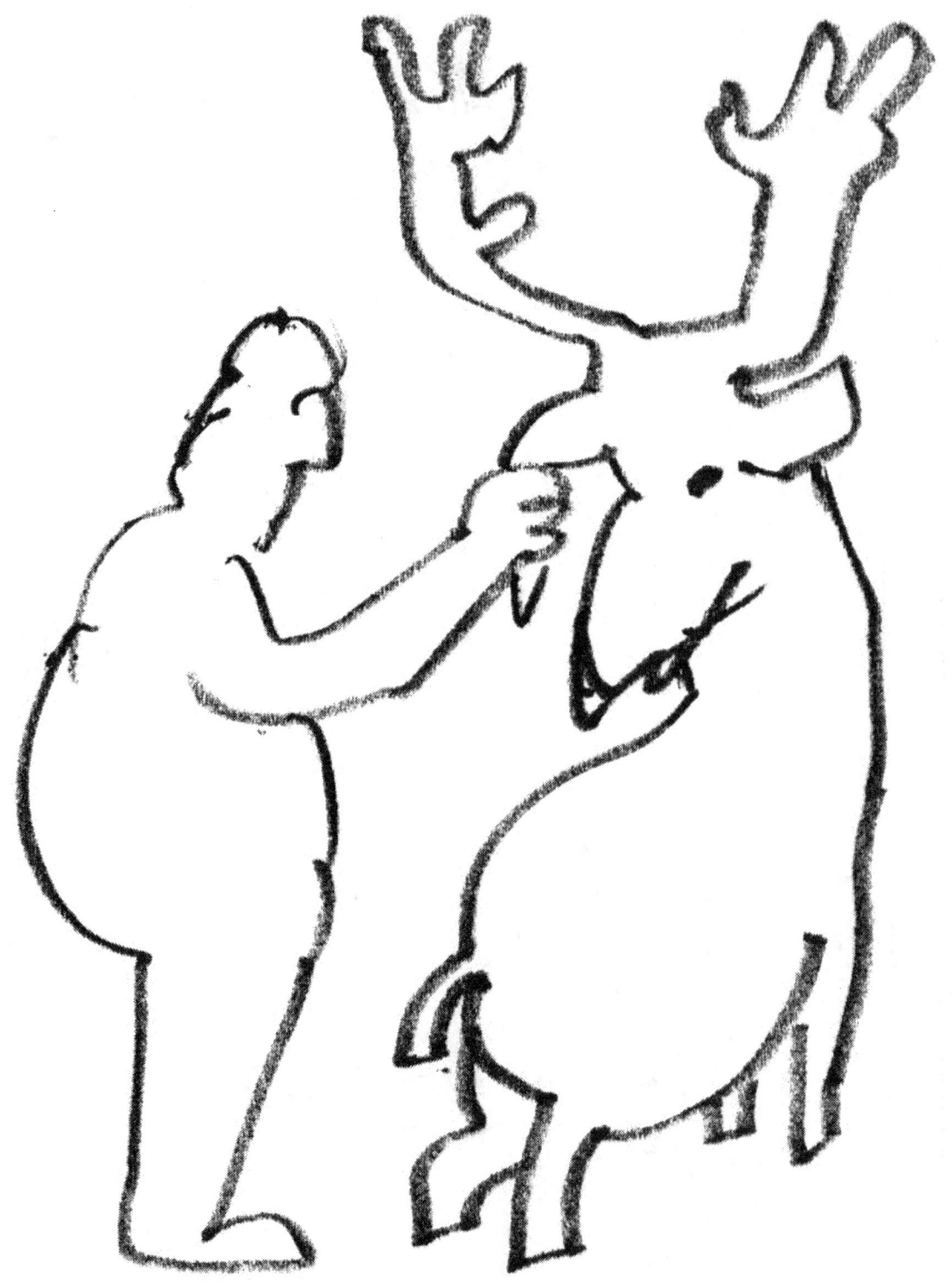

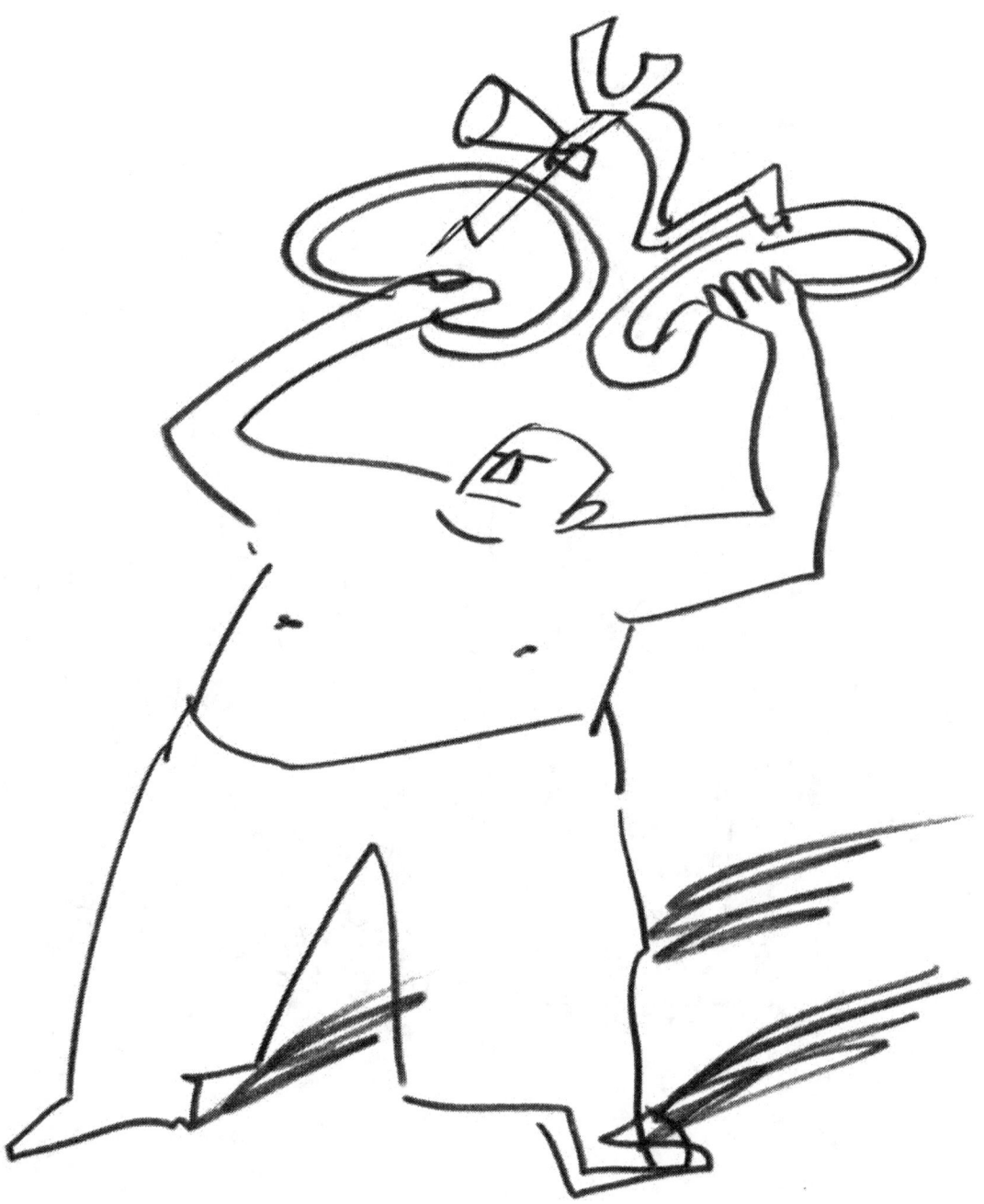

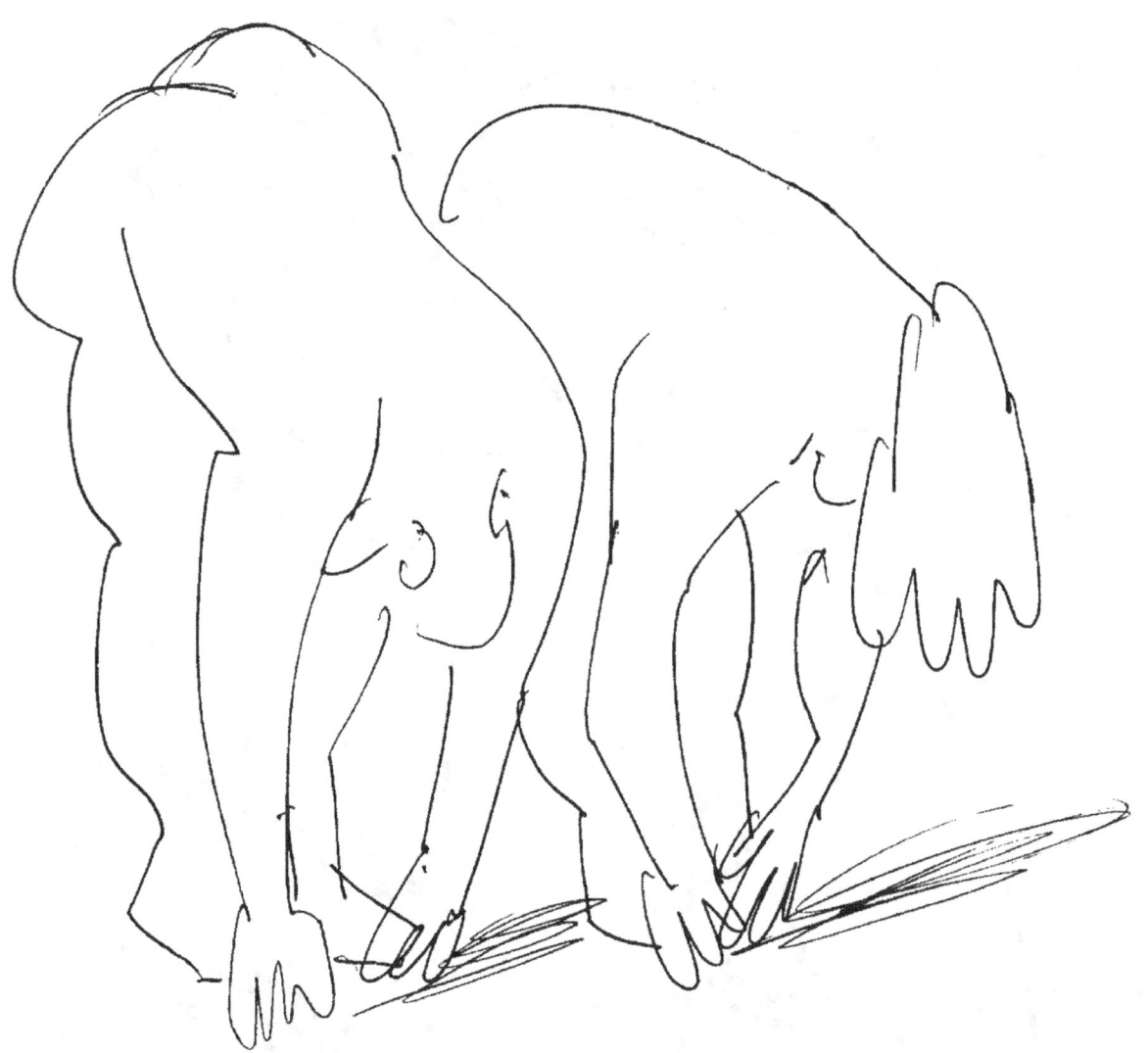

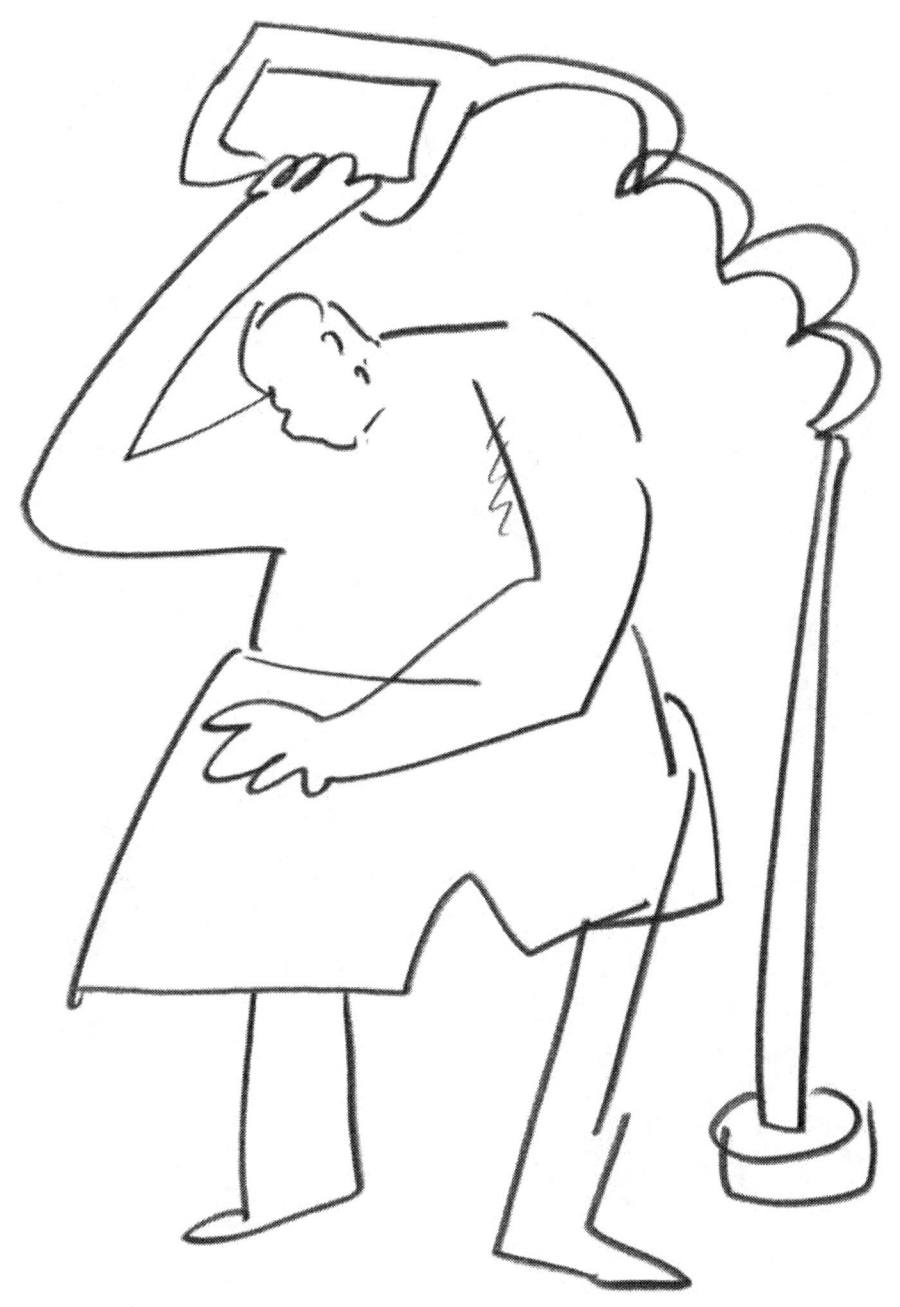

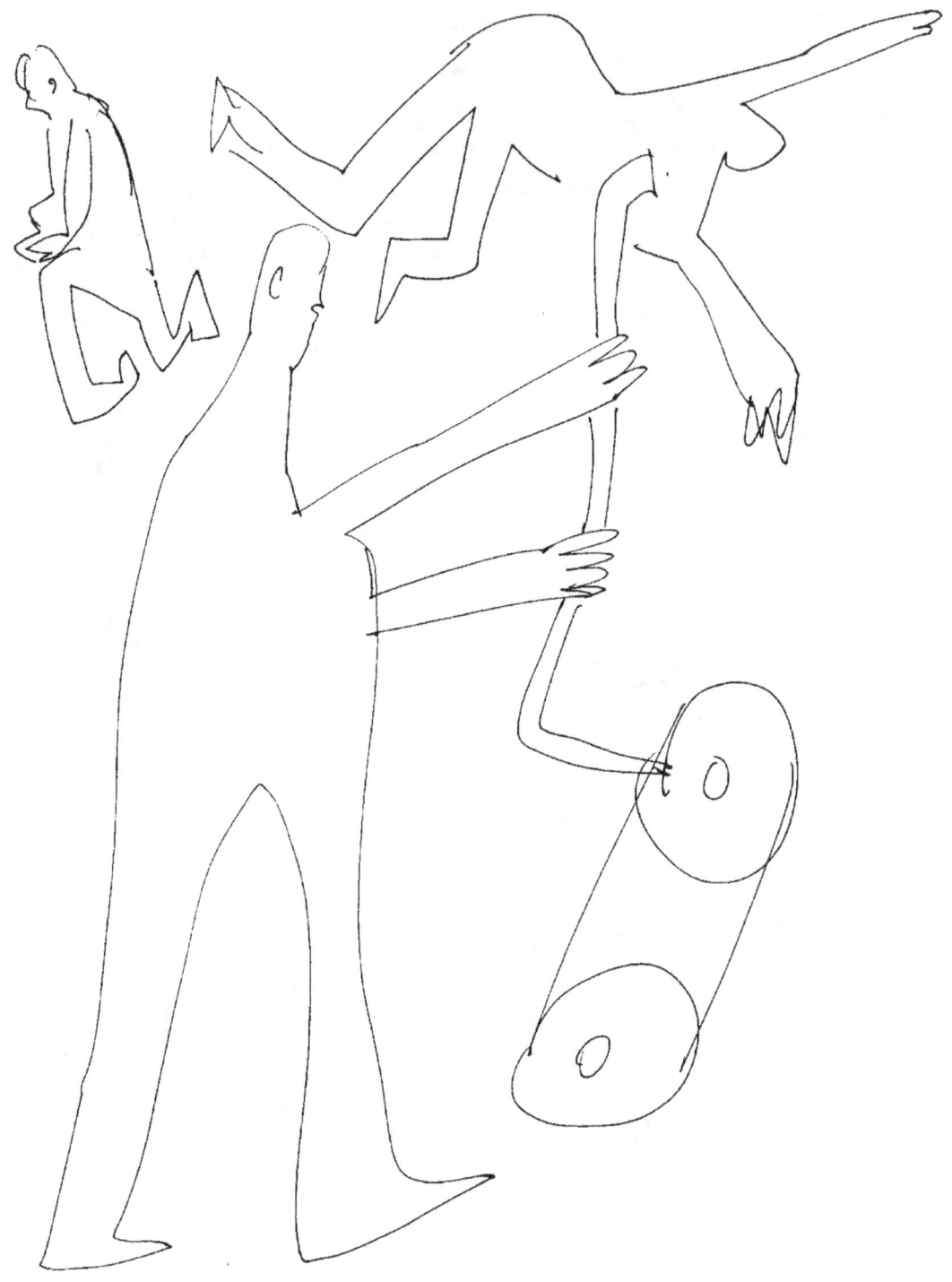

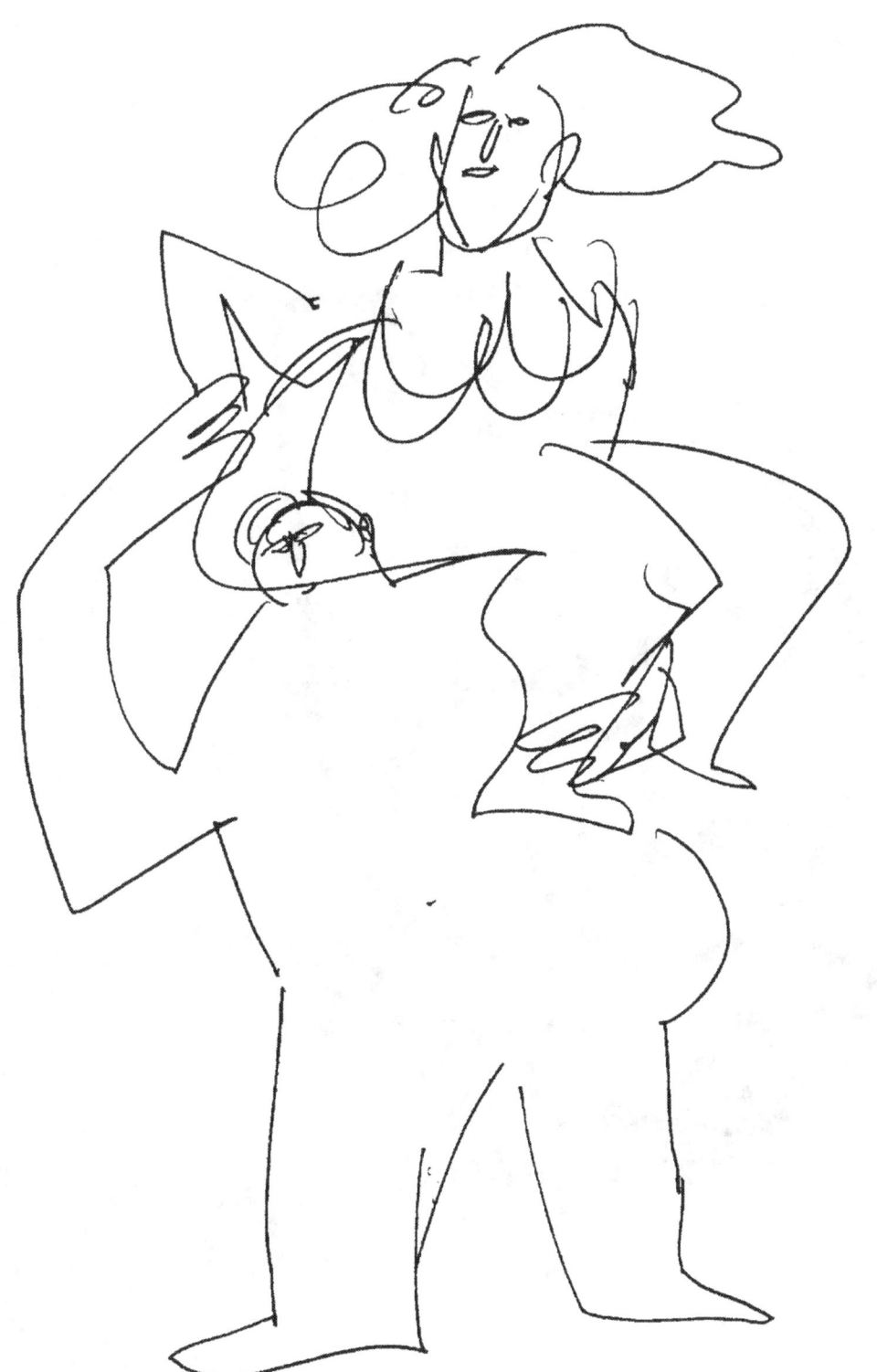

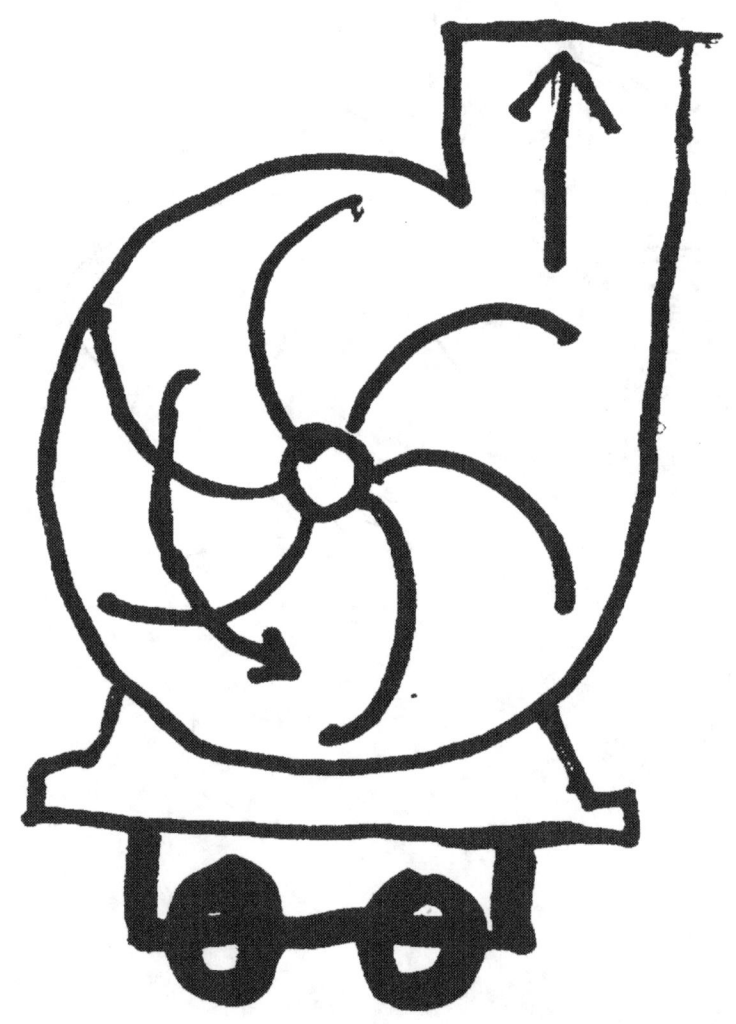

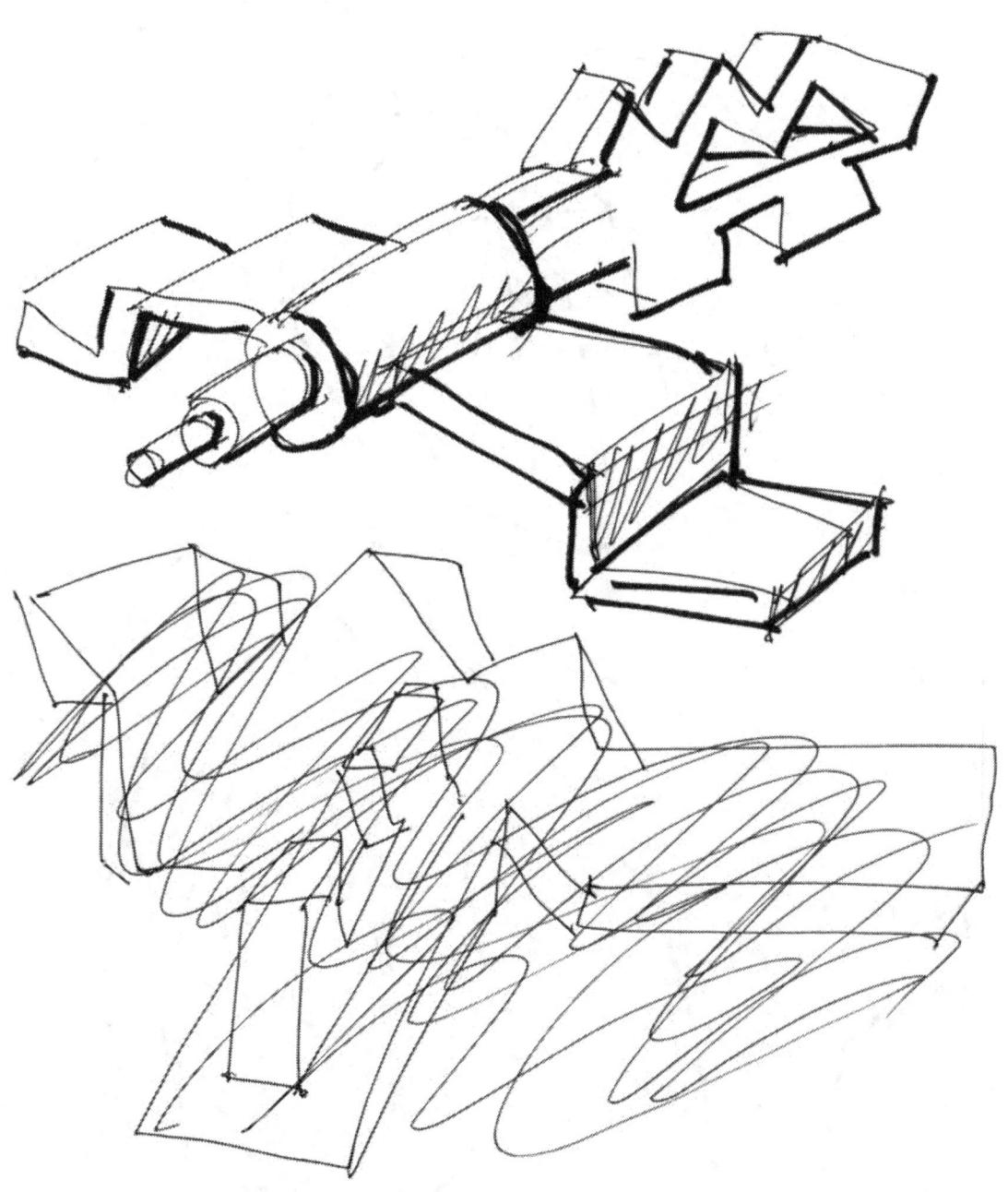

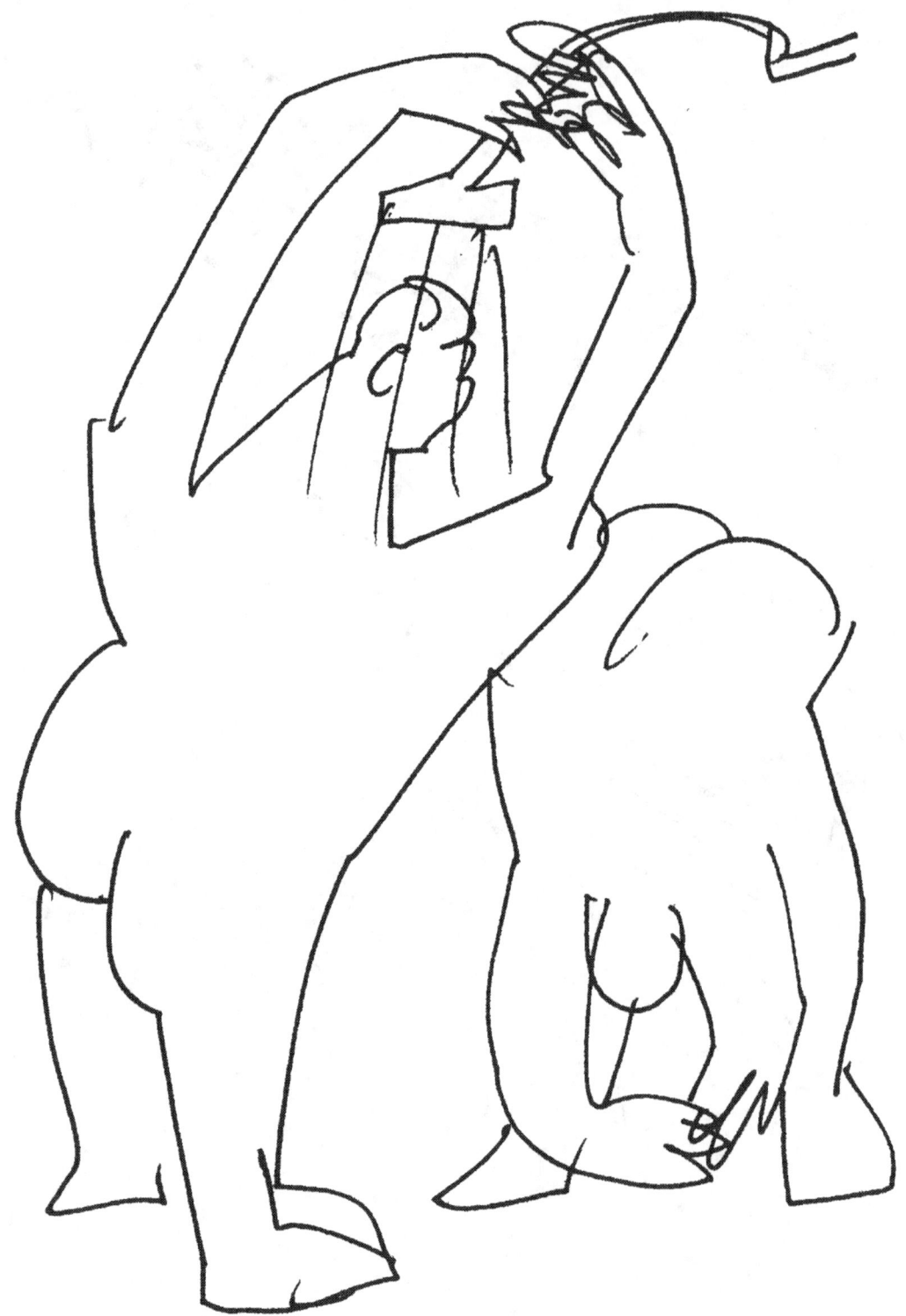

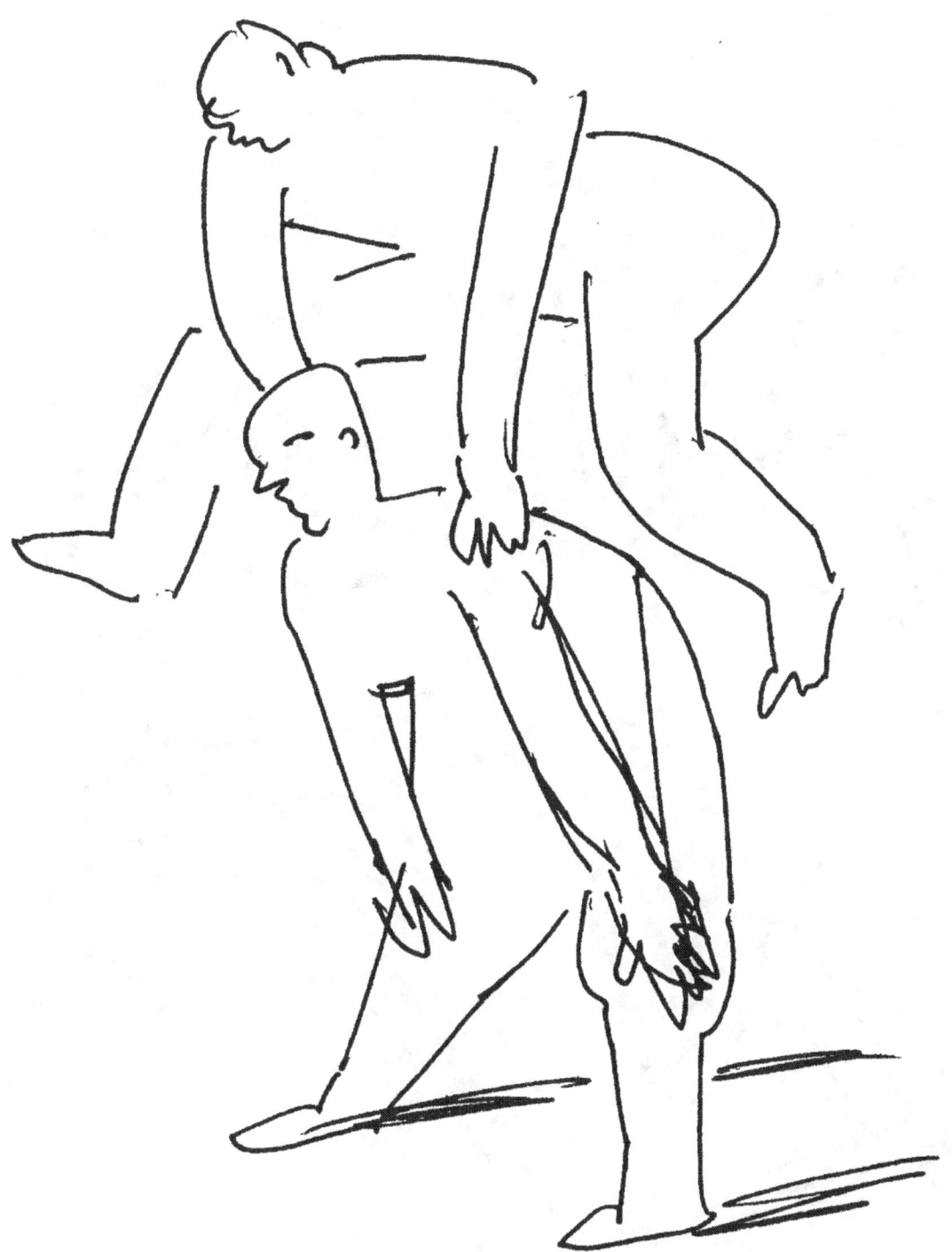

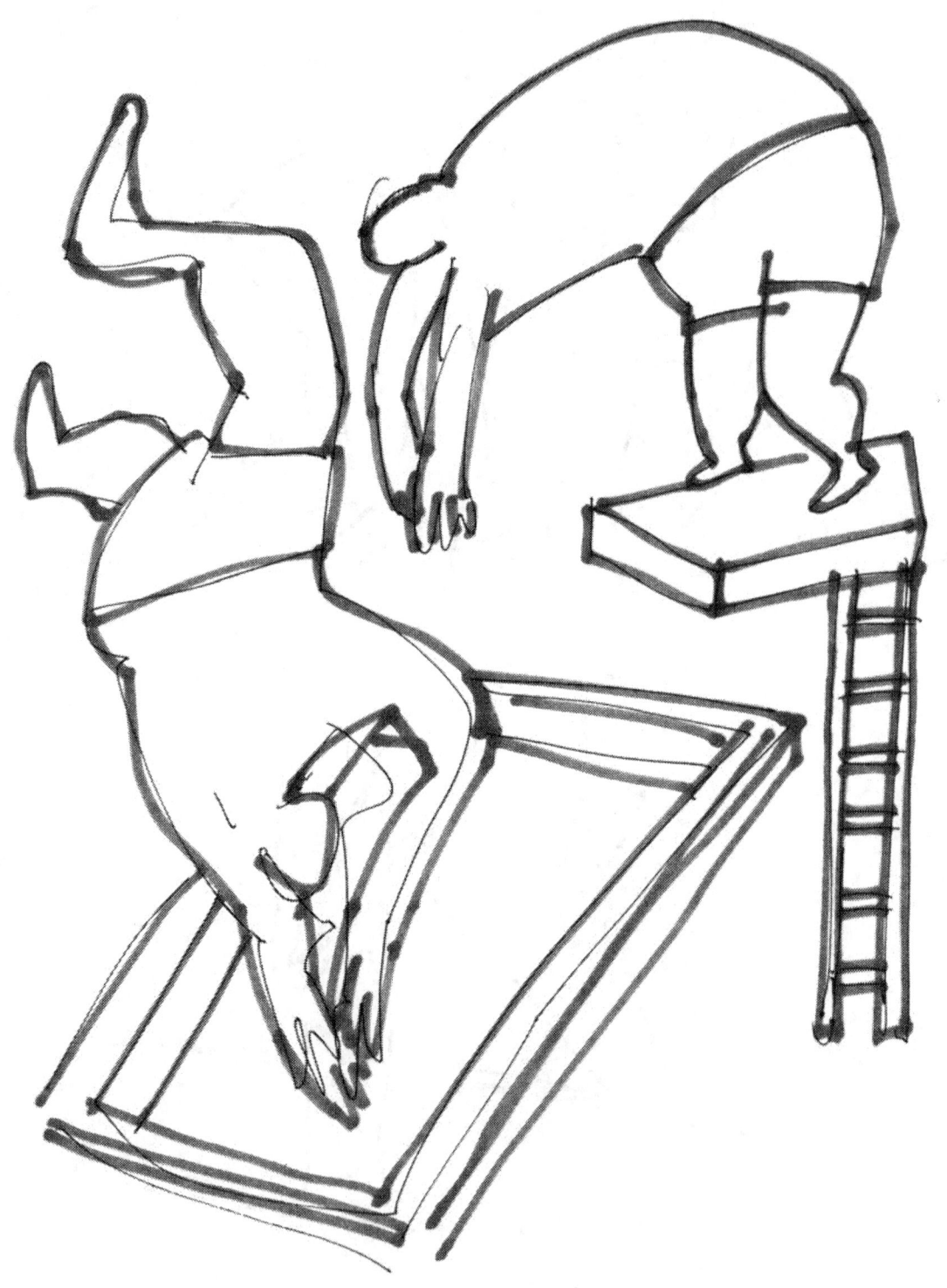

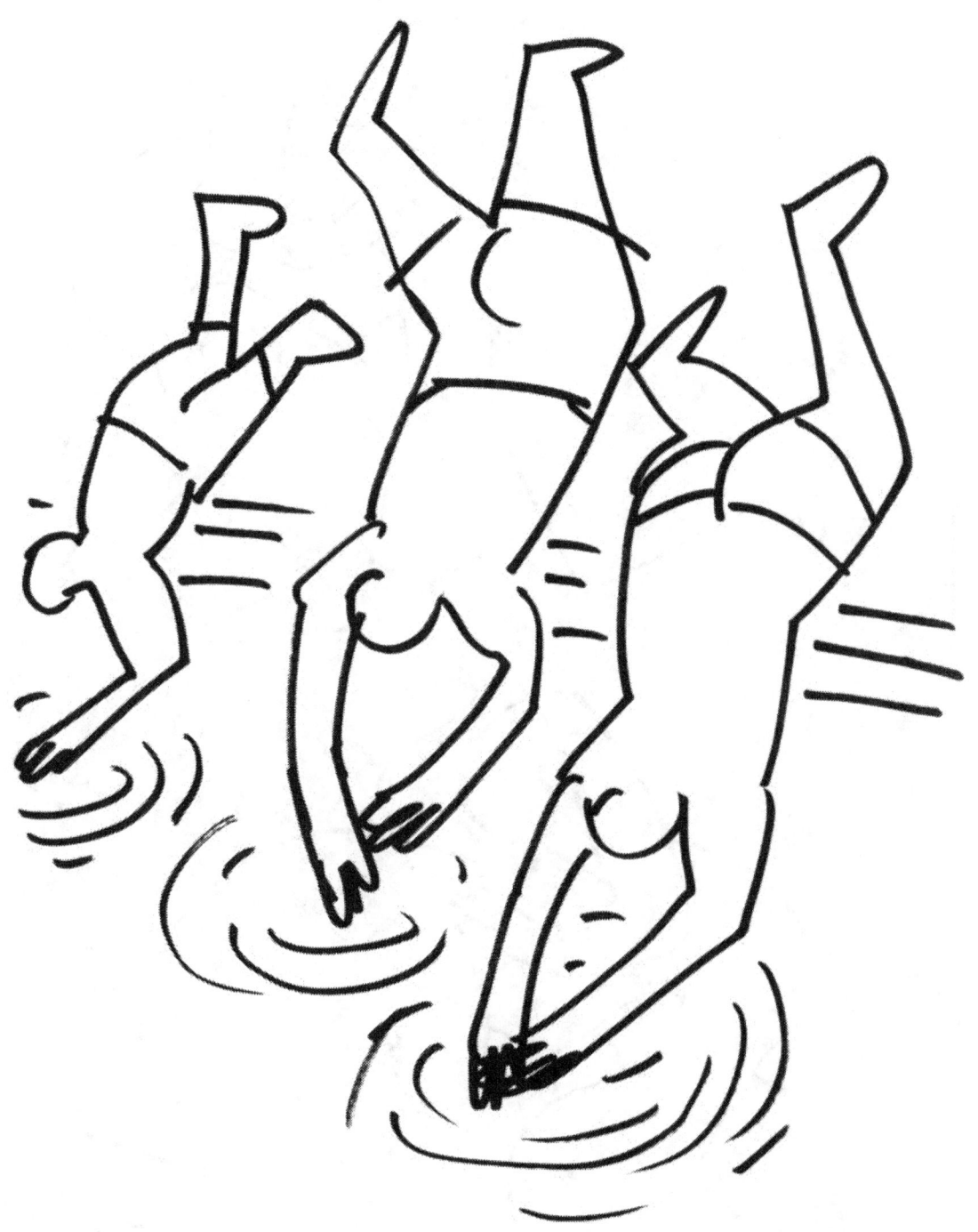

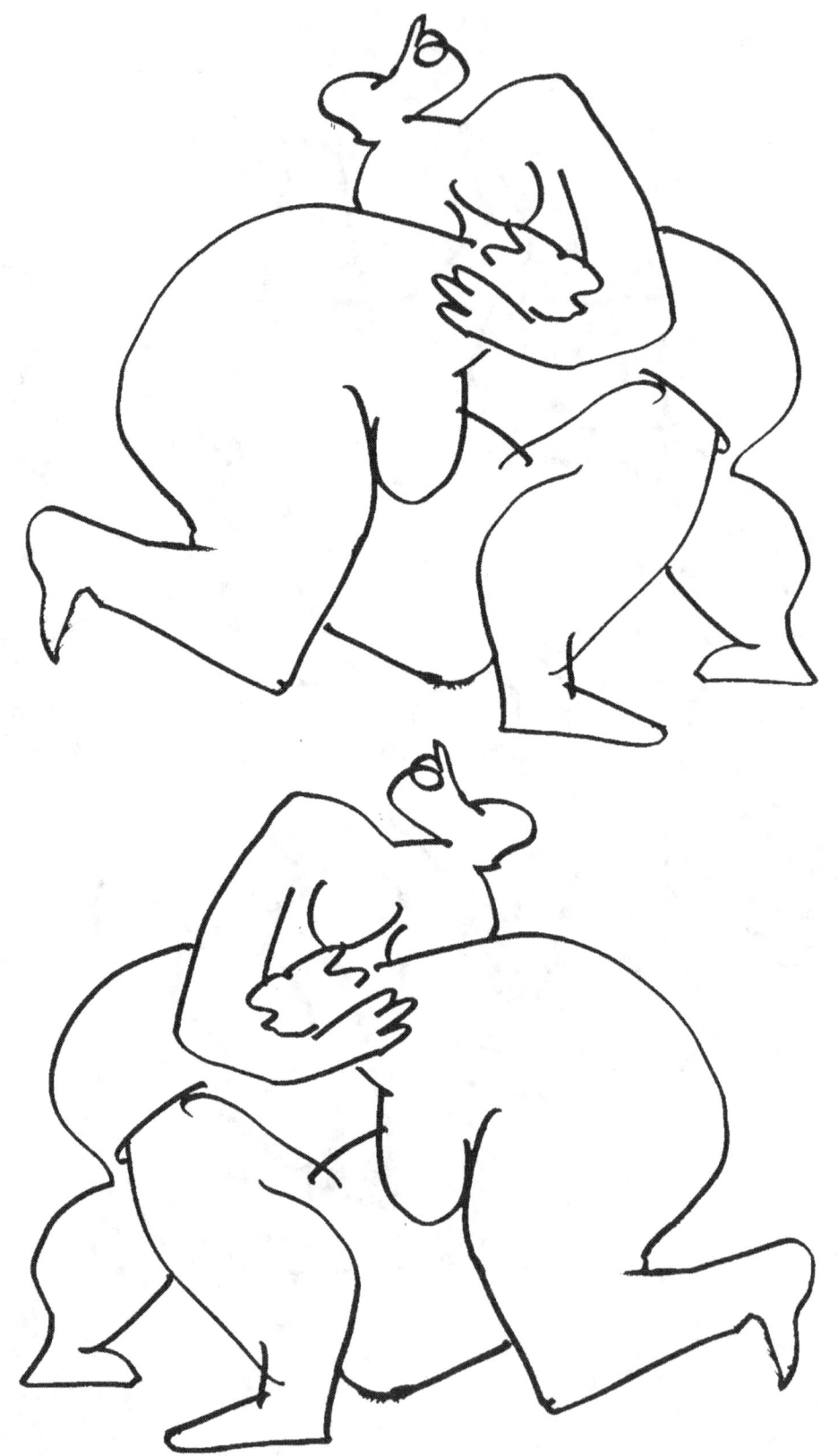

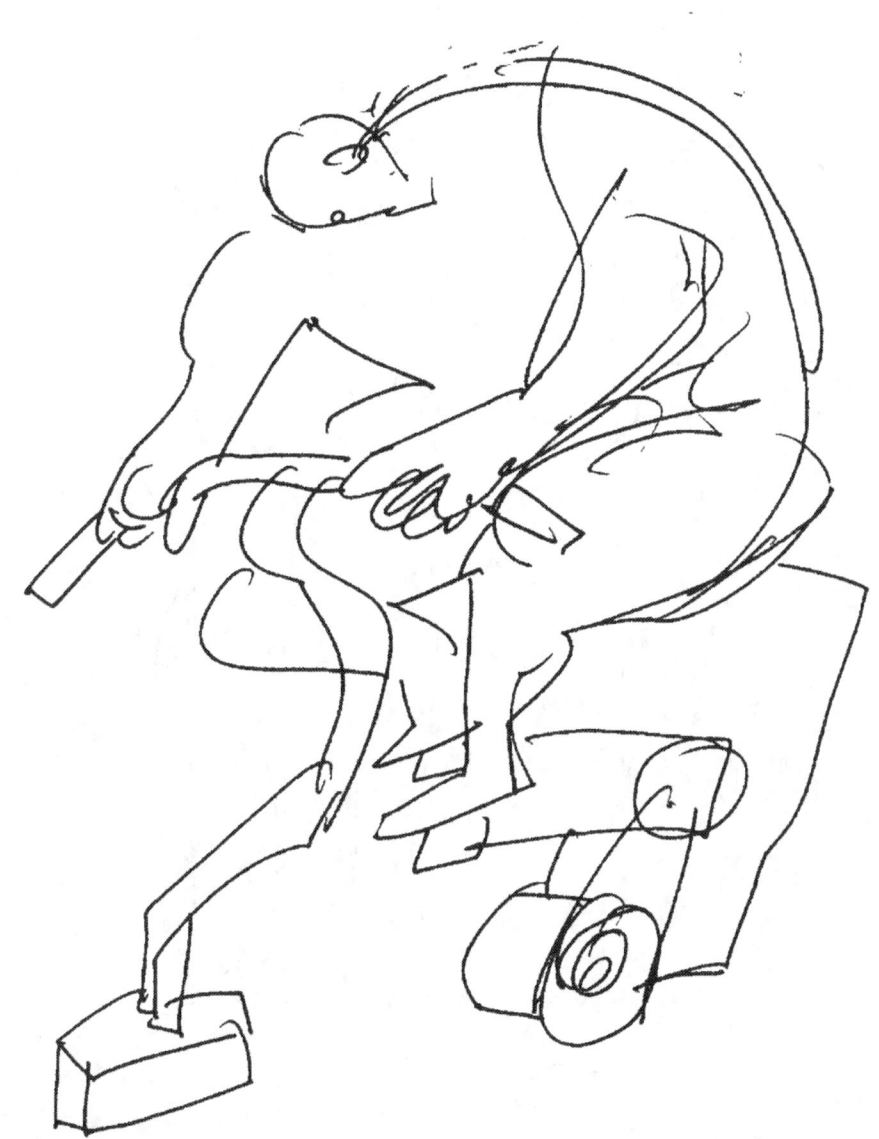

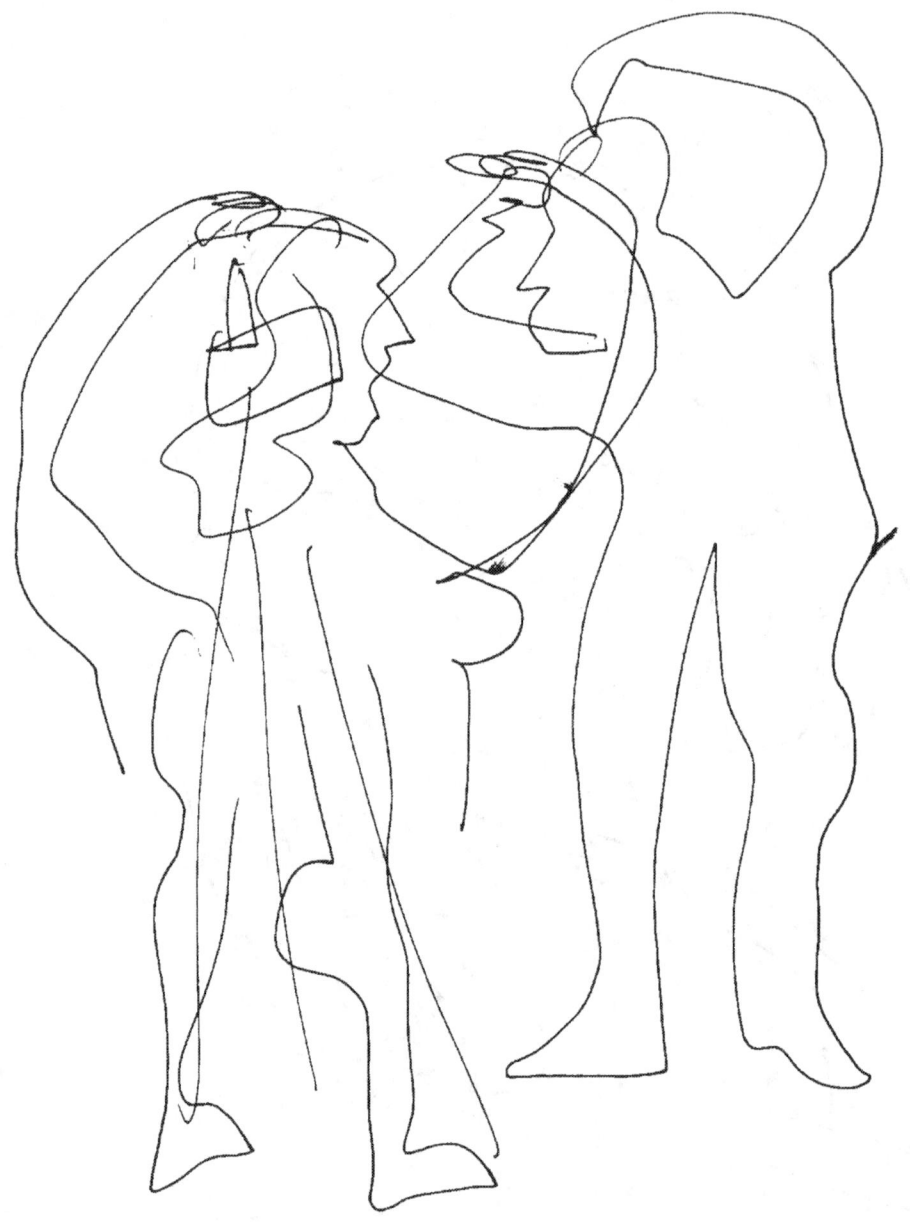

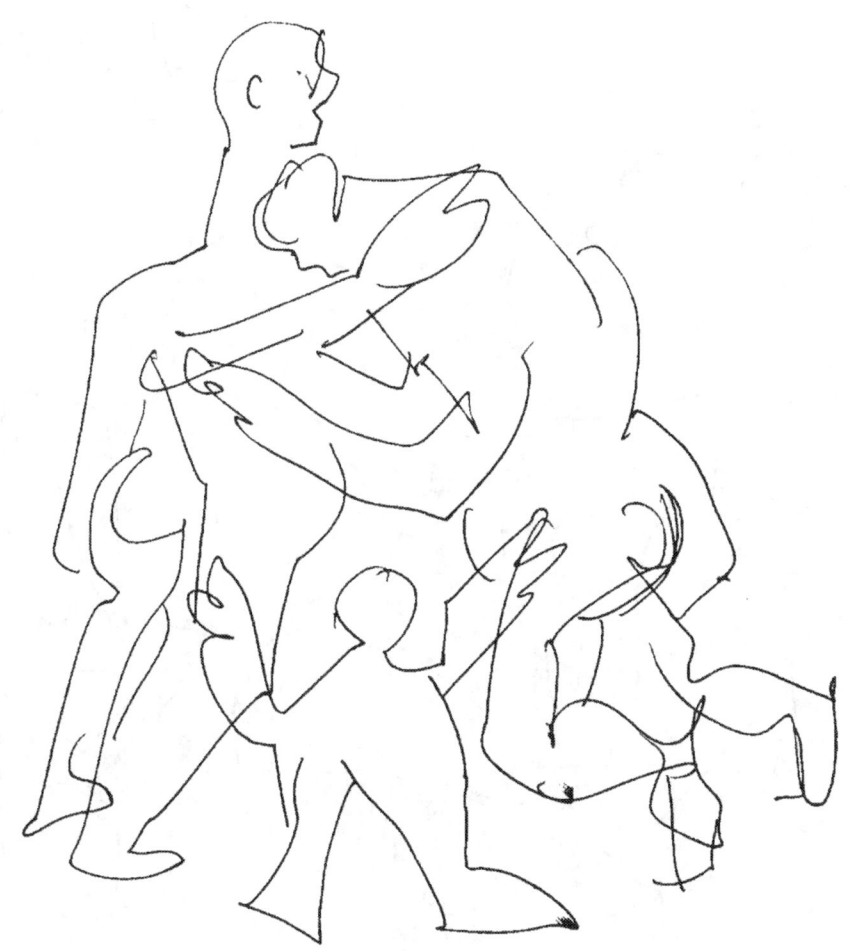

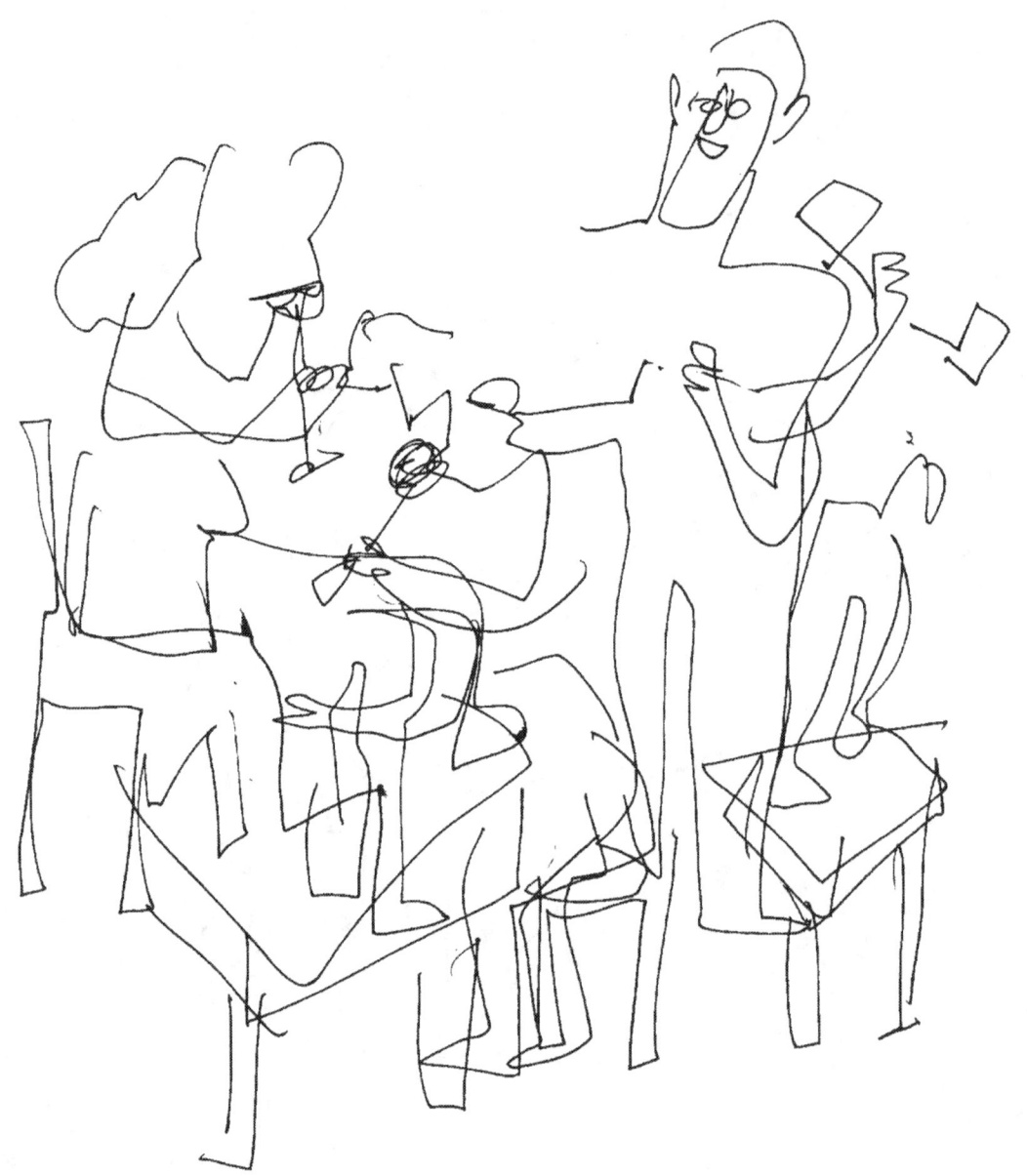

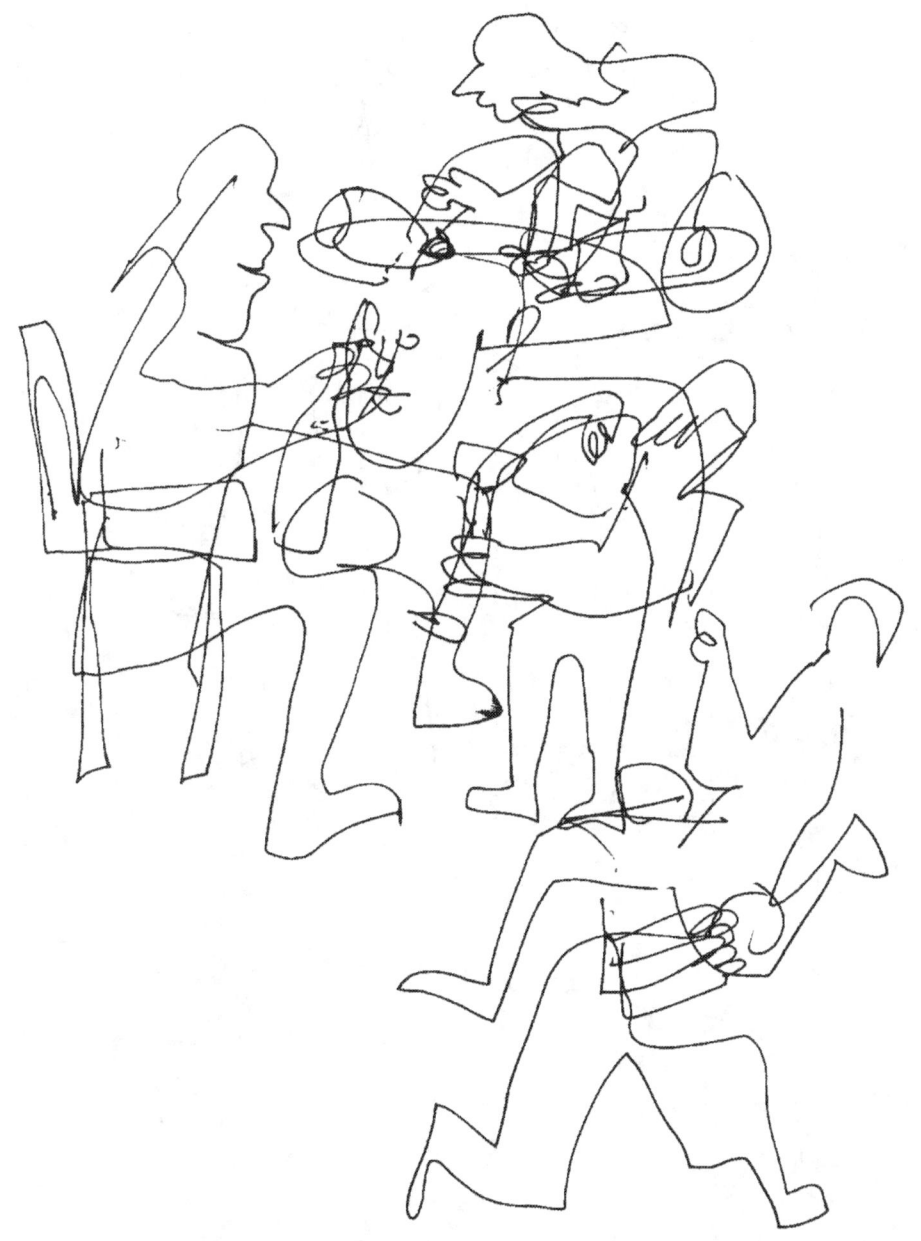

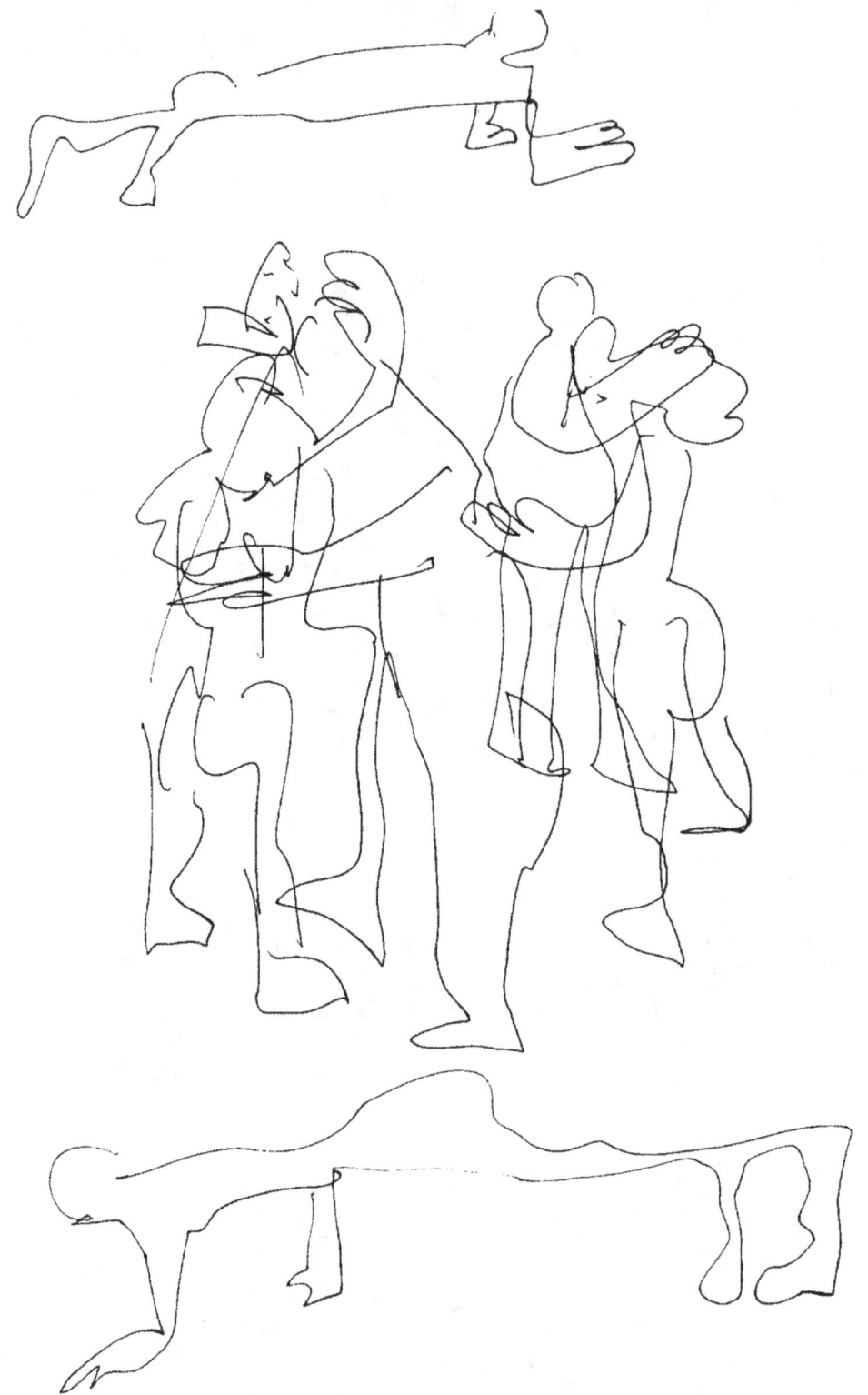

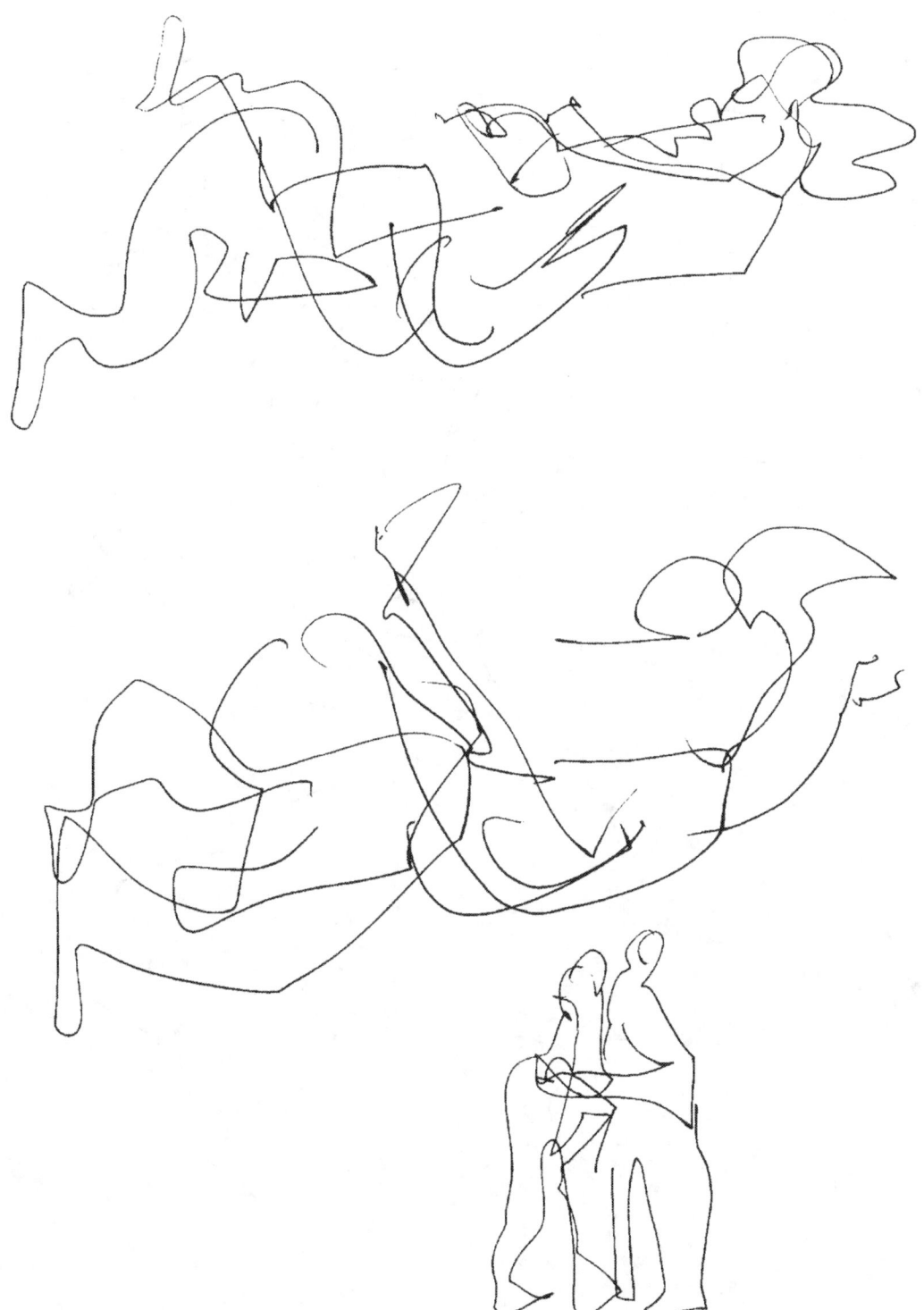

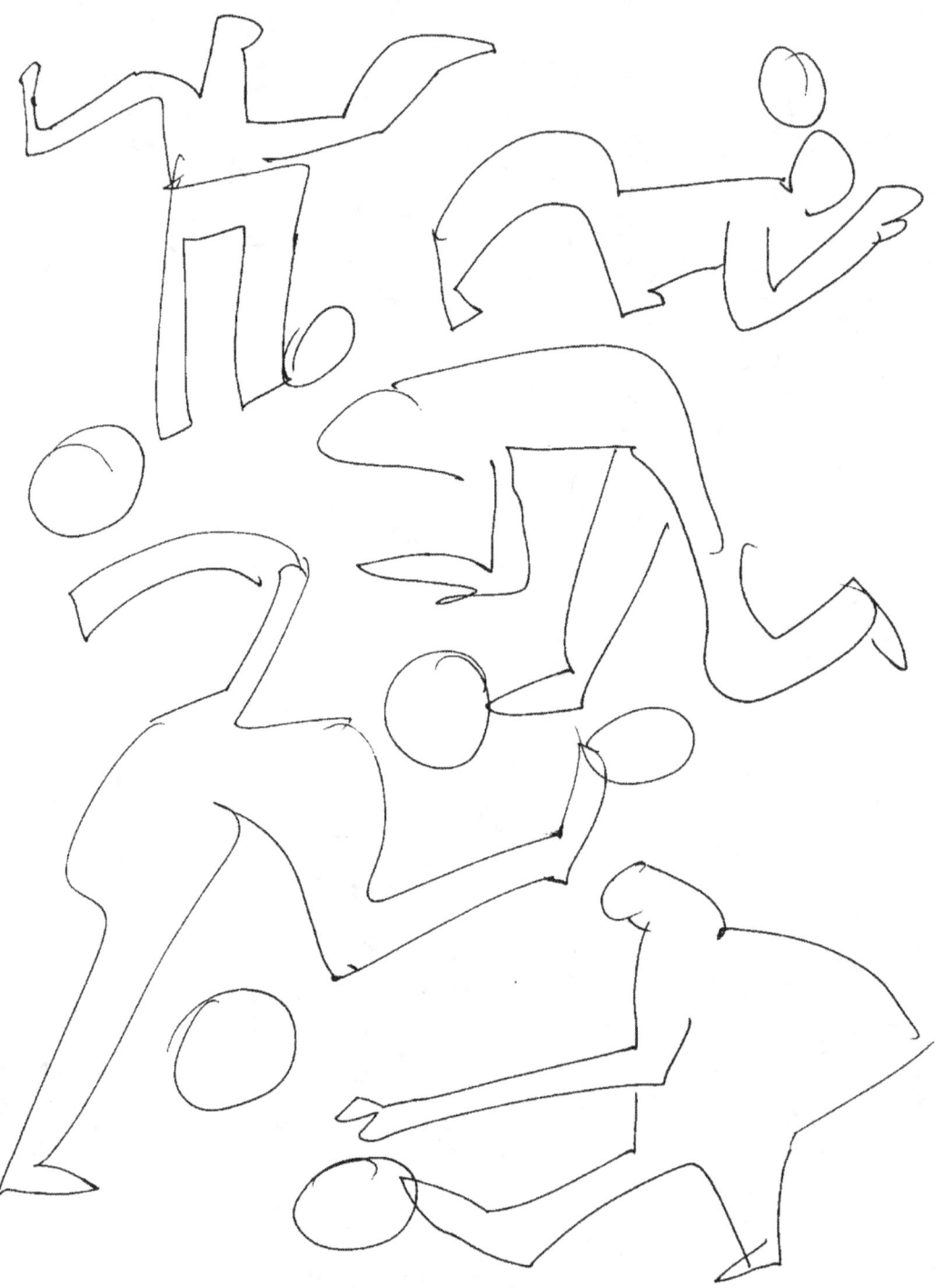

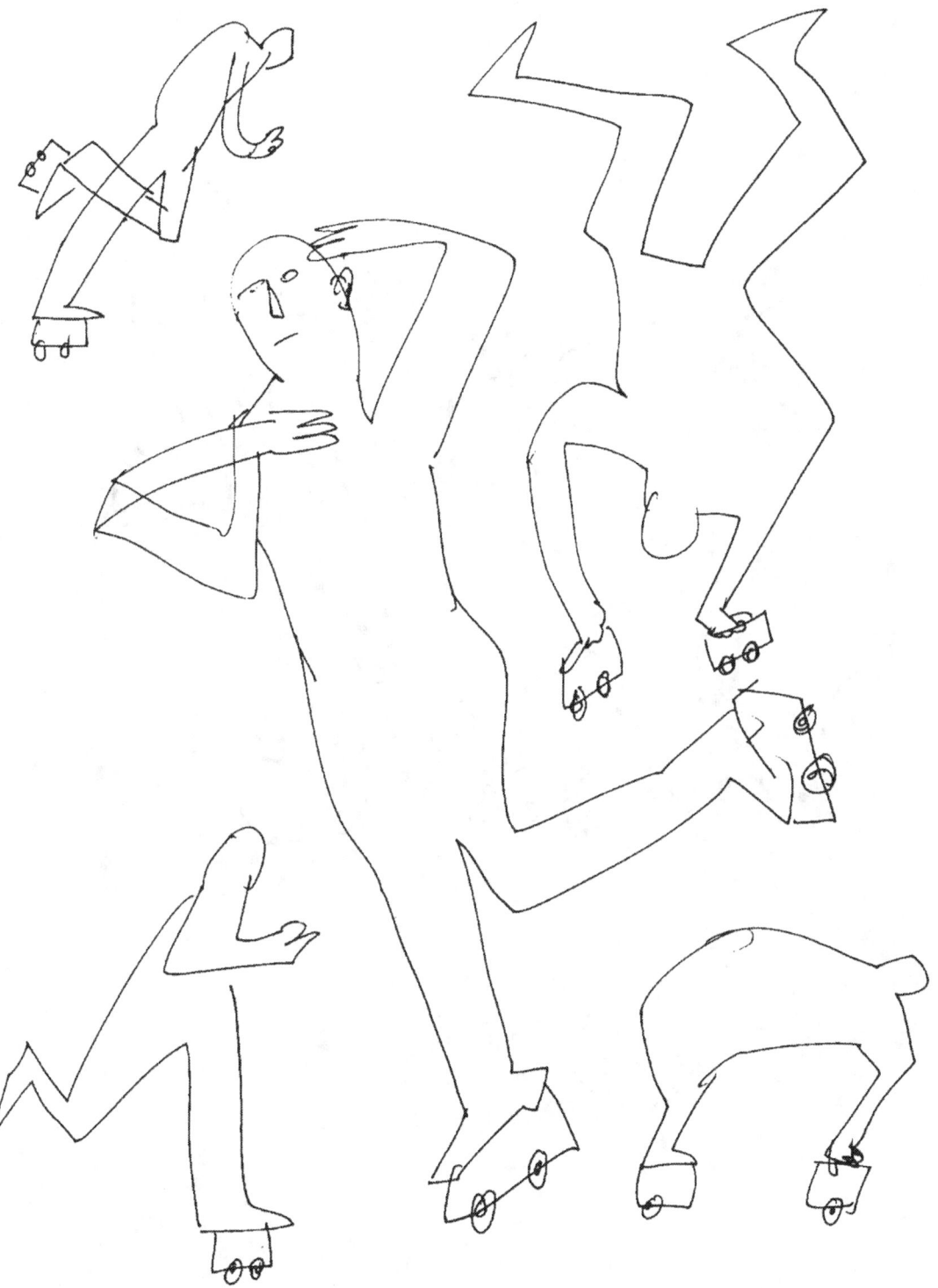

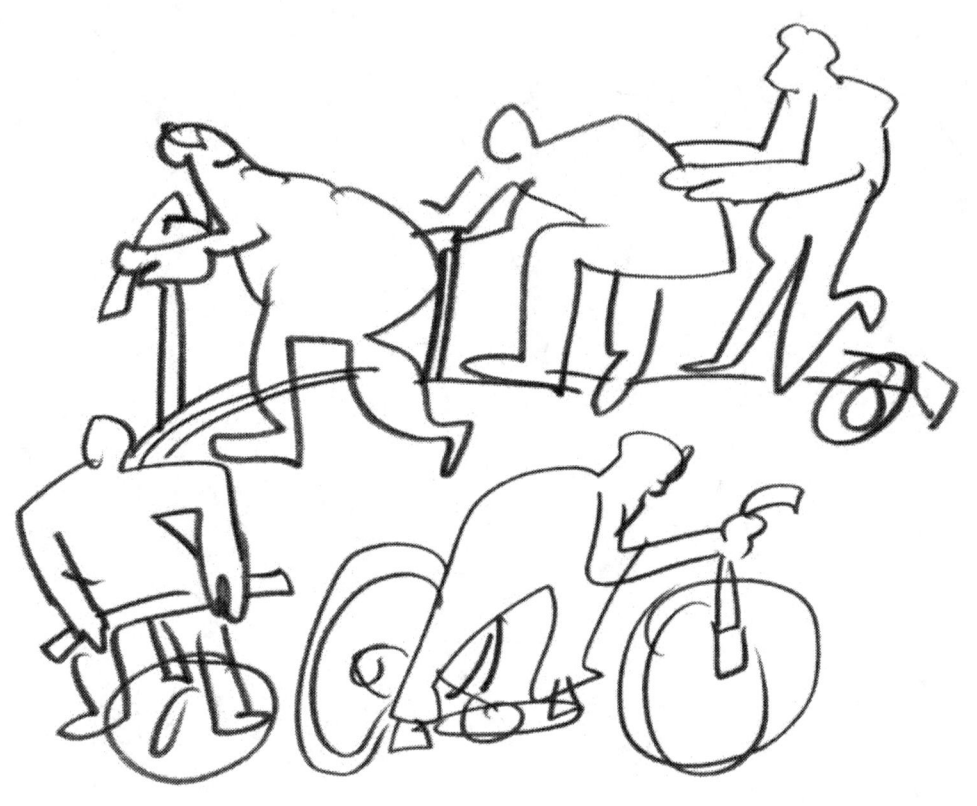

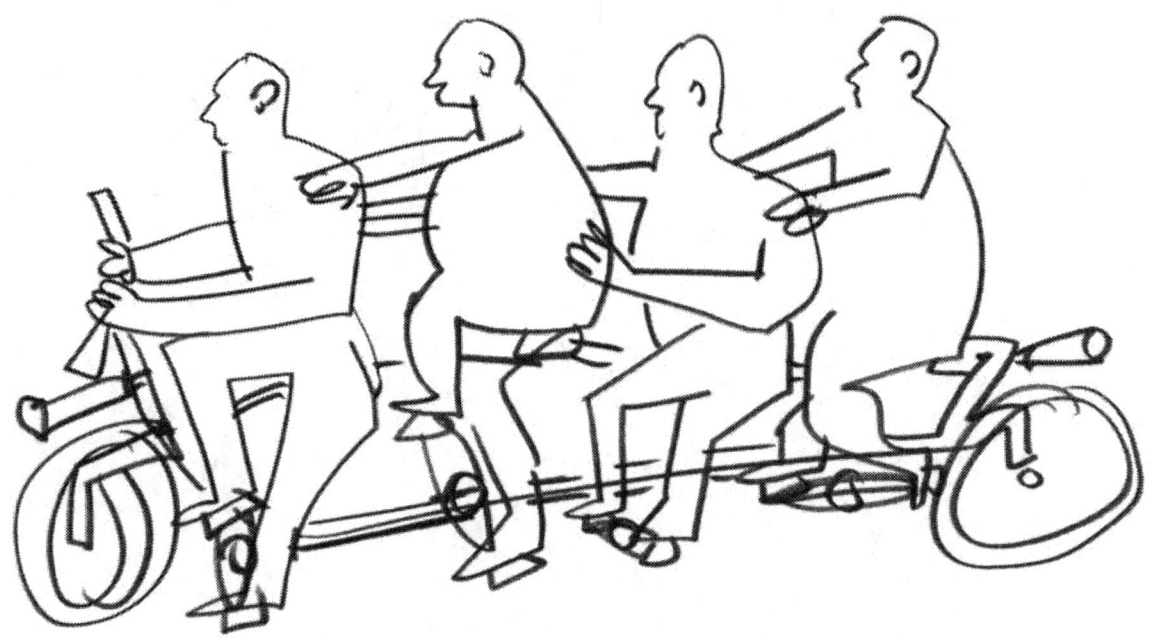

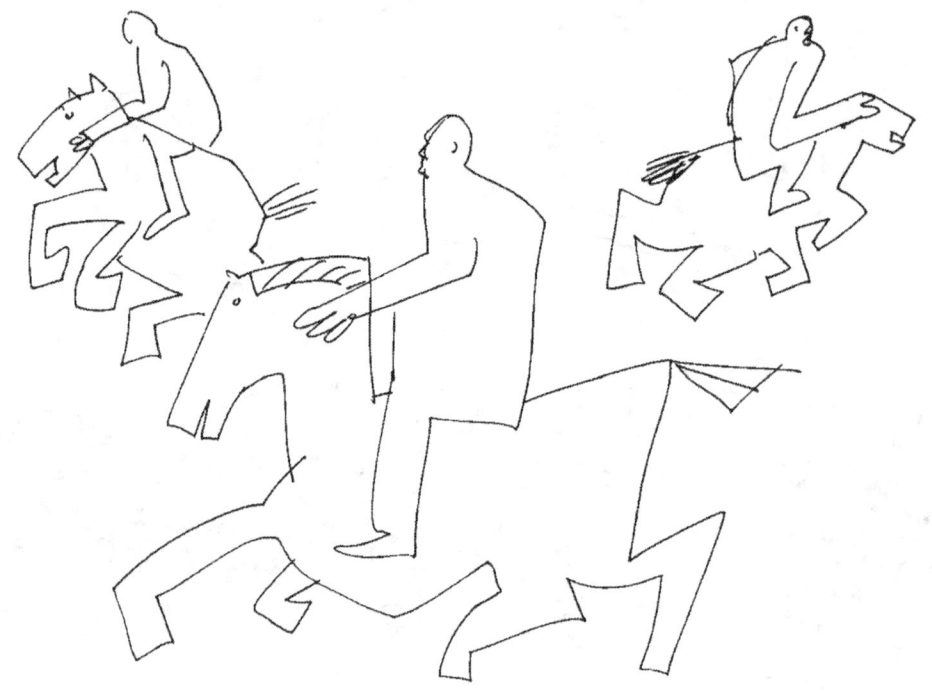

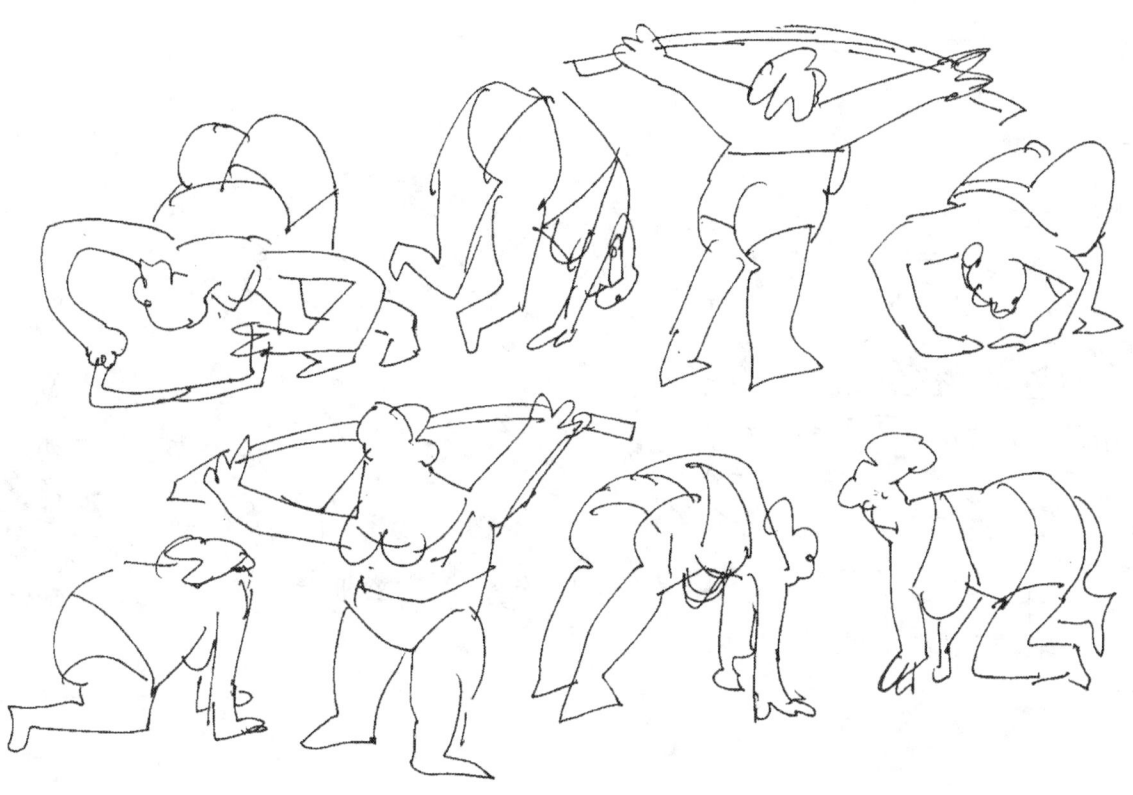

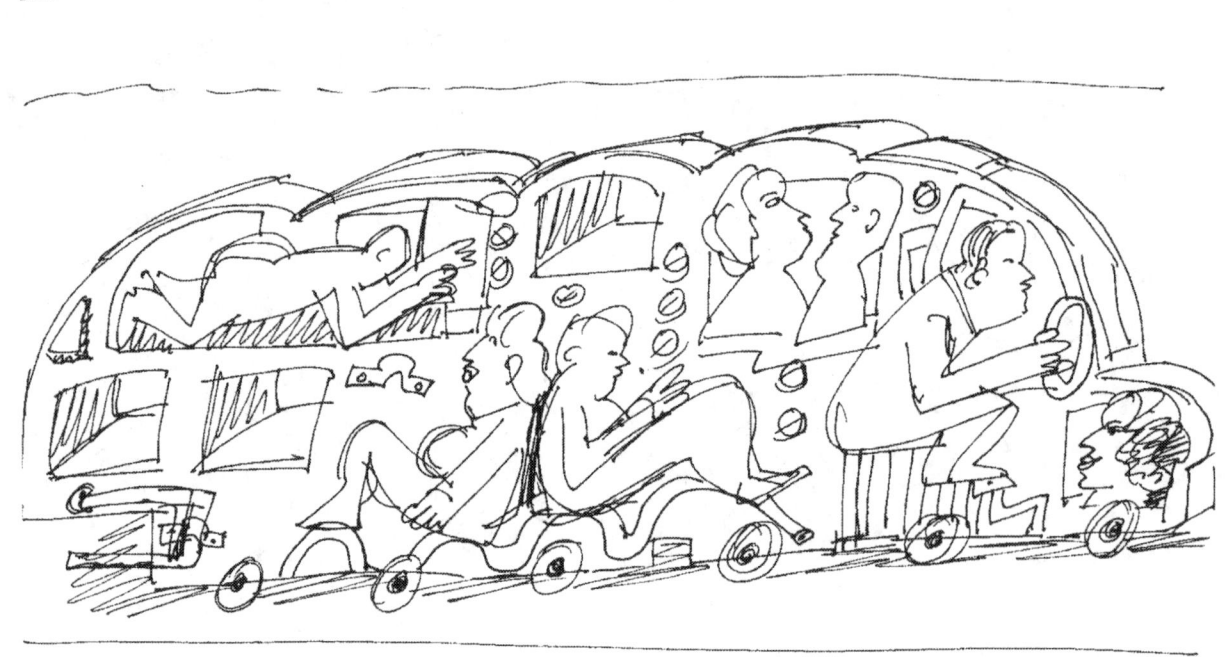

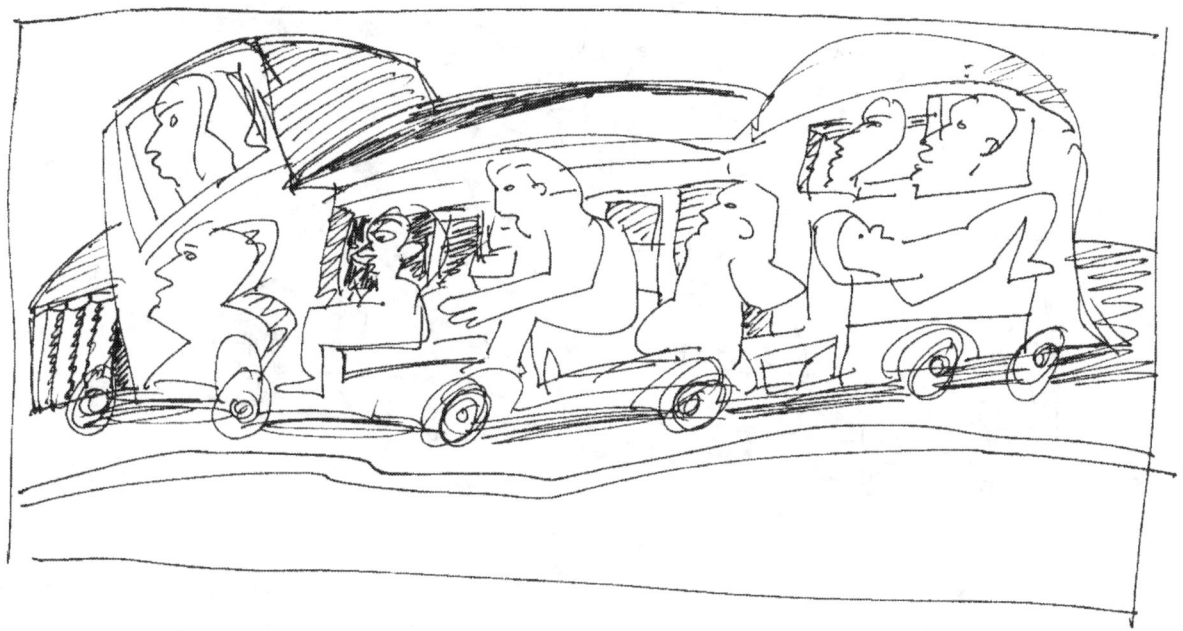

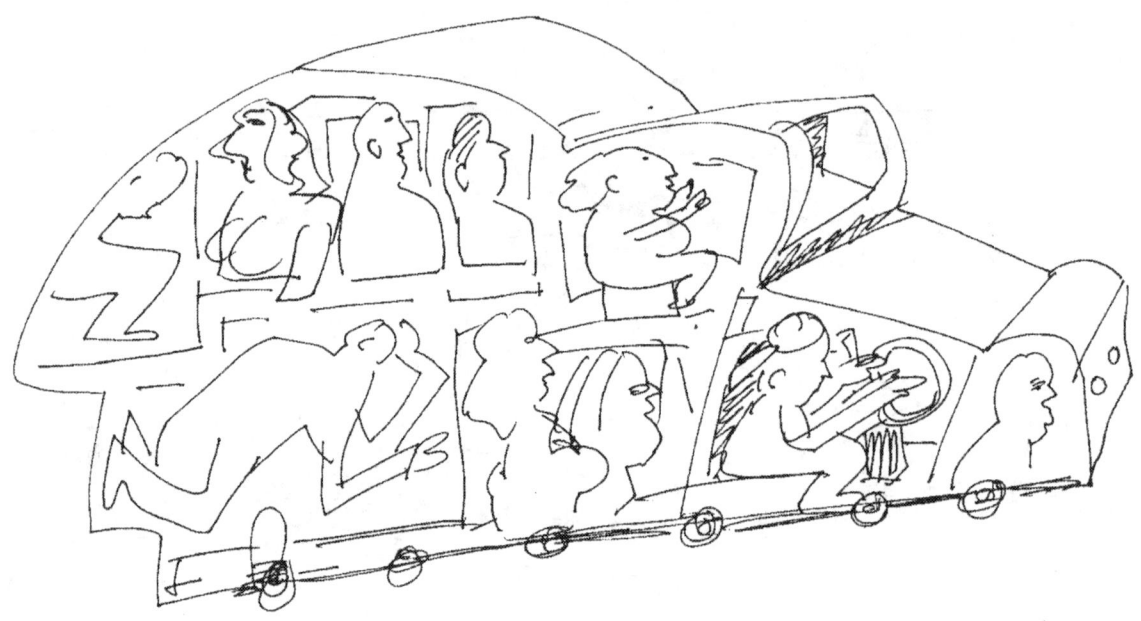

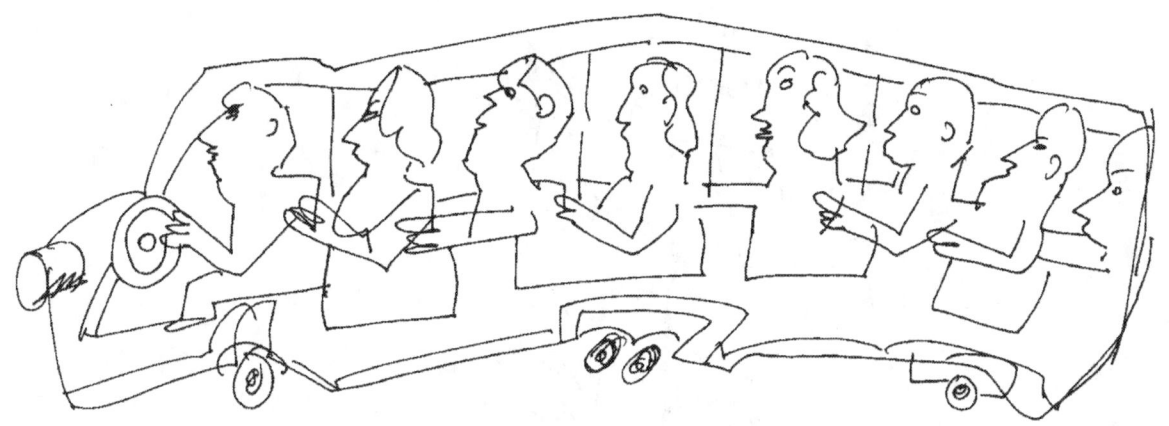

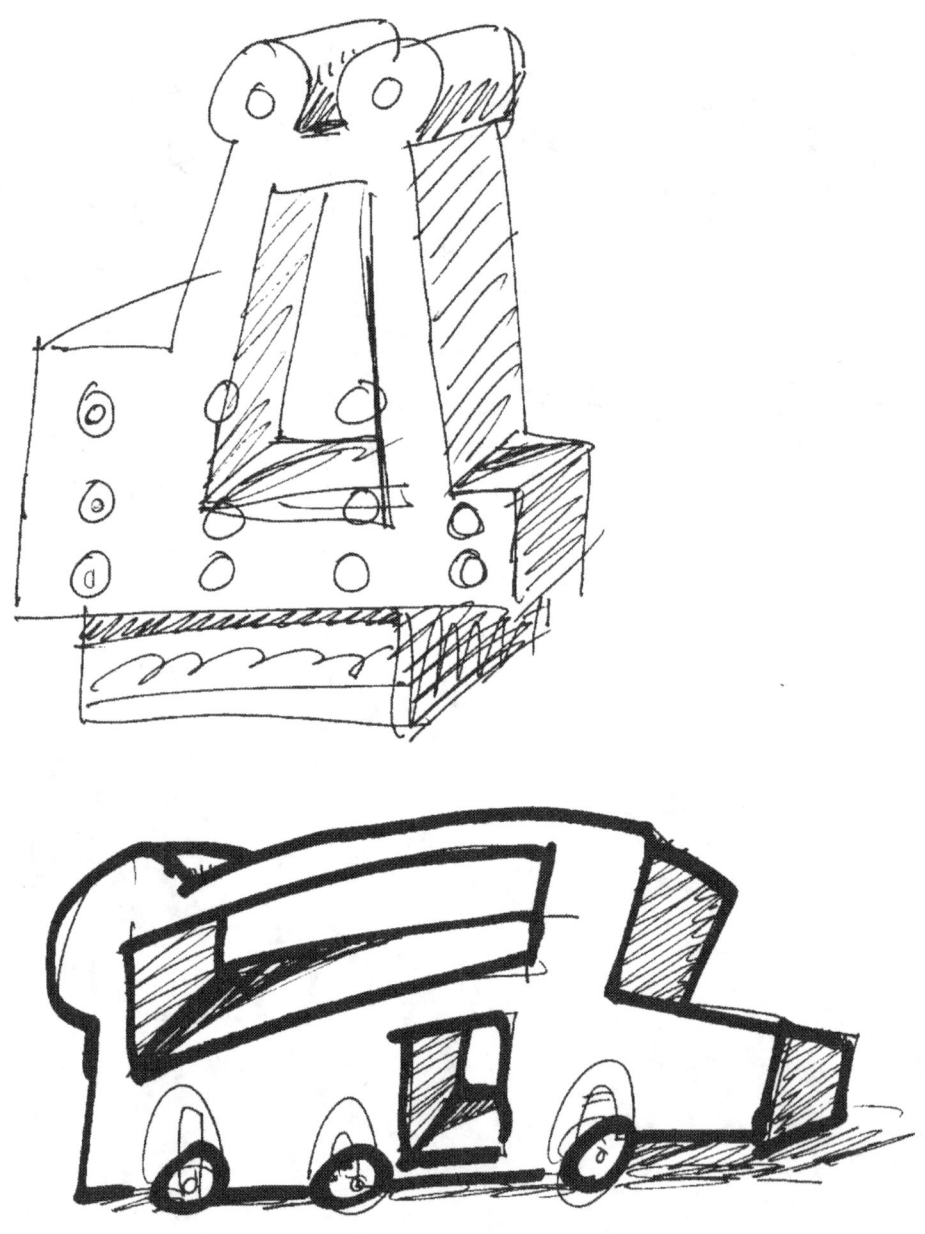

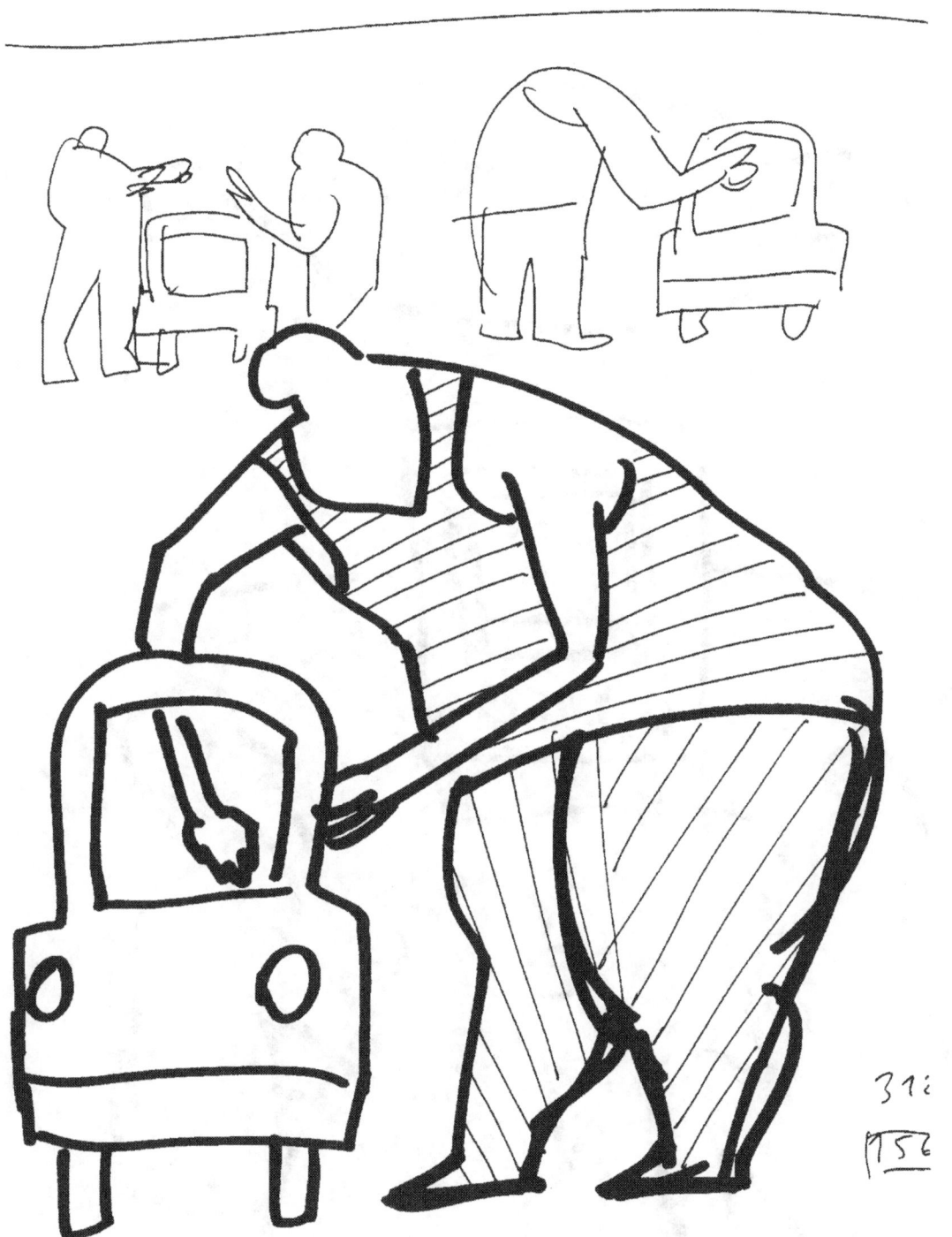

$16 : 25 = 100 : X$
312

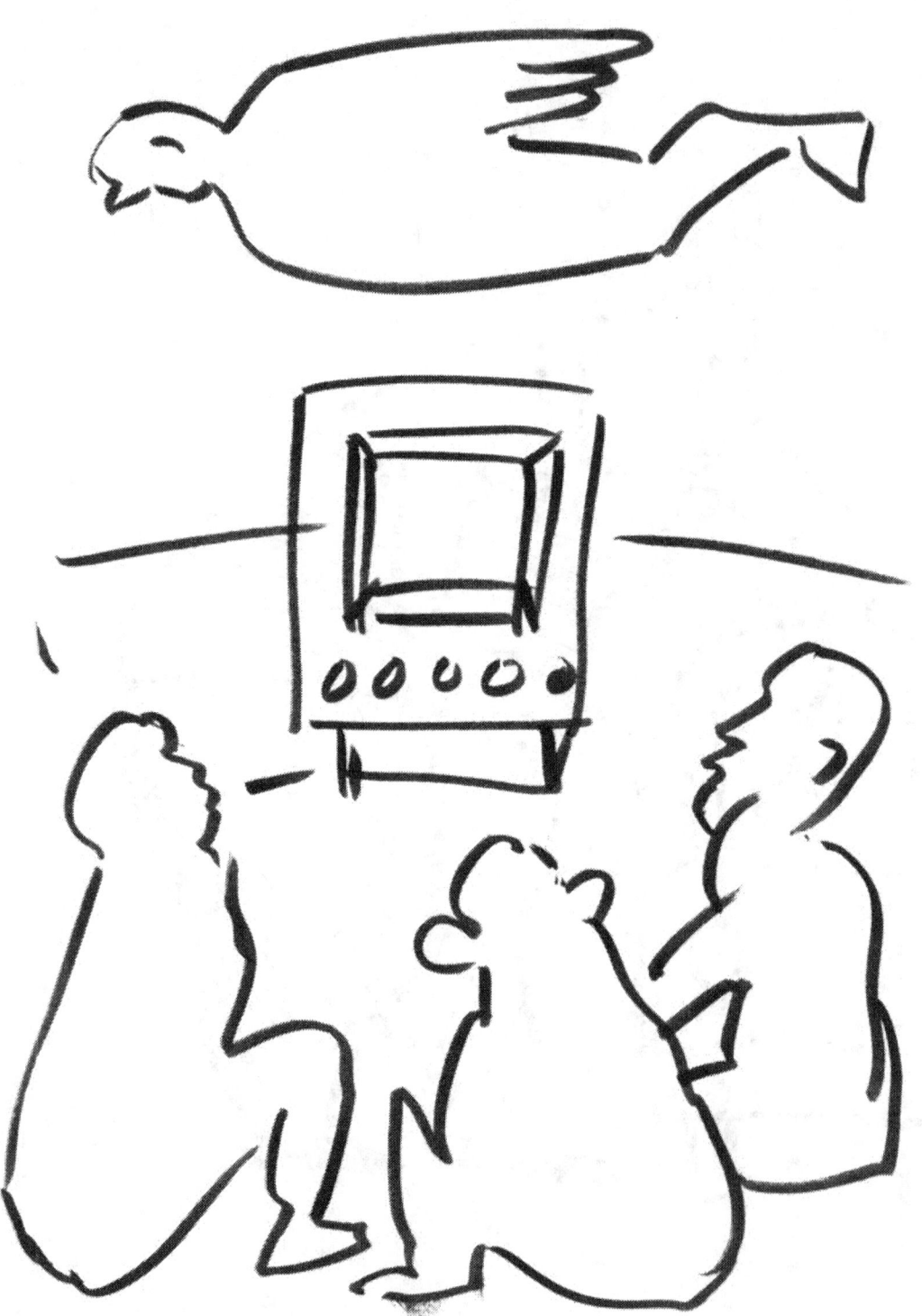

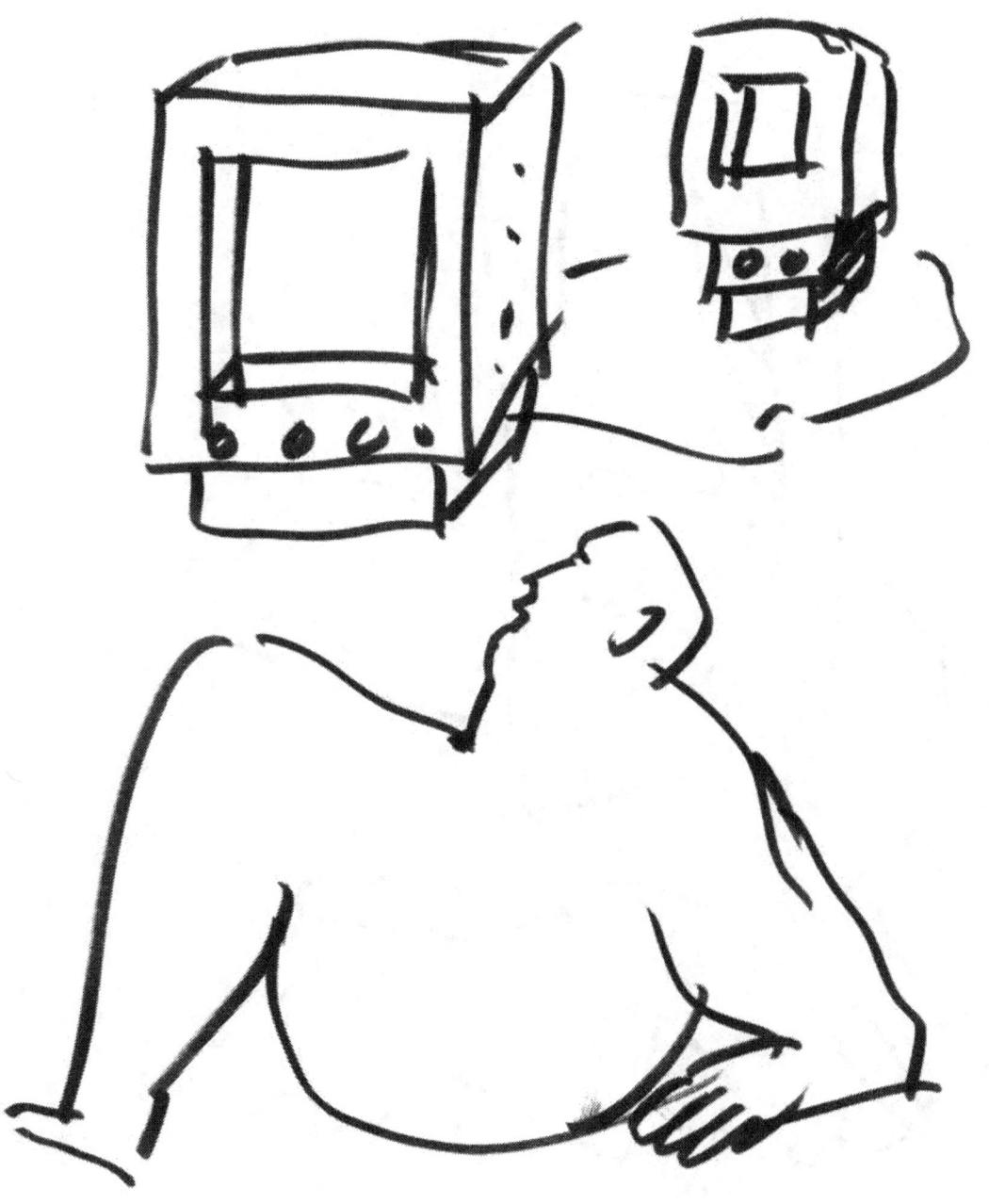

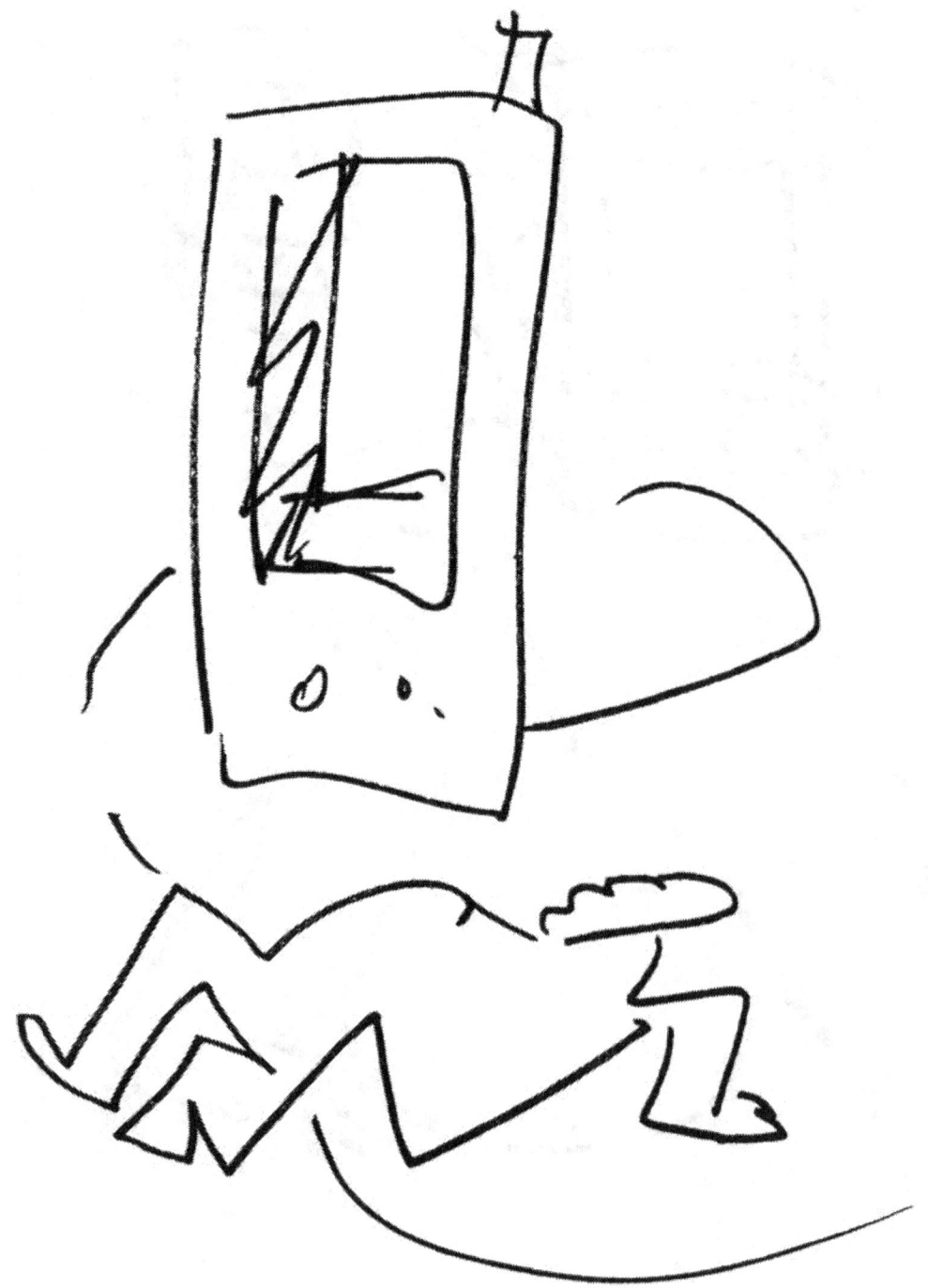

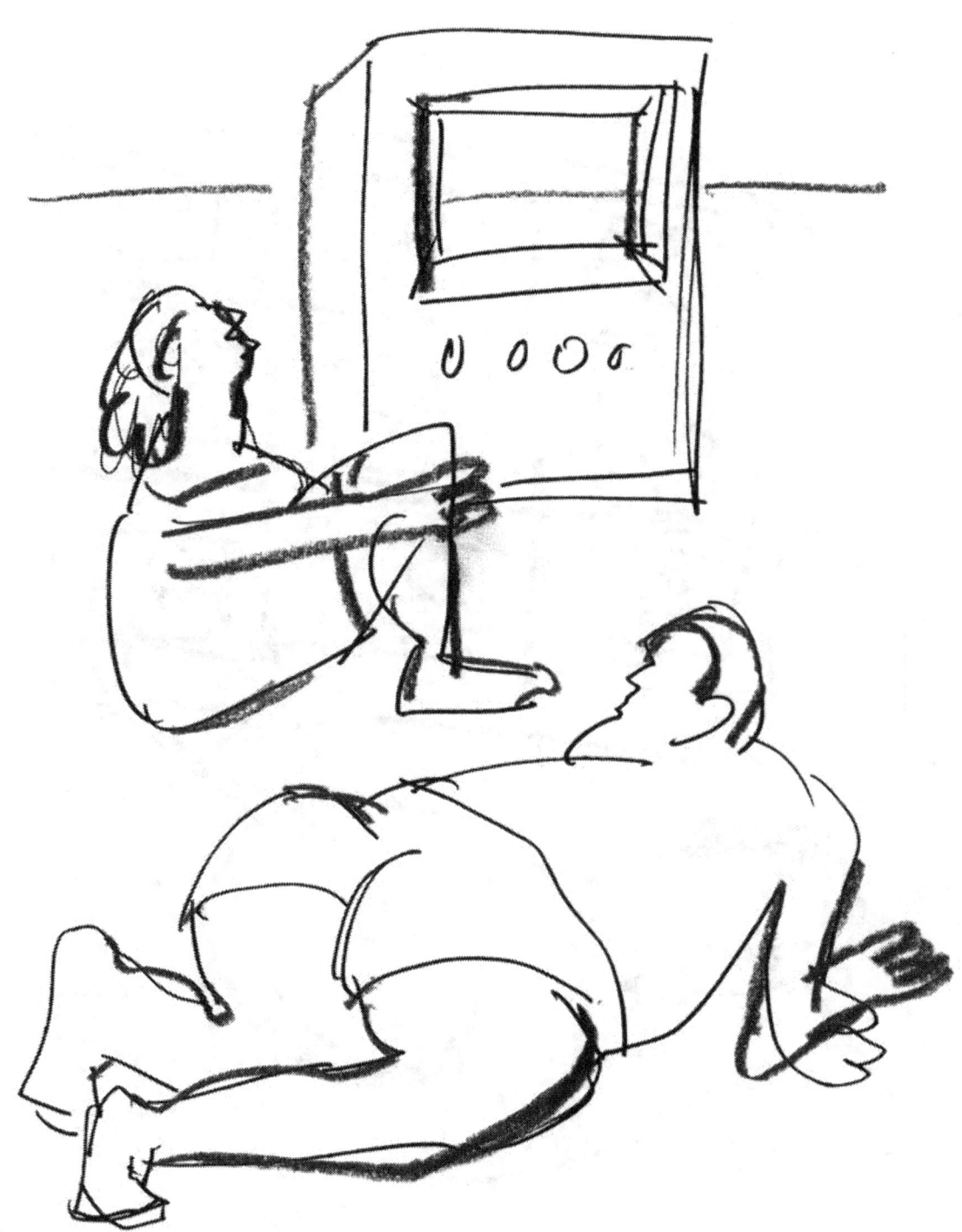

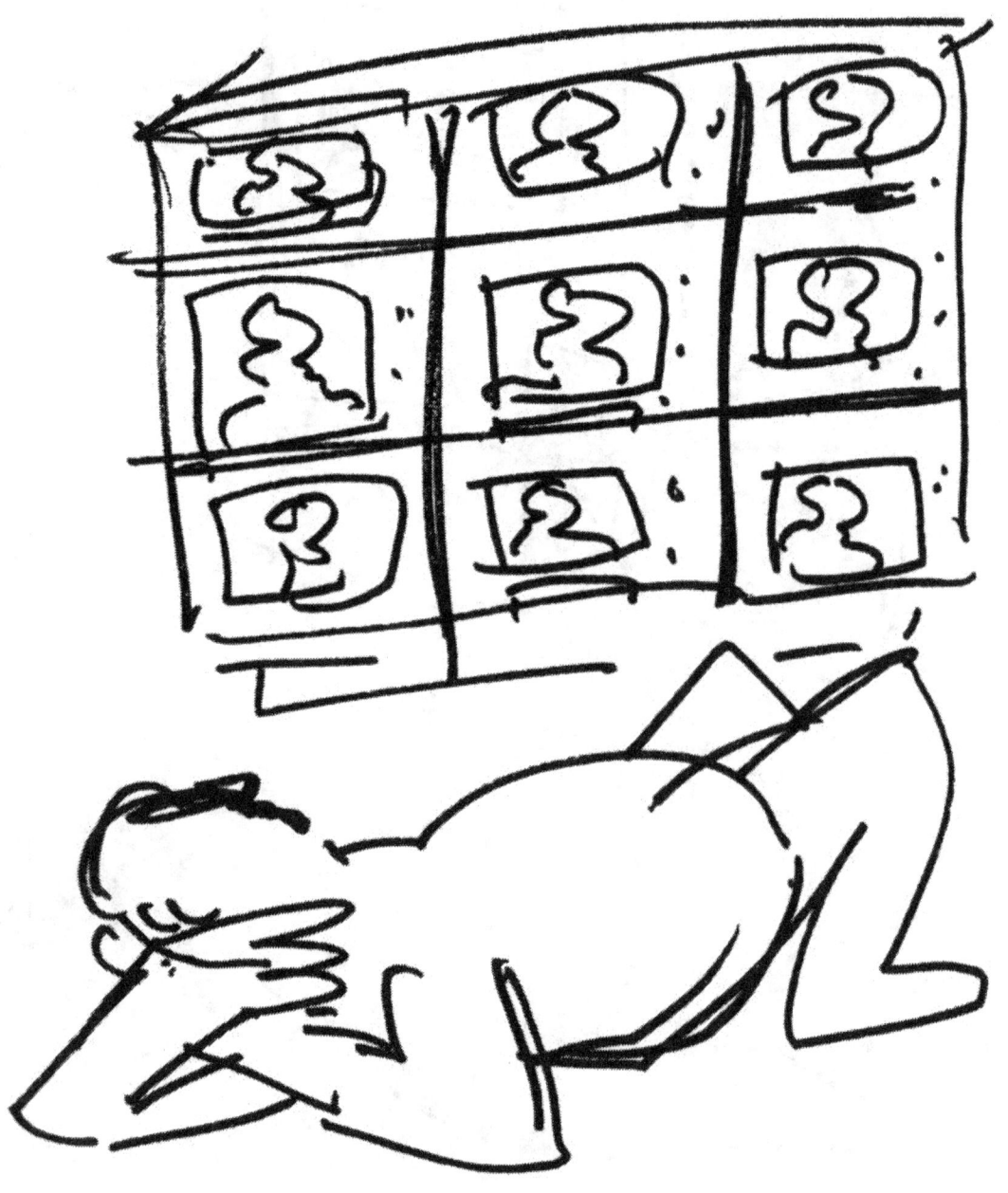

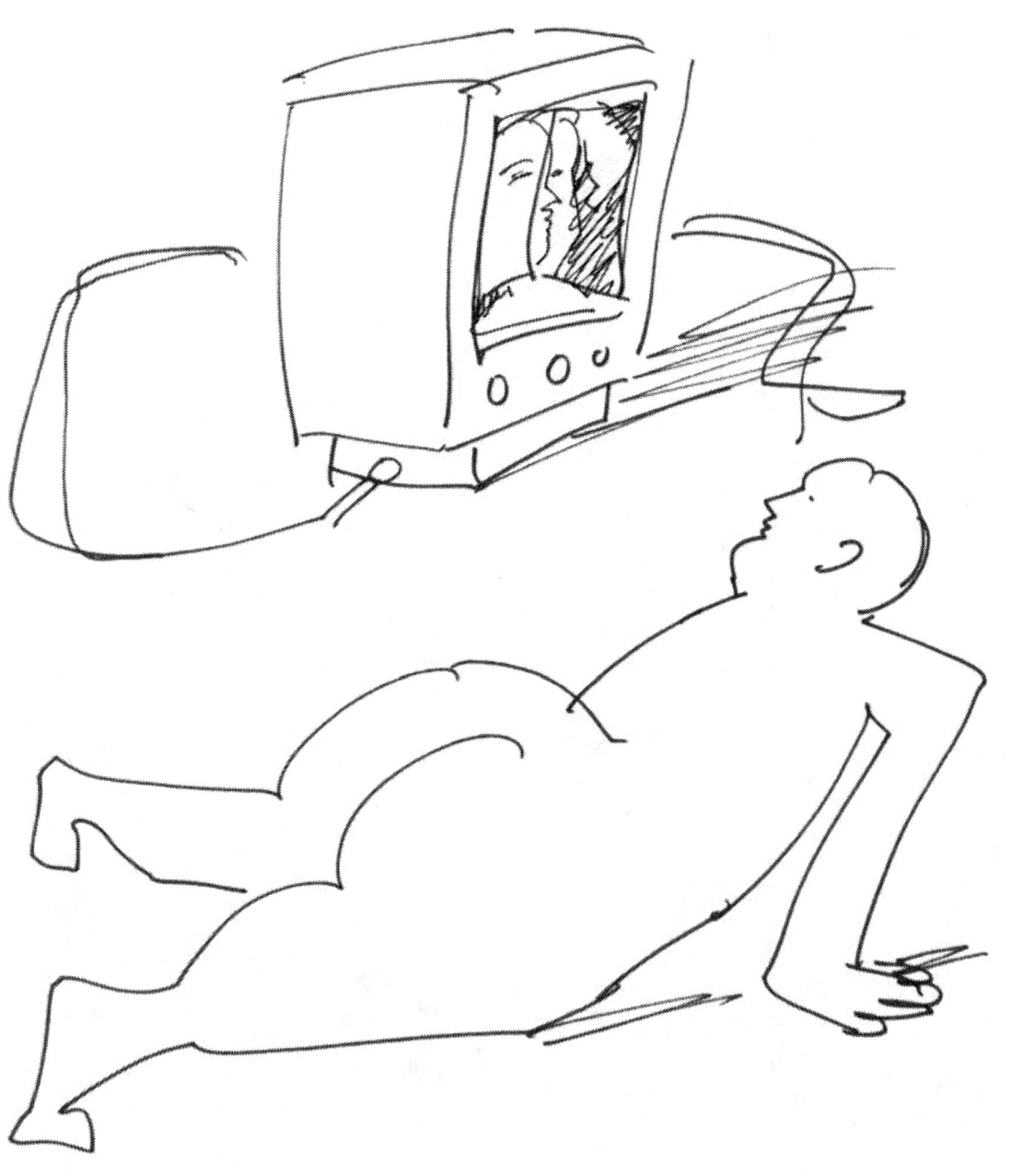

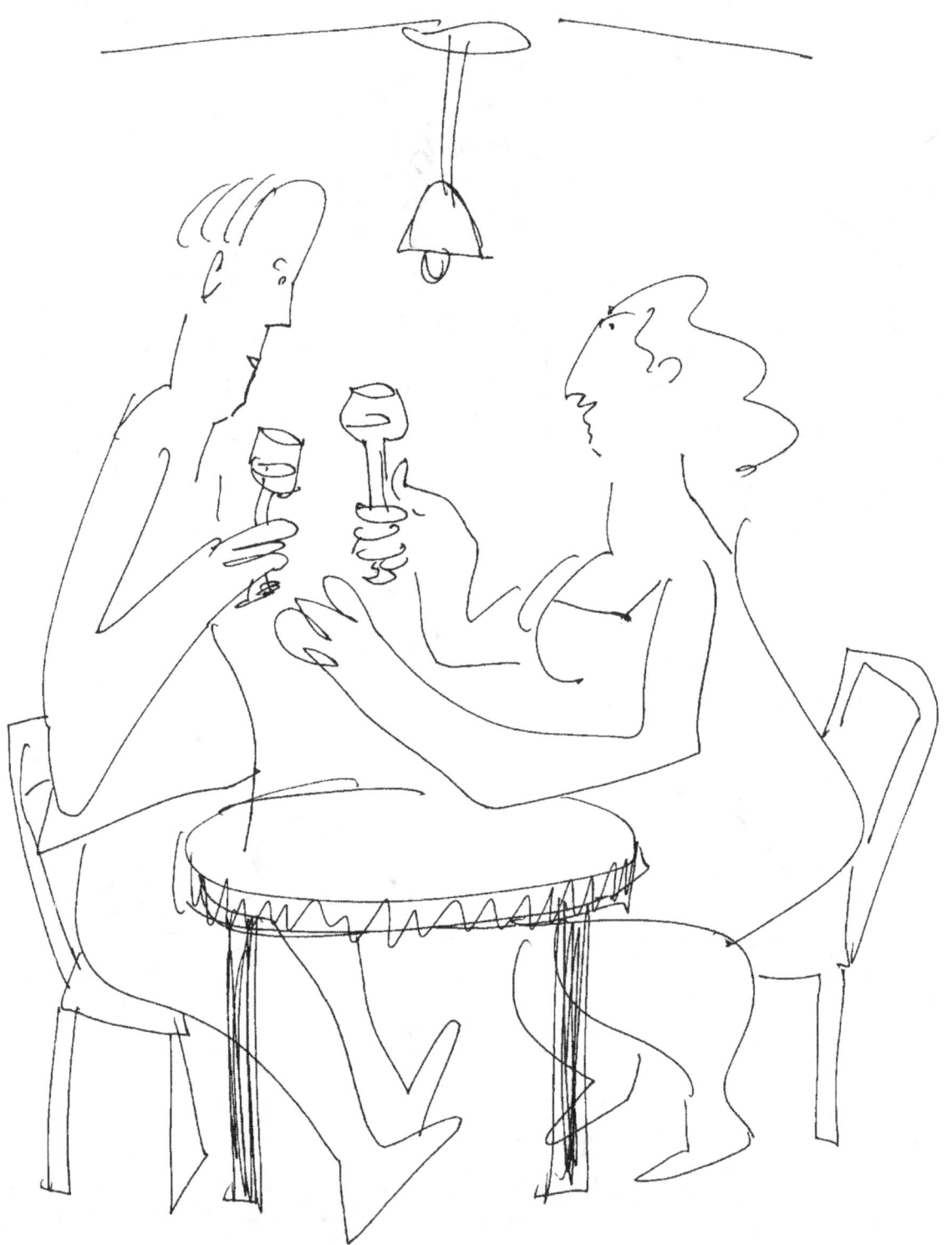

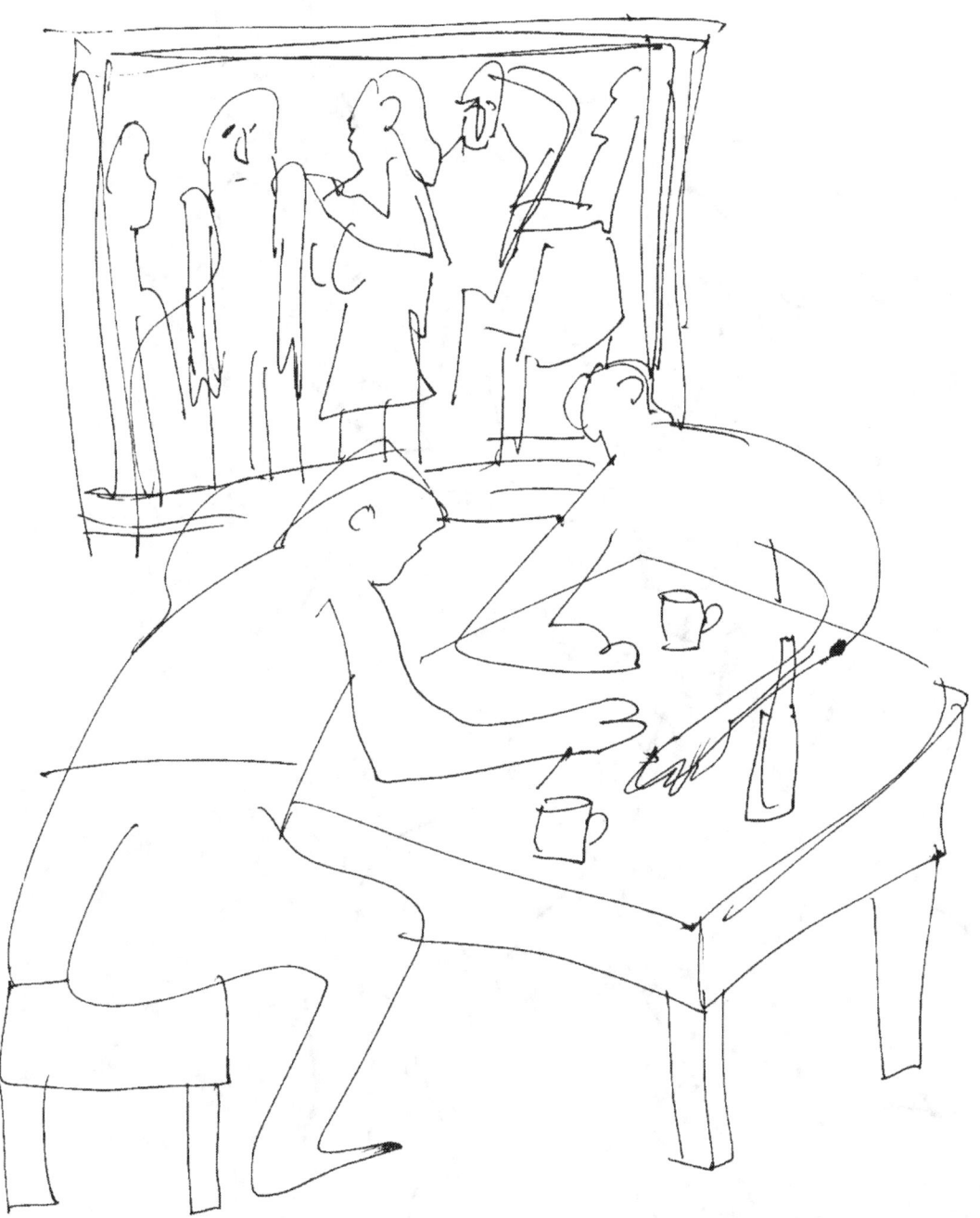

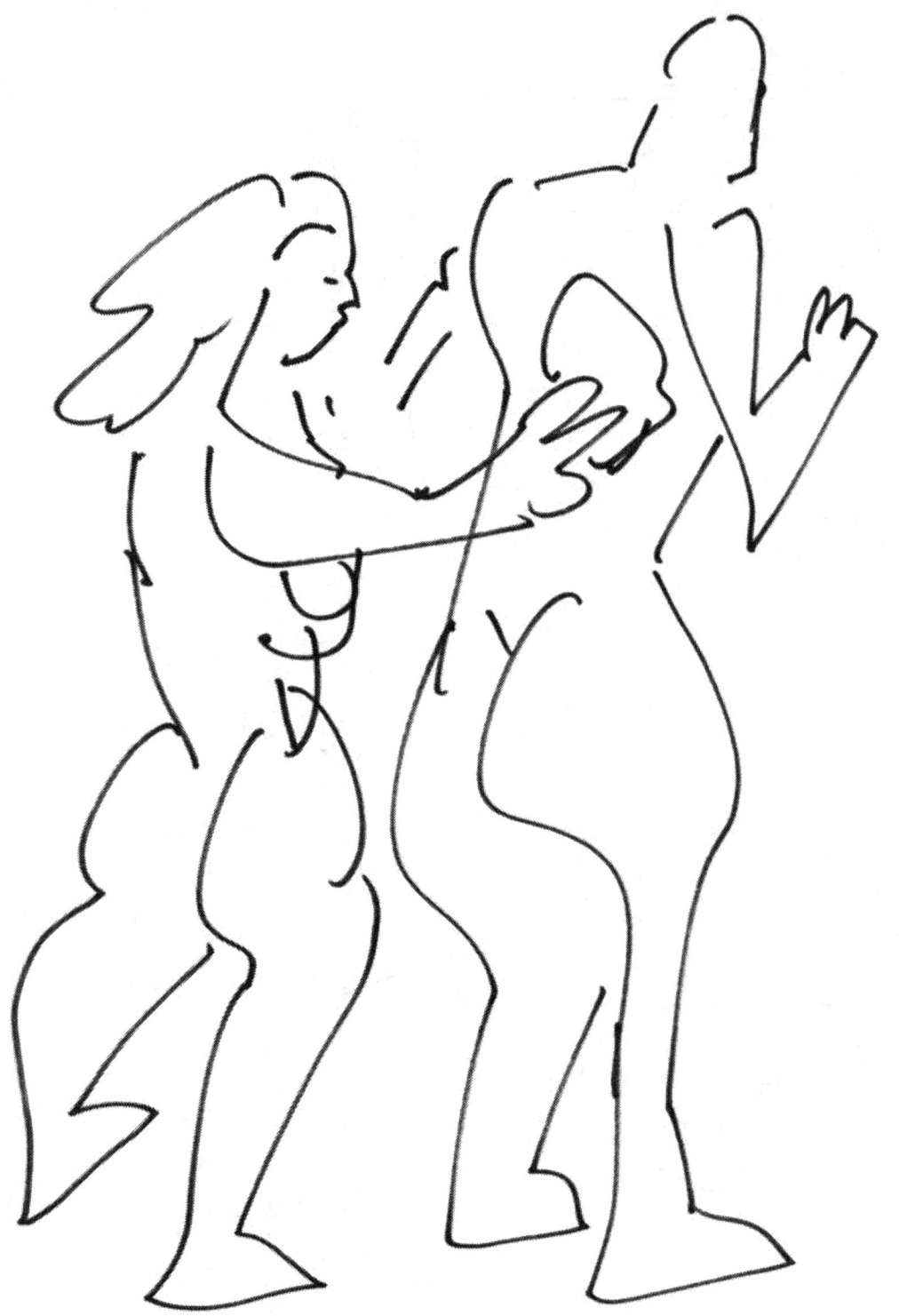

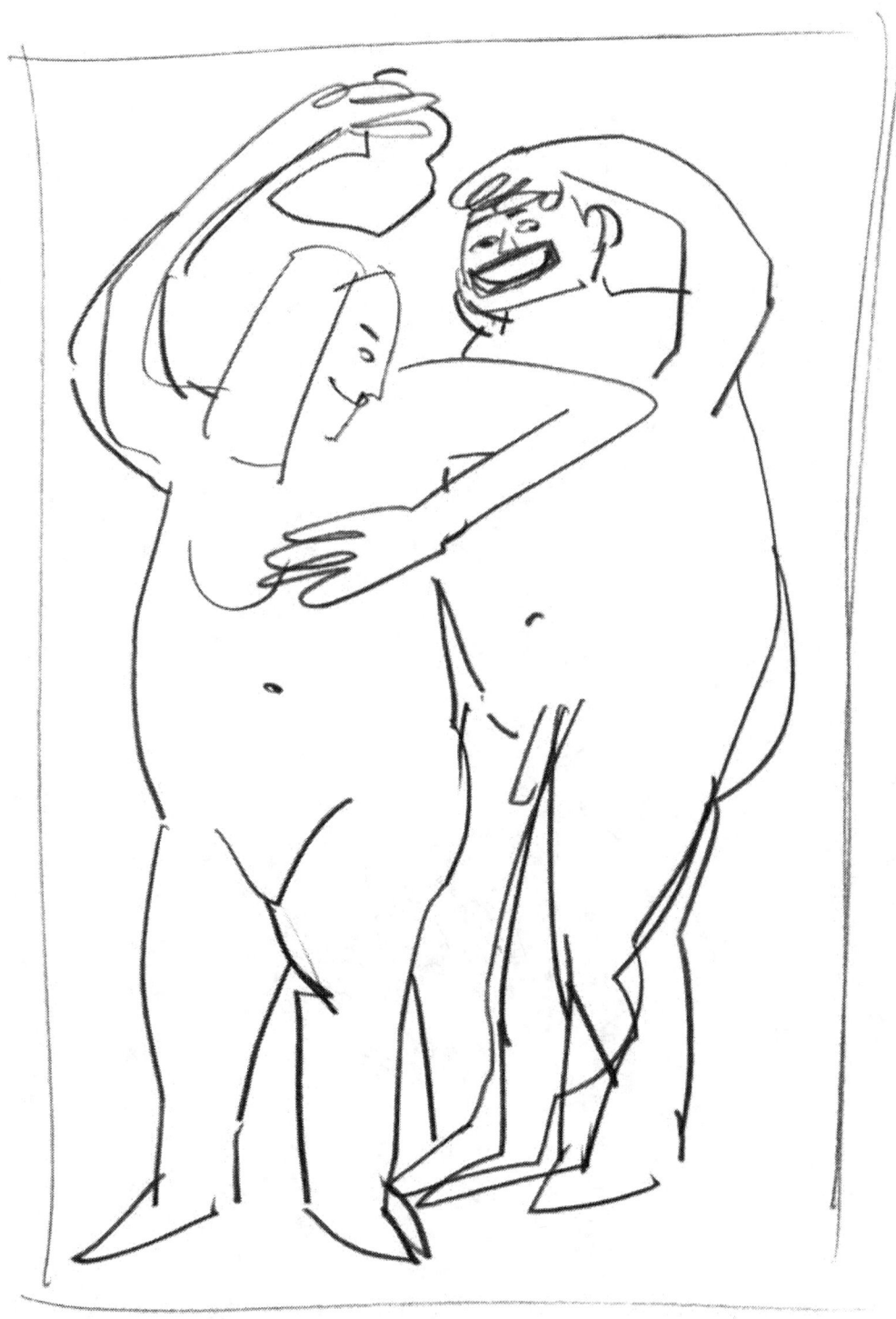

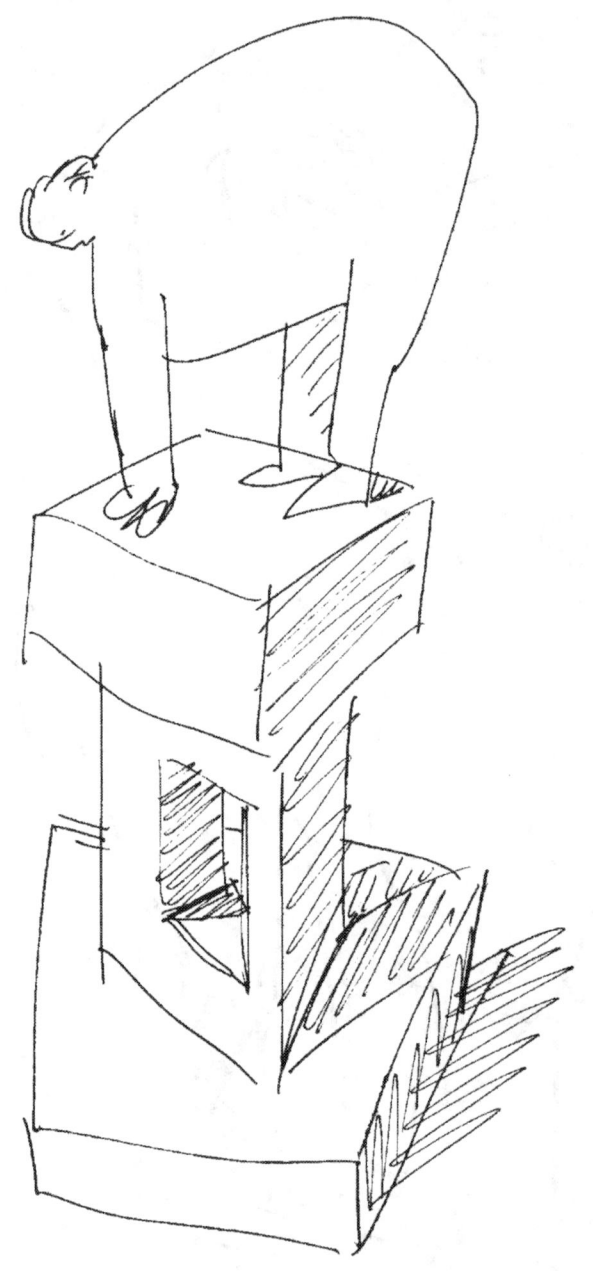

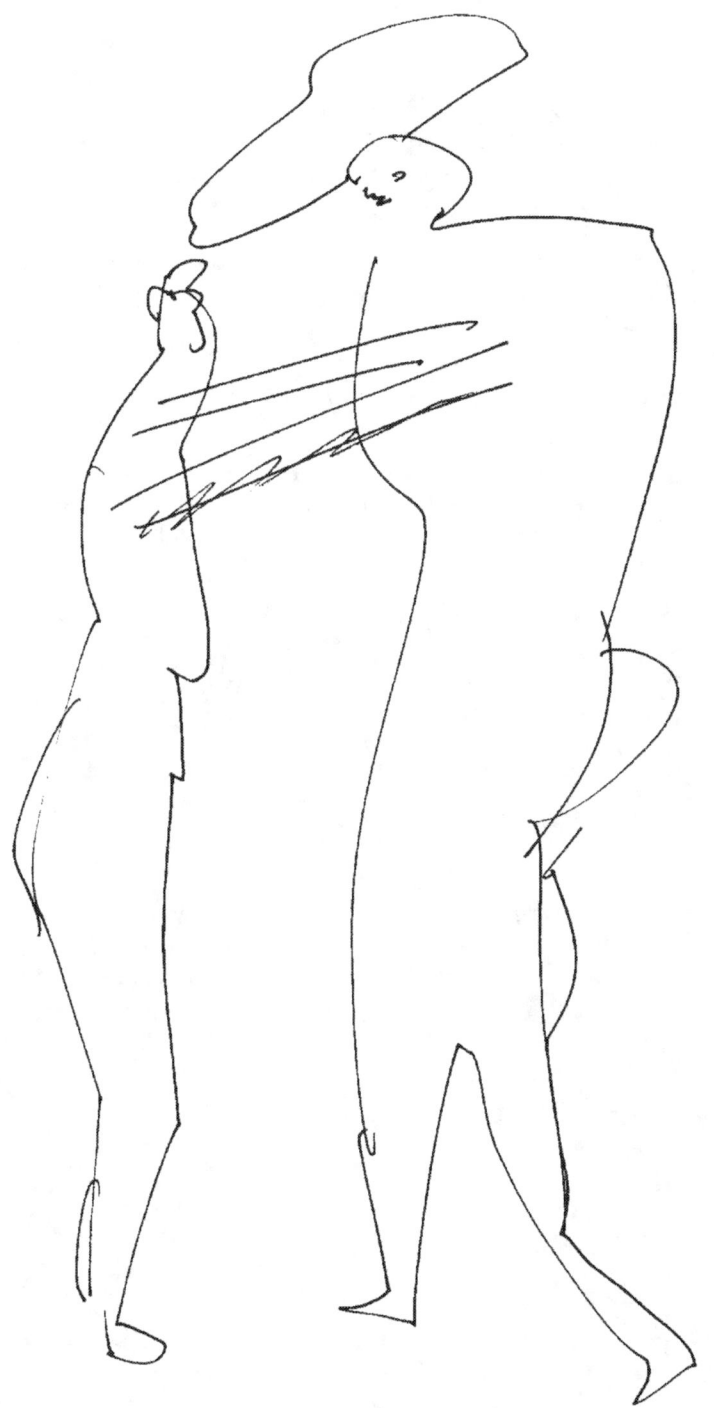

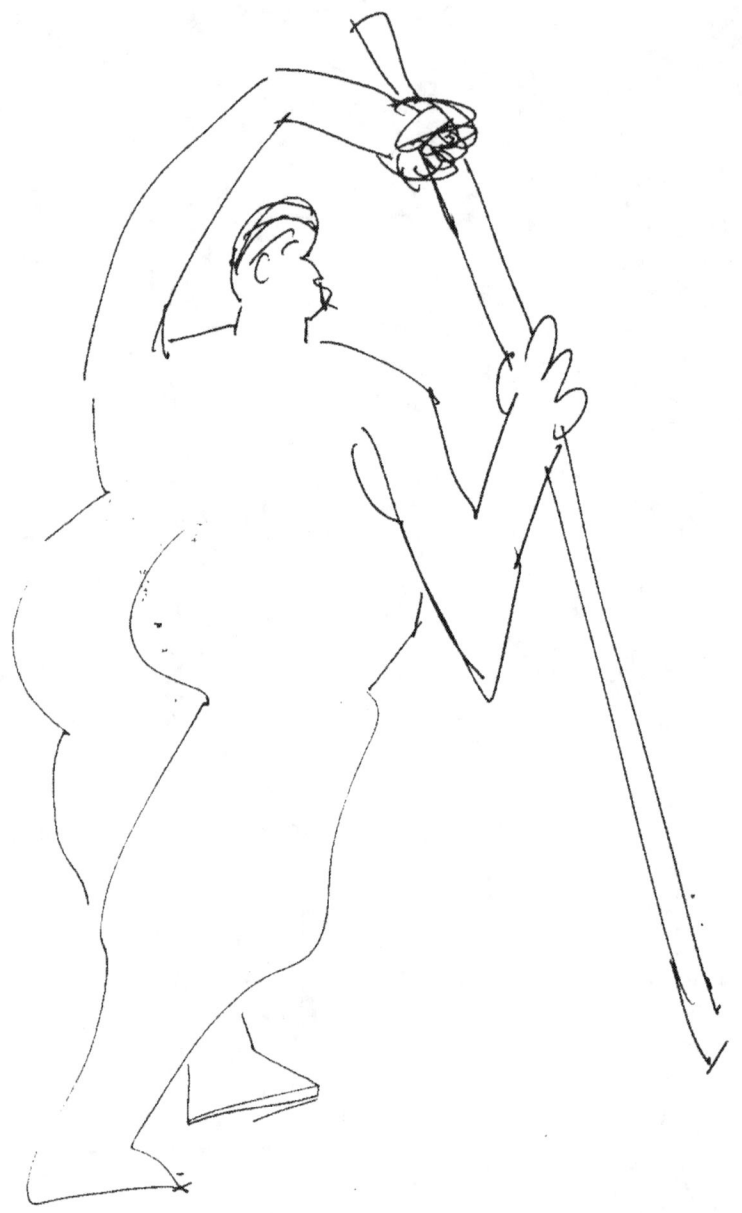

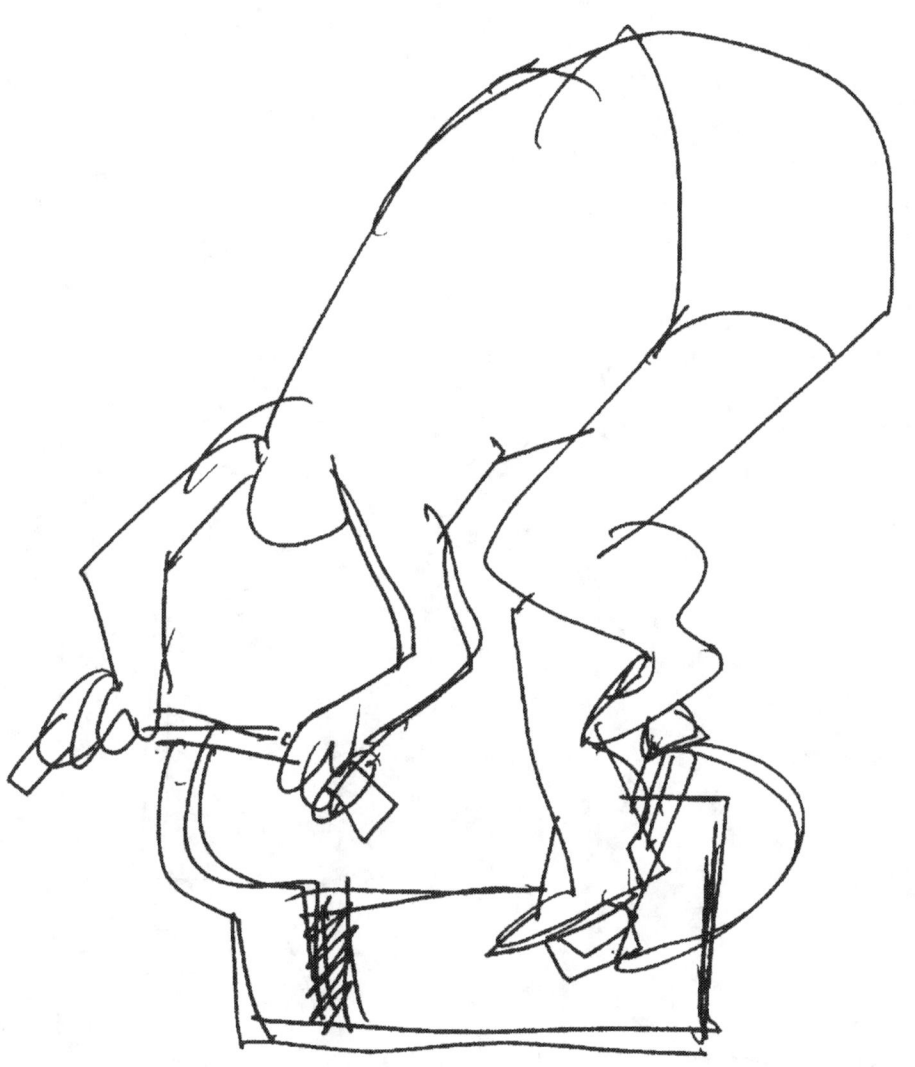

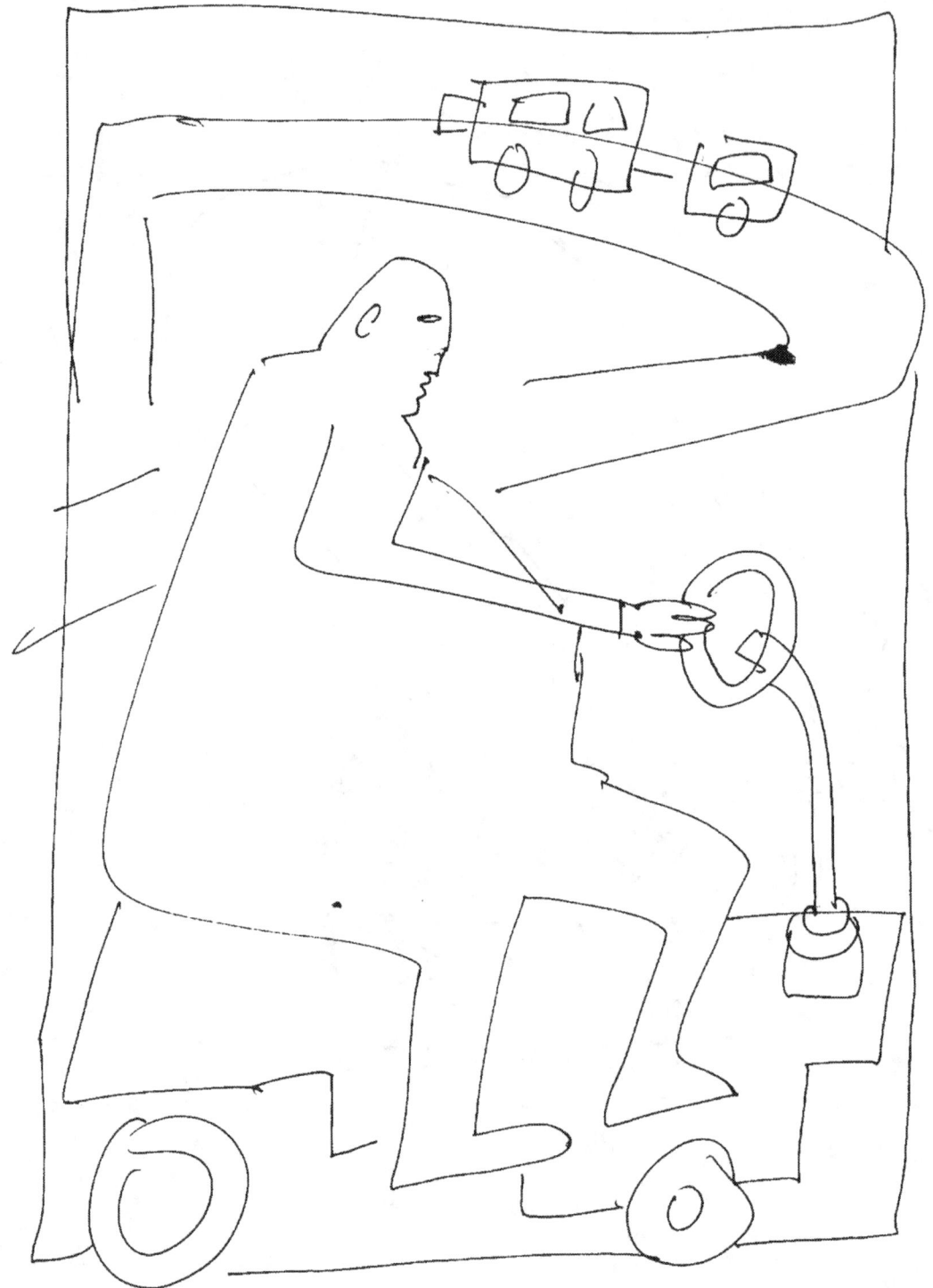

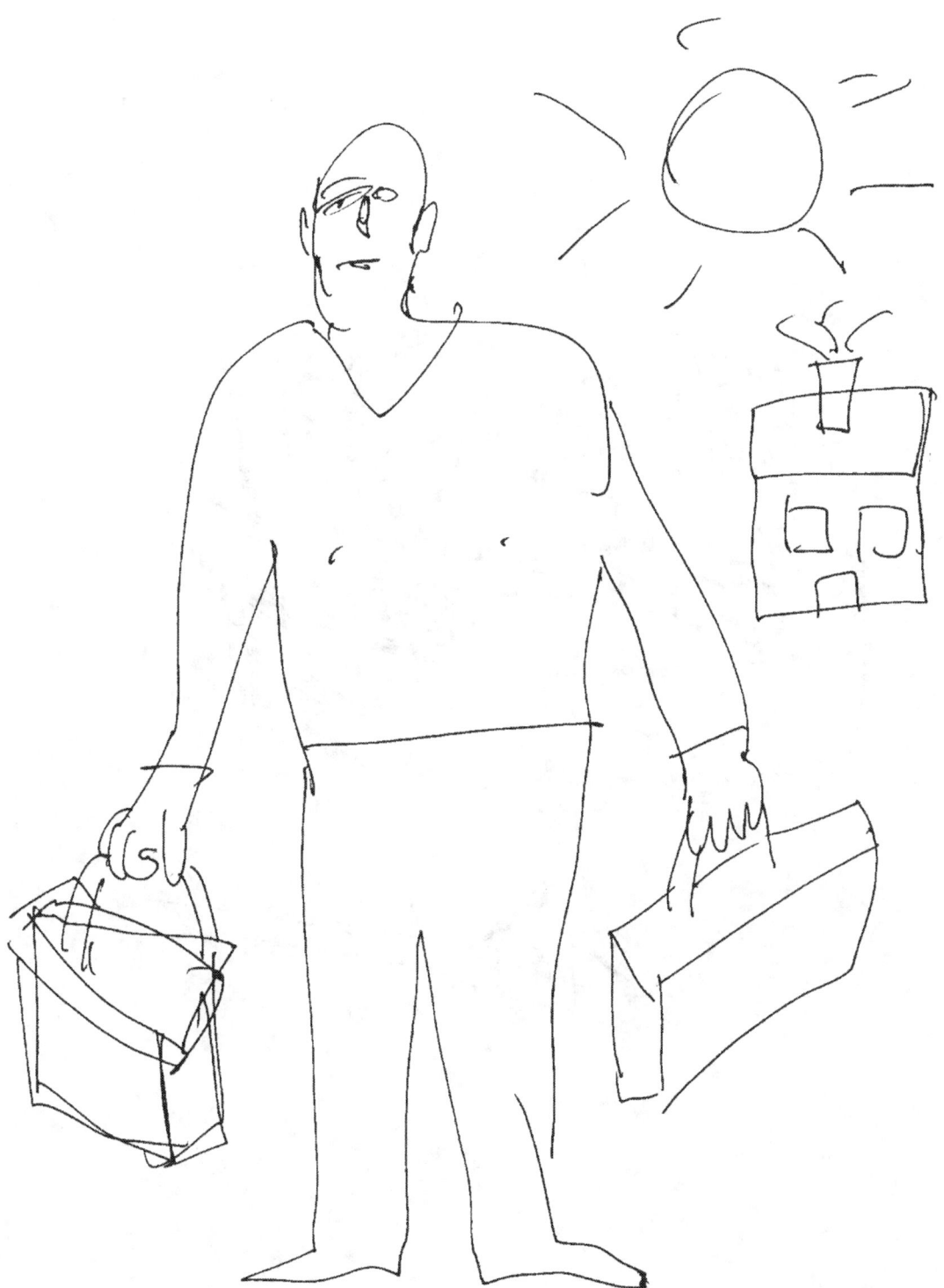

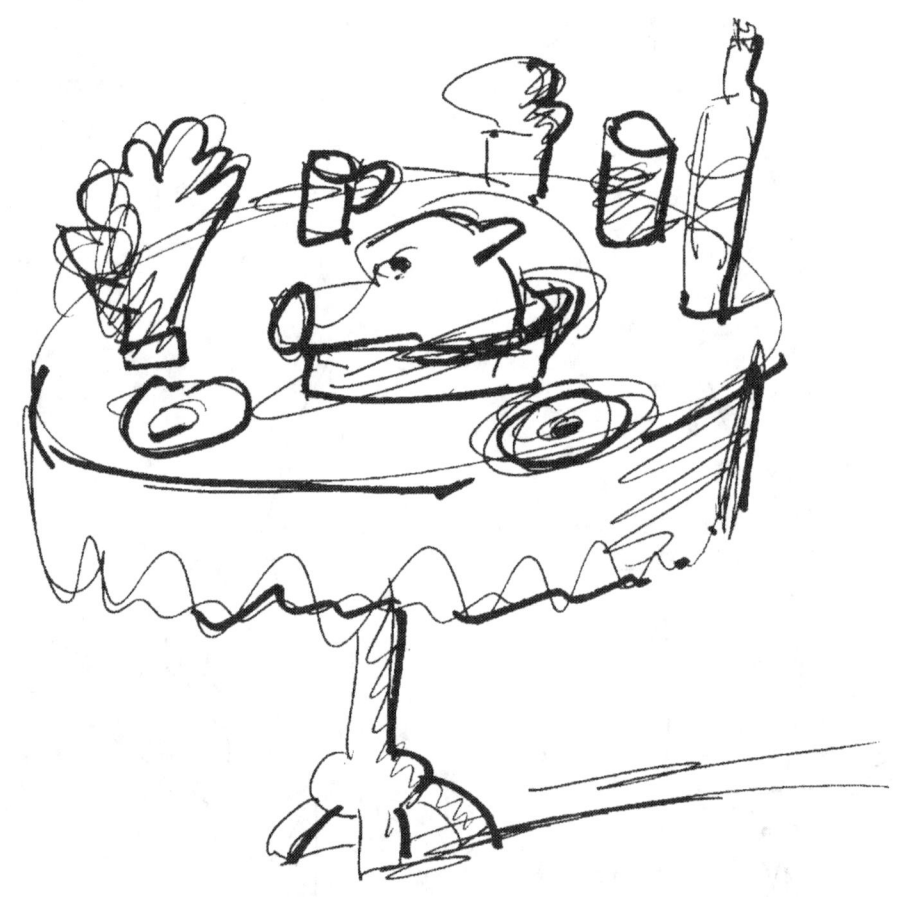

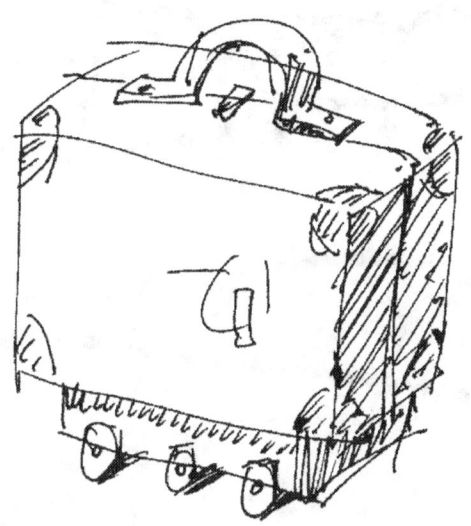

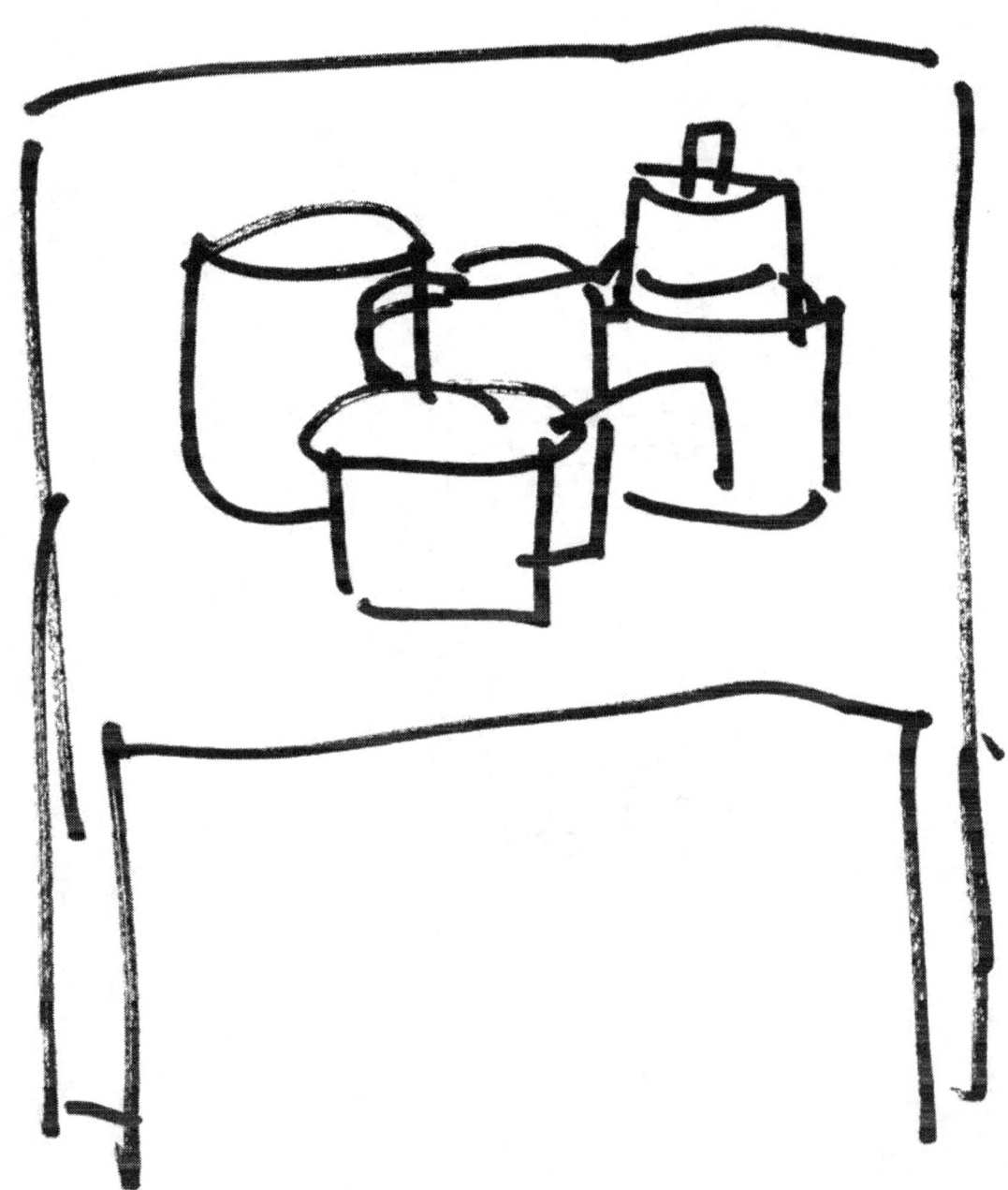

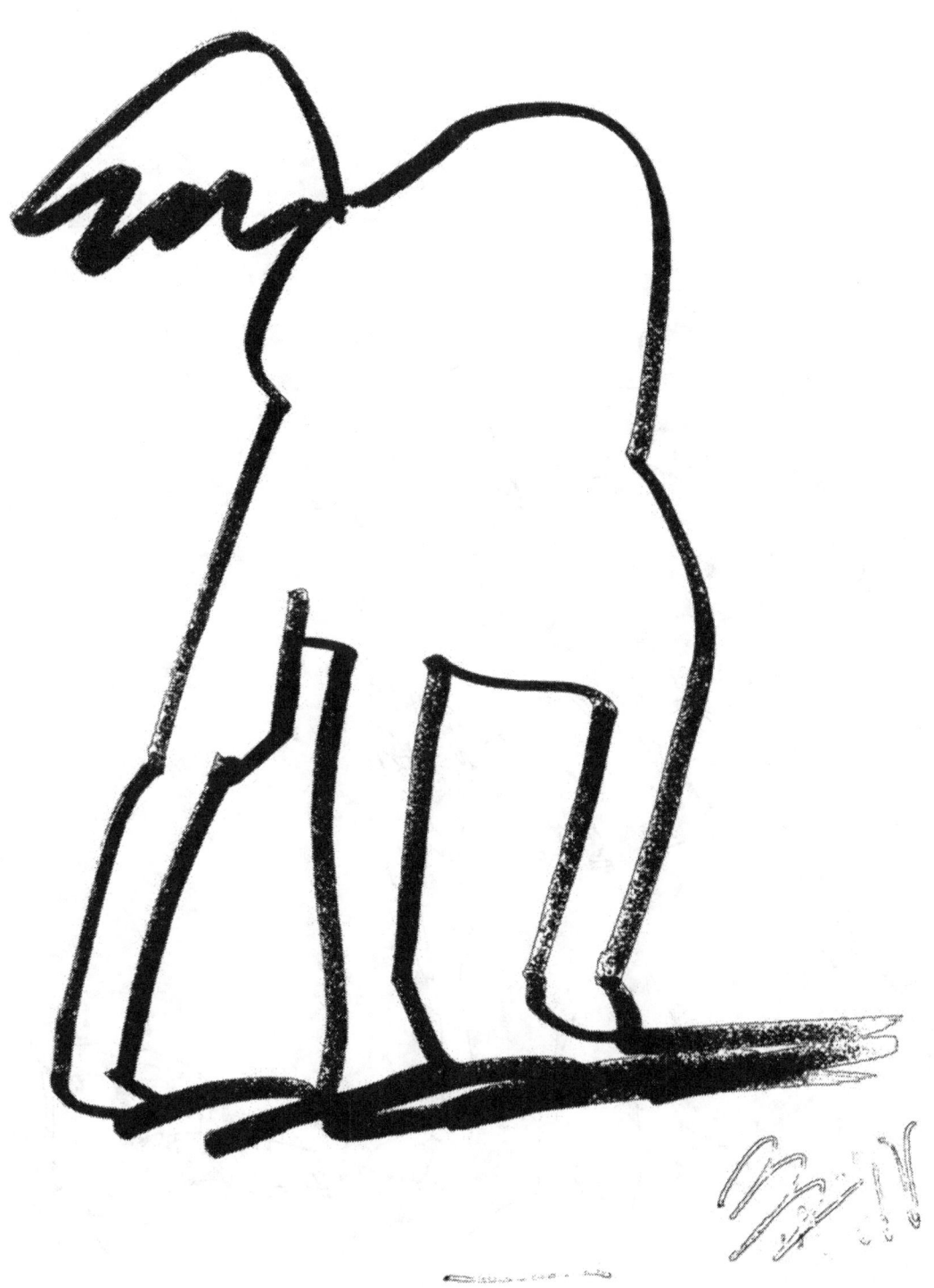

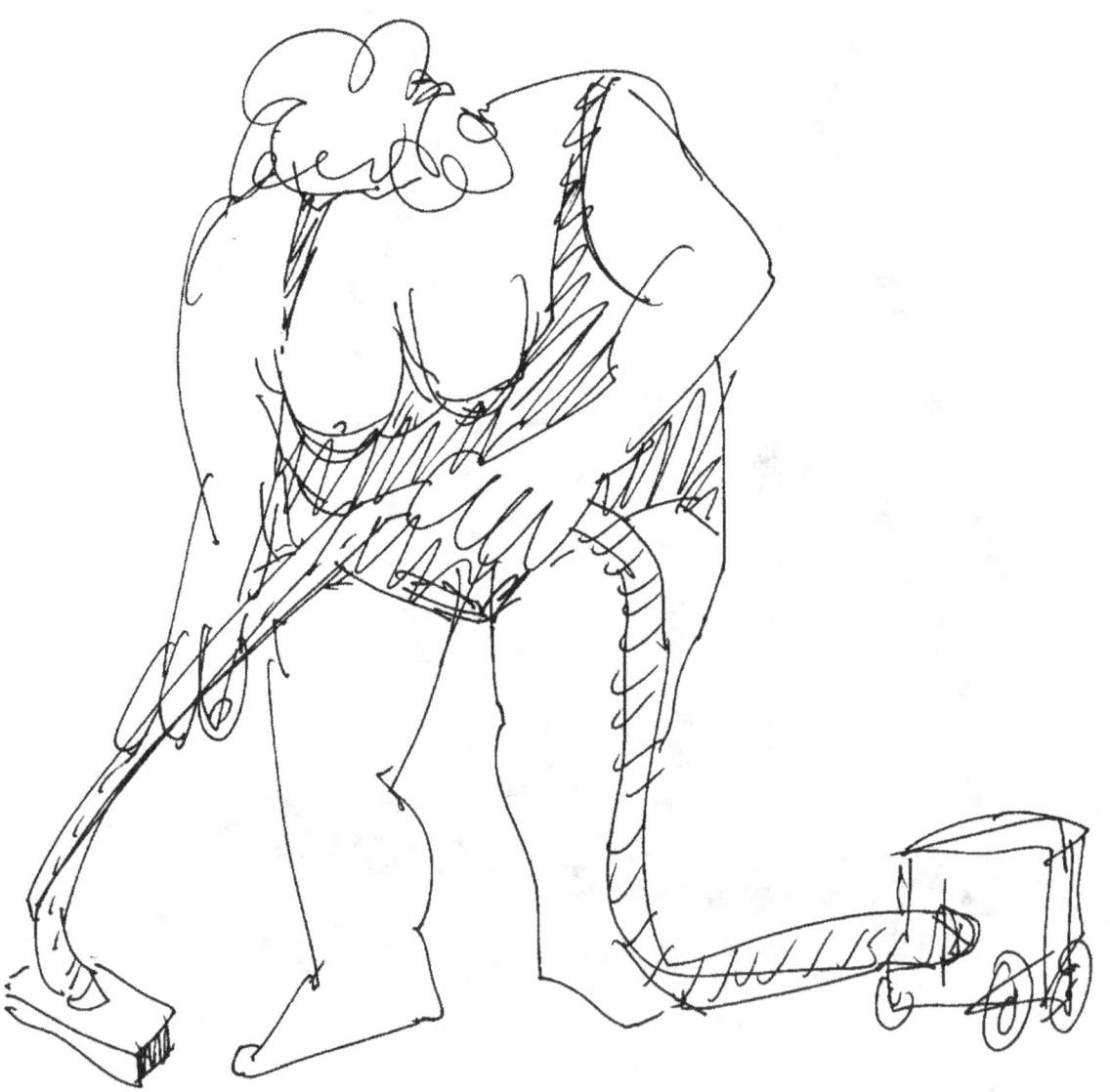

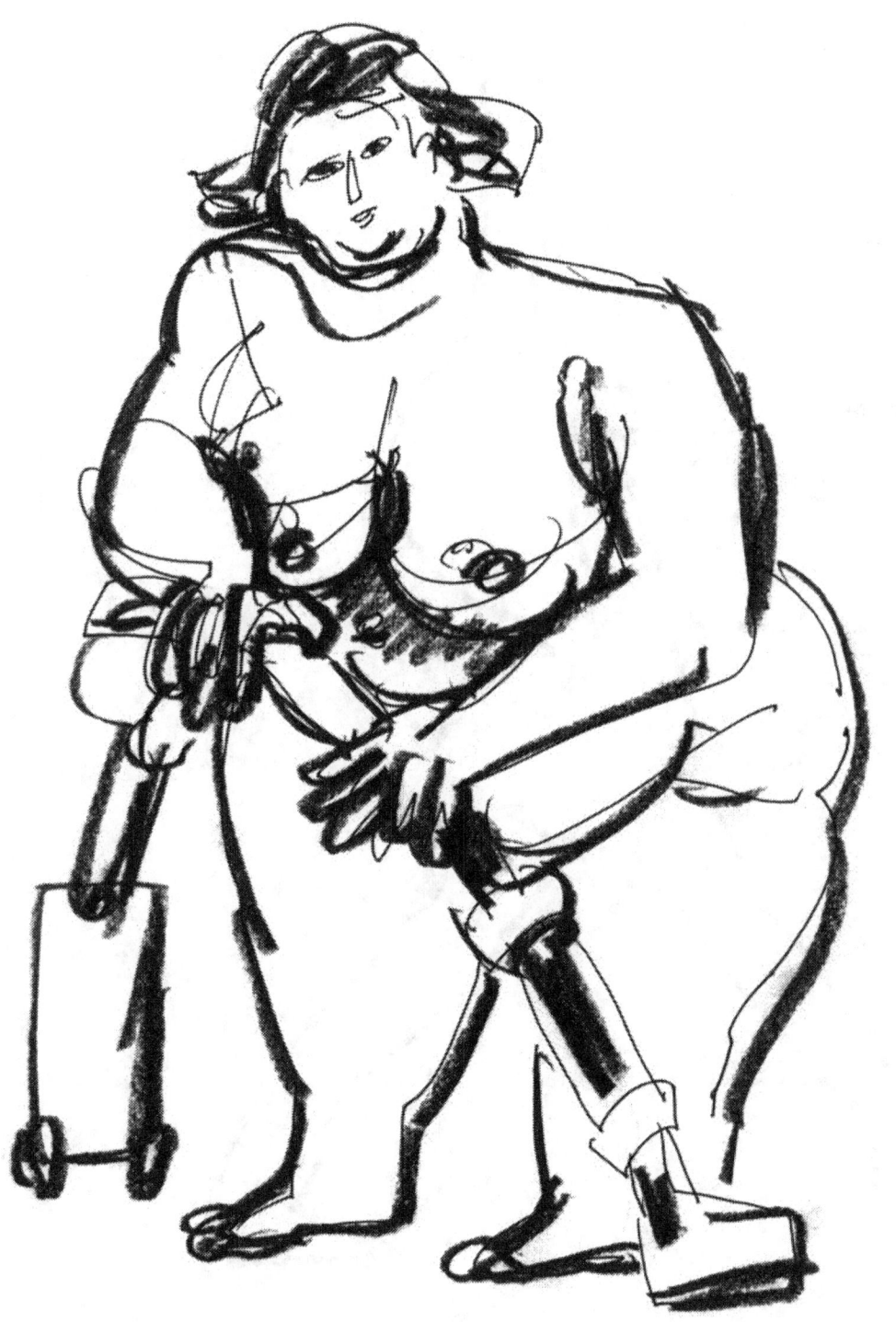

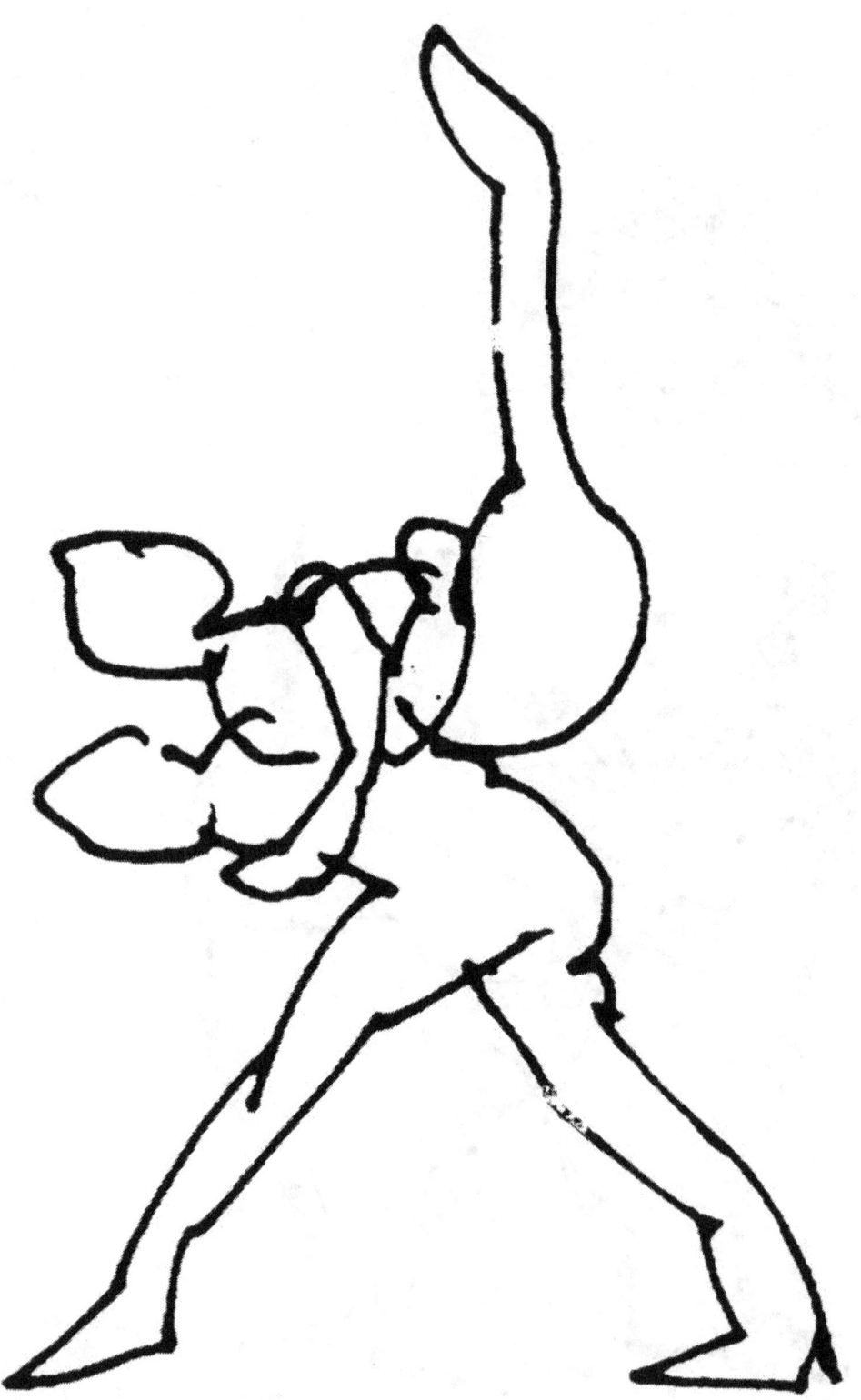

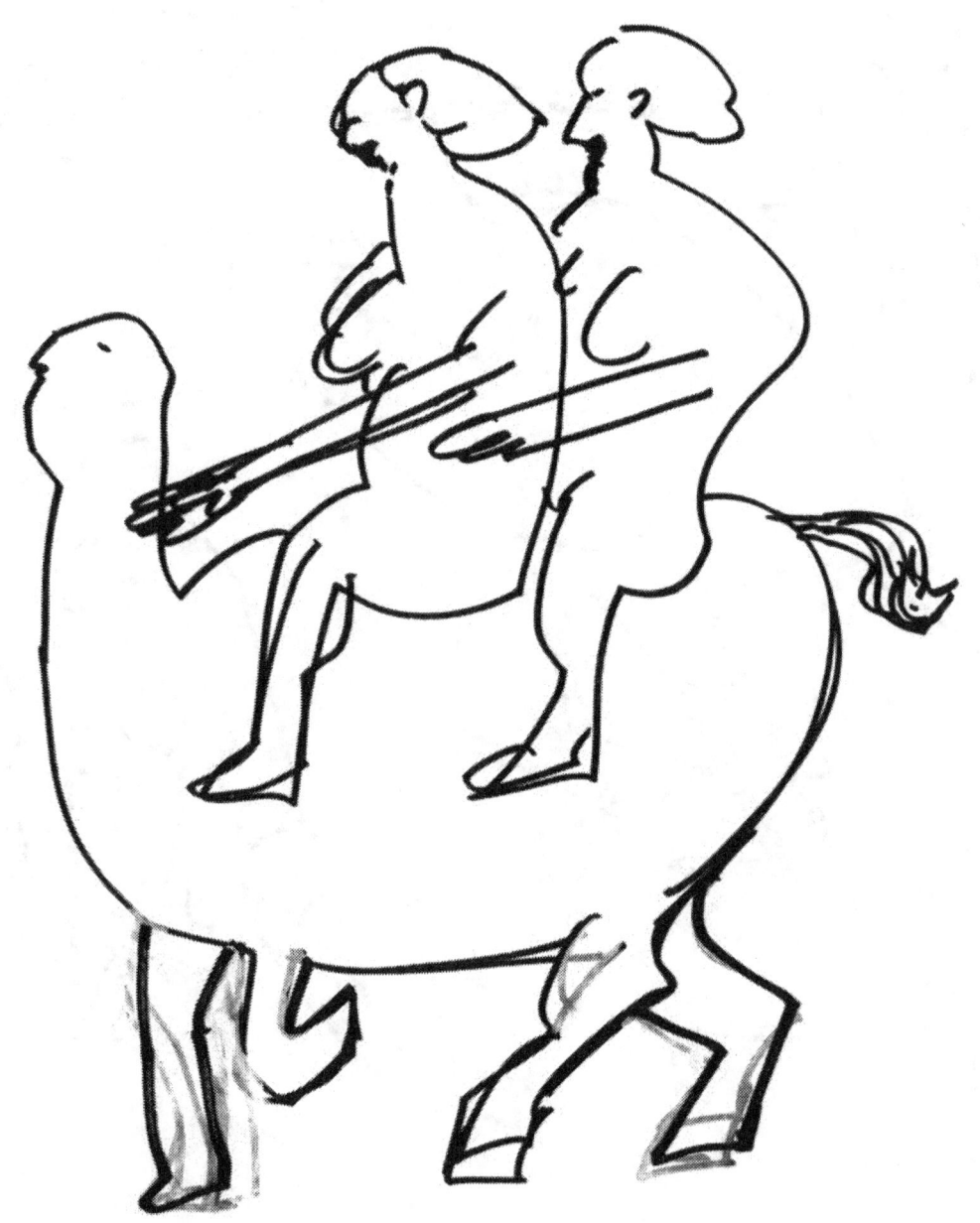

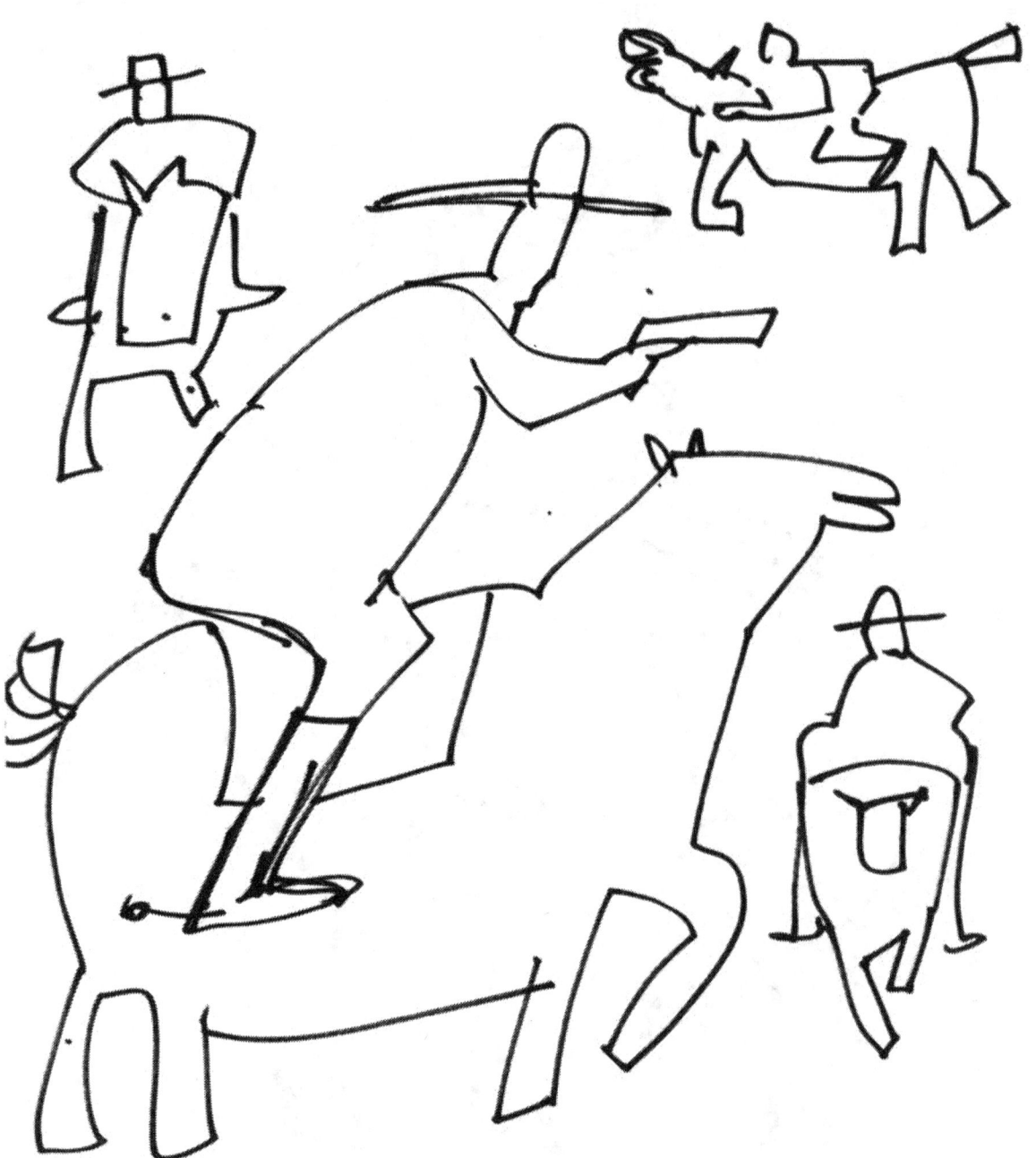

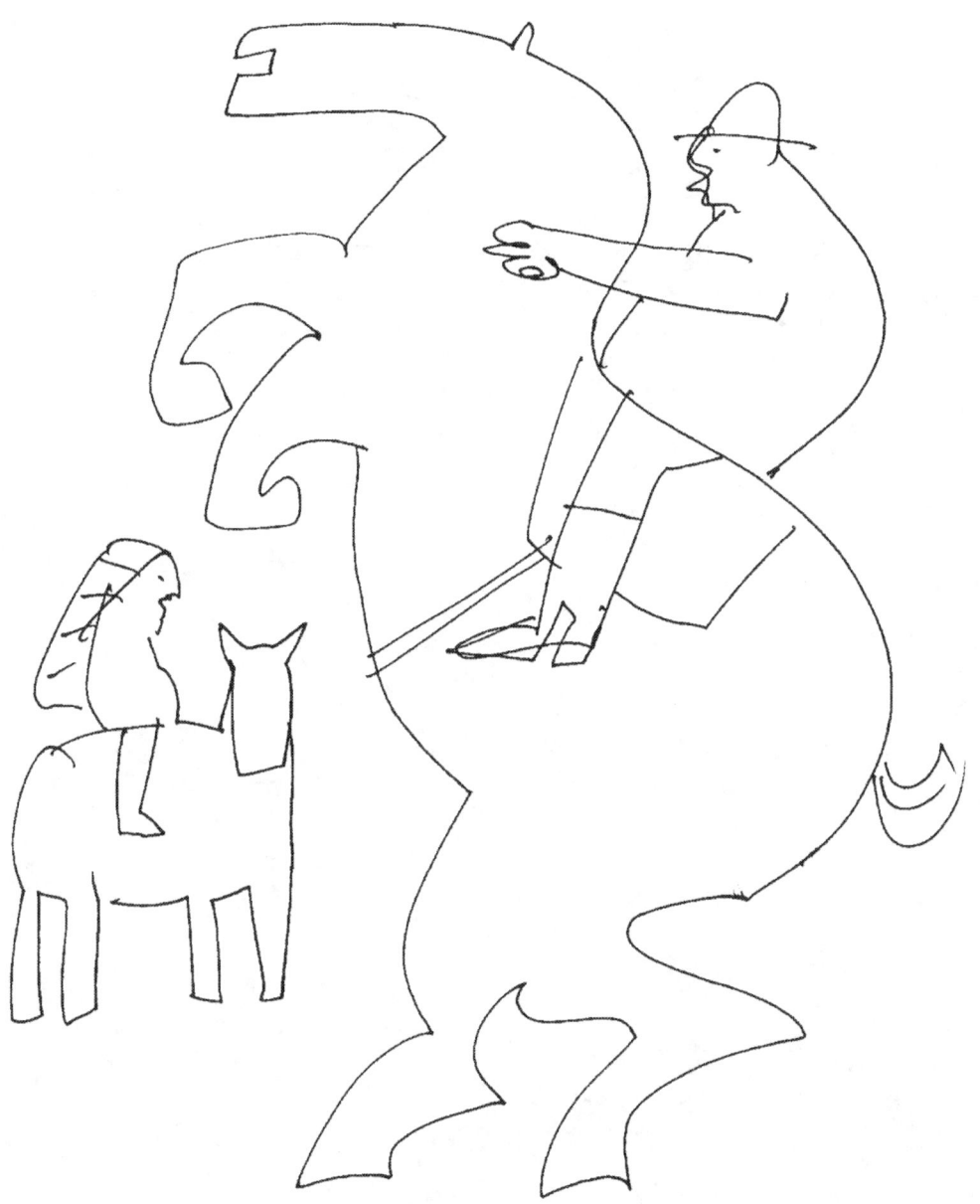

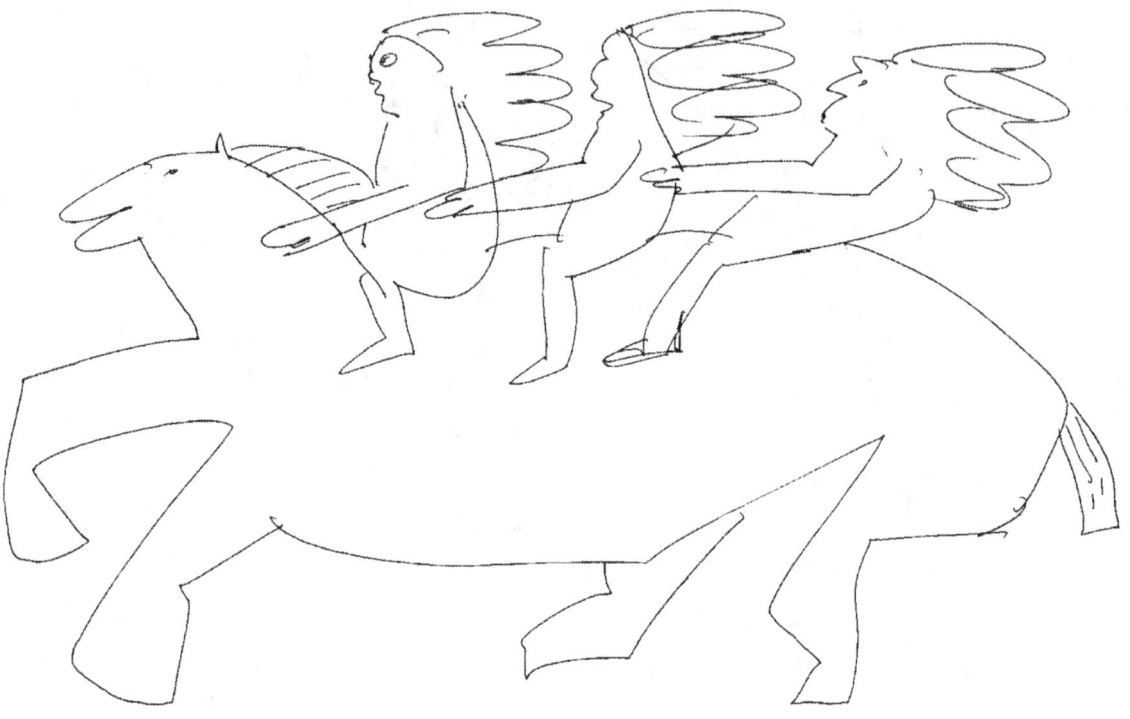

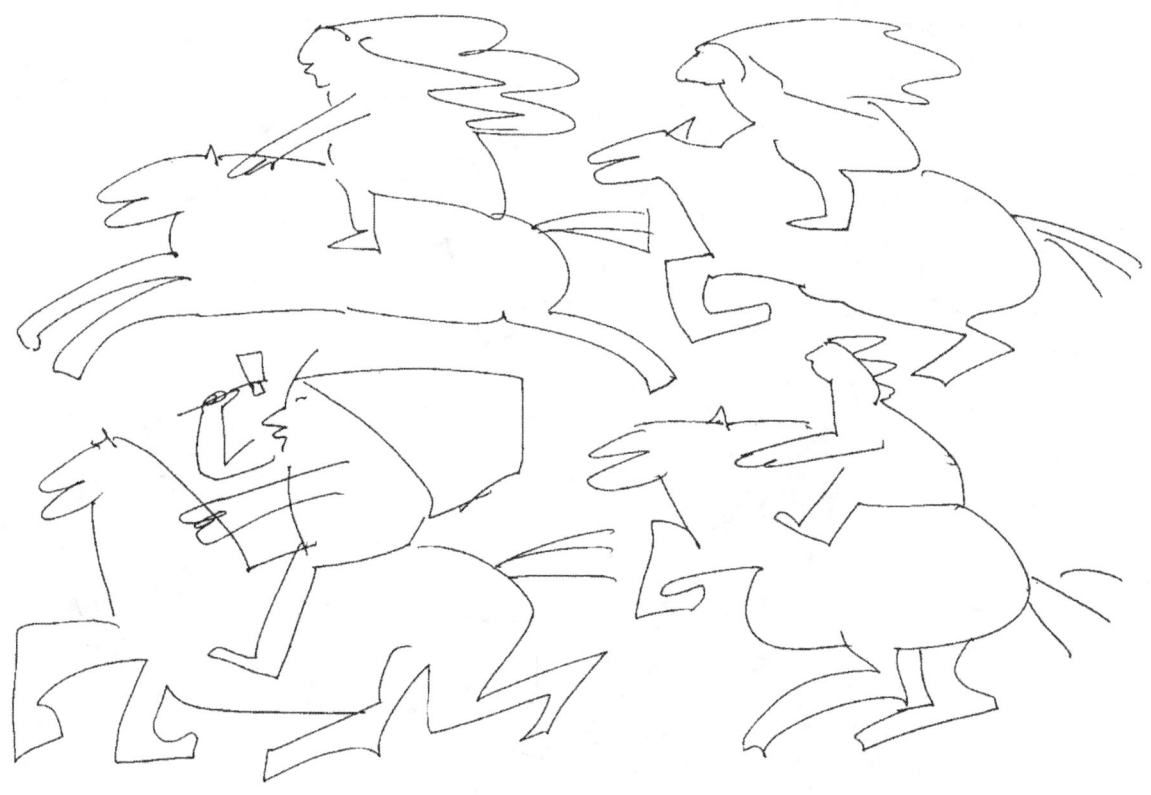

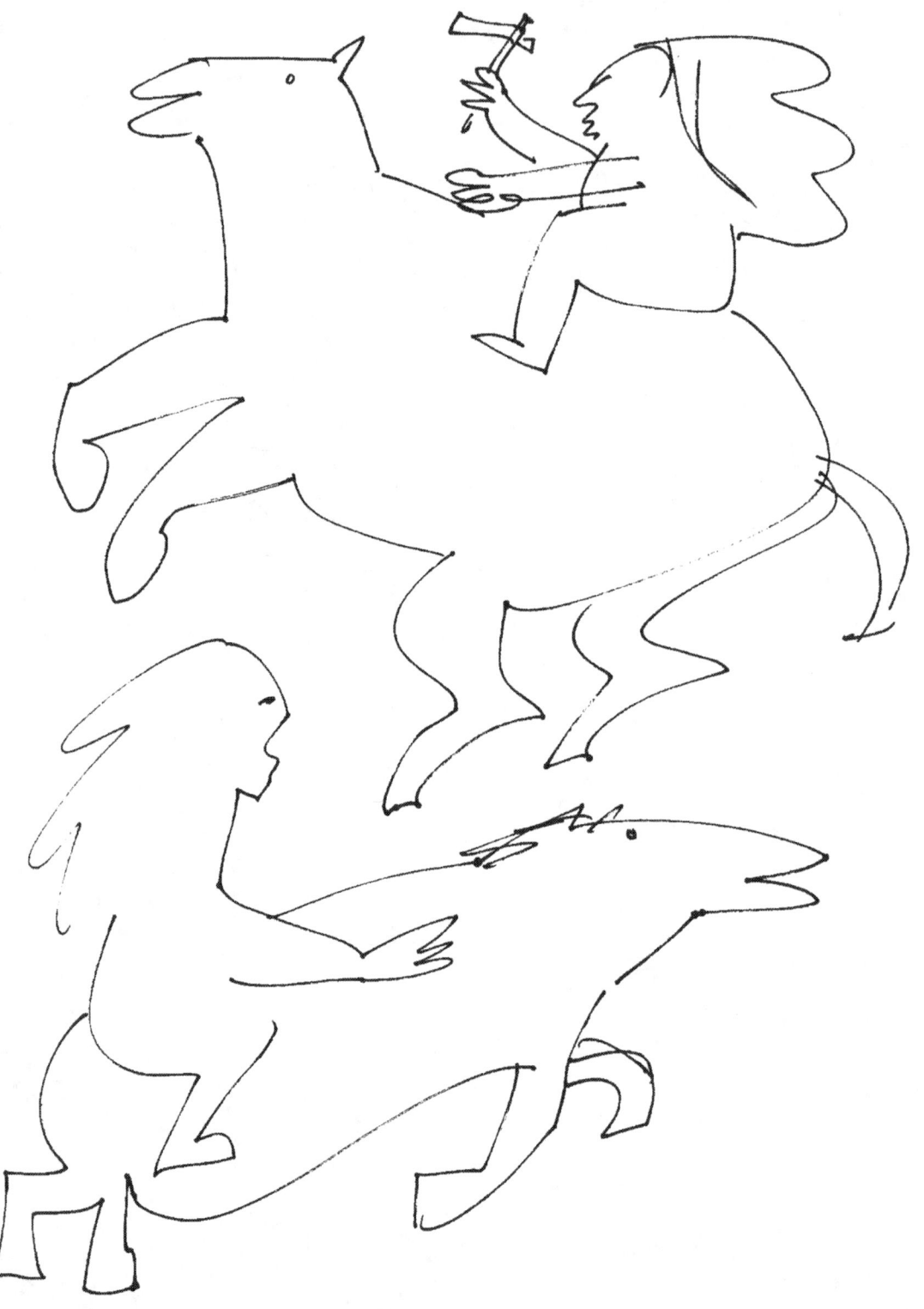

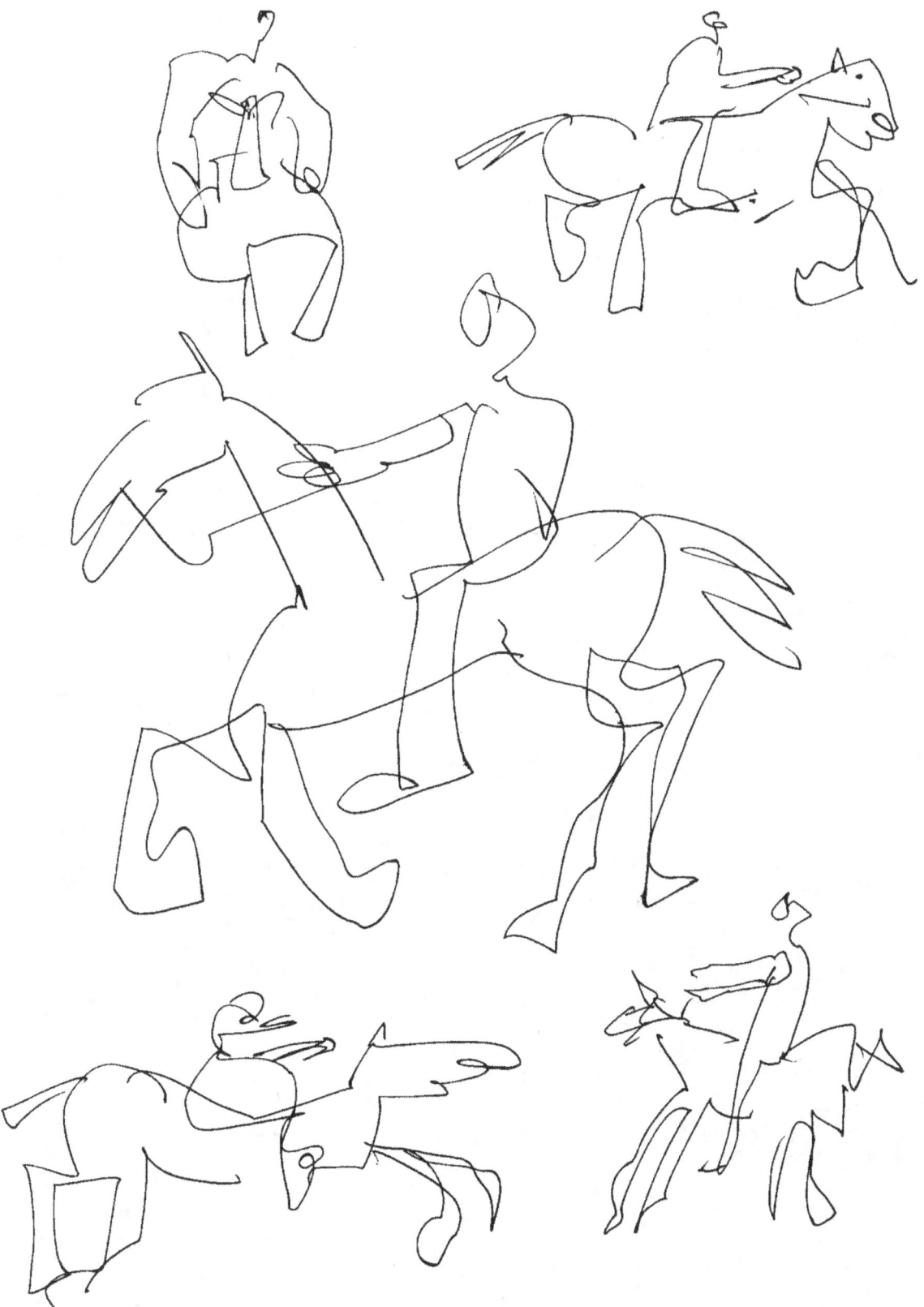

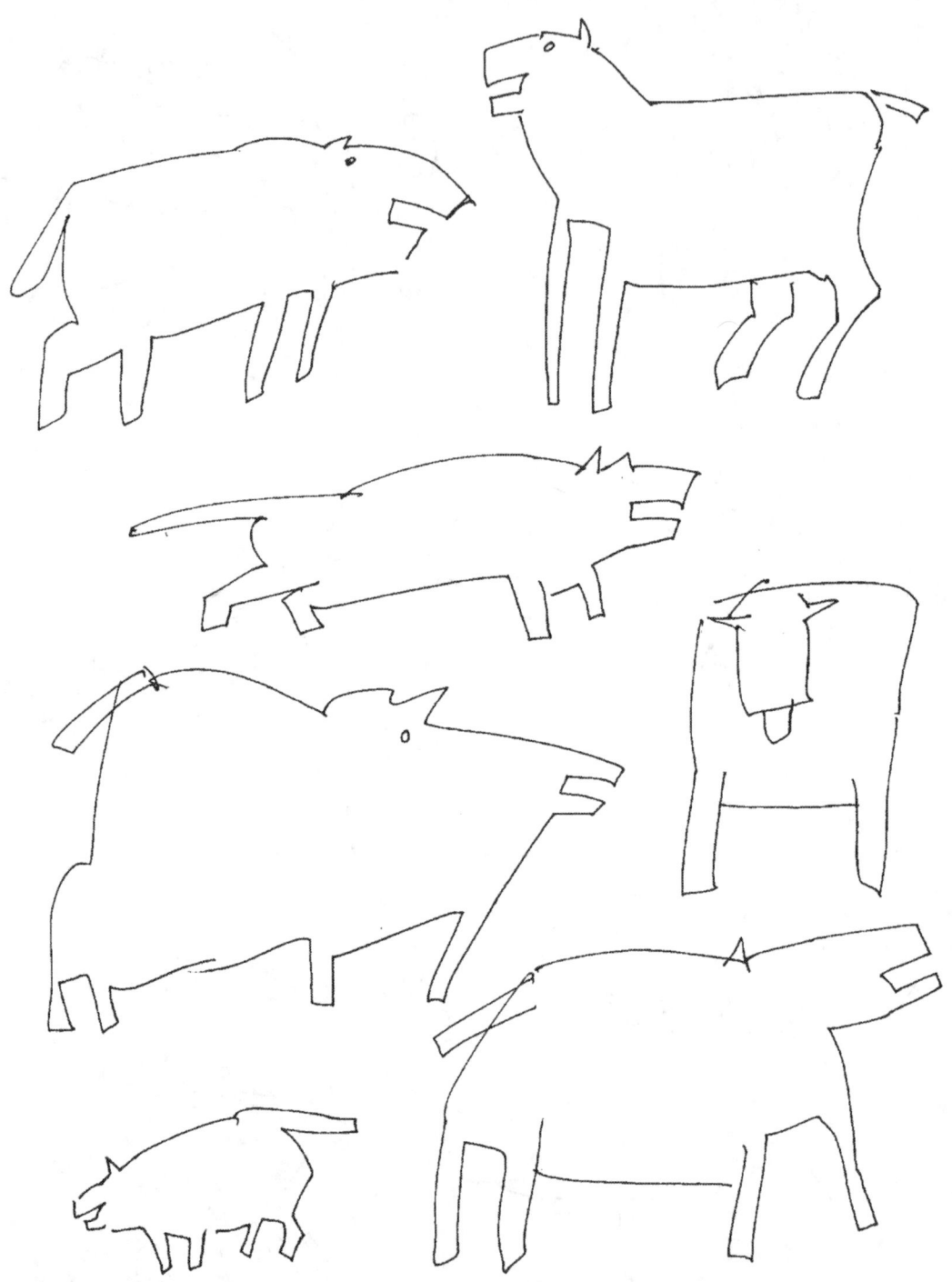

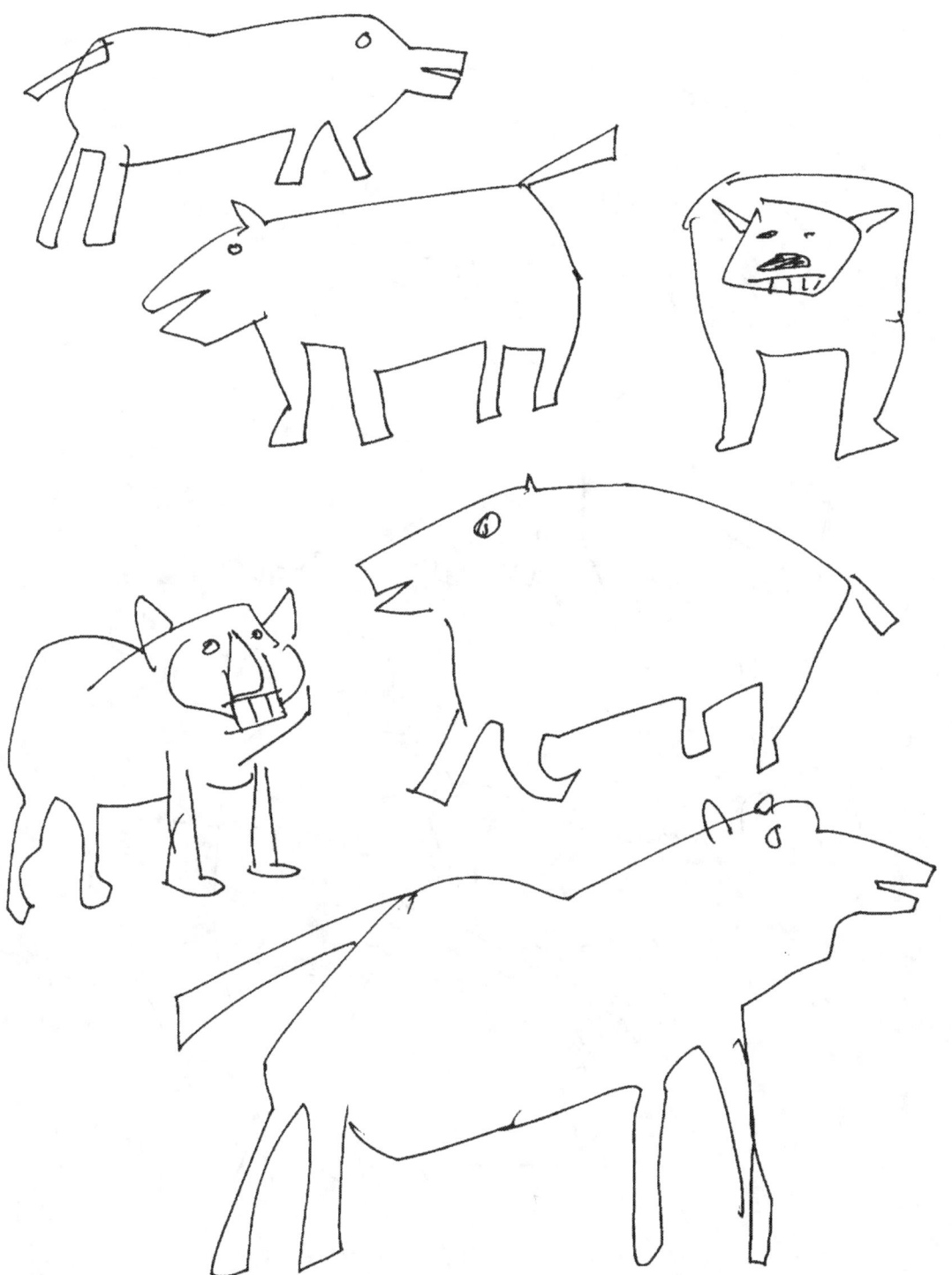

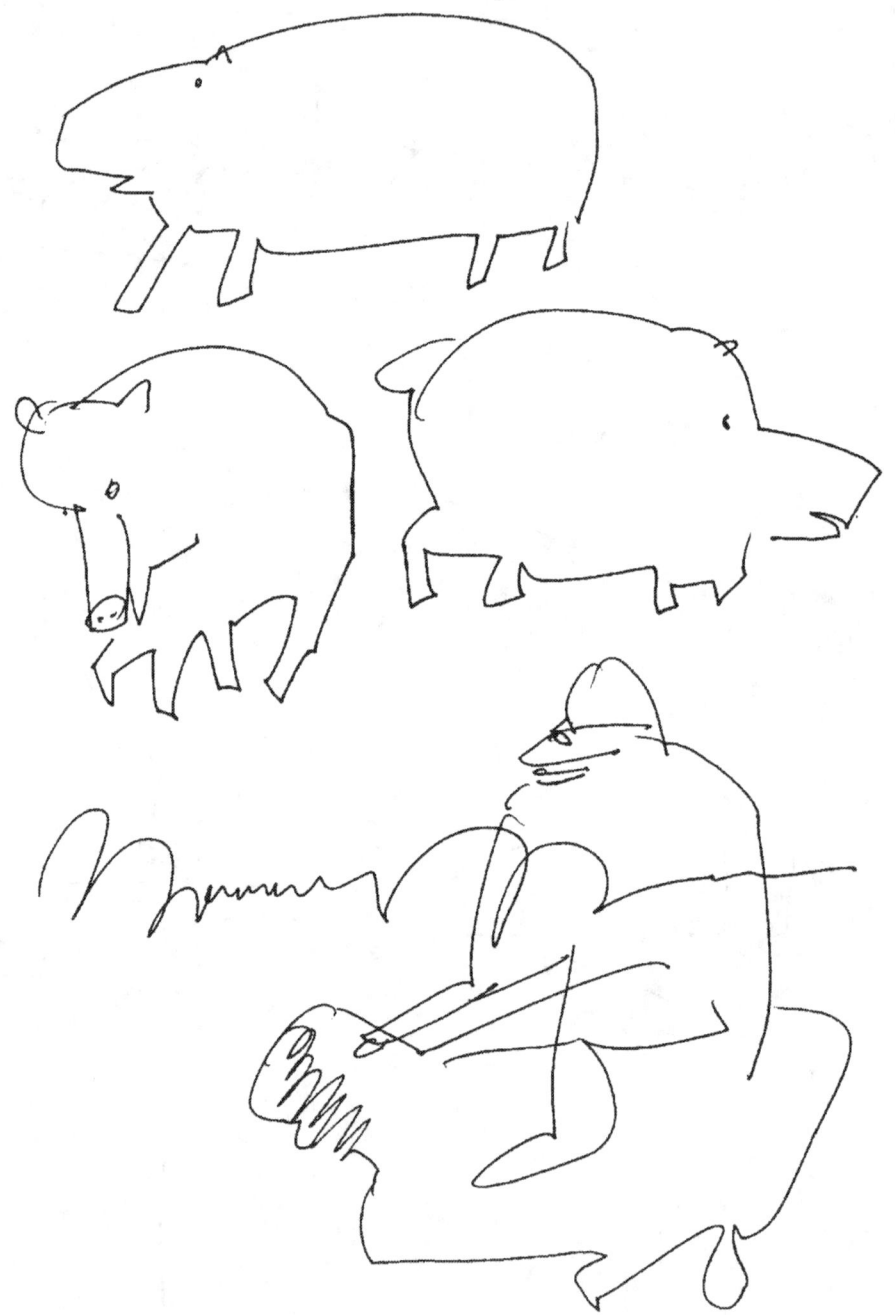

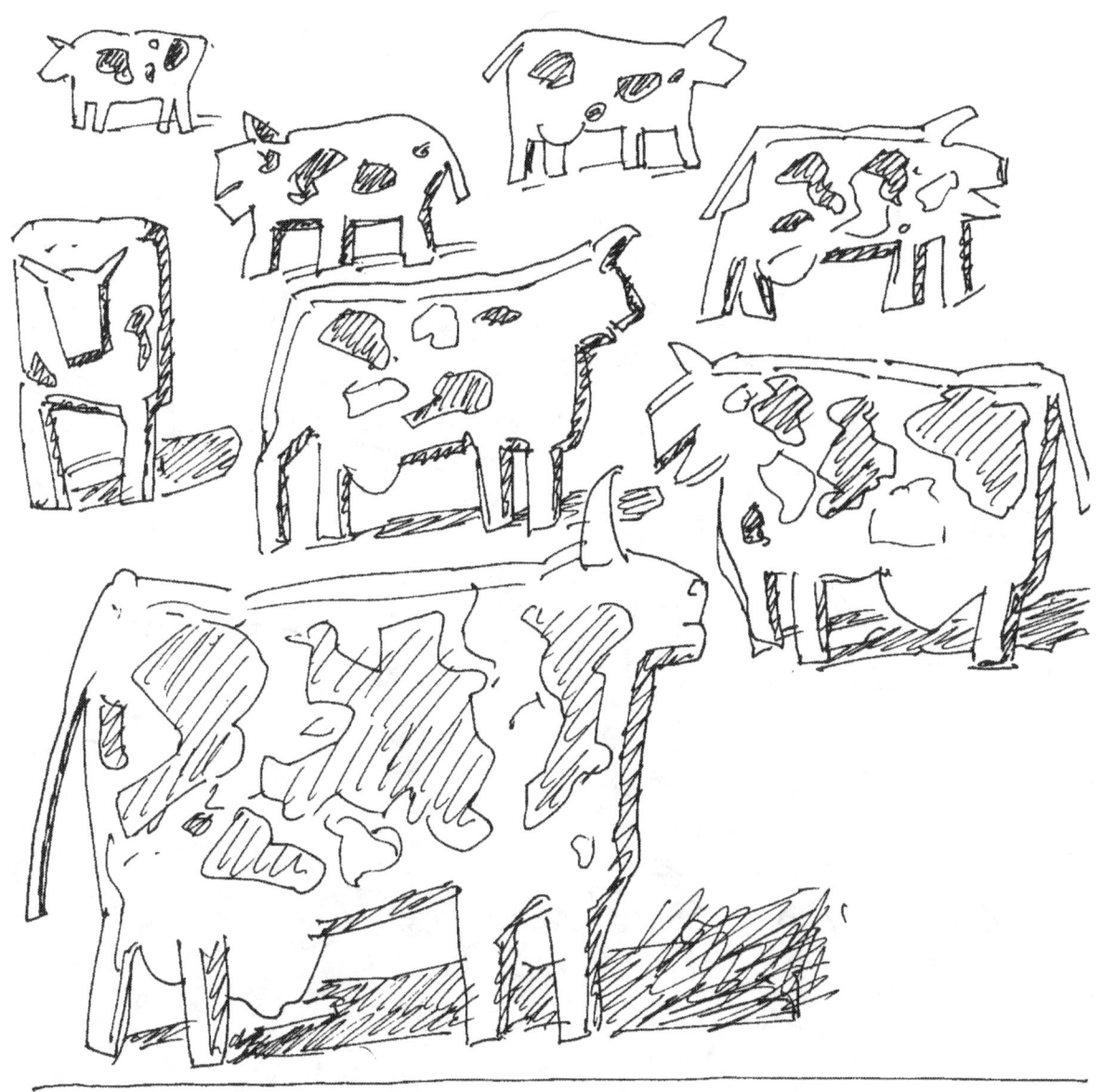

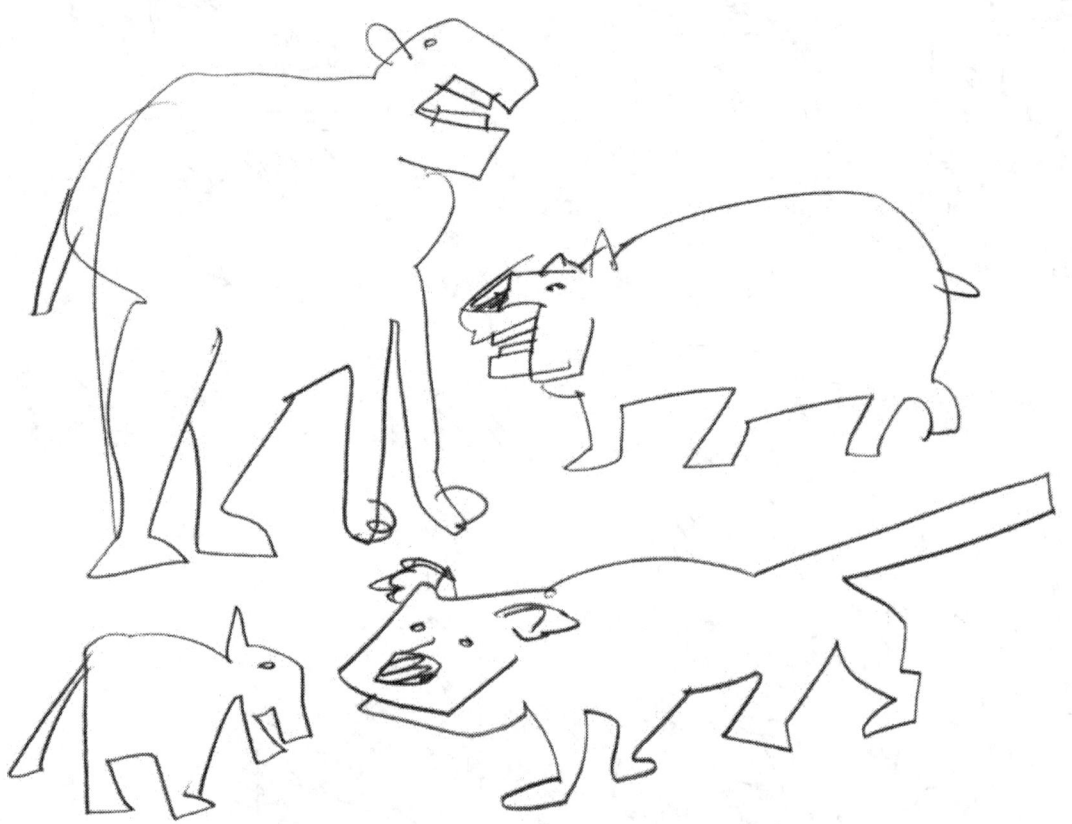

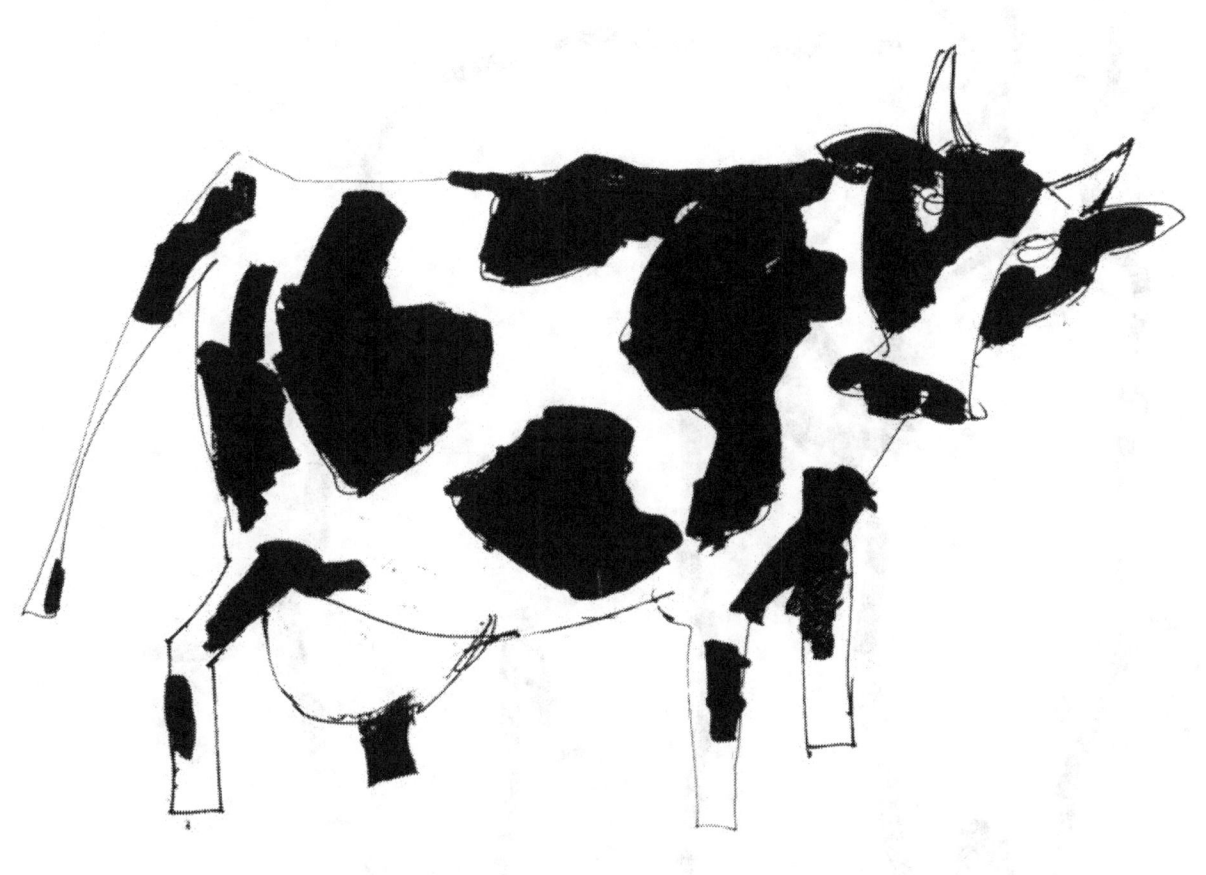

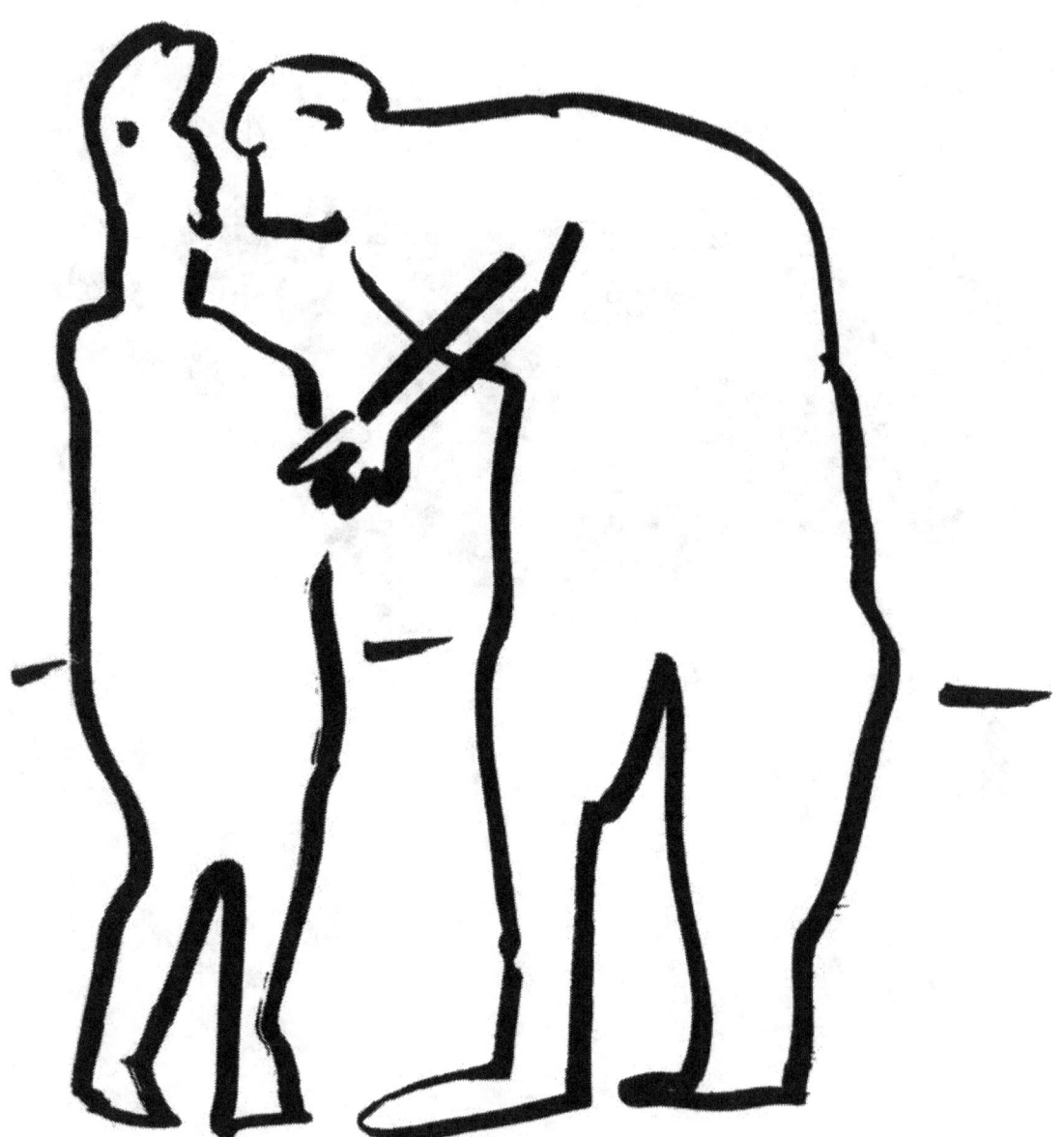

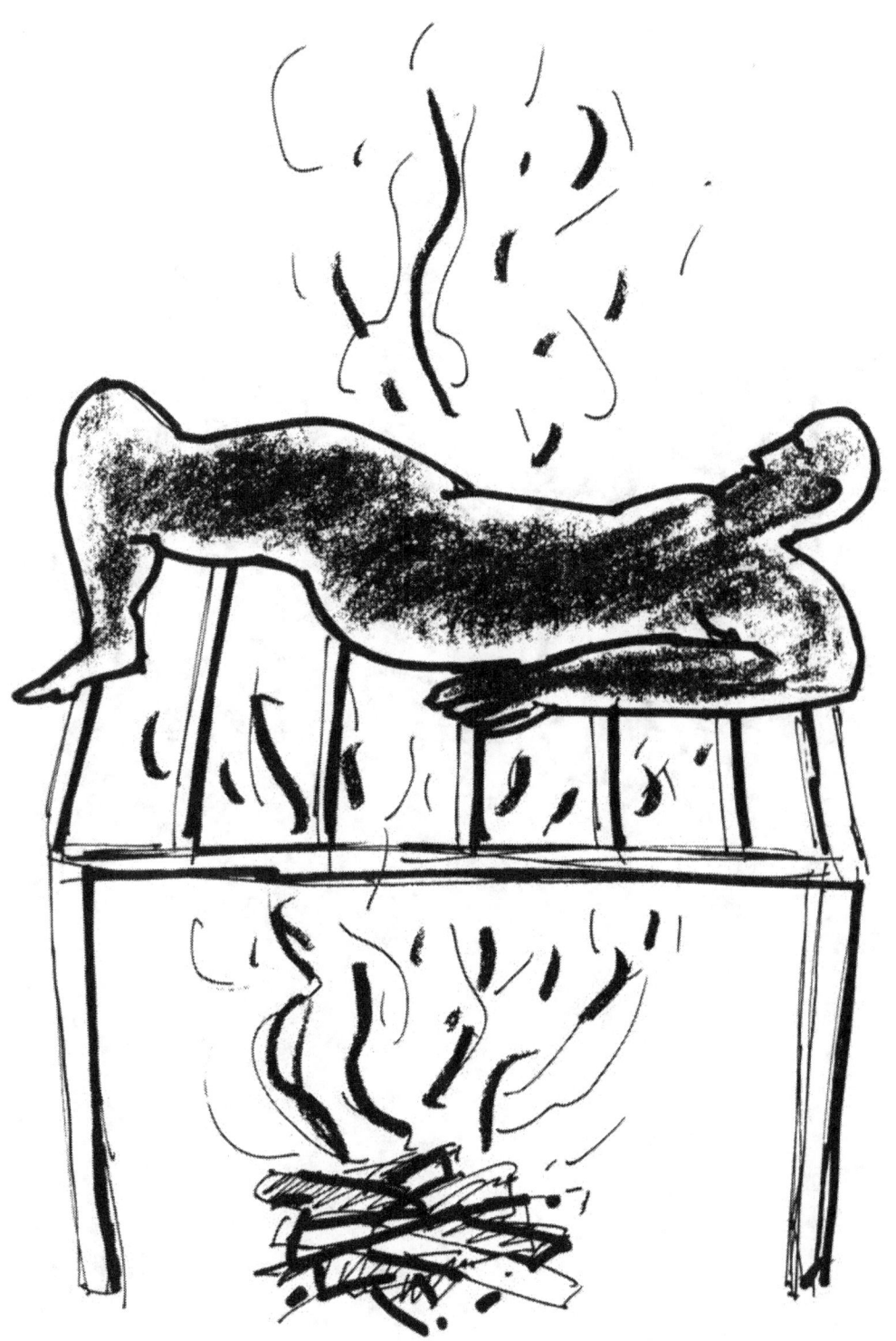

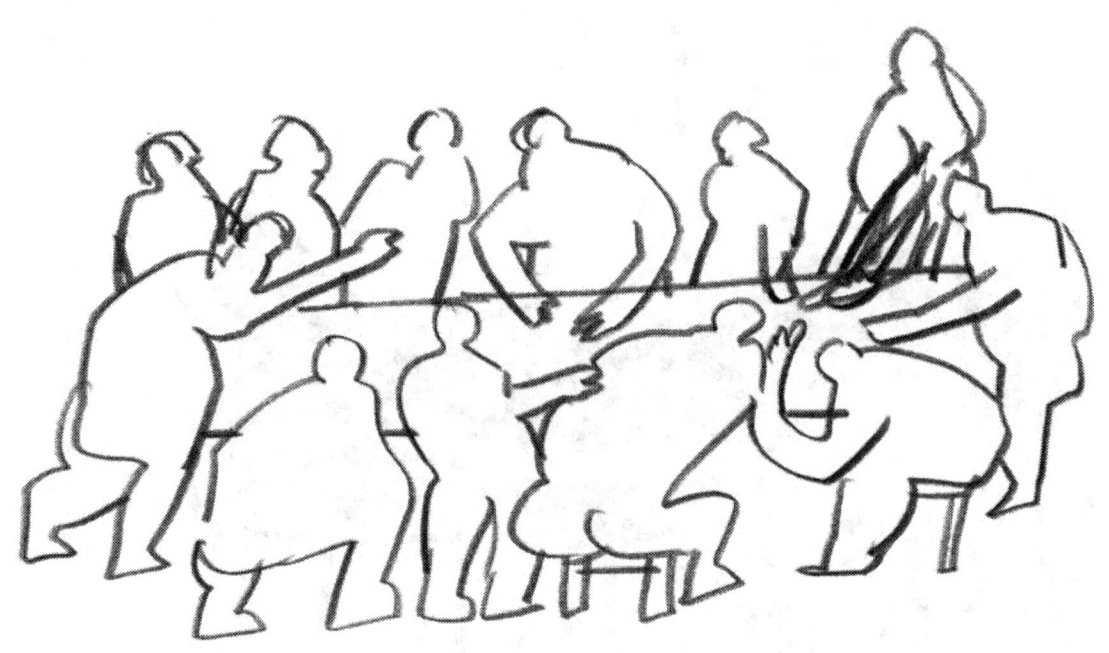

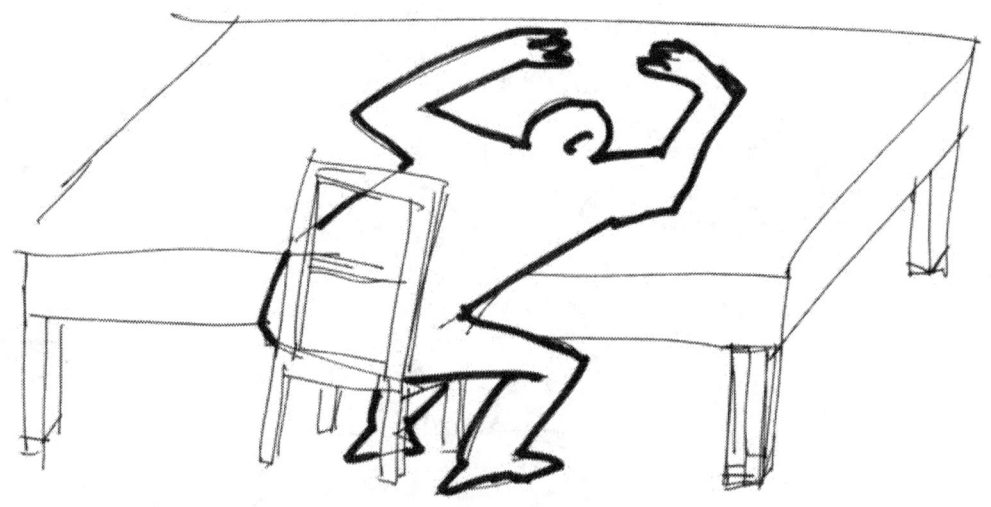

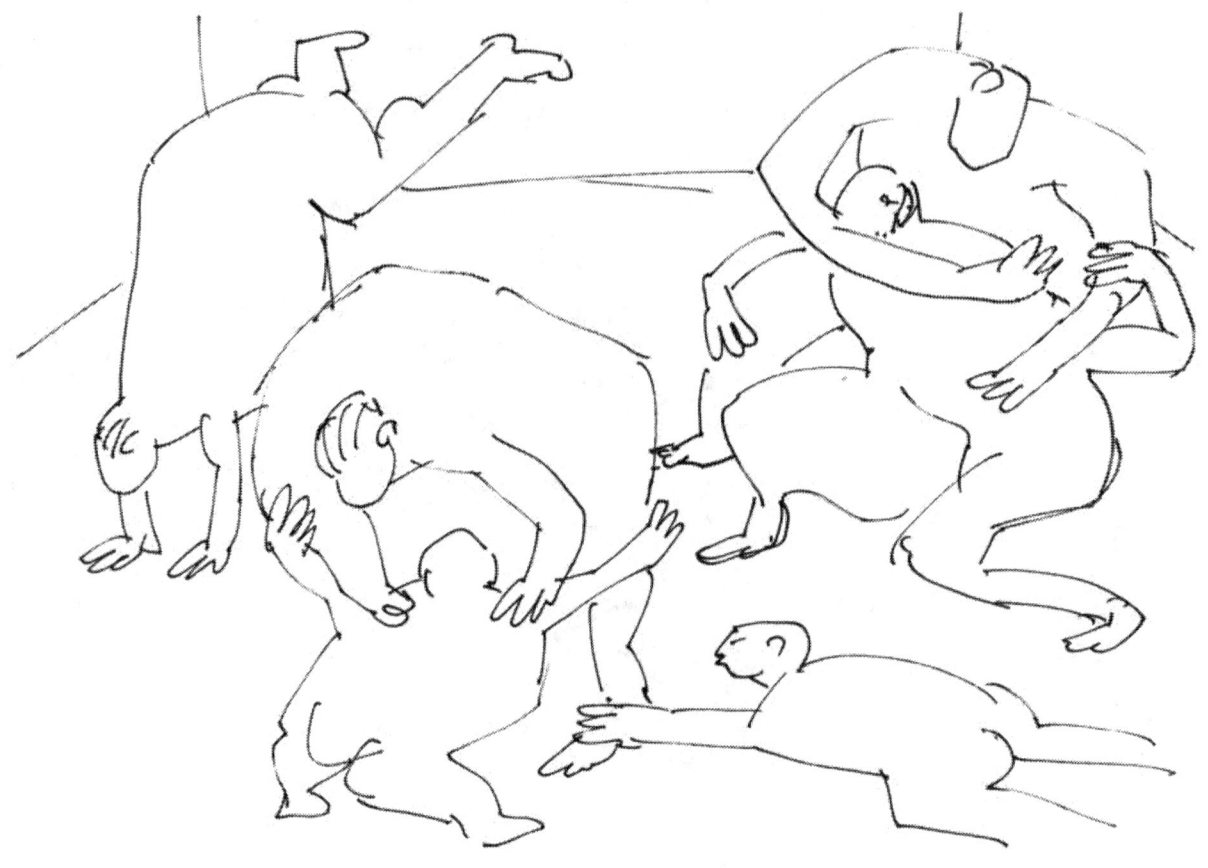

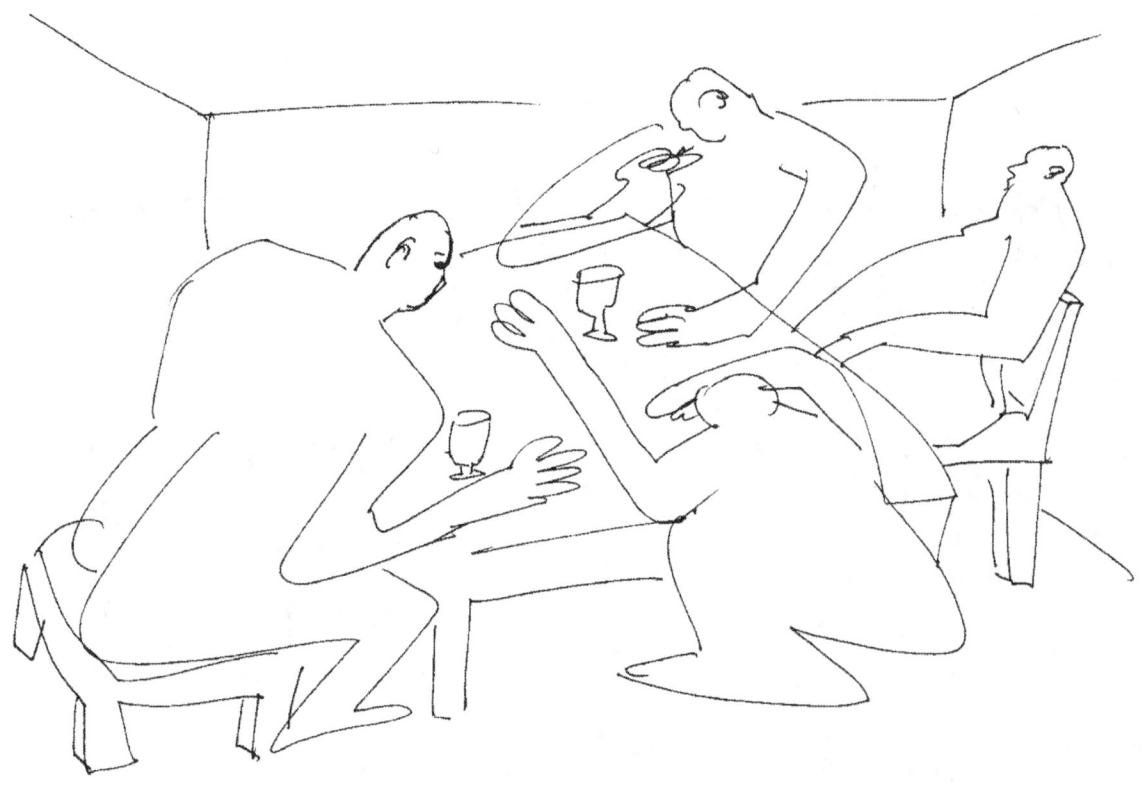

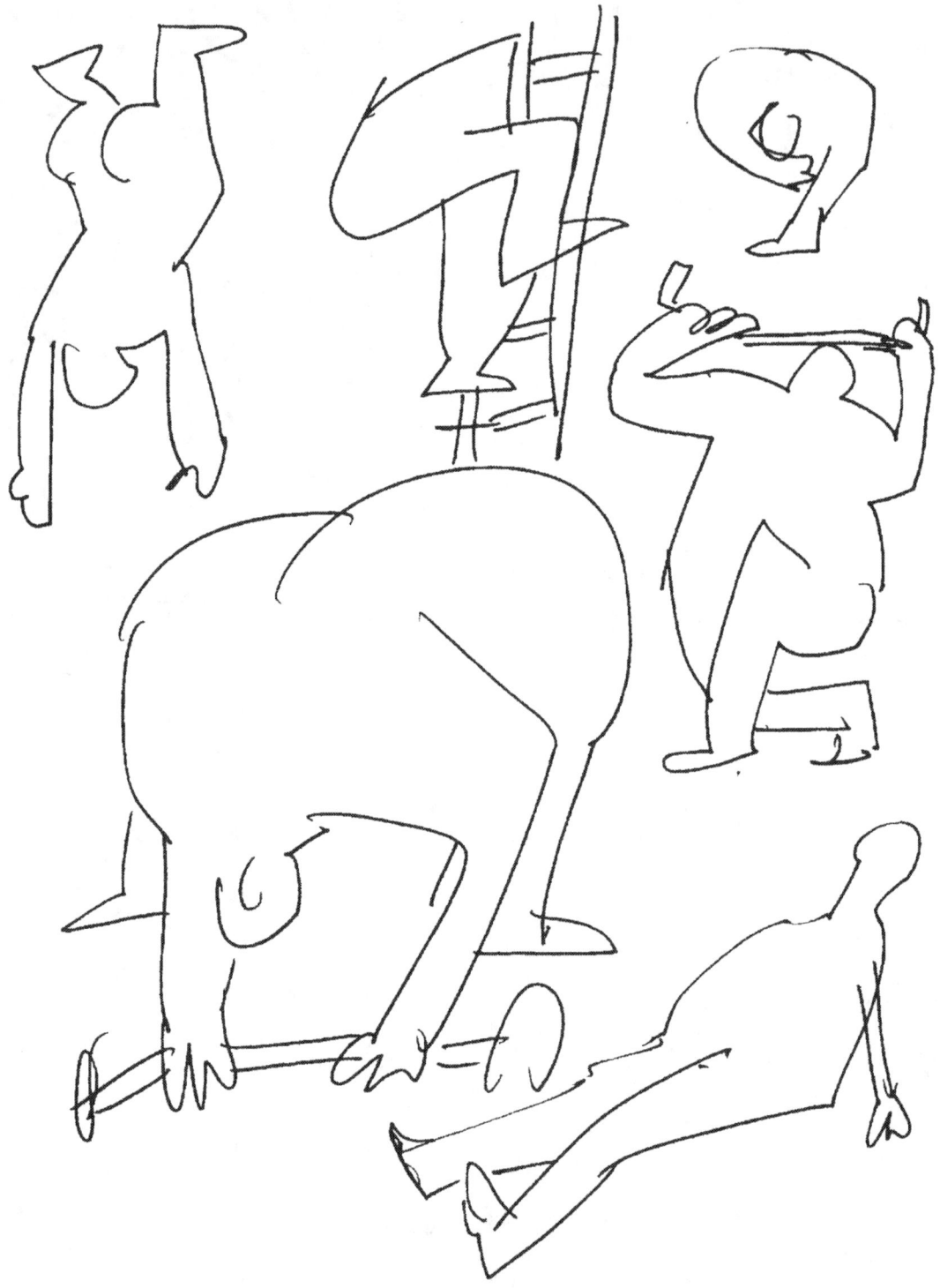

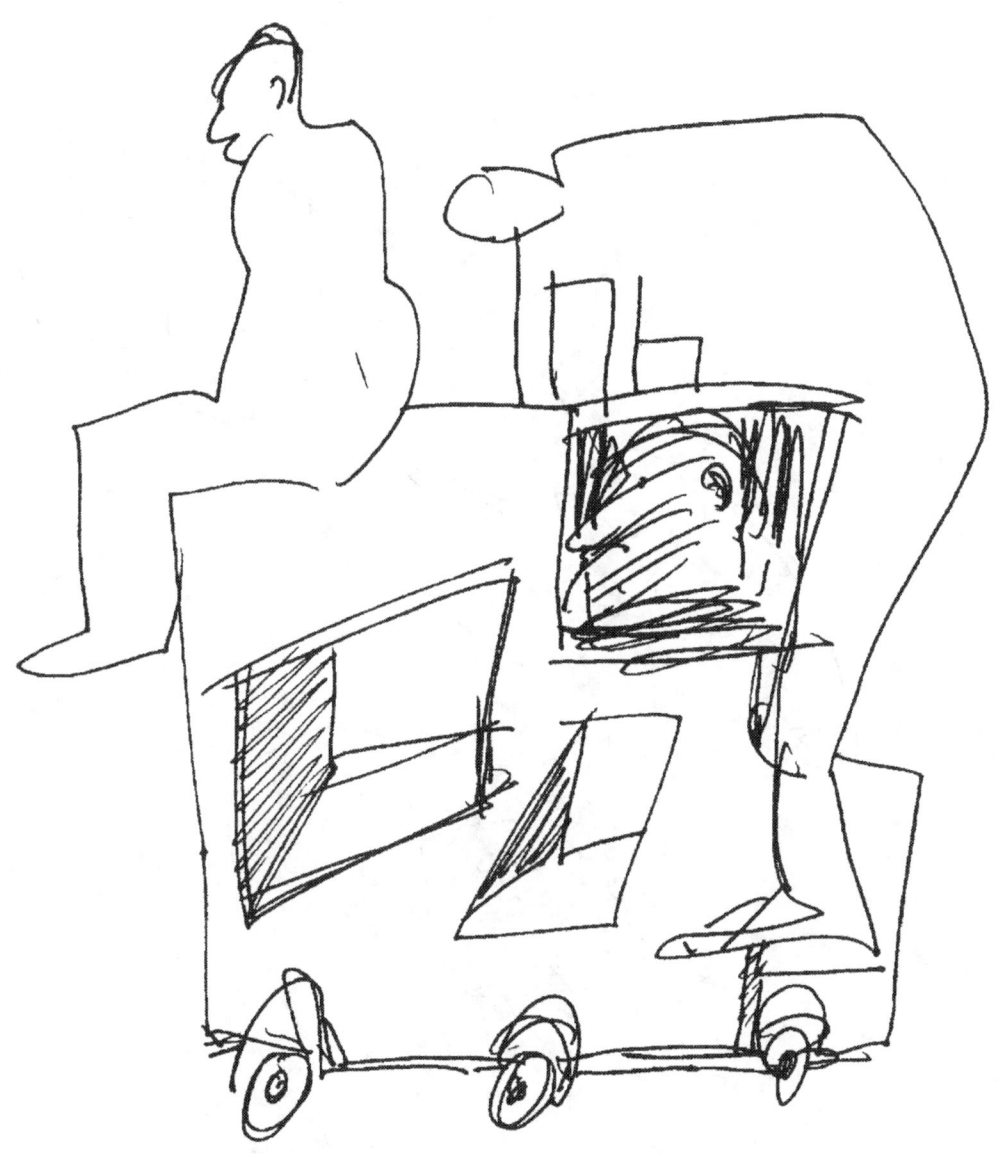

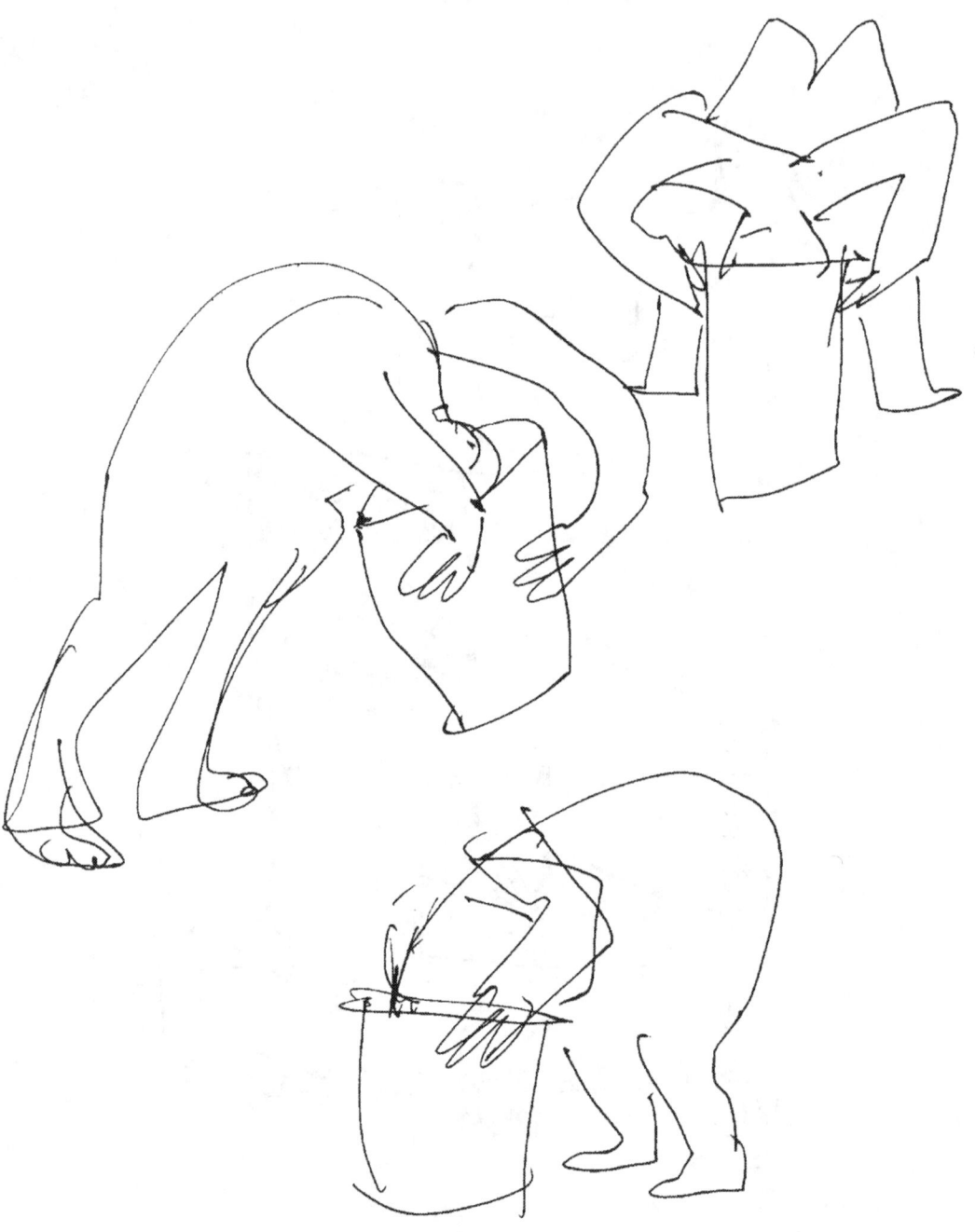

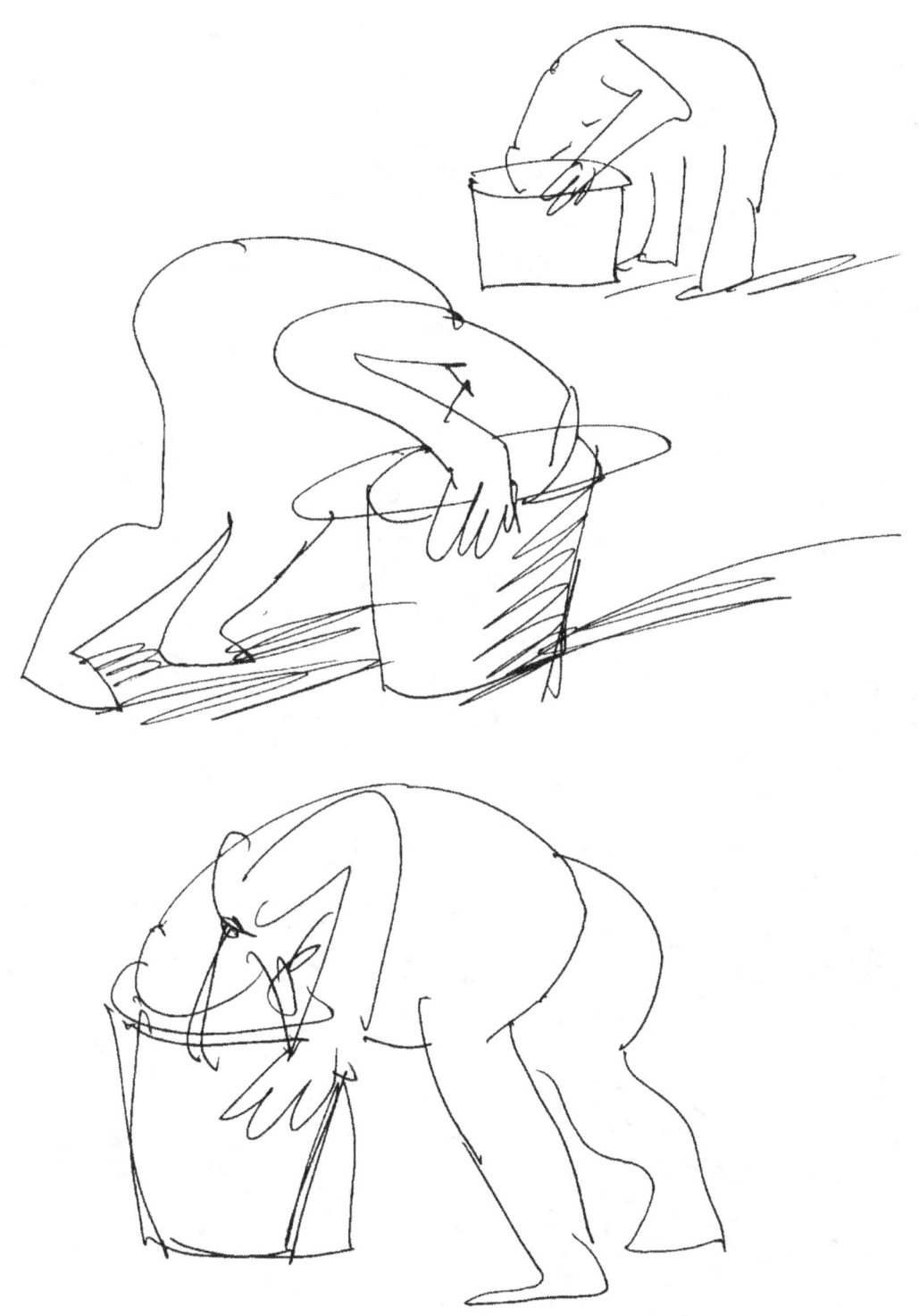

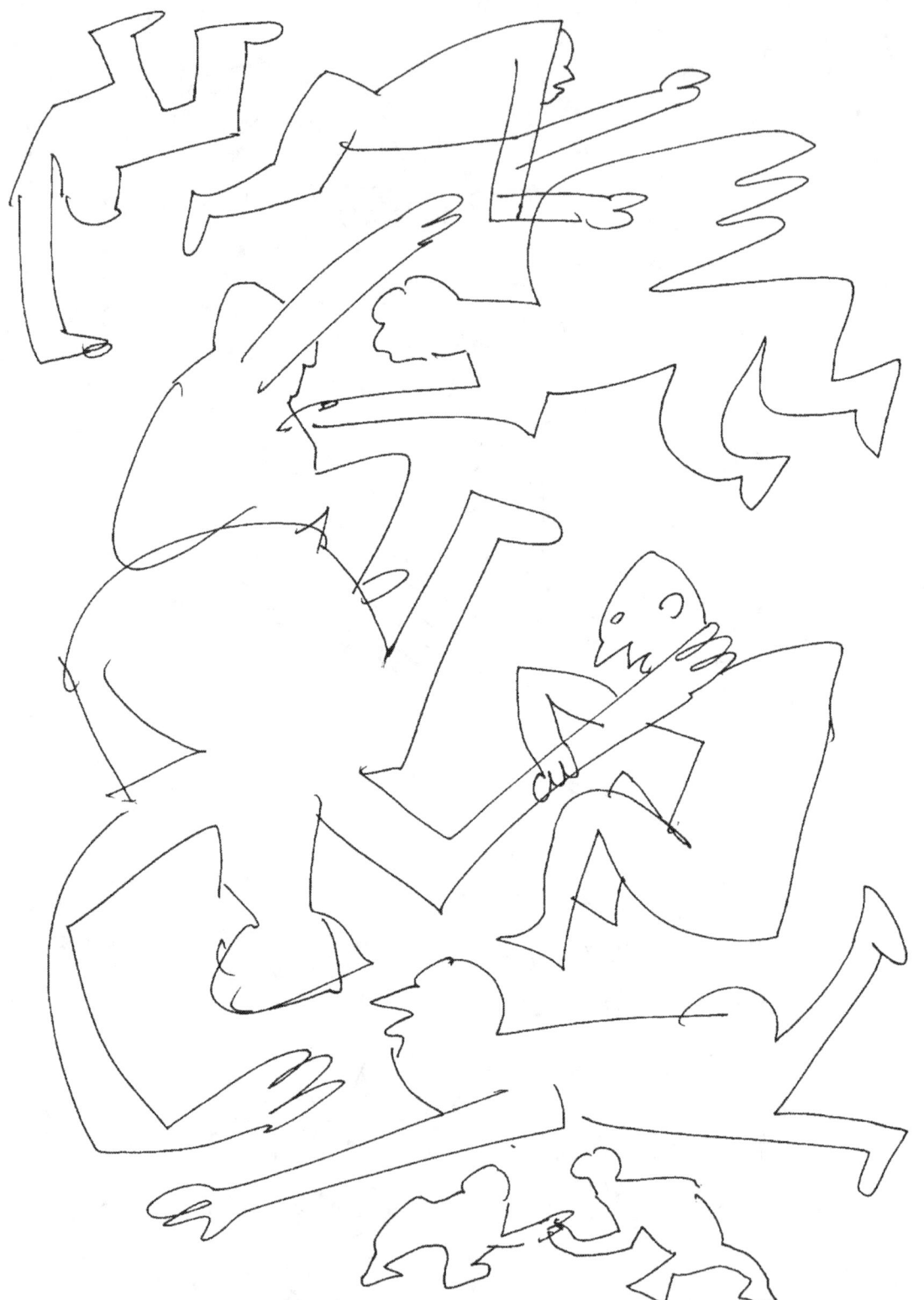

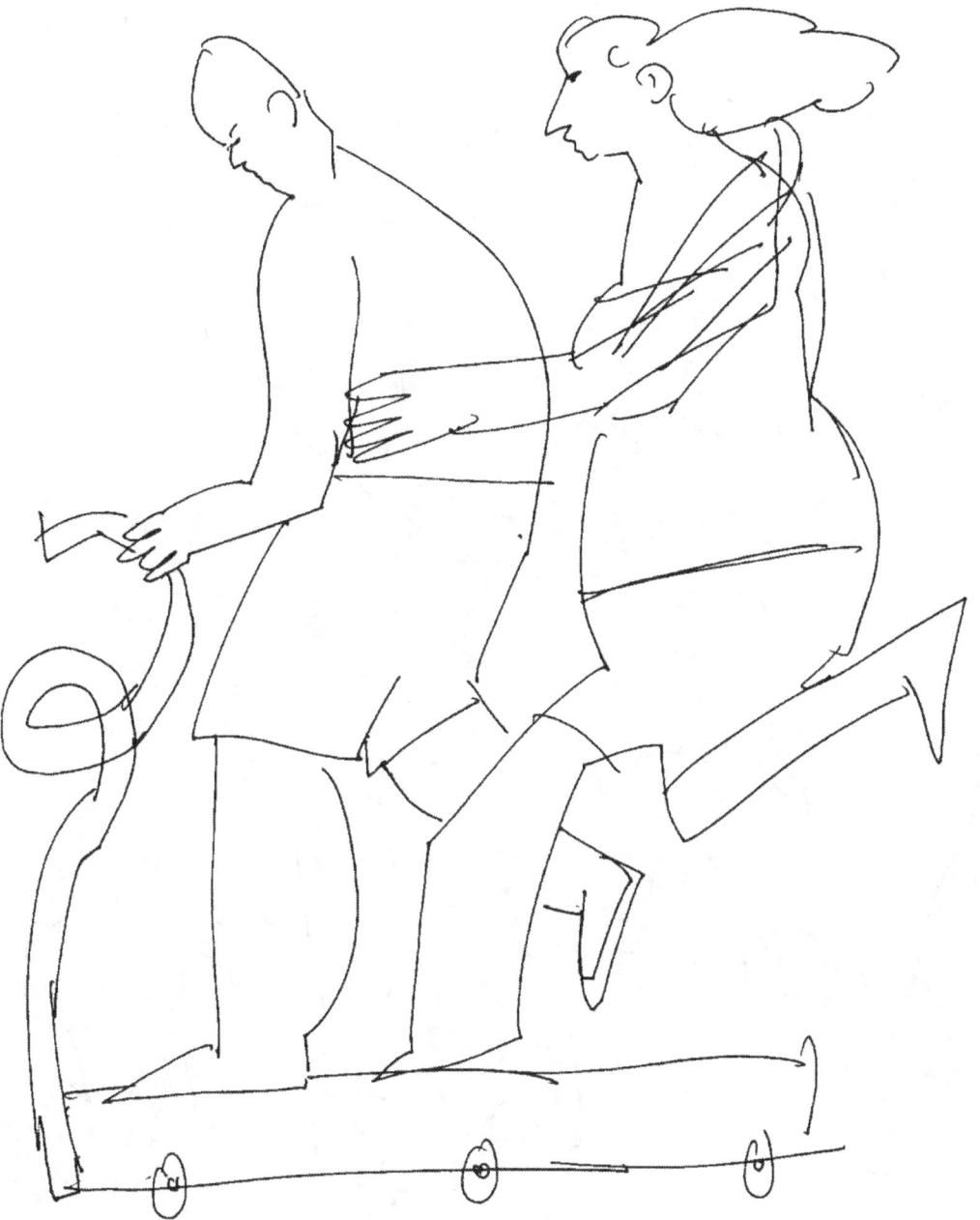

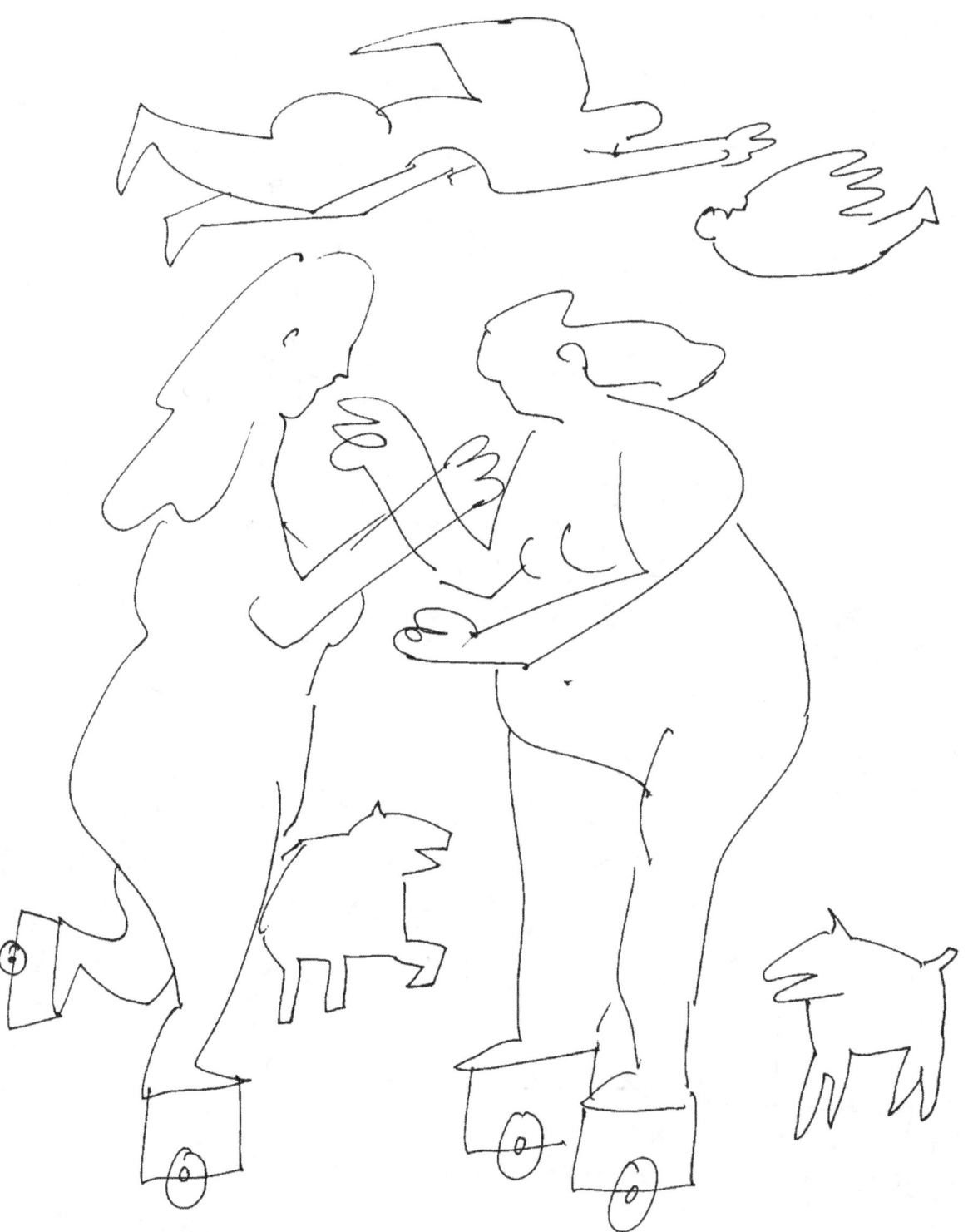

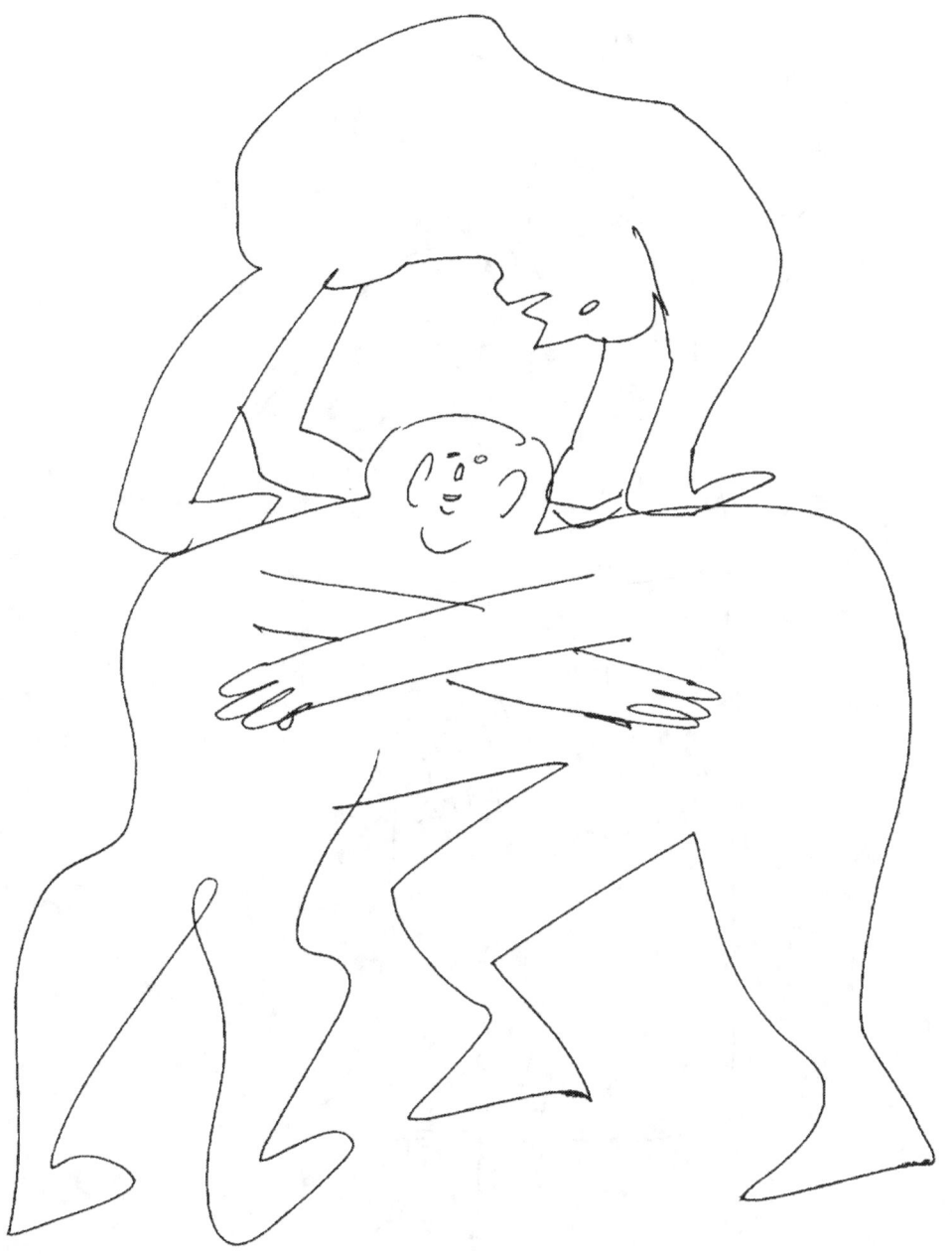

Mann mit Hose

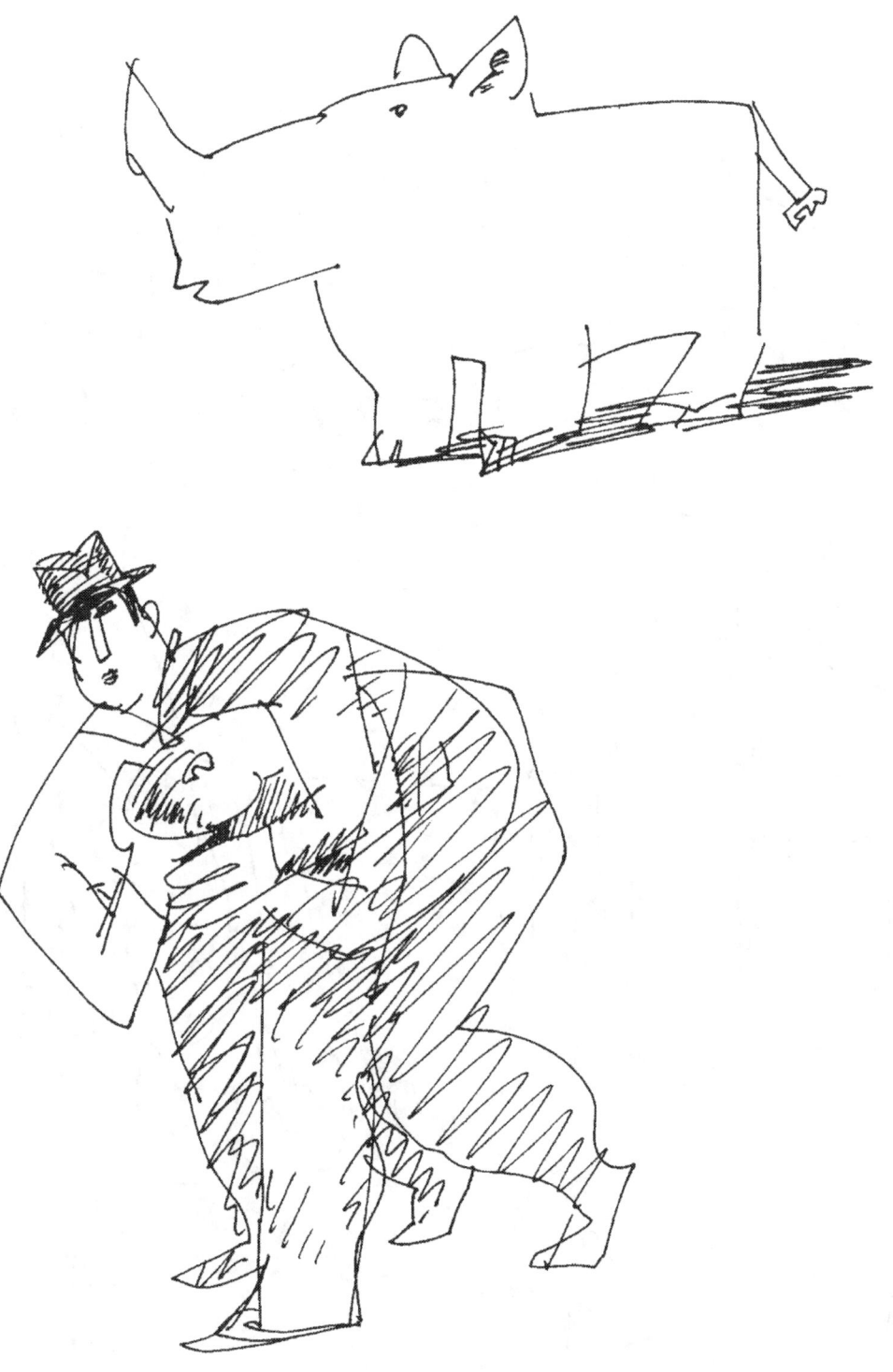

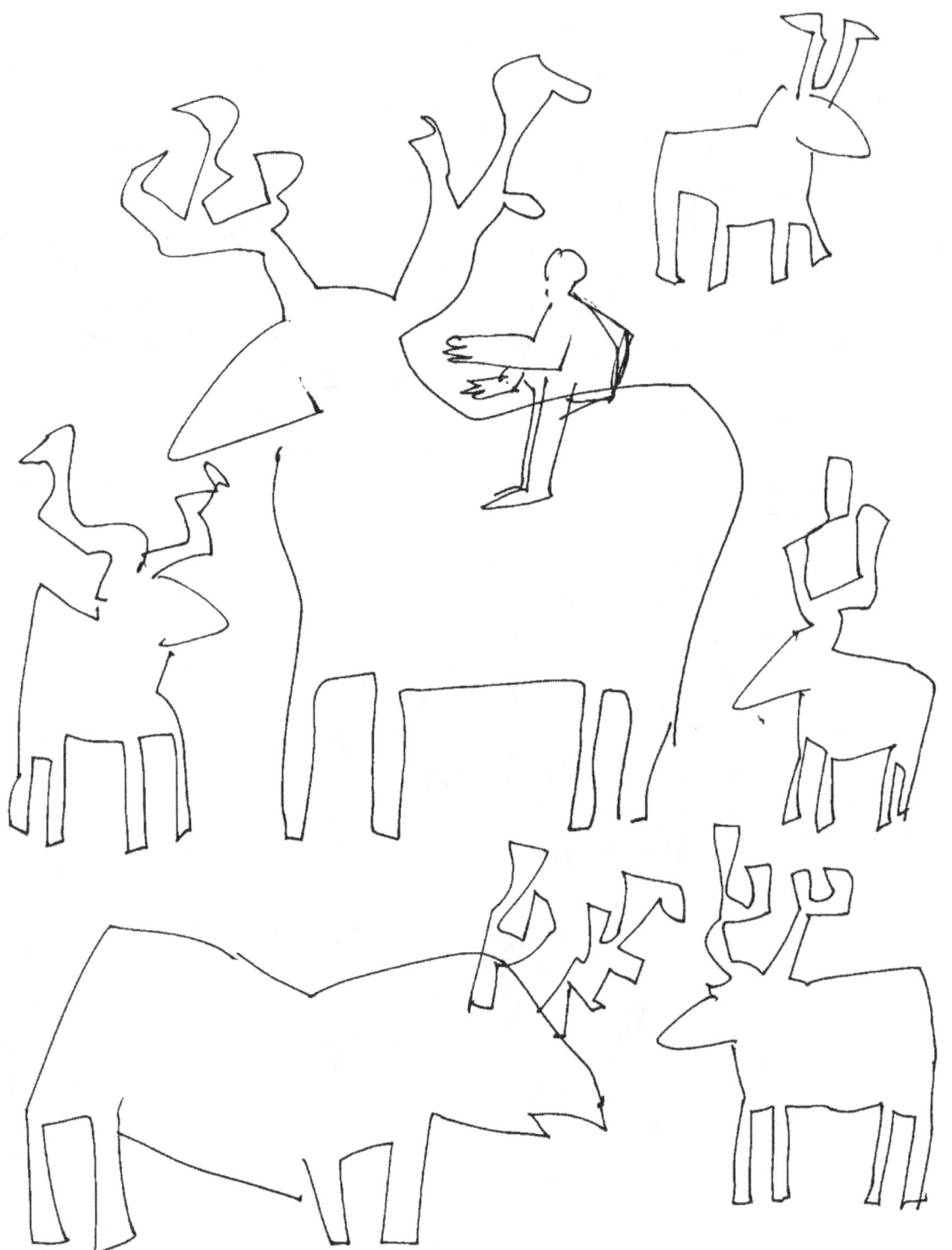

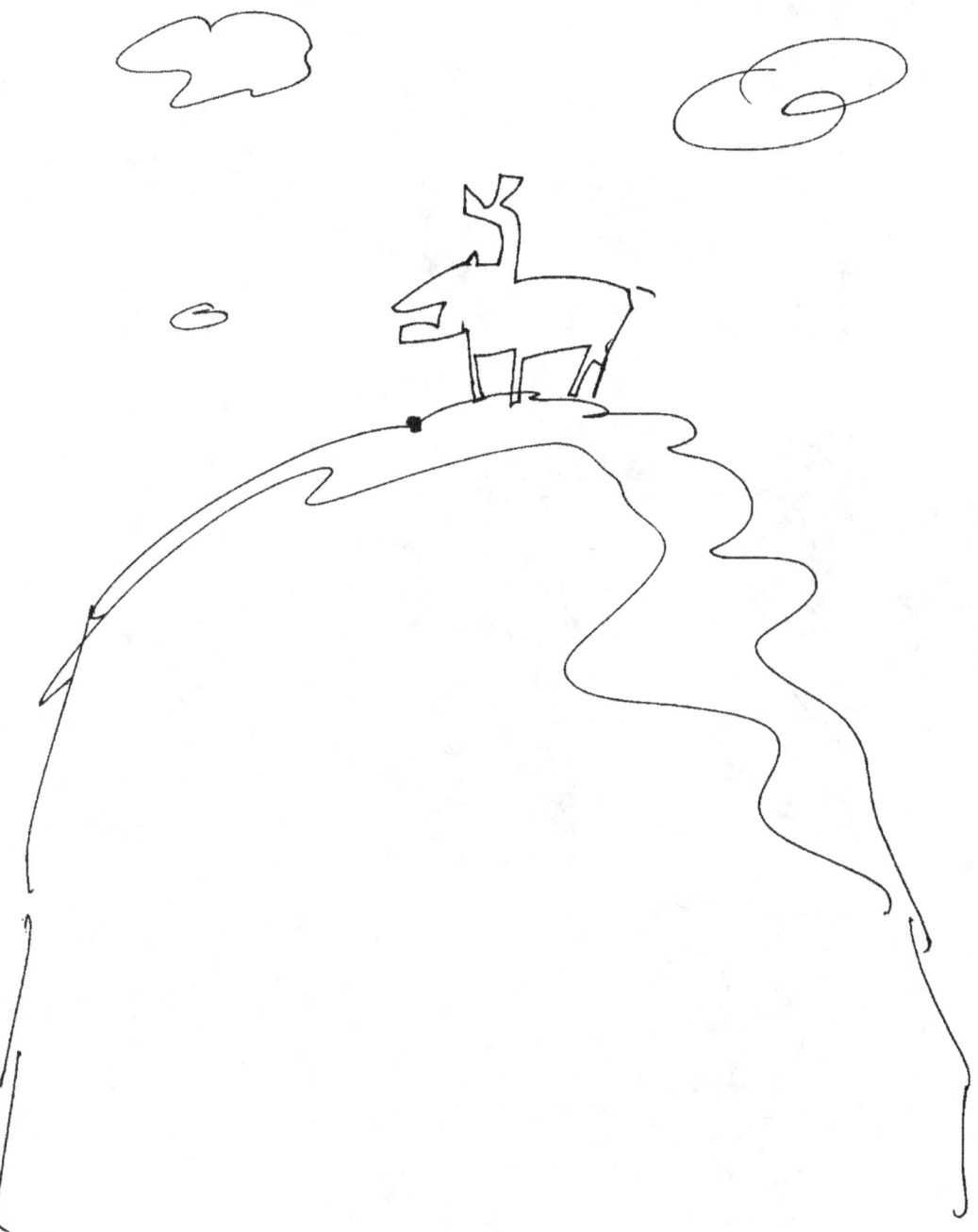

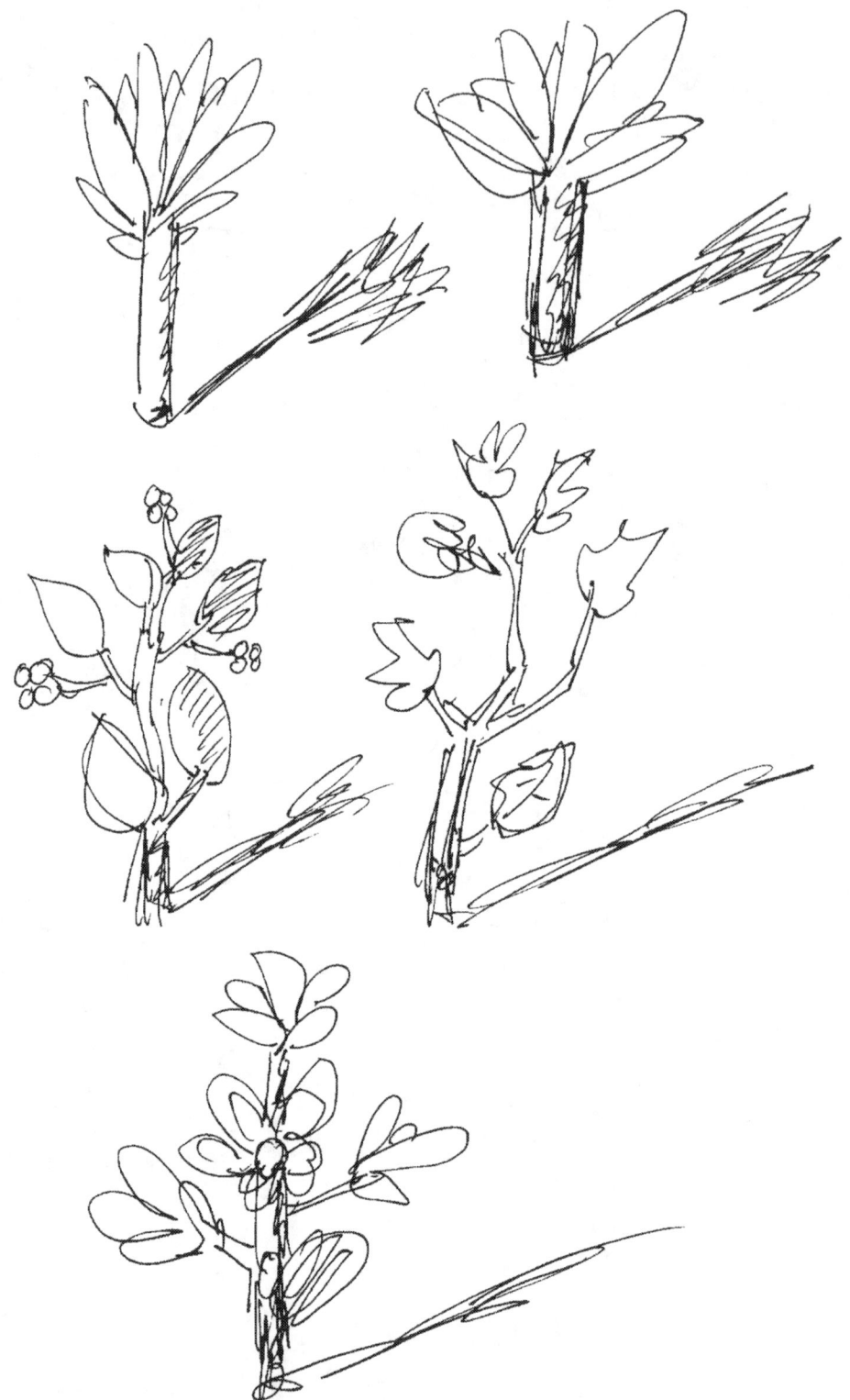

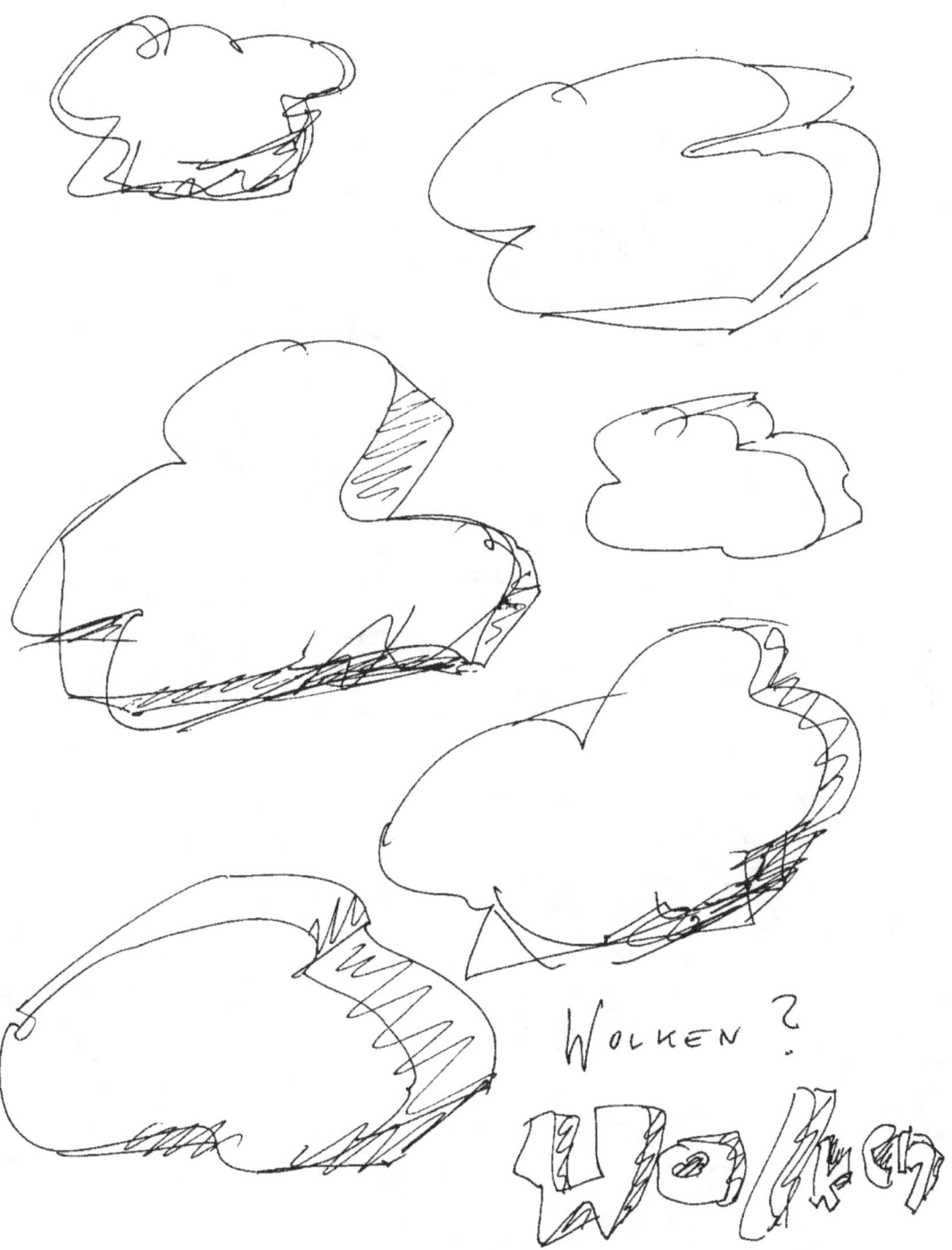

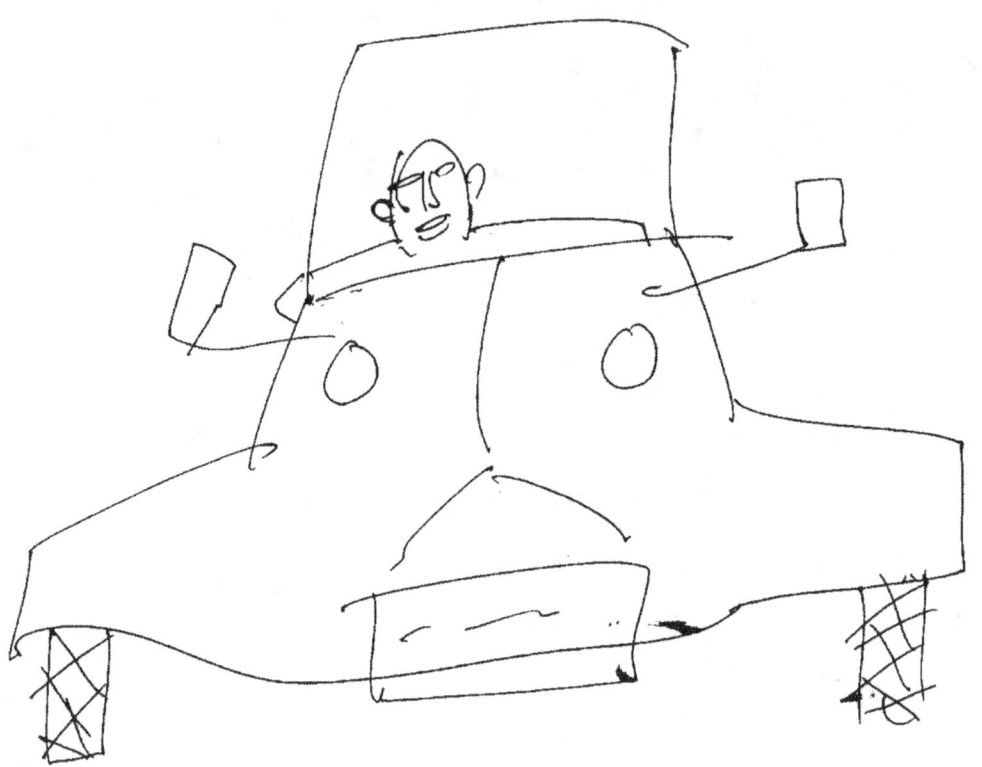

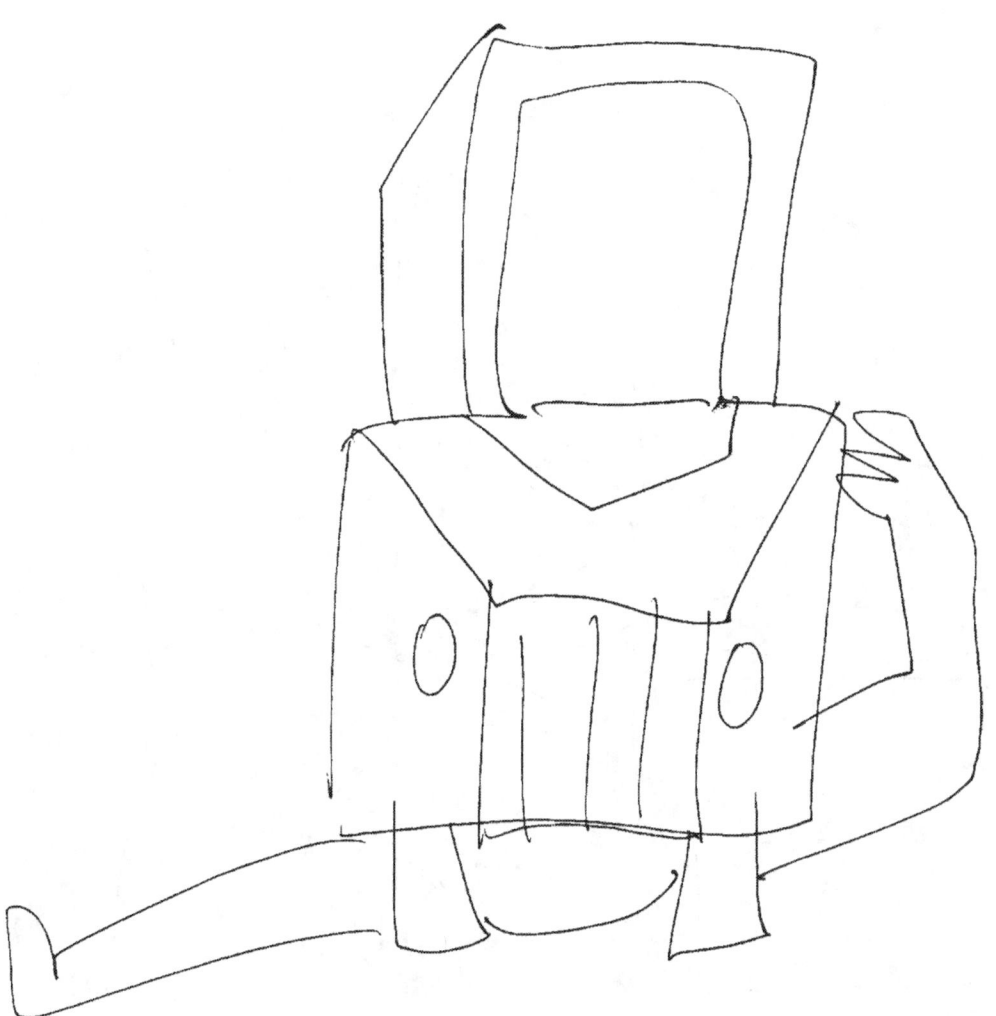

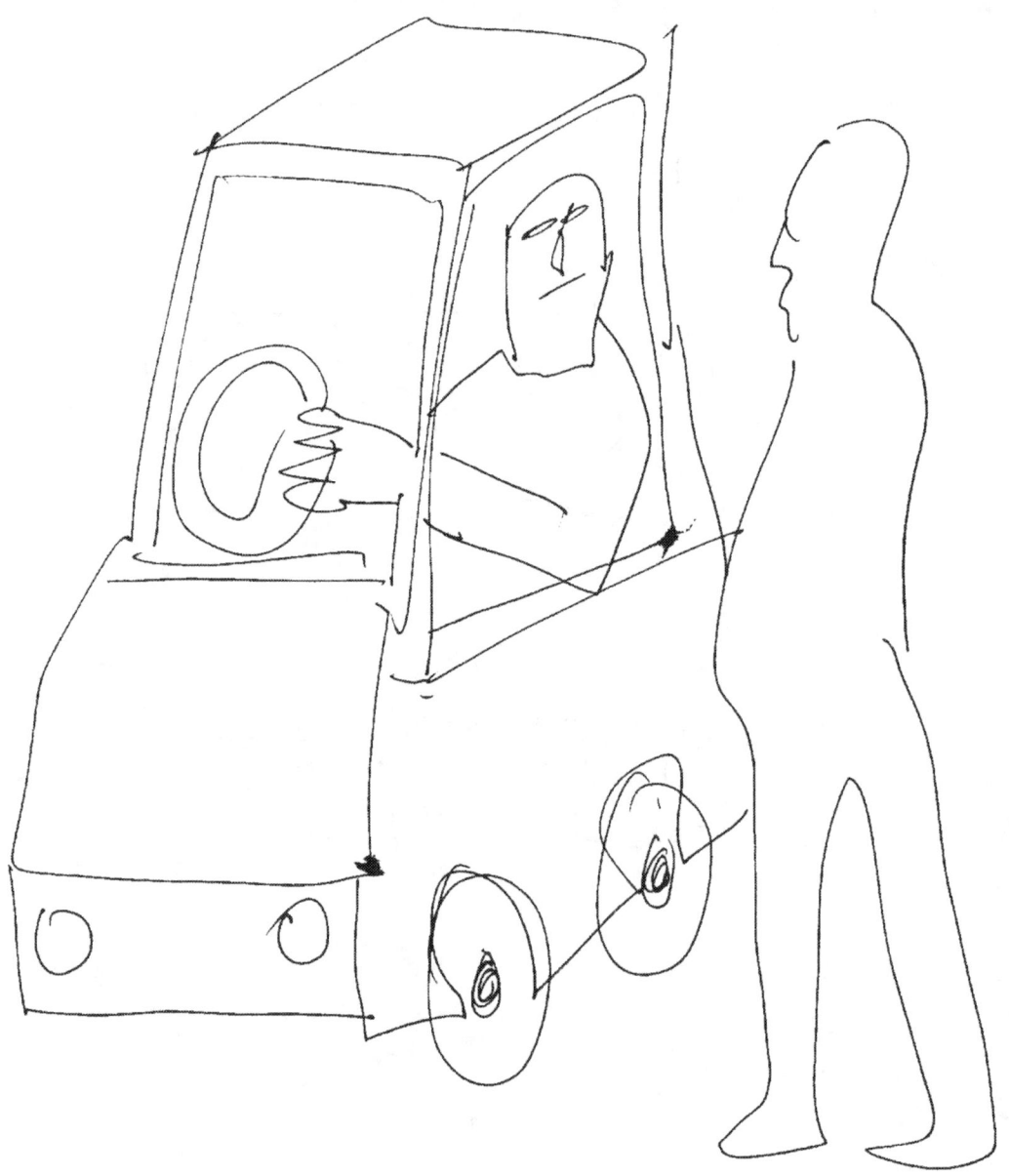

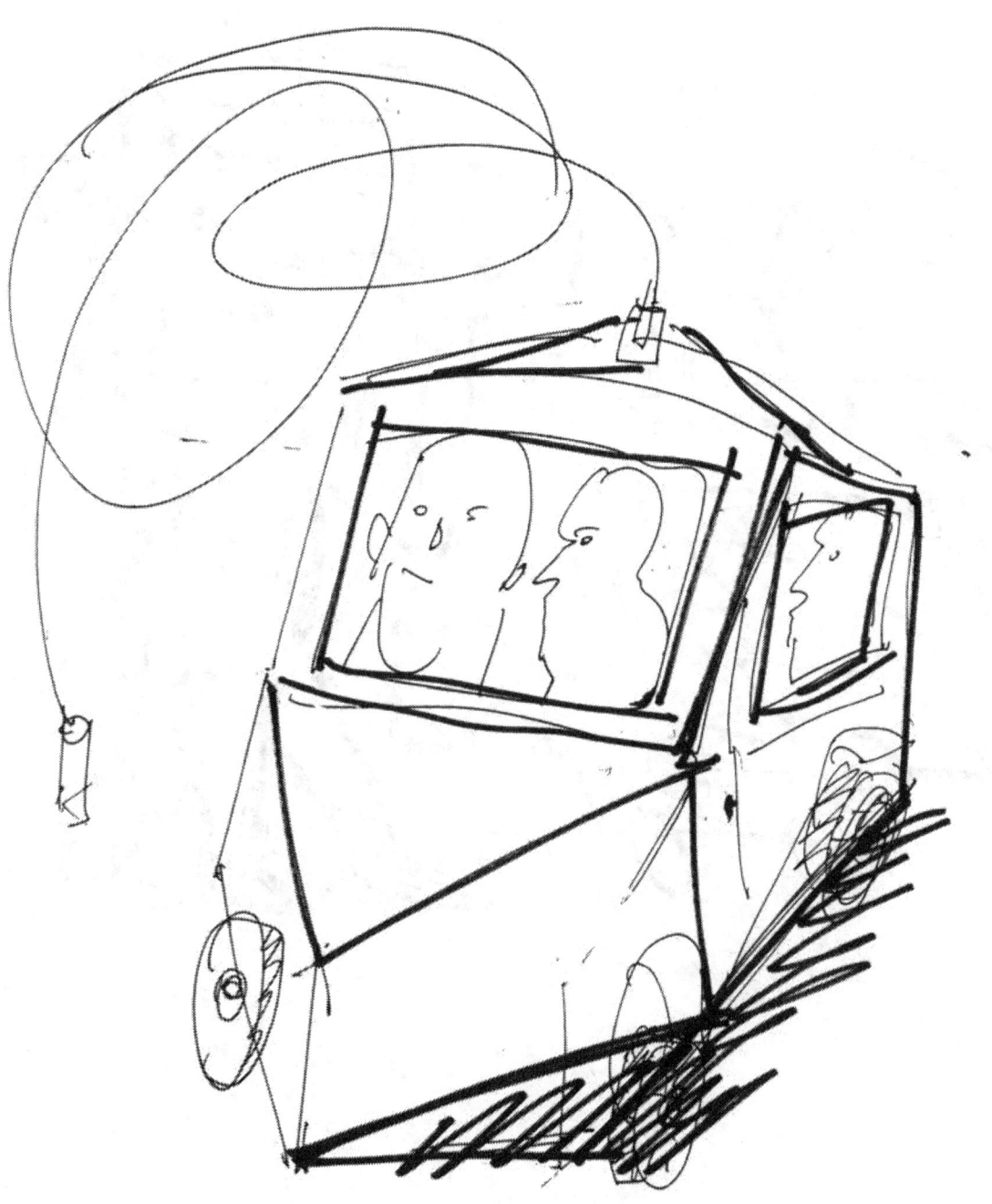

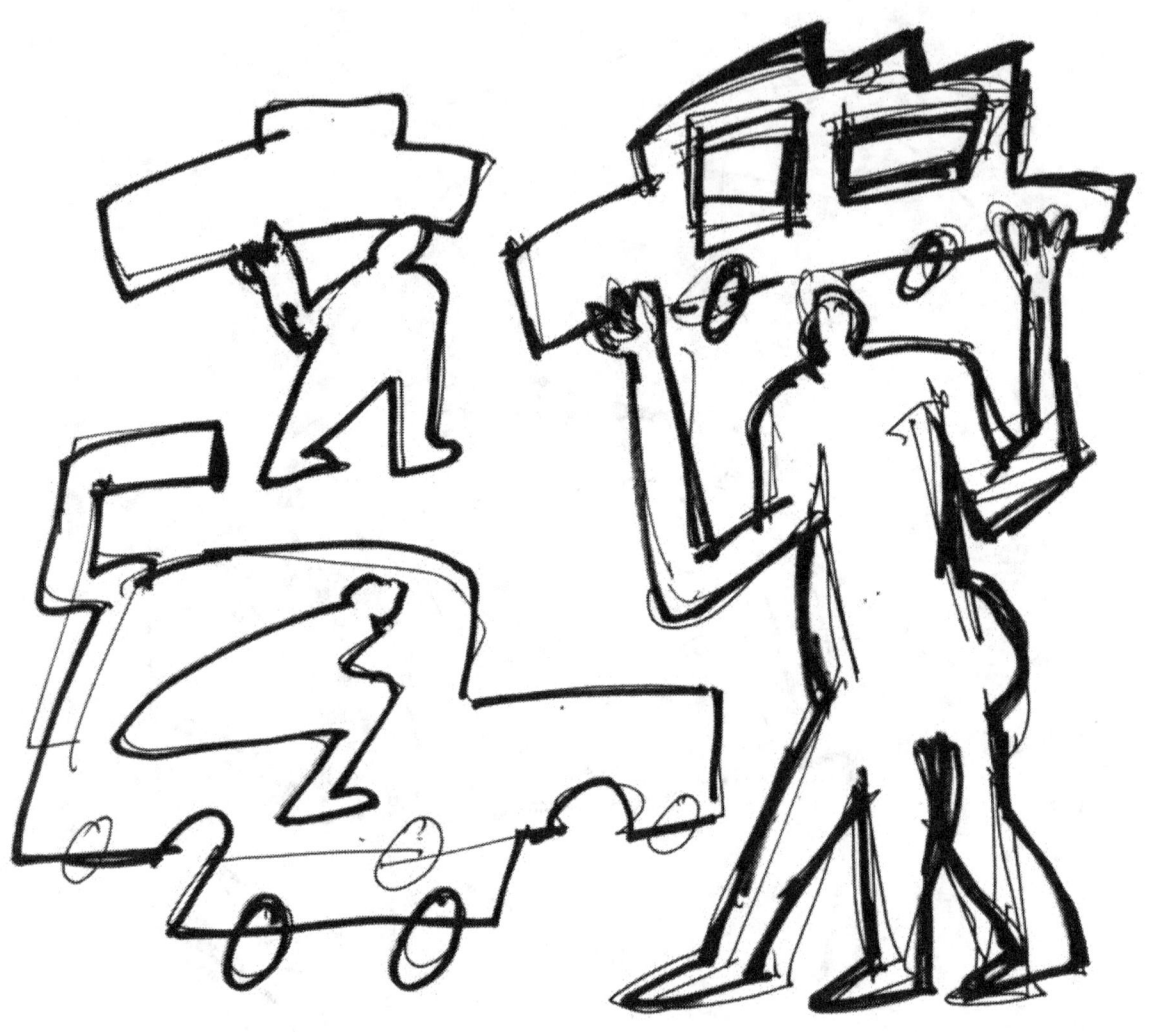

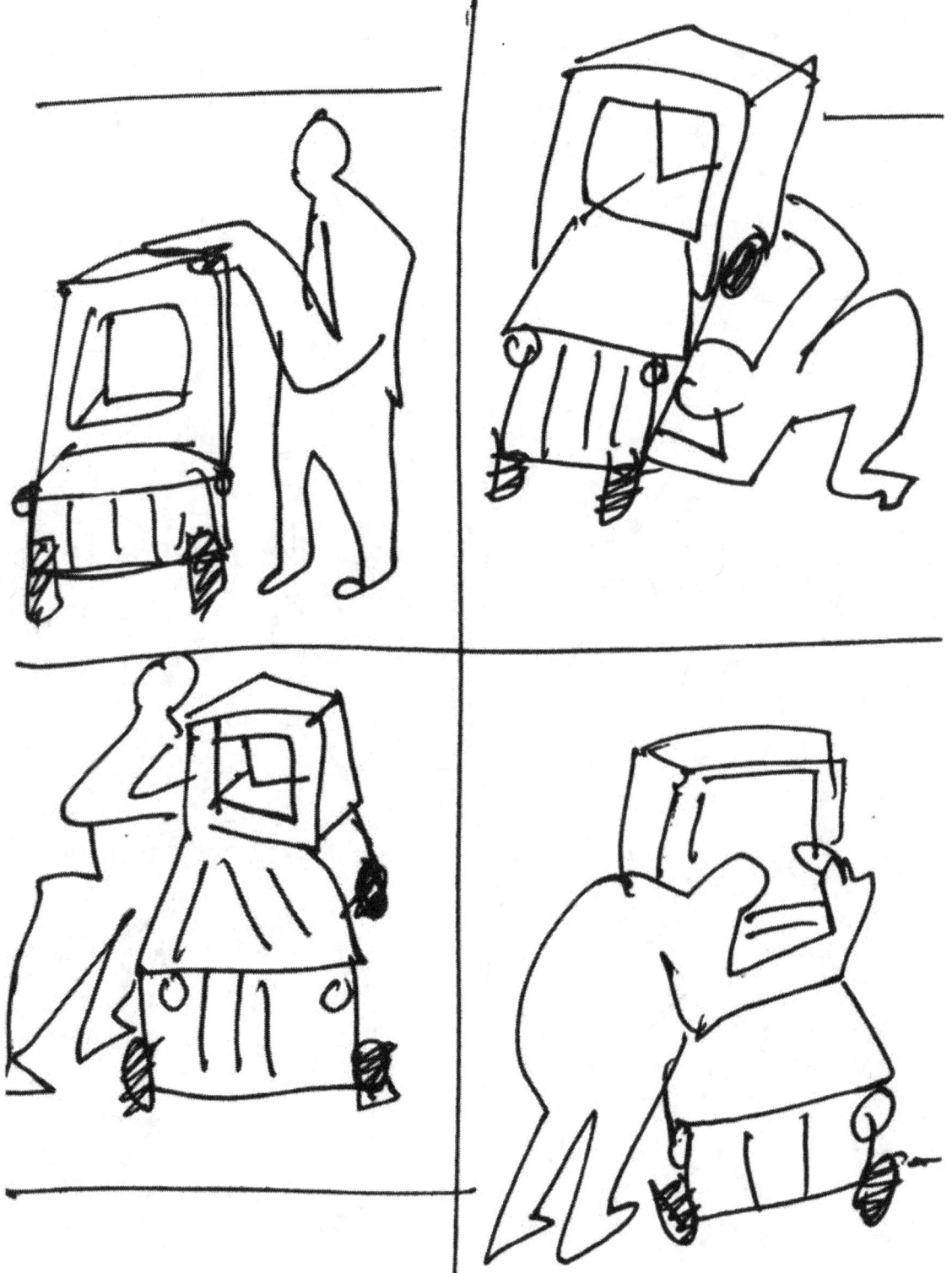

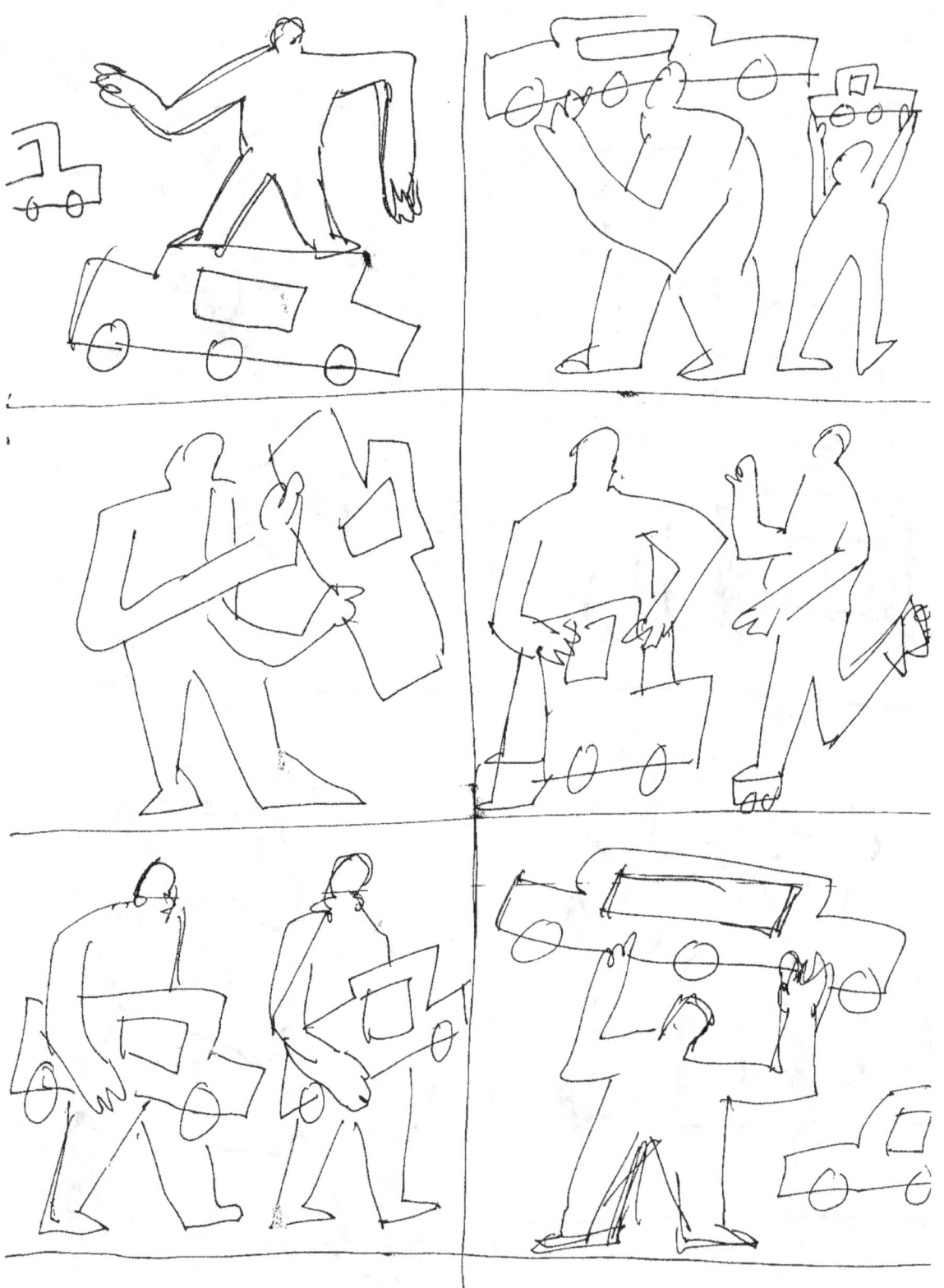

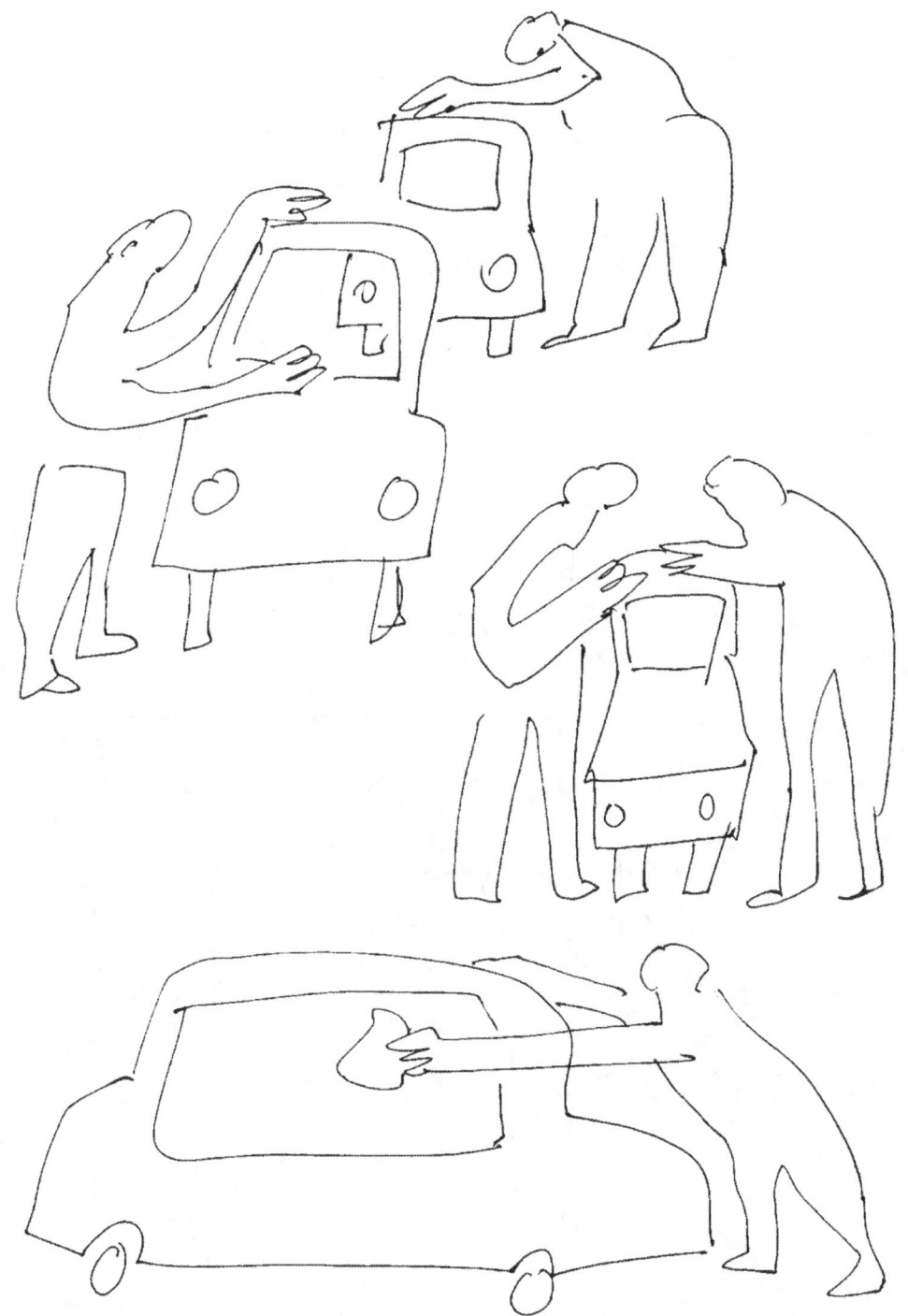

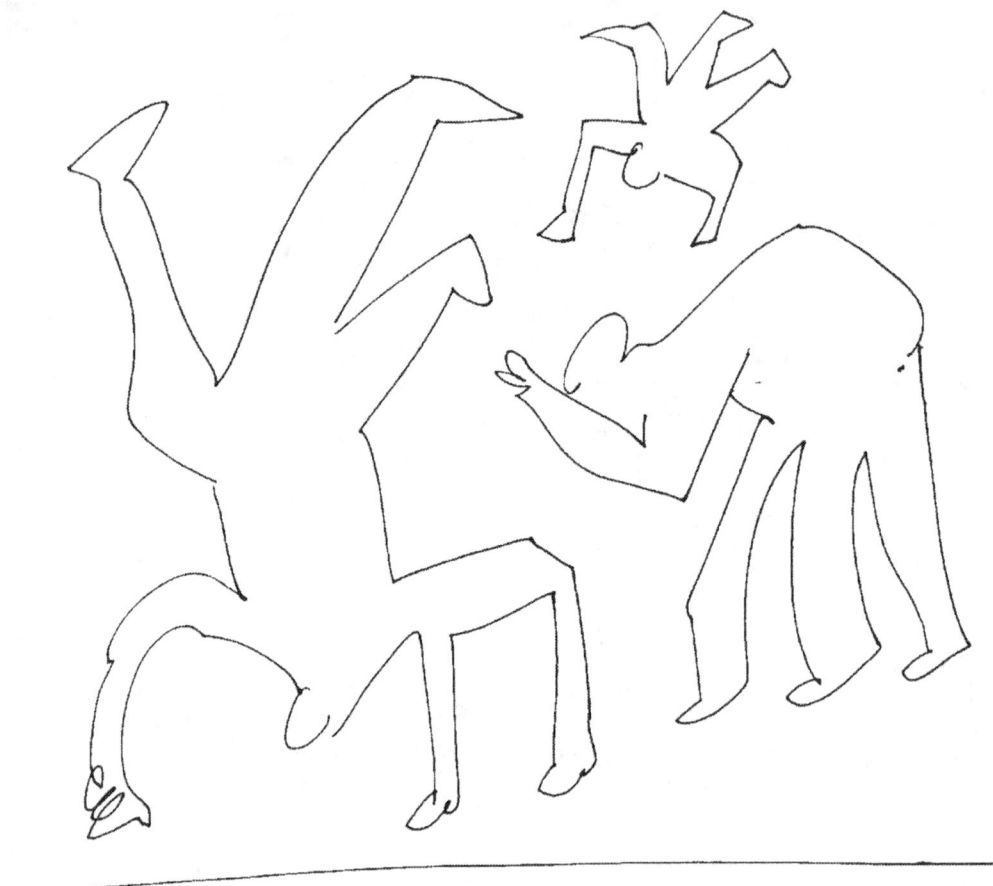
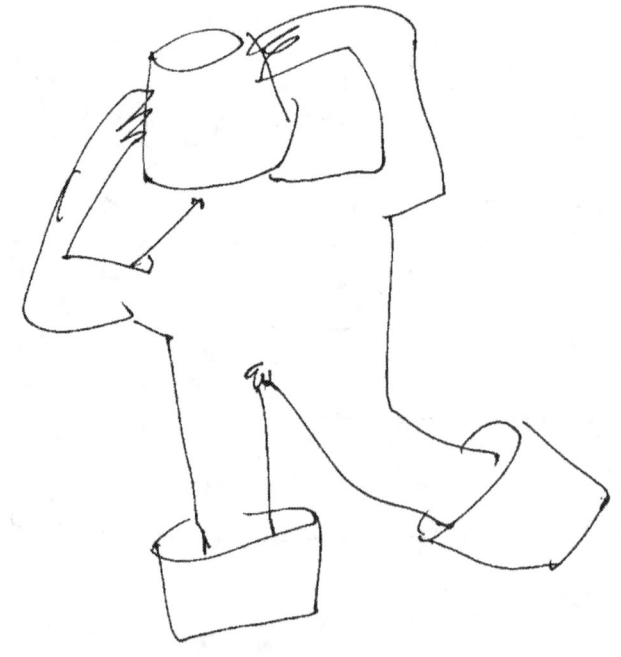

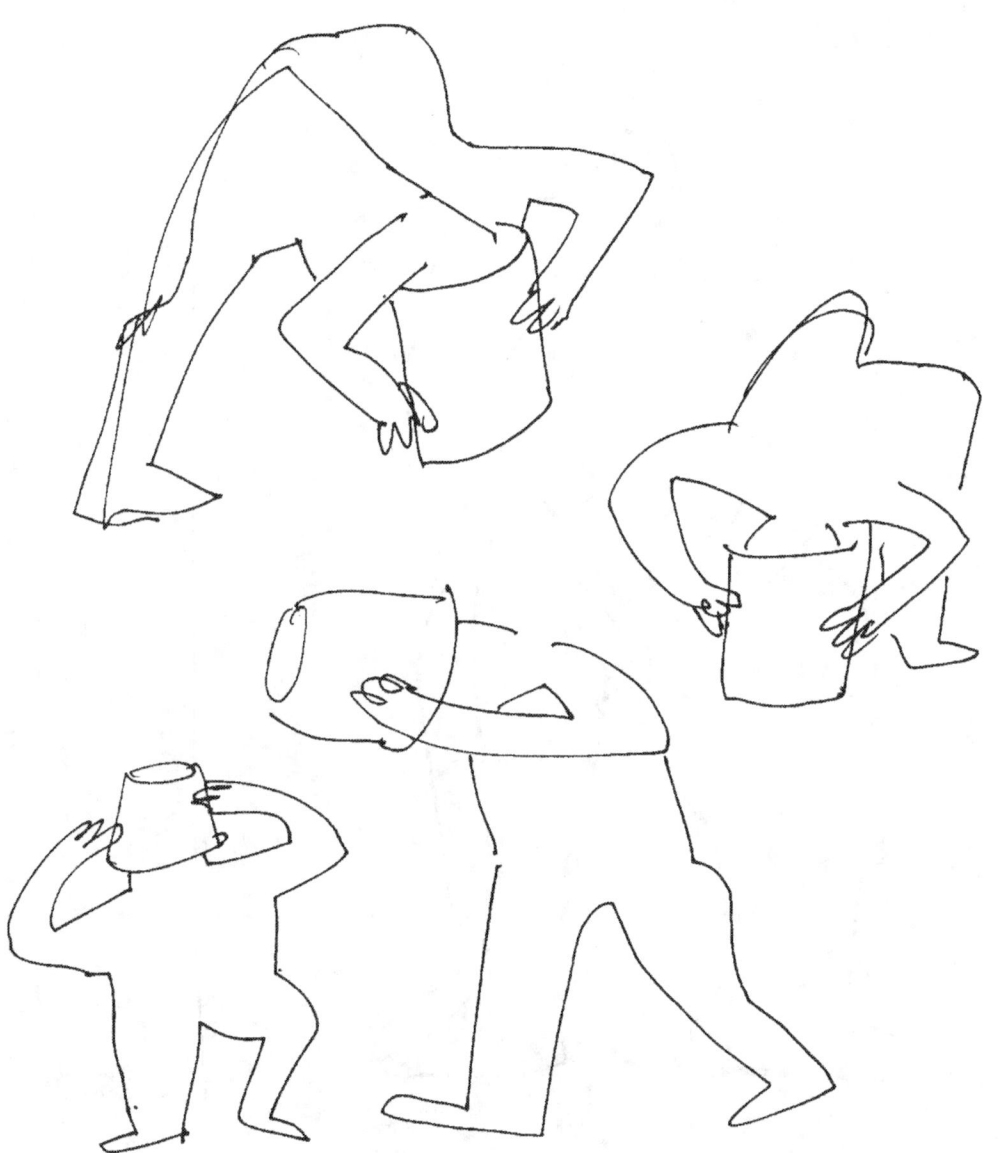

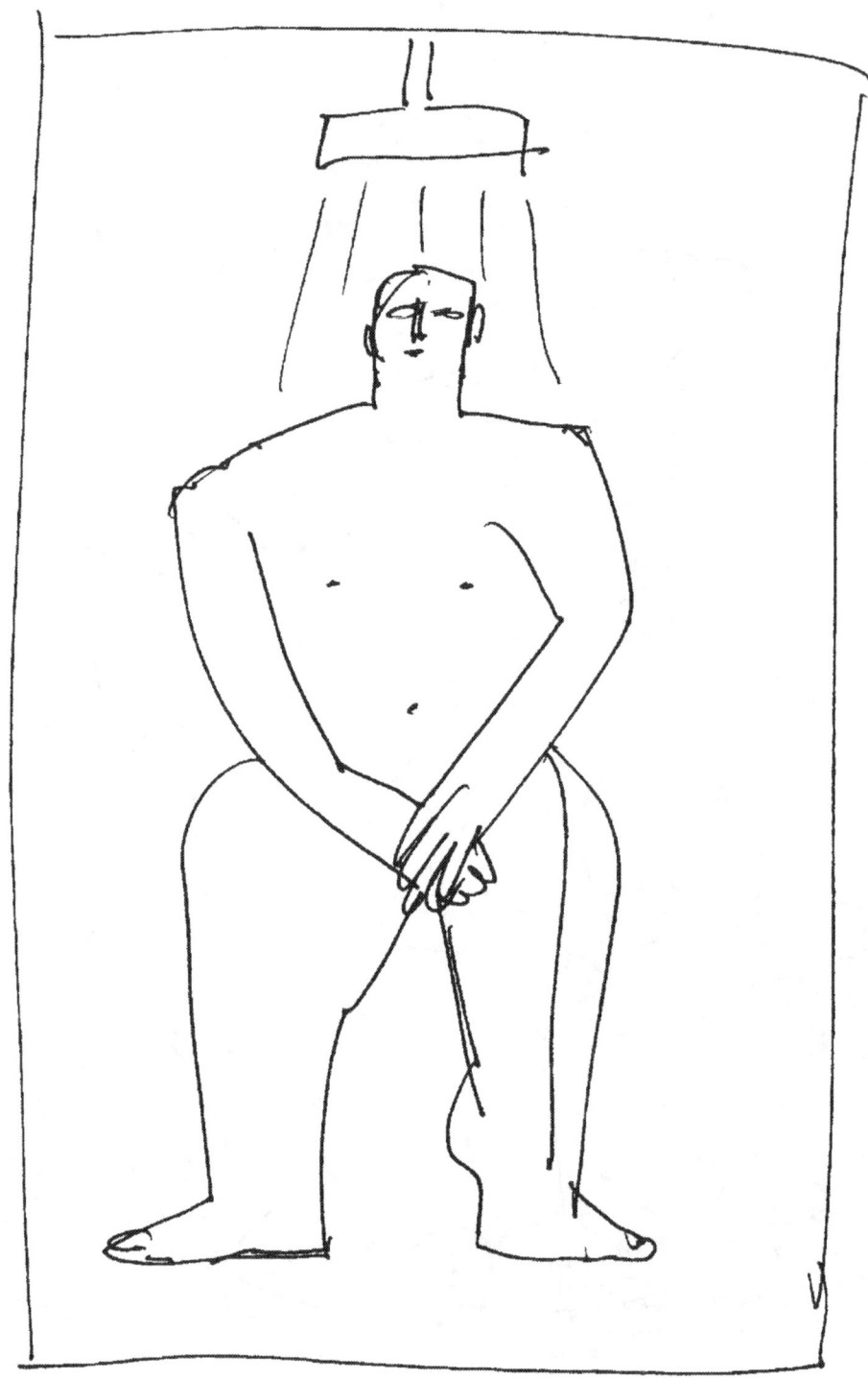

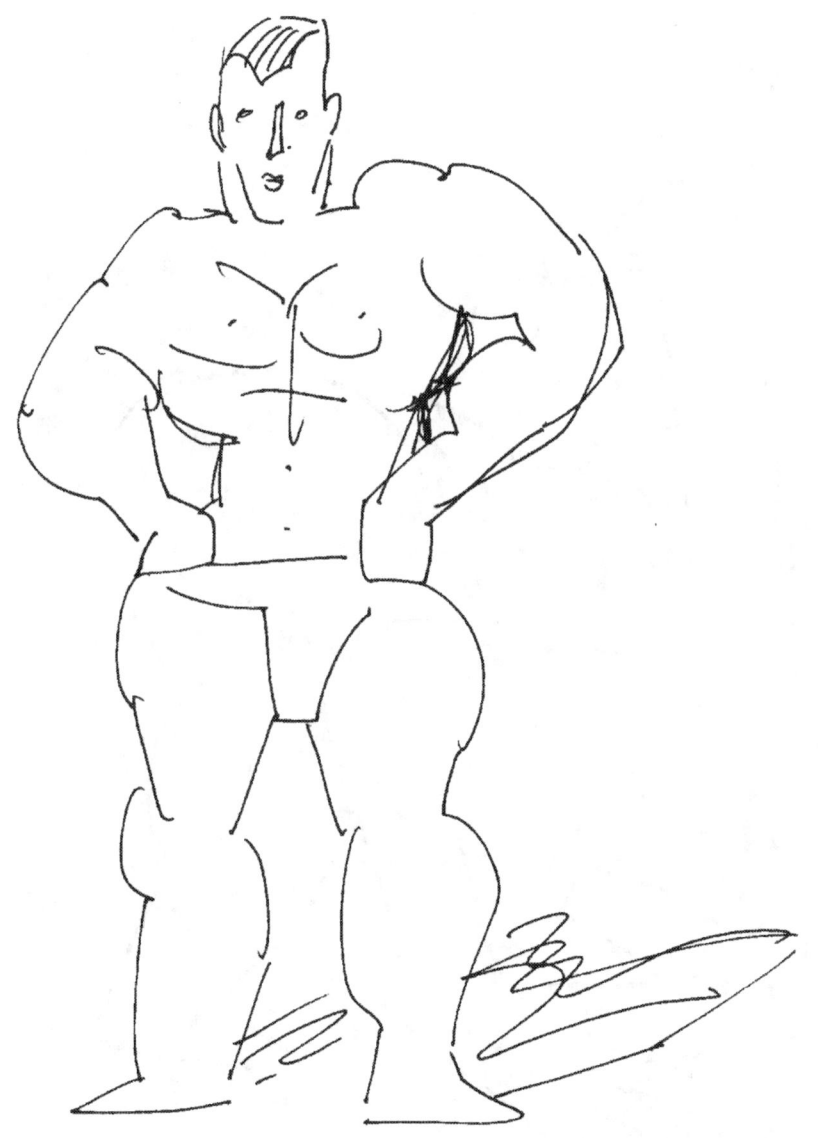

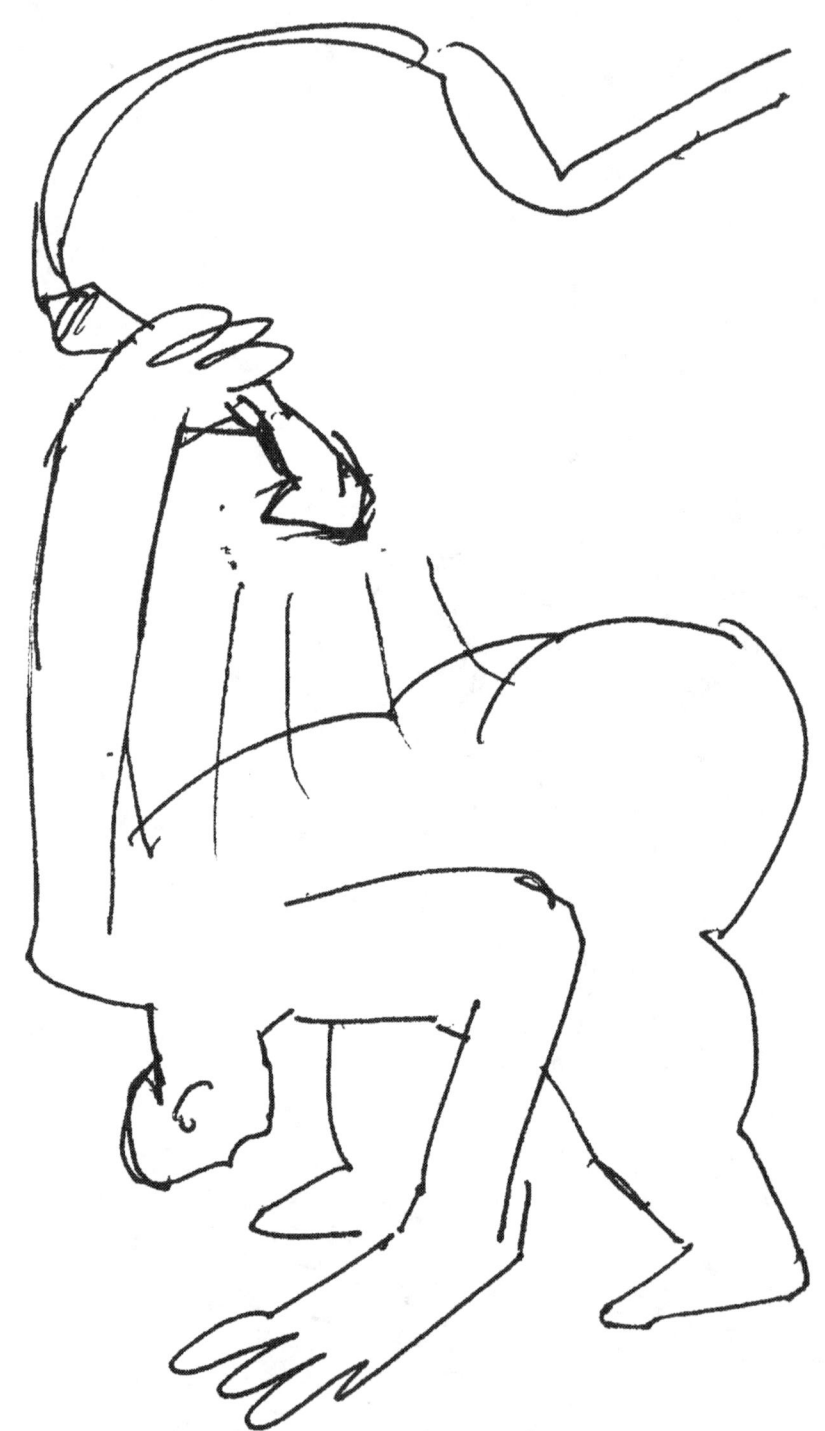

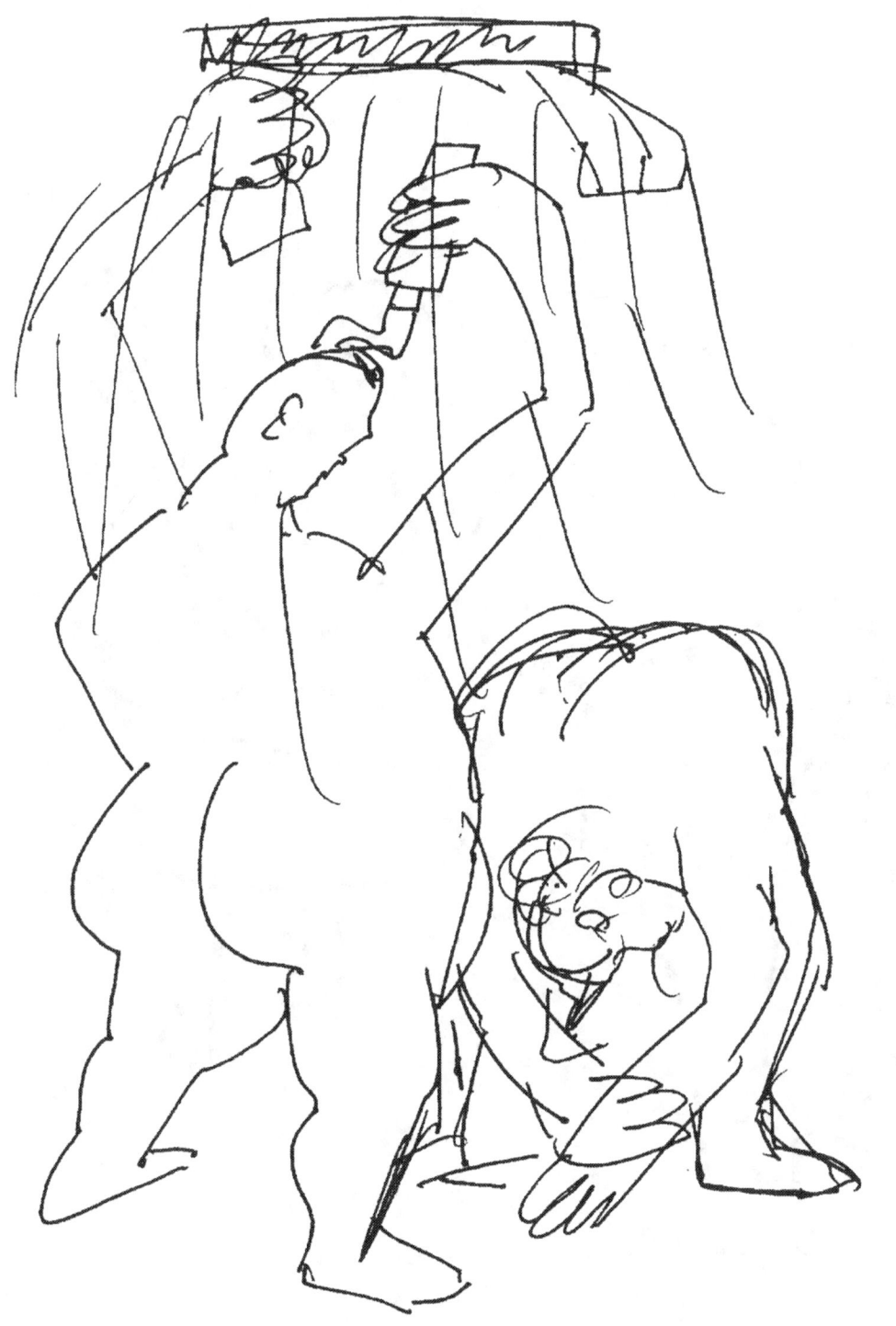

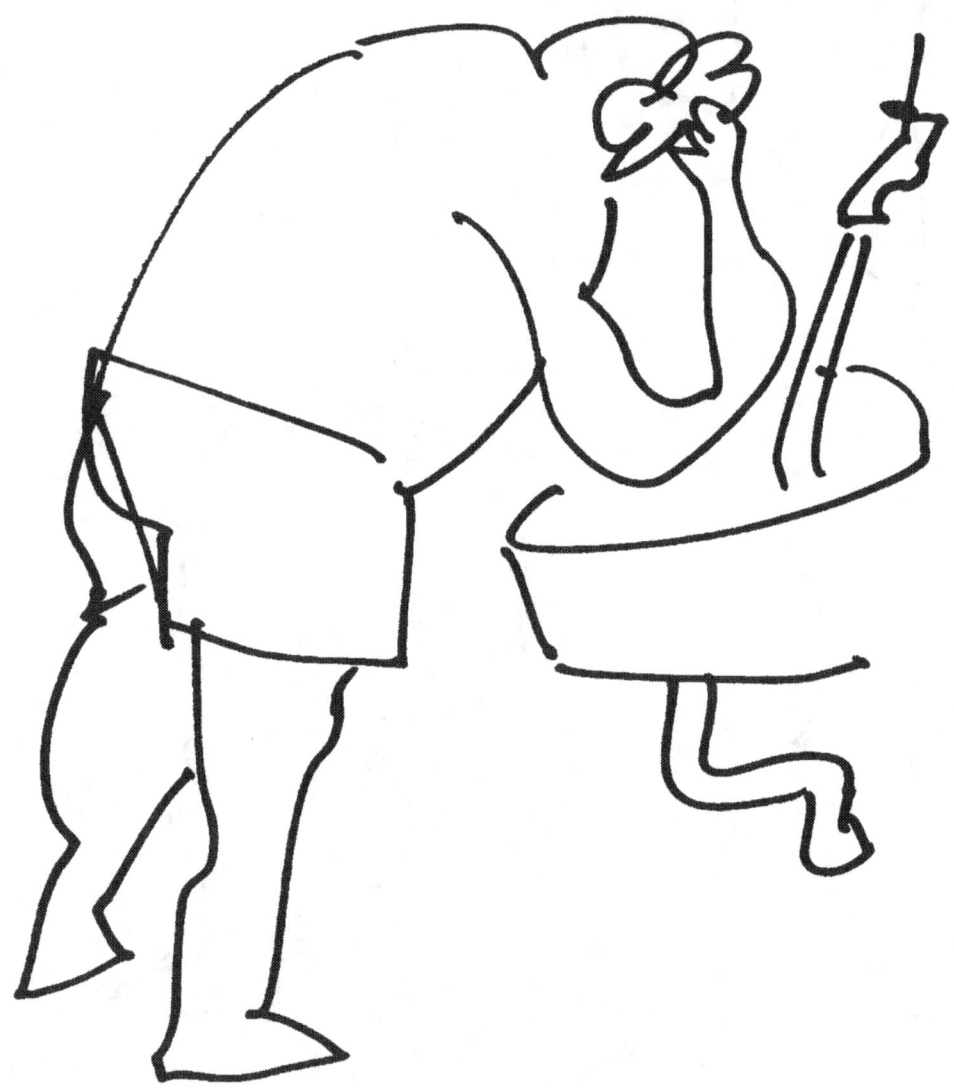

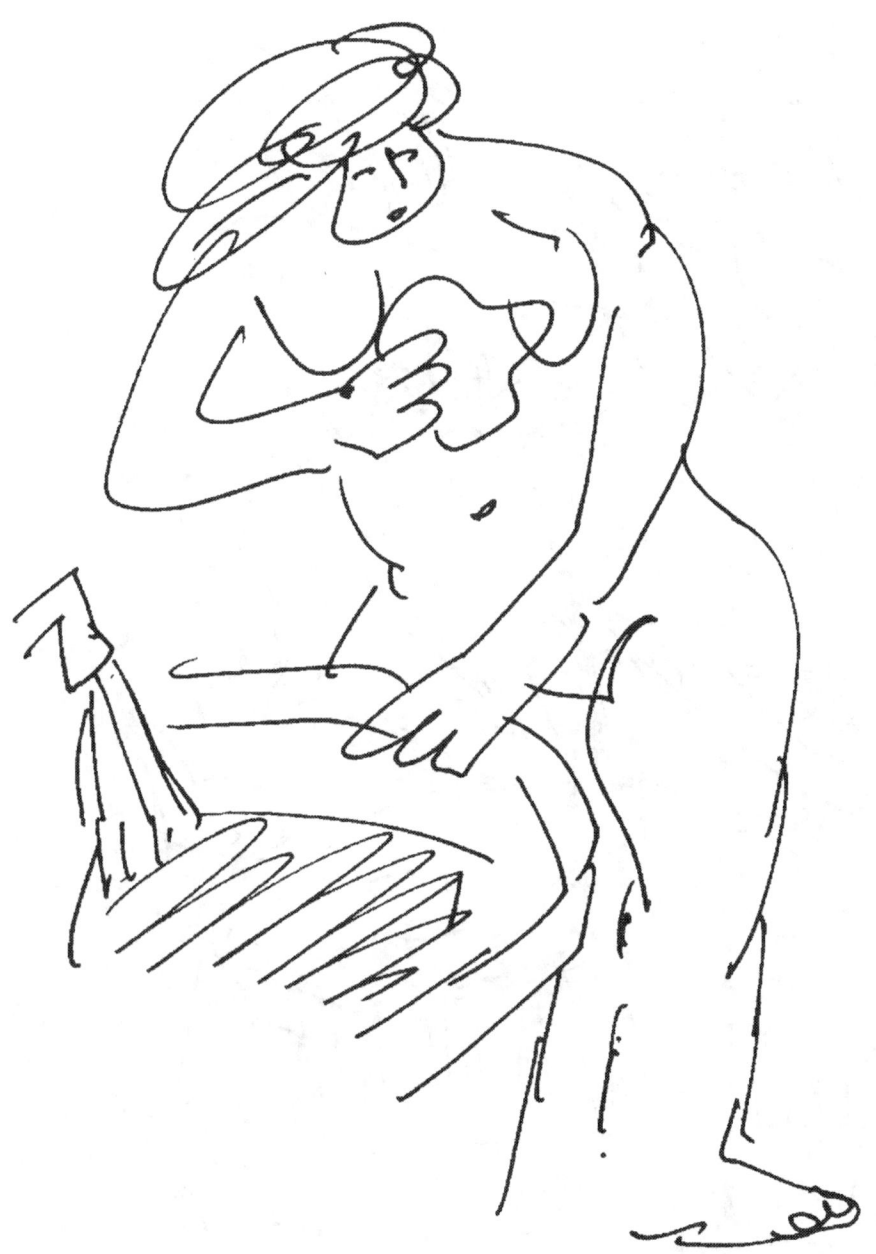

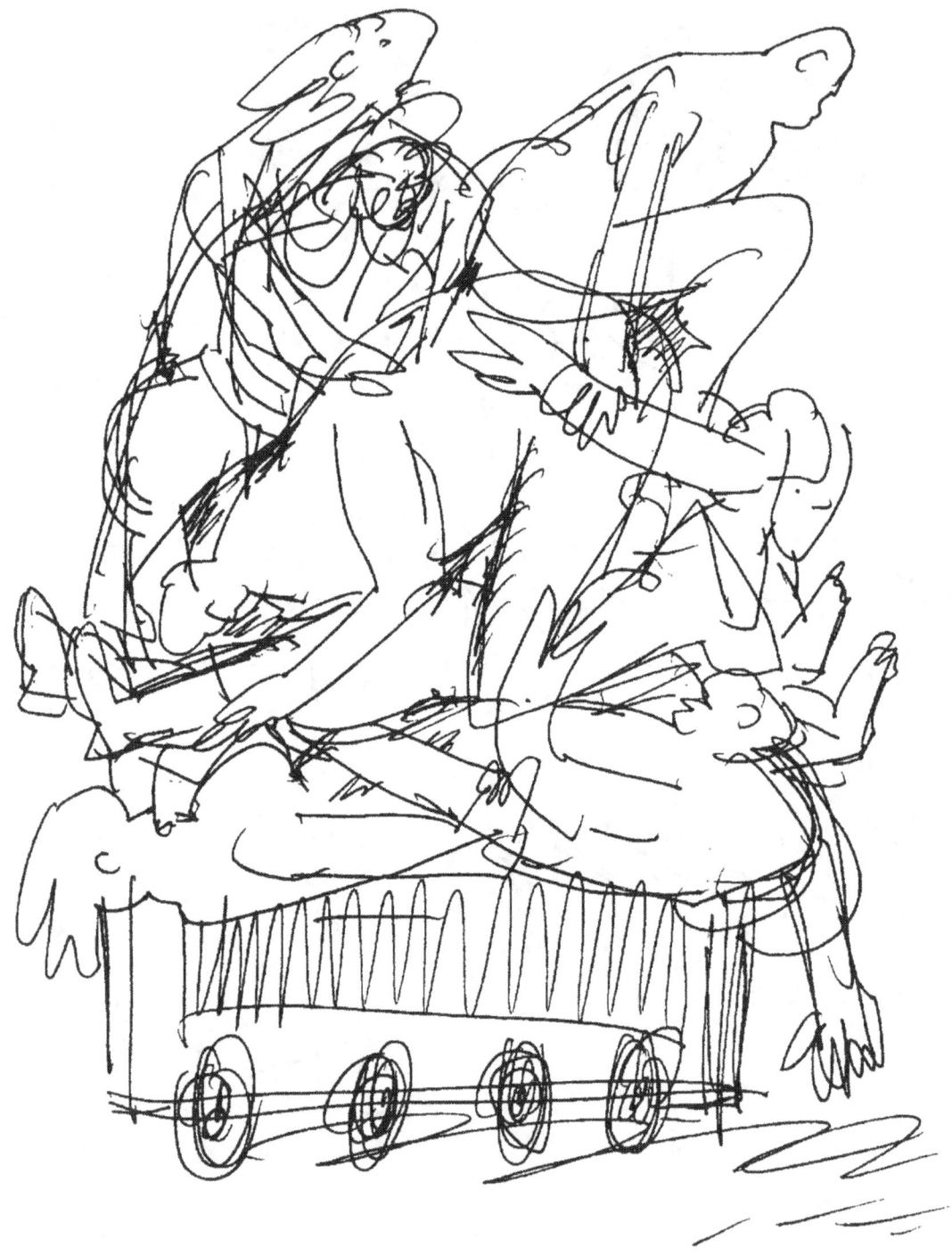

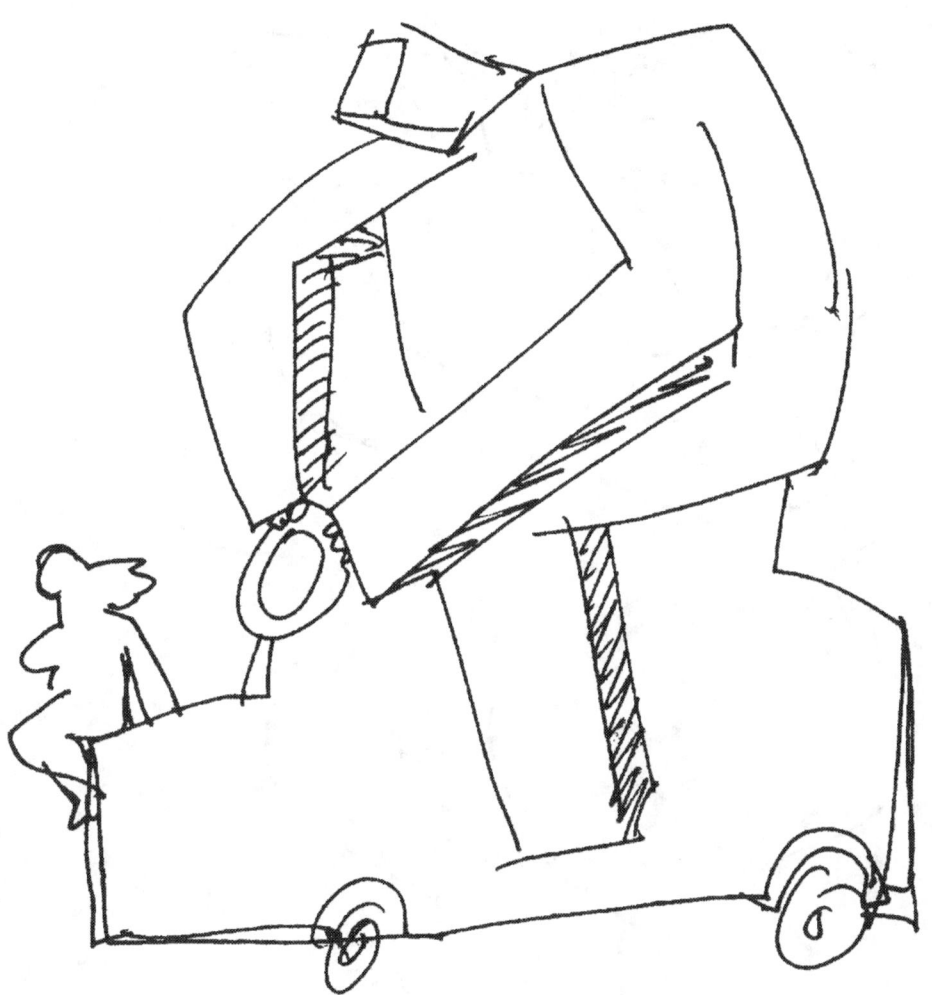

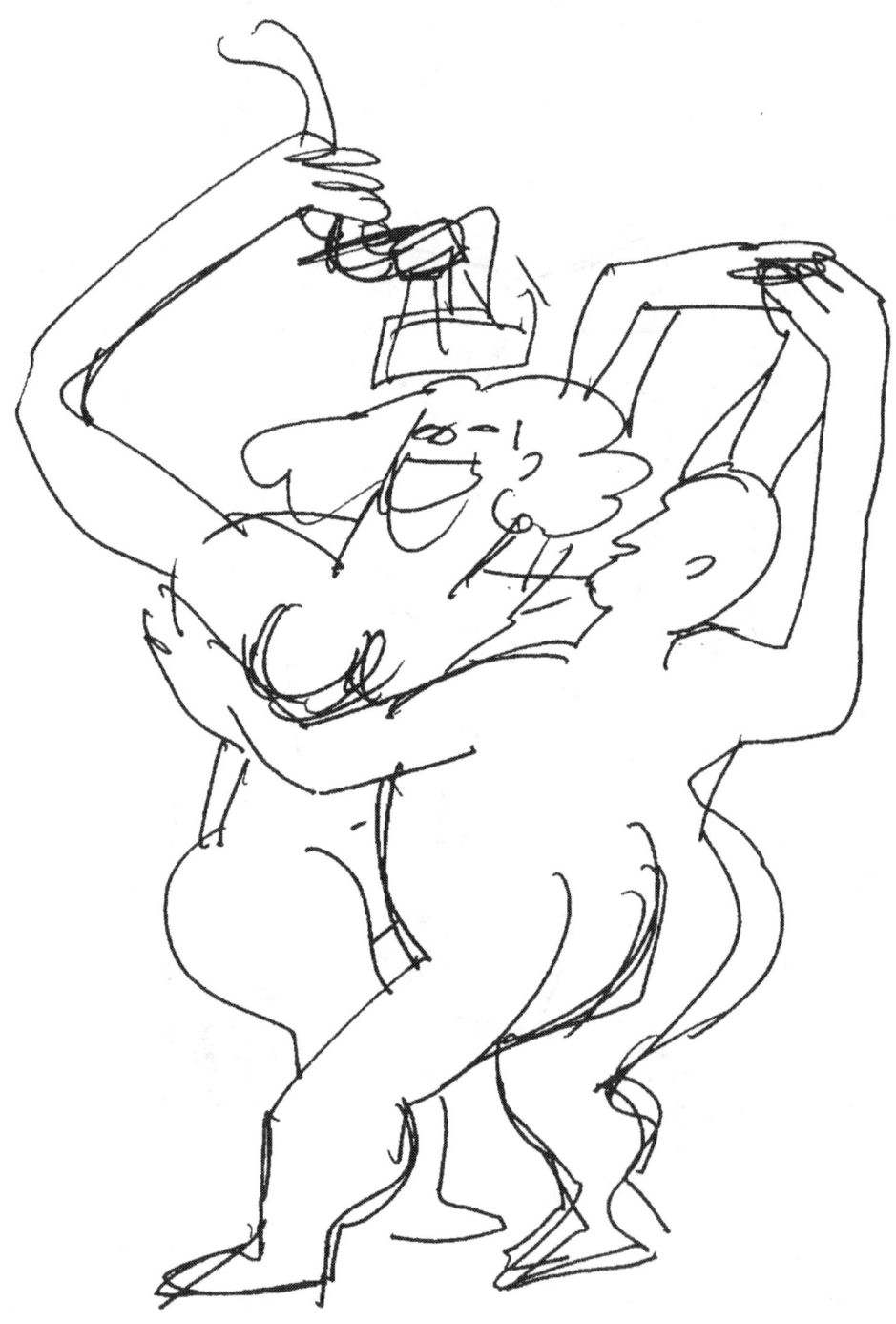

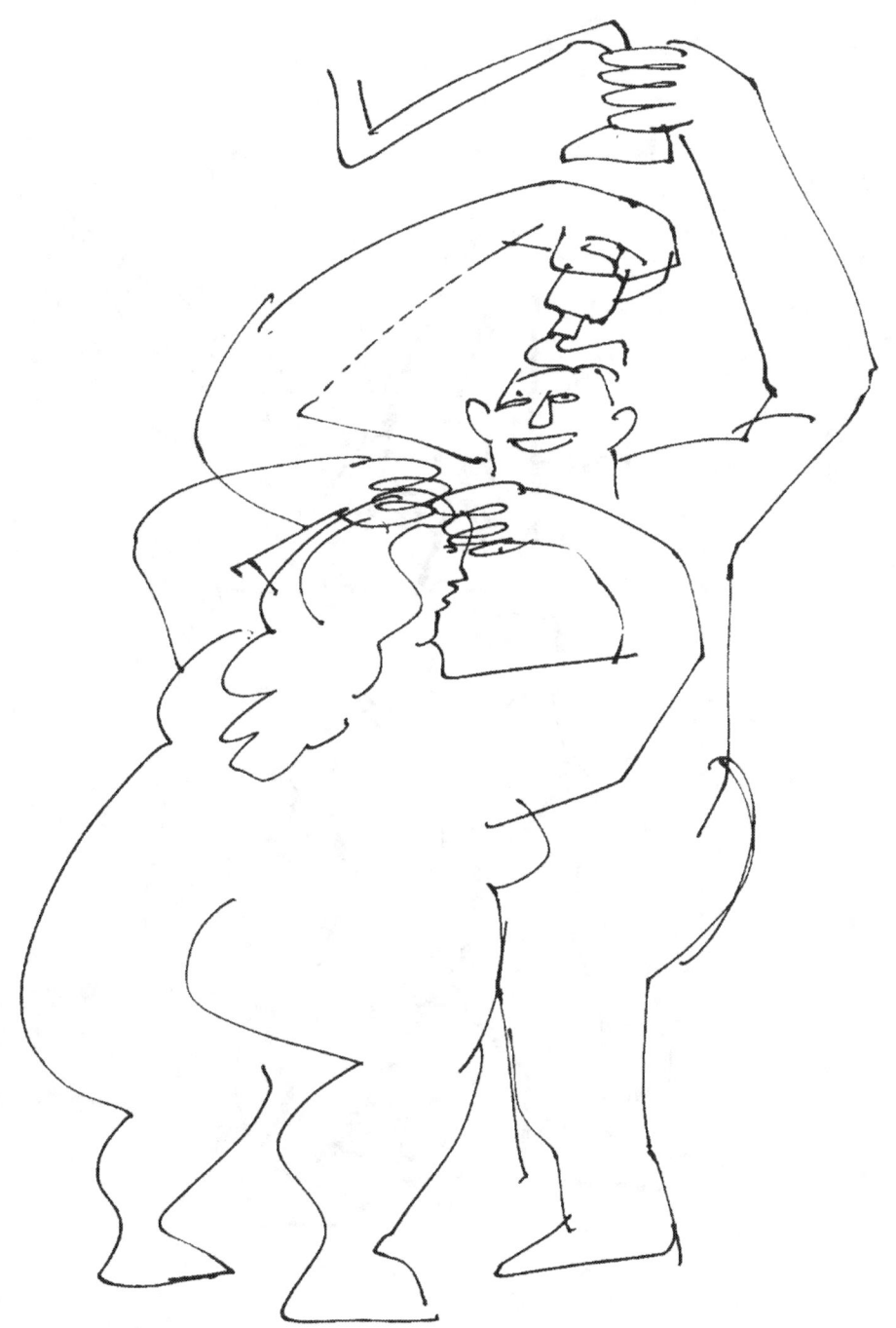

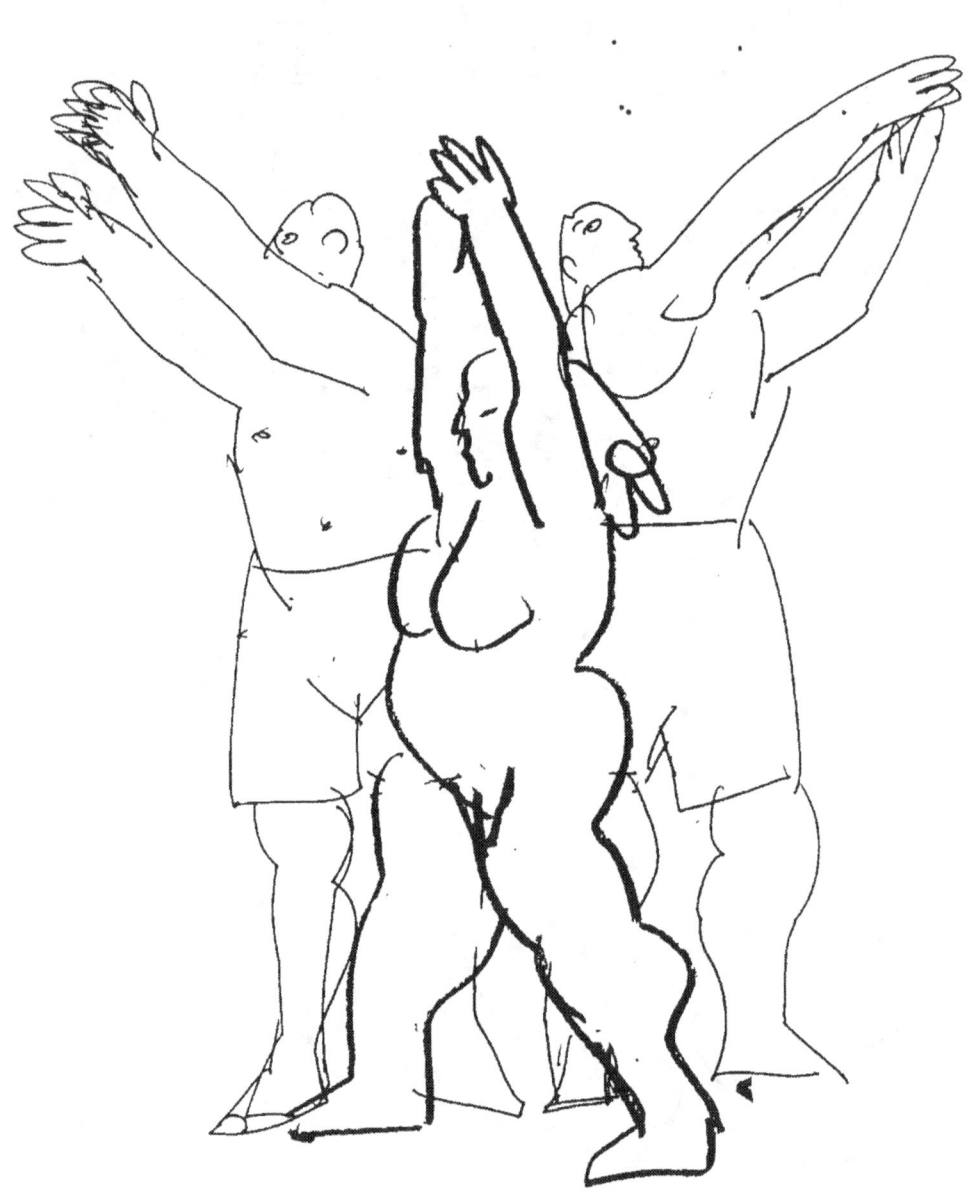

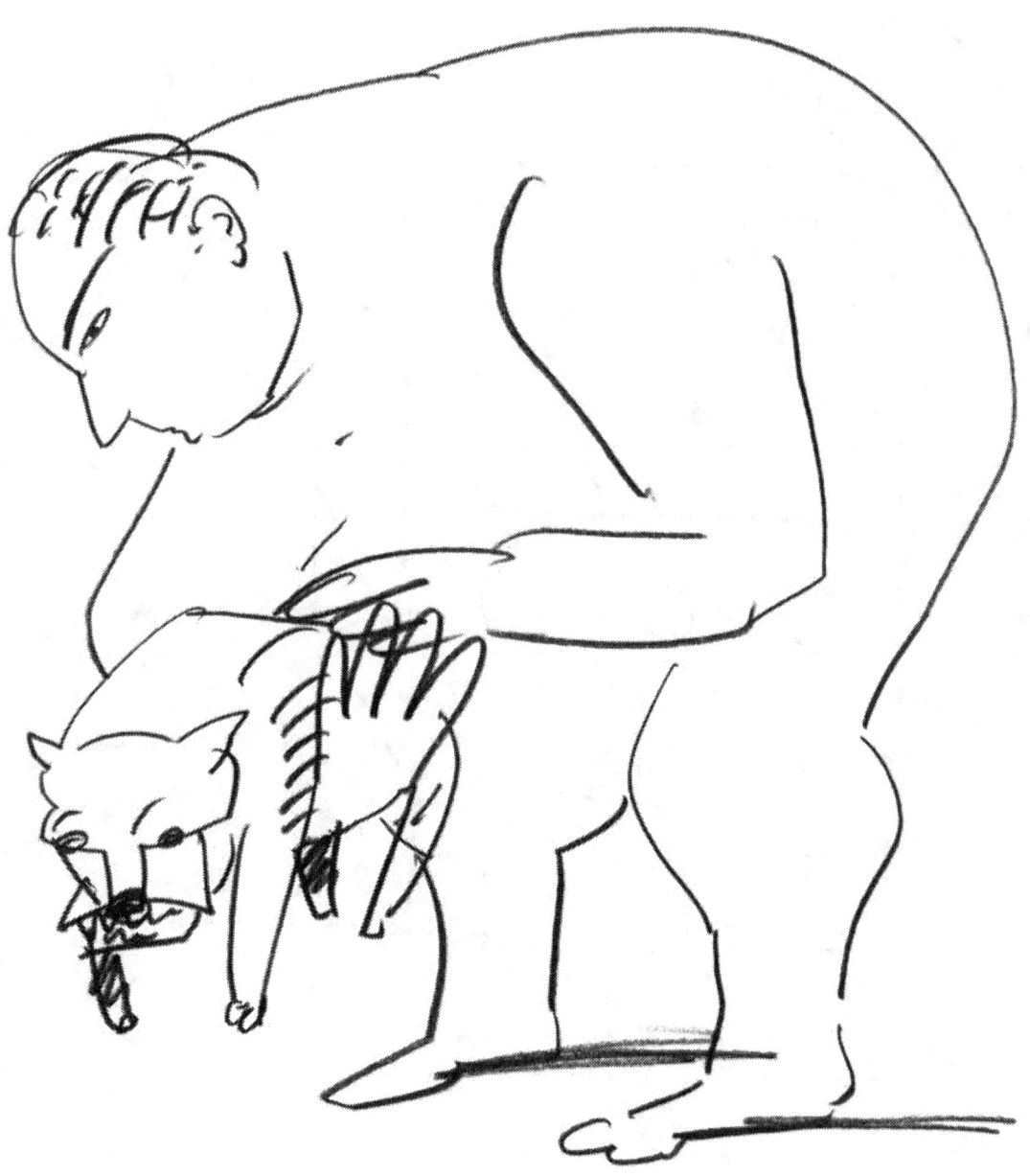

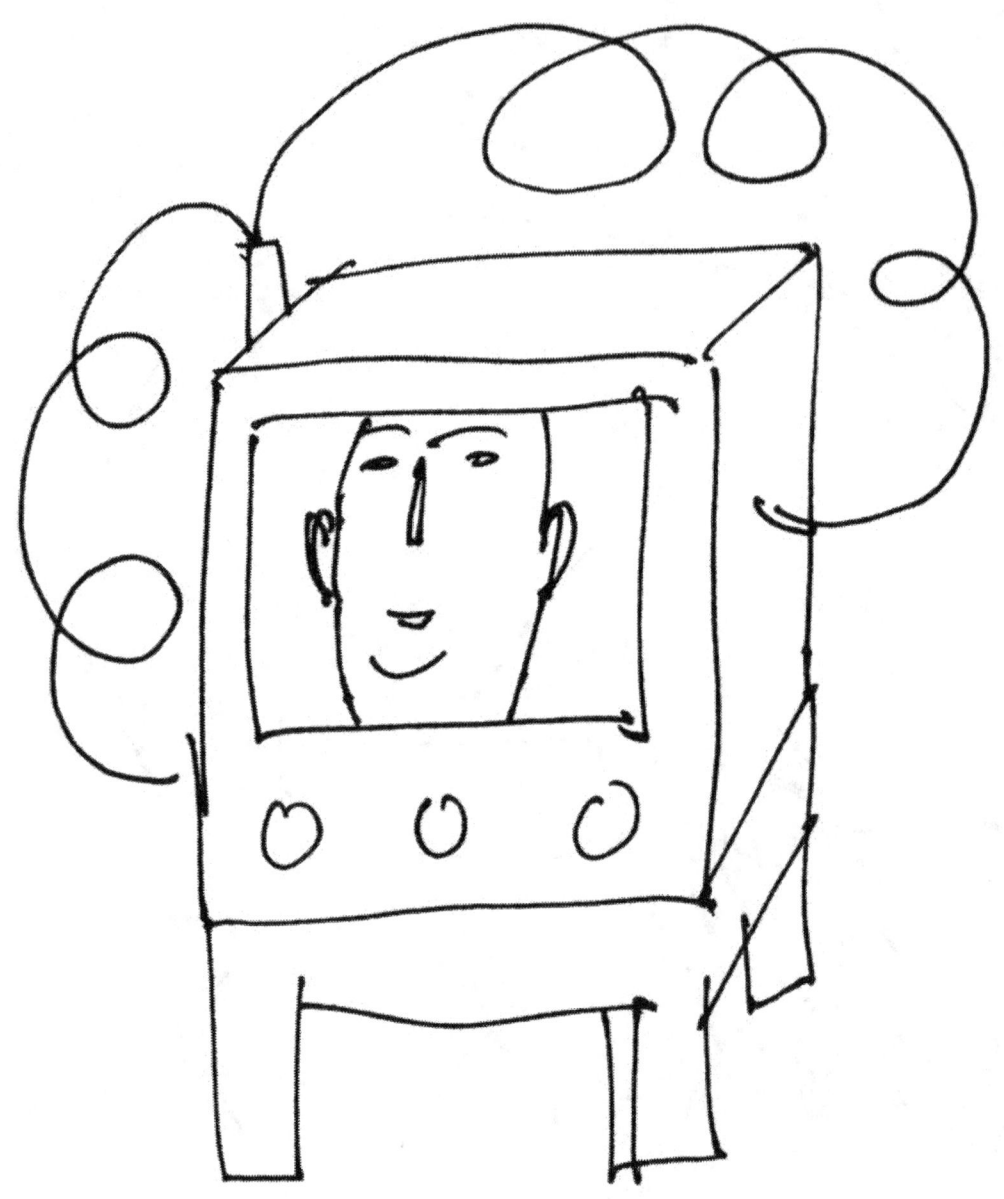

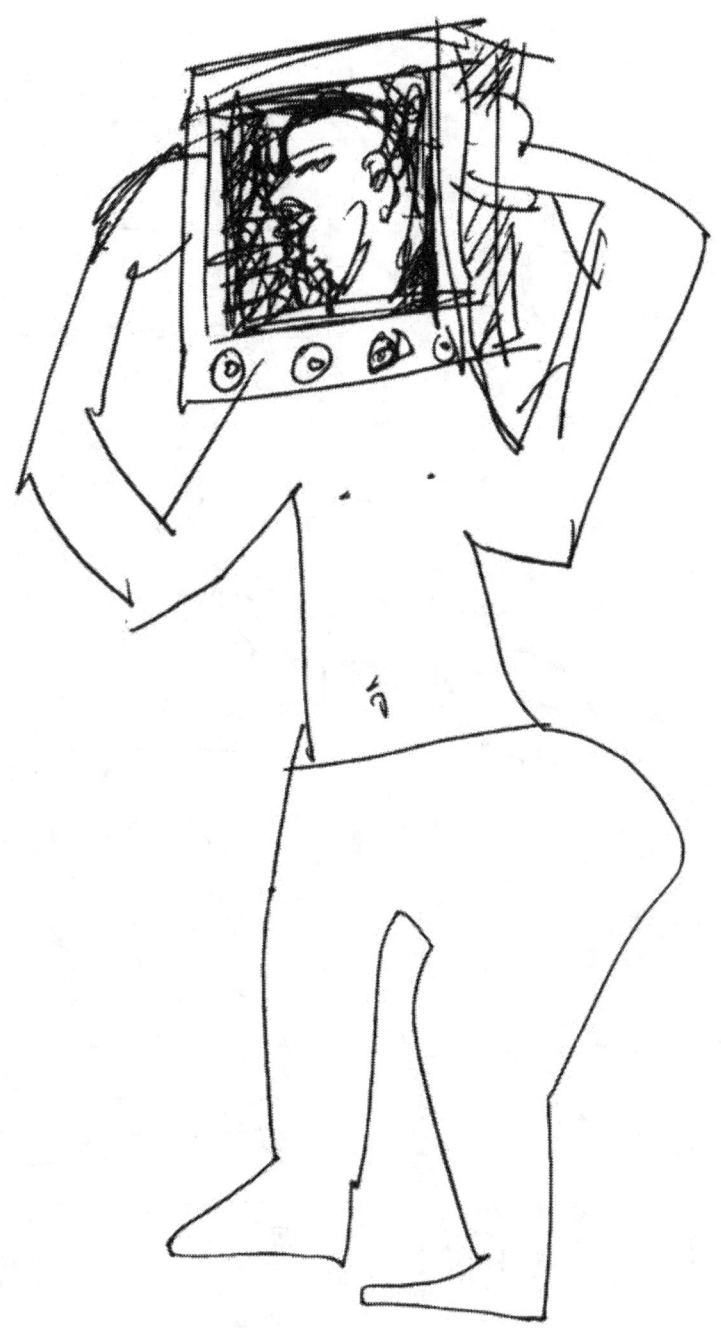

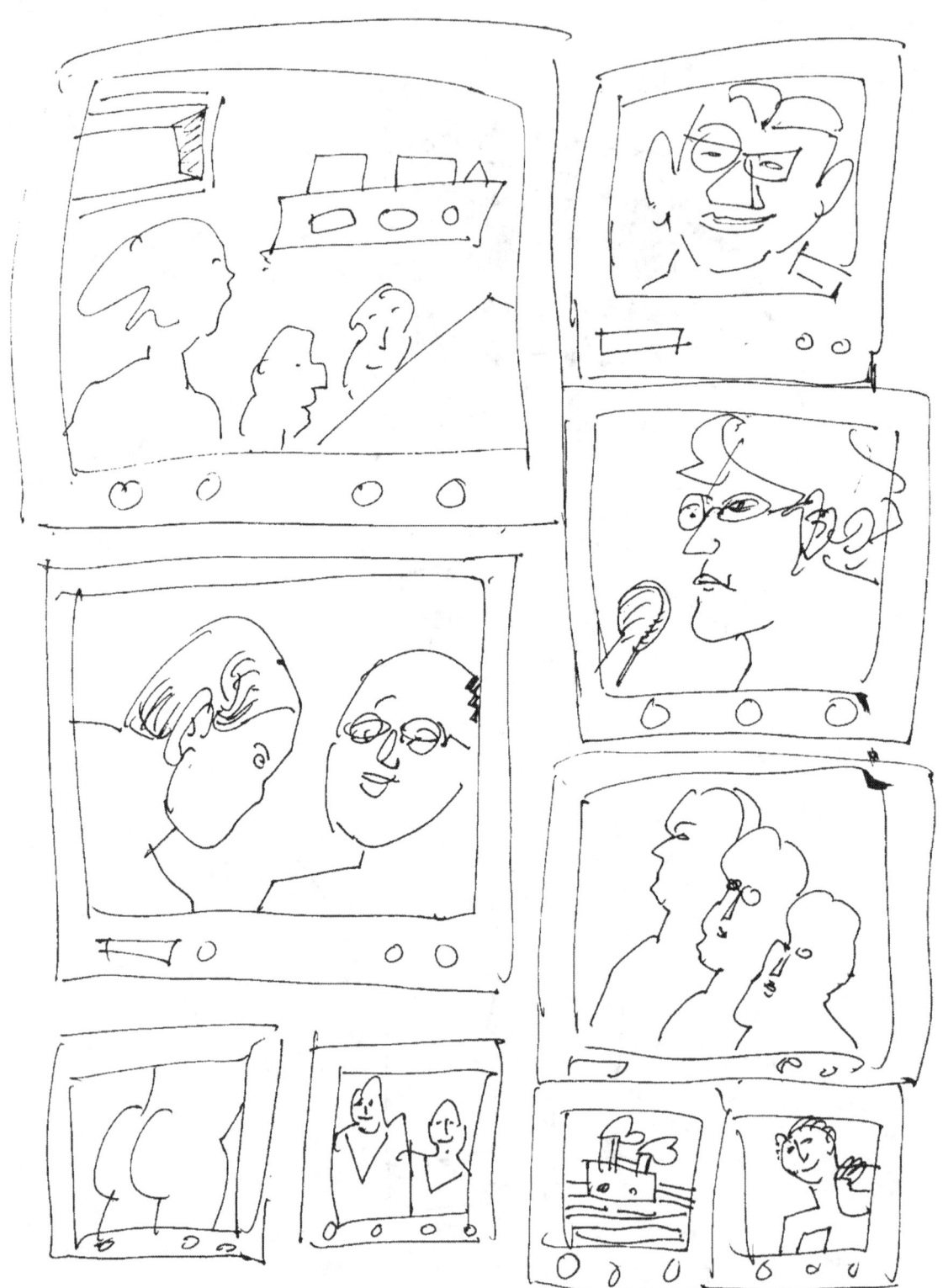

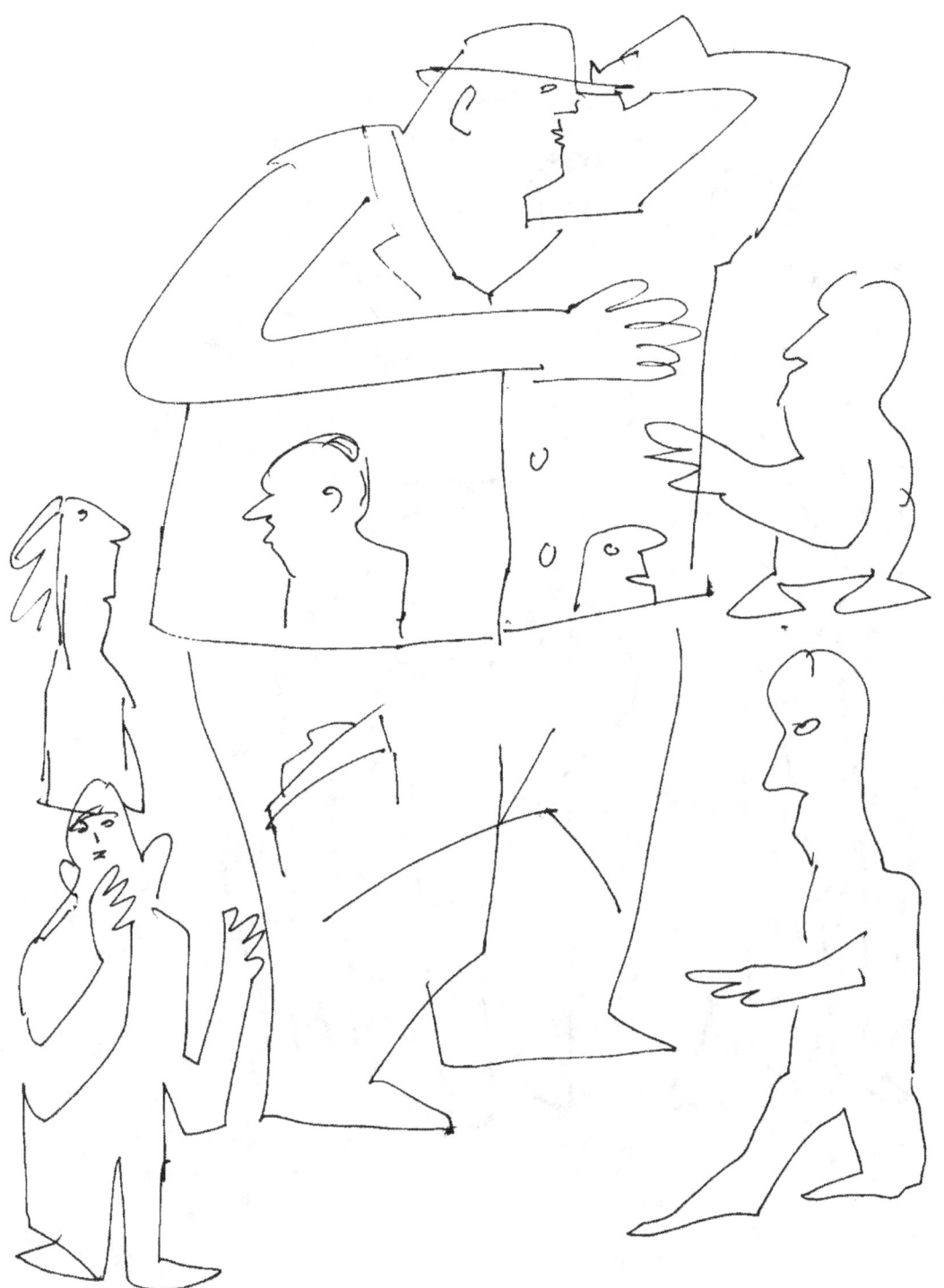

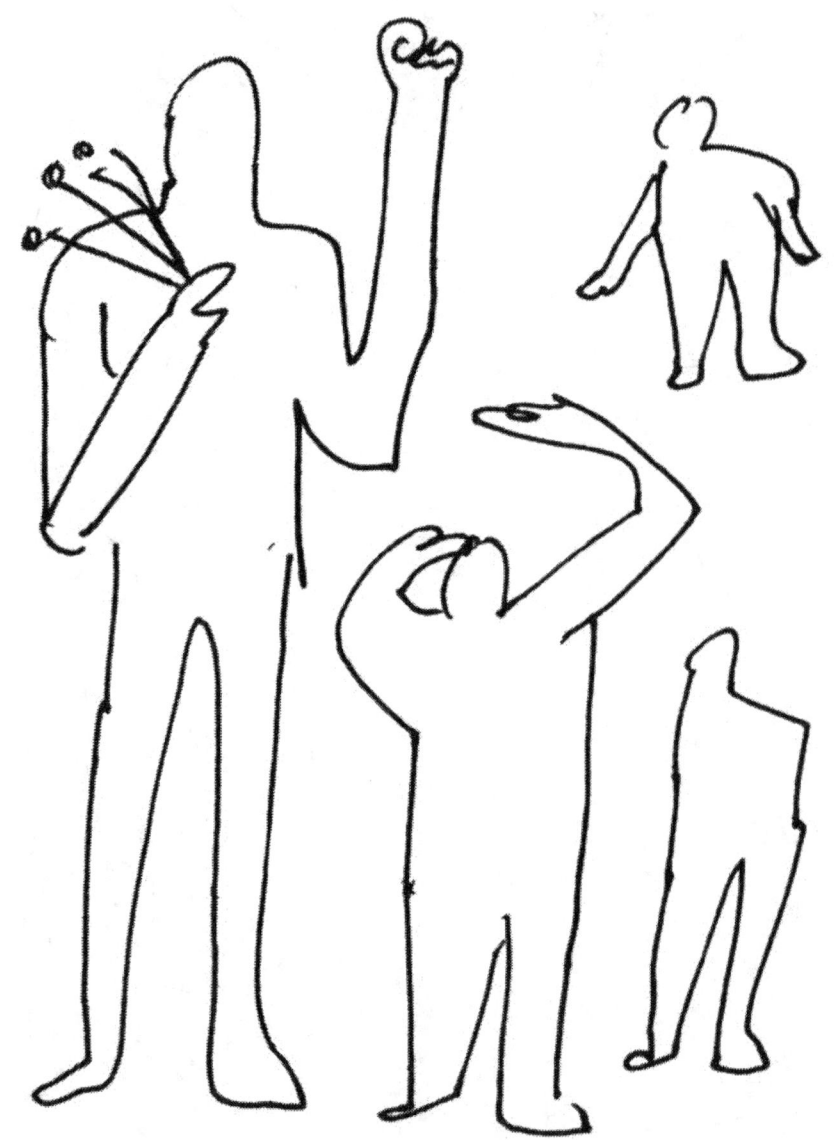

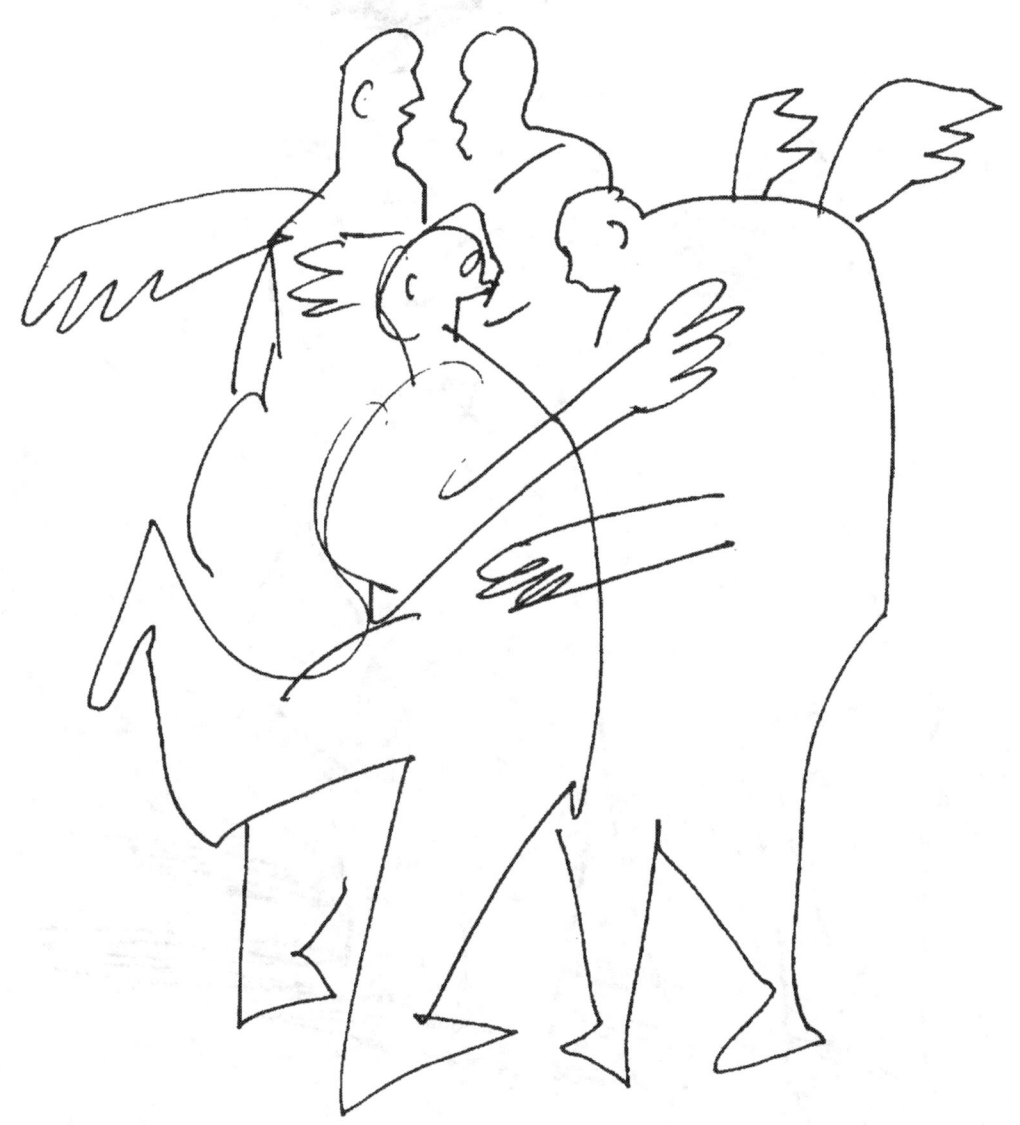

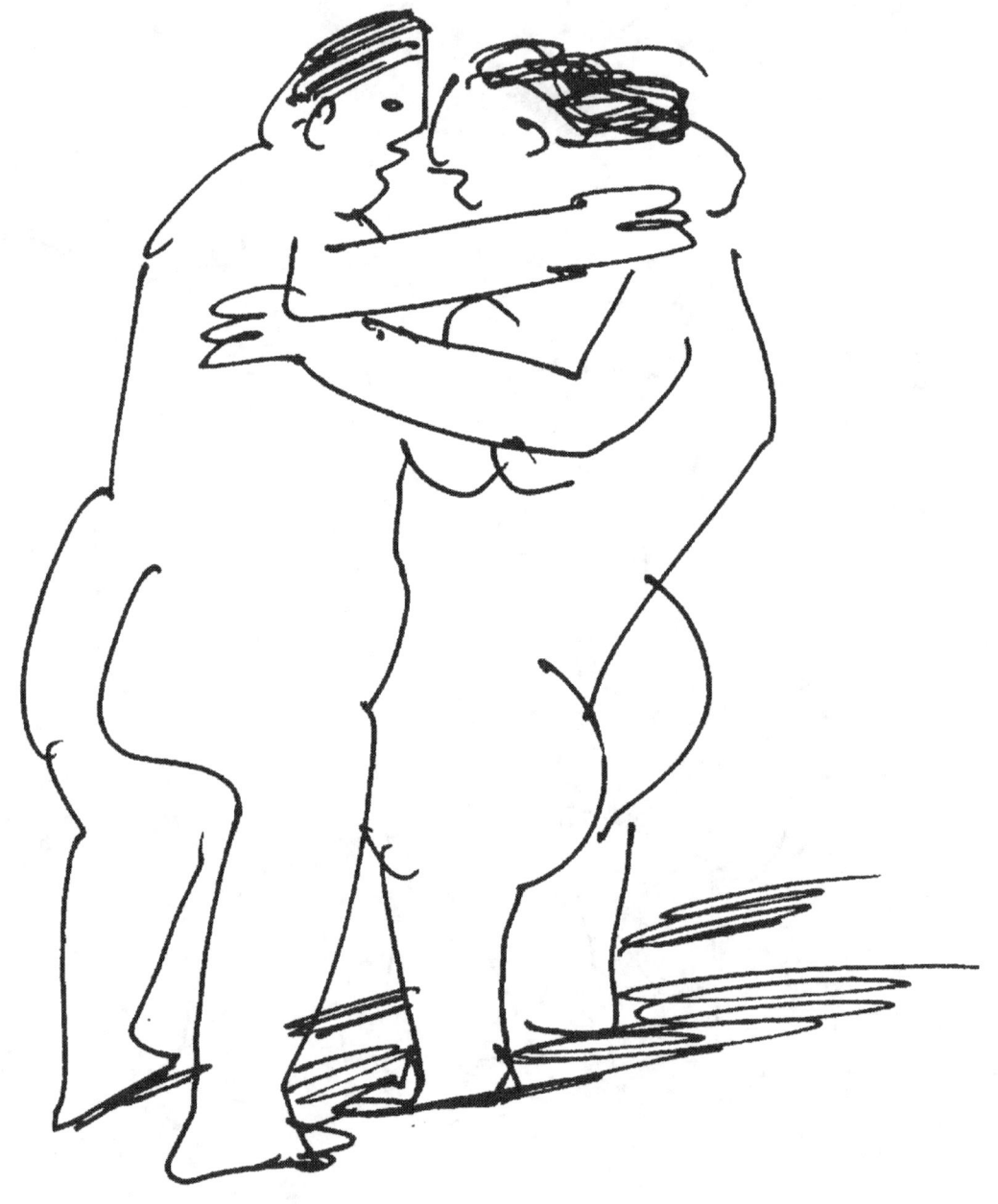

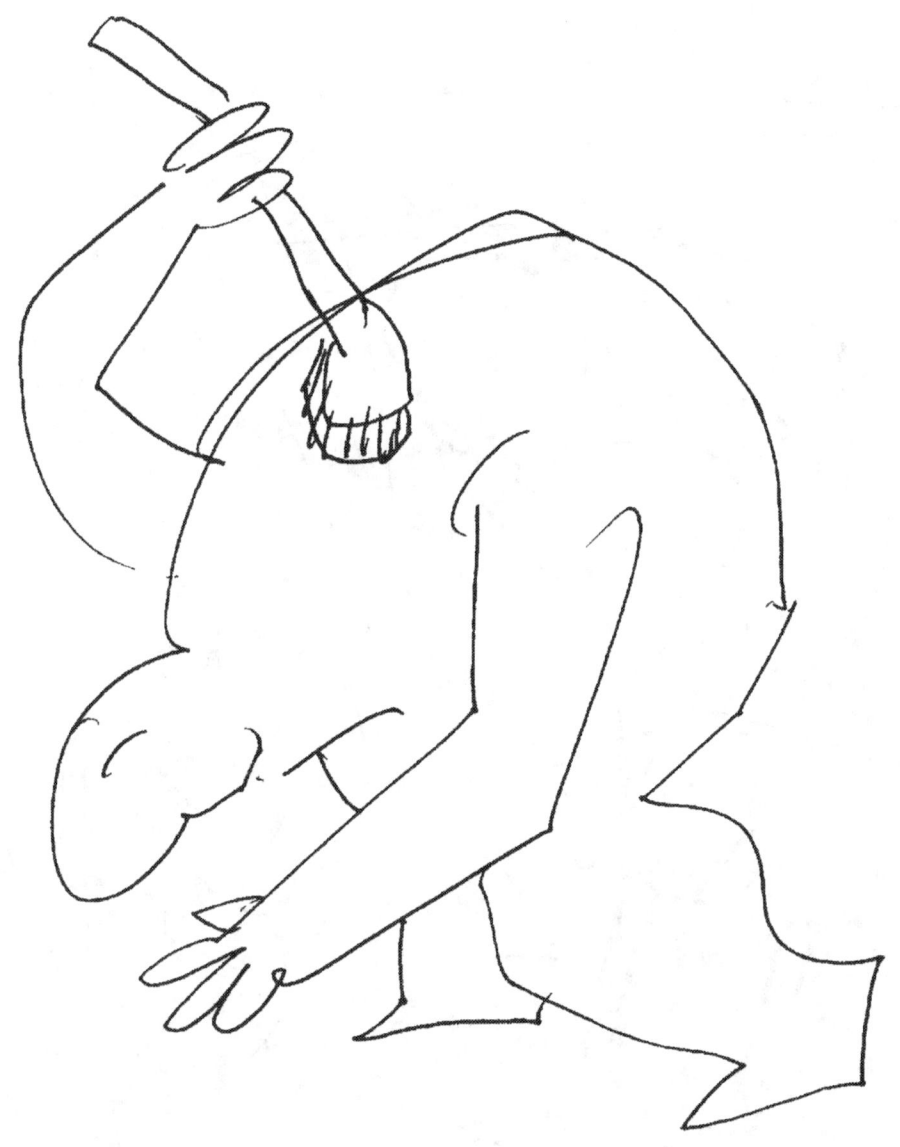

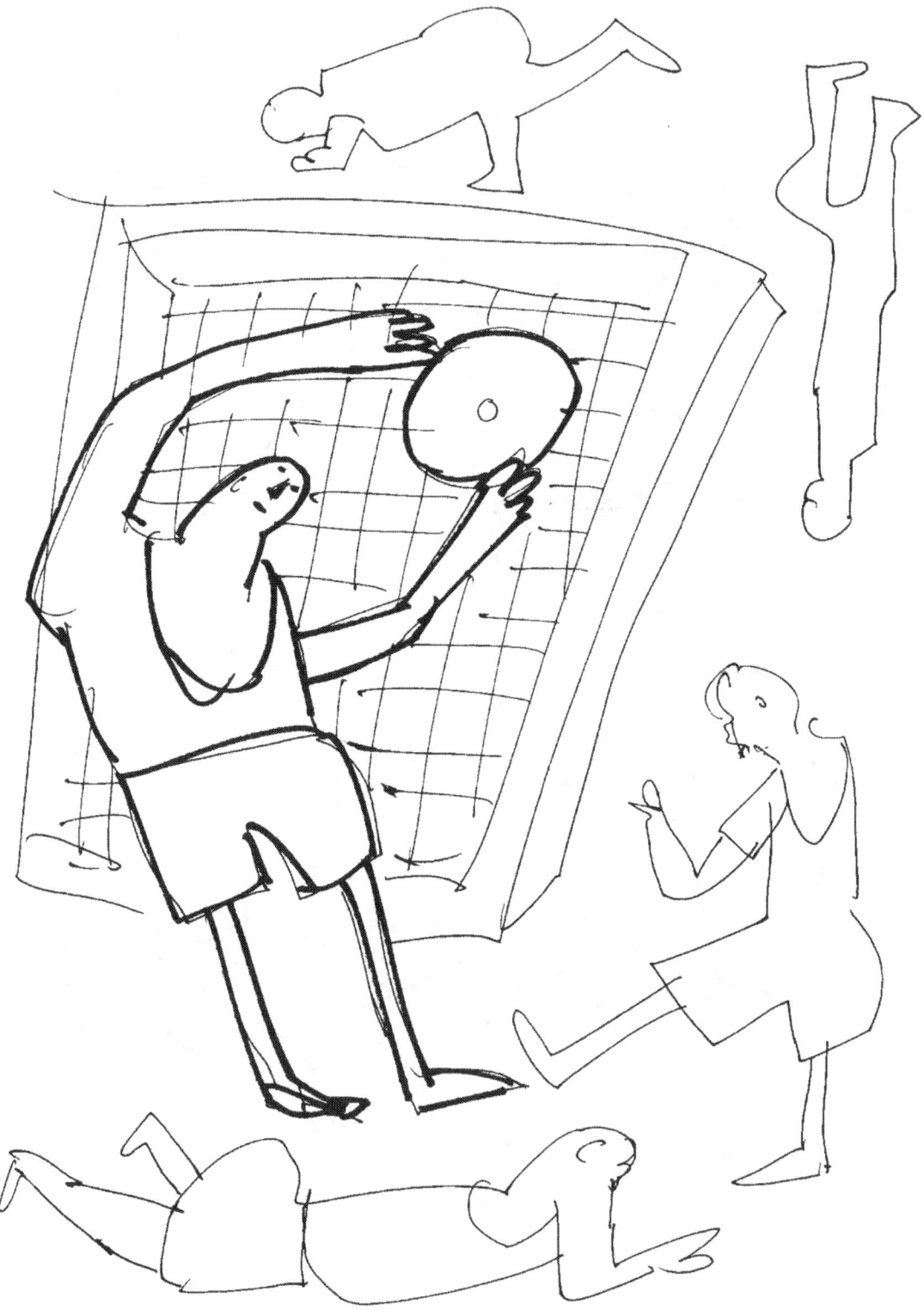

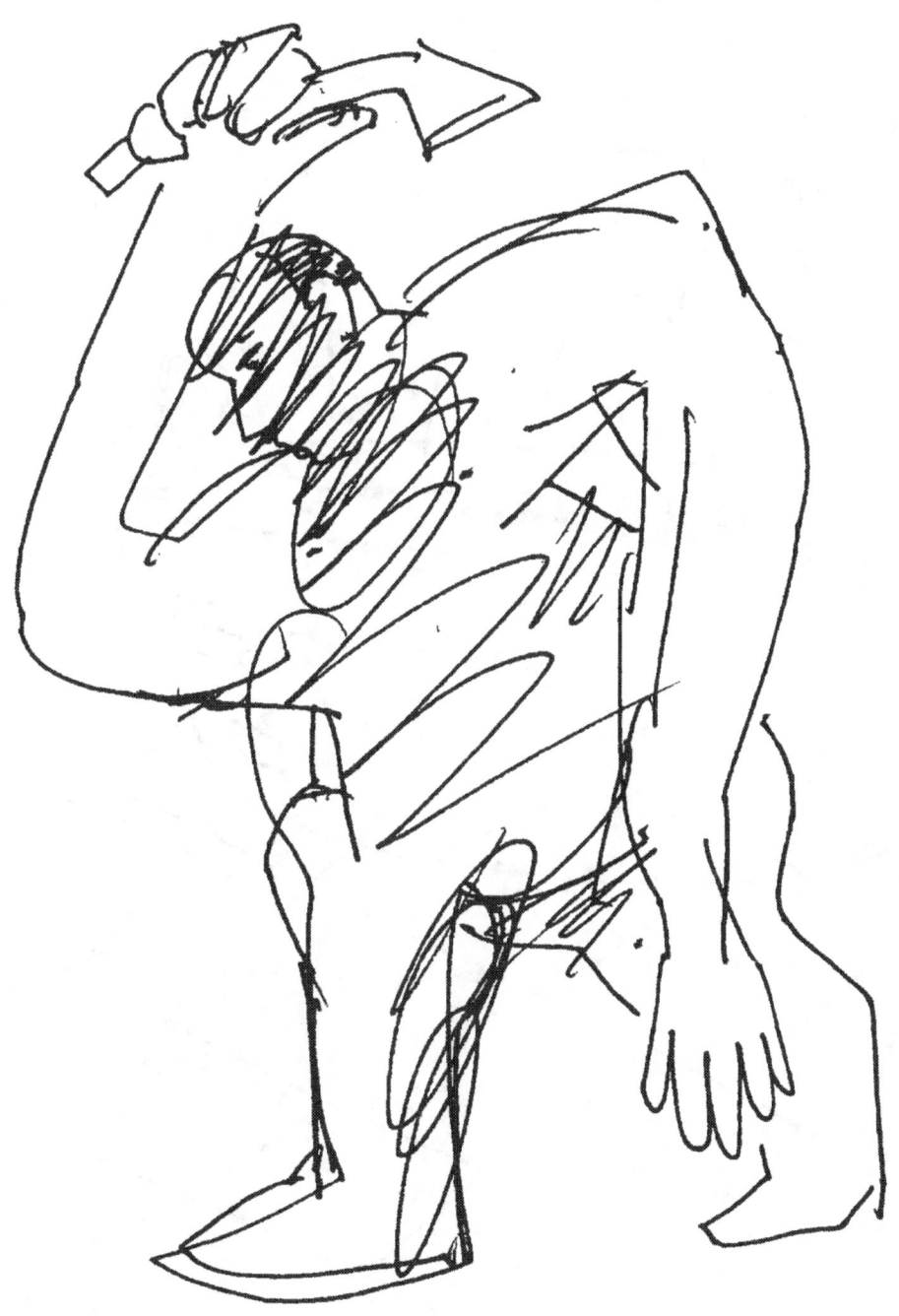

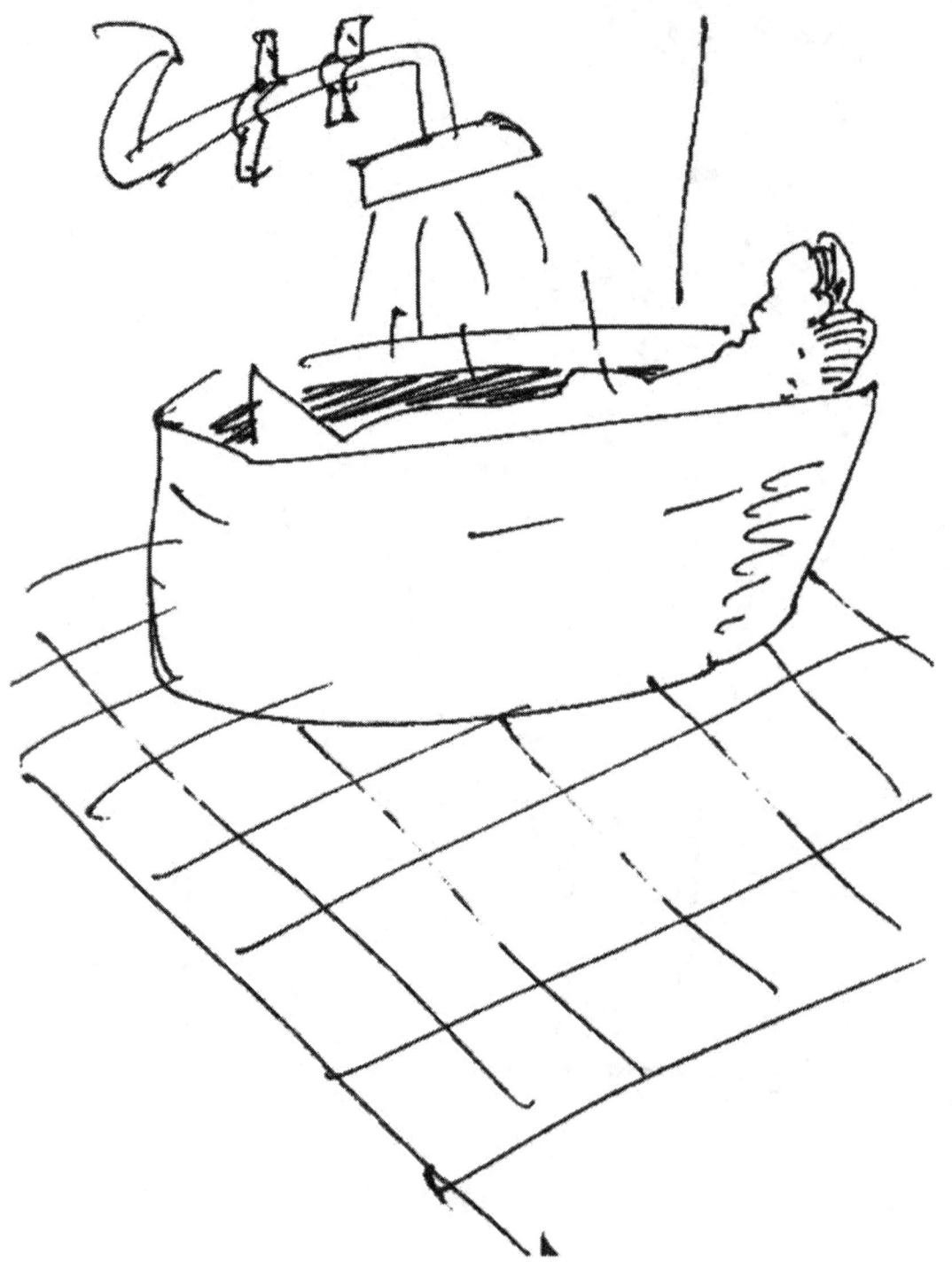

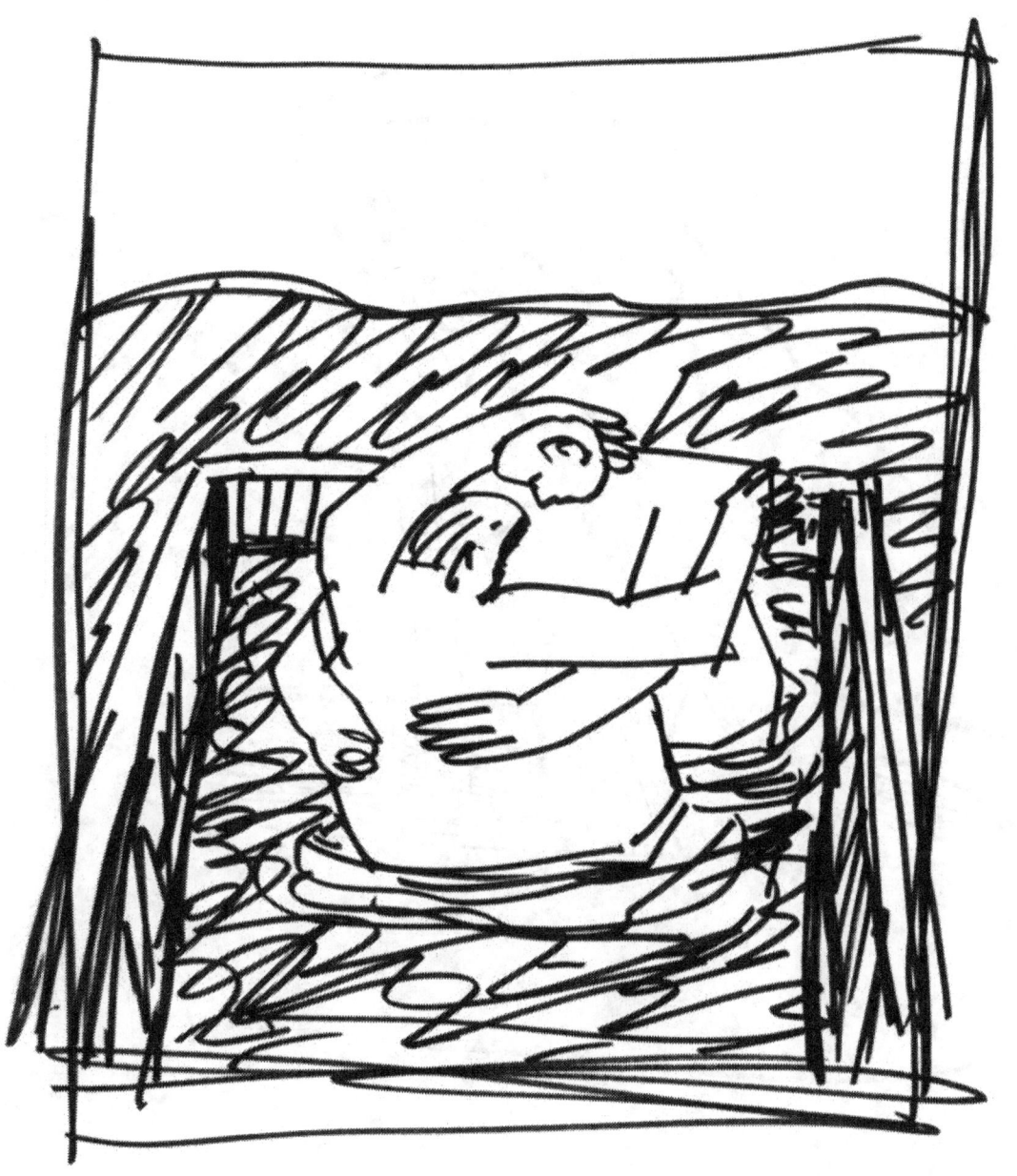

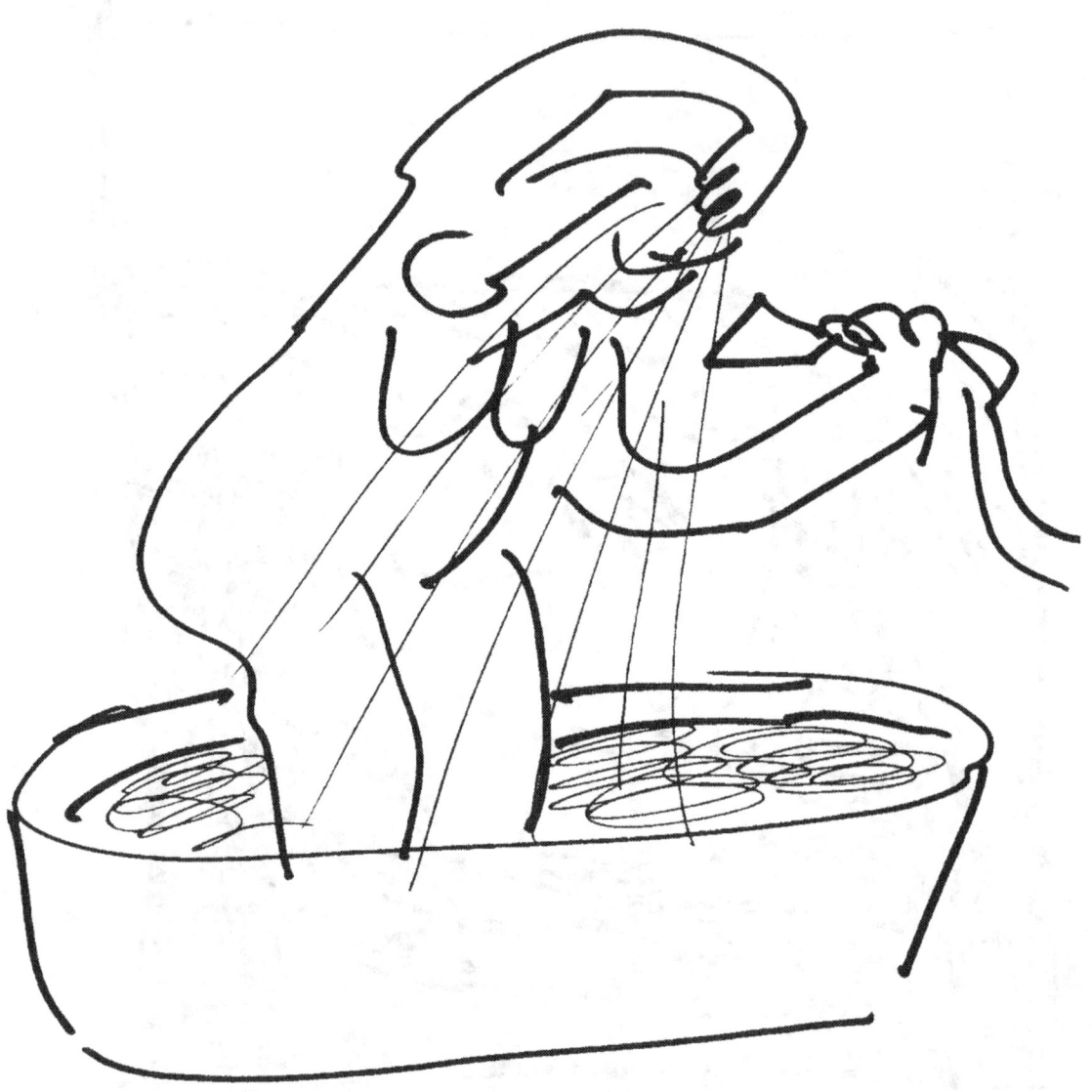

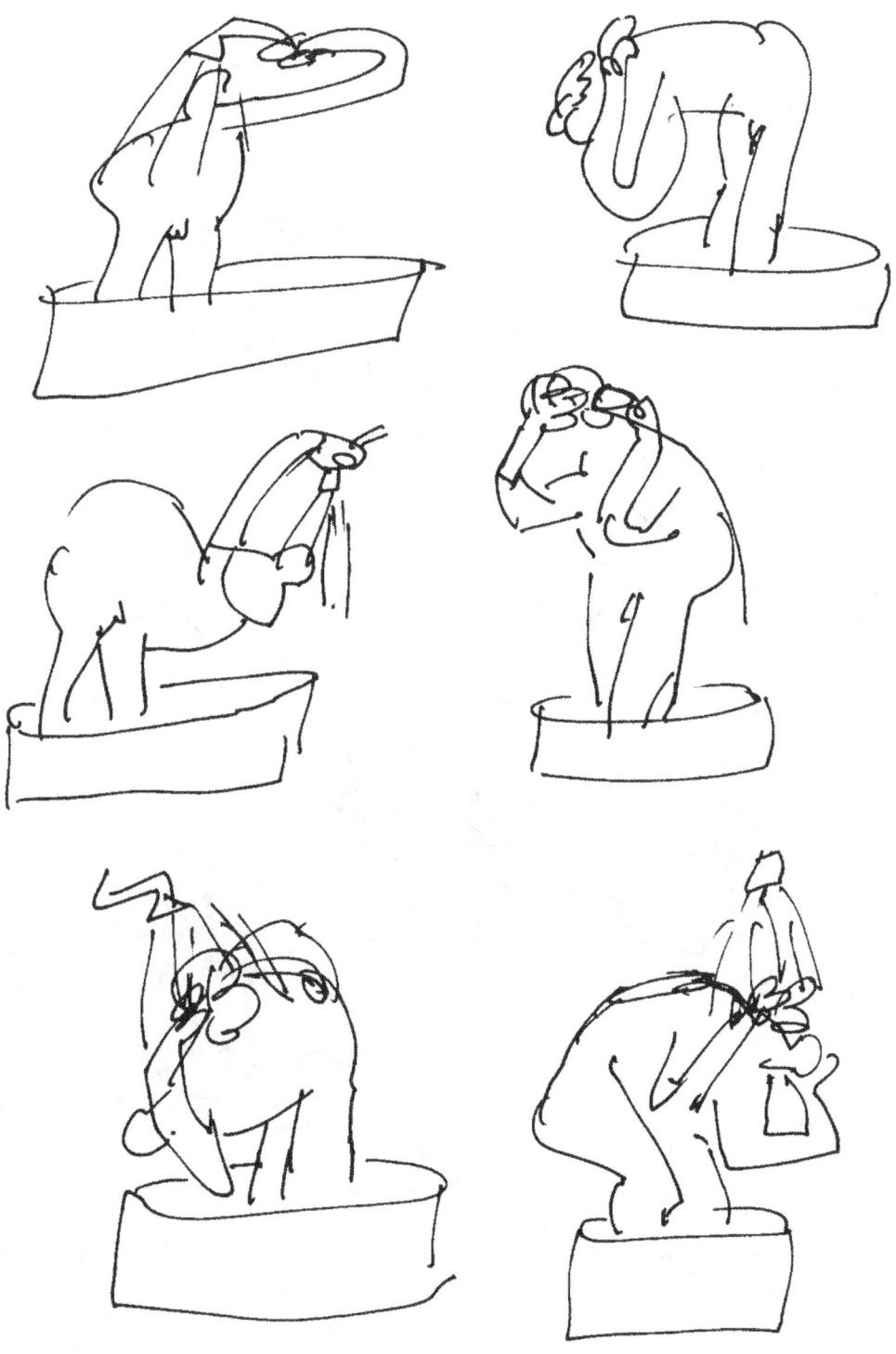

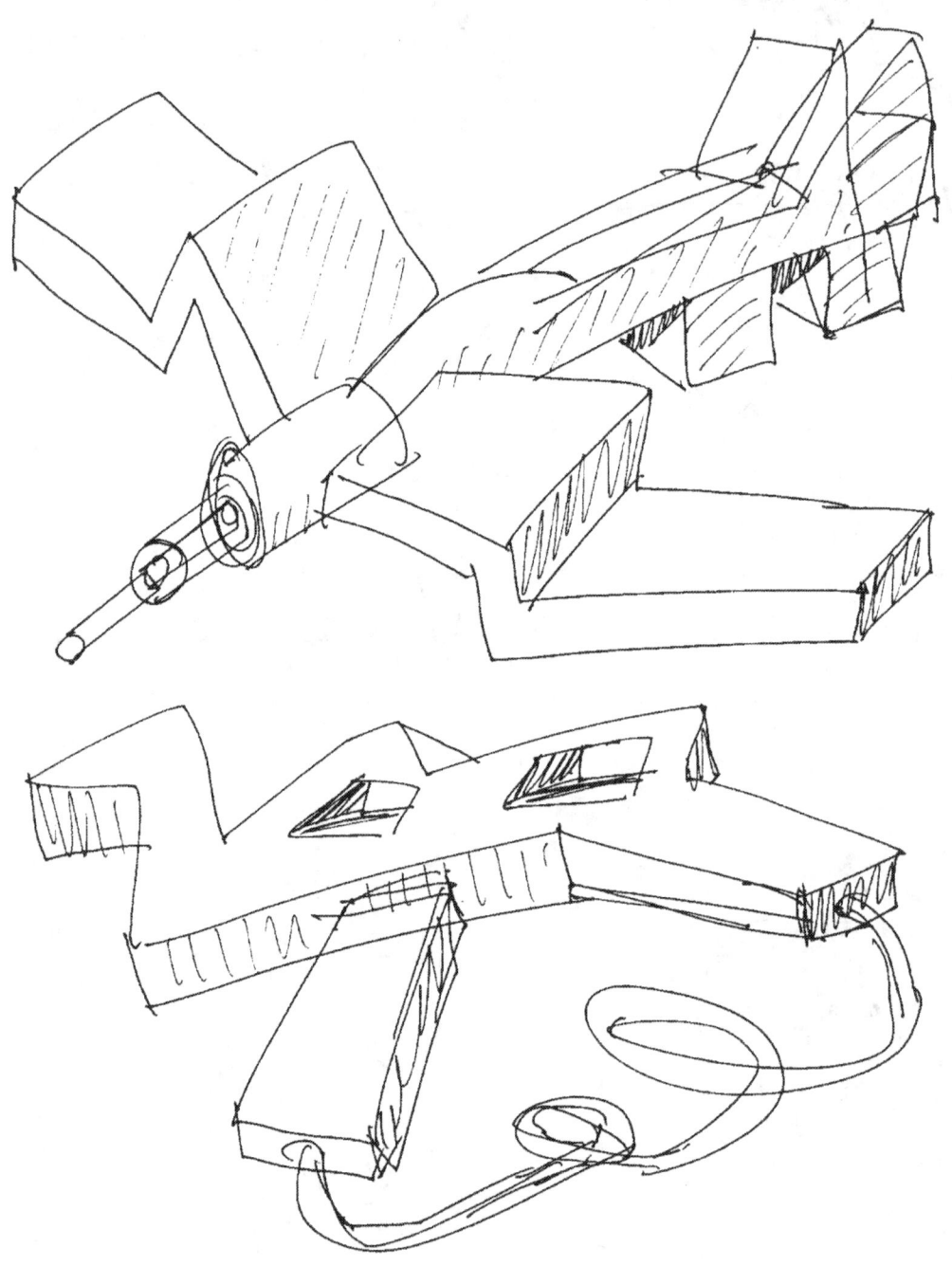

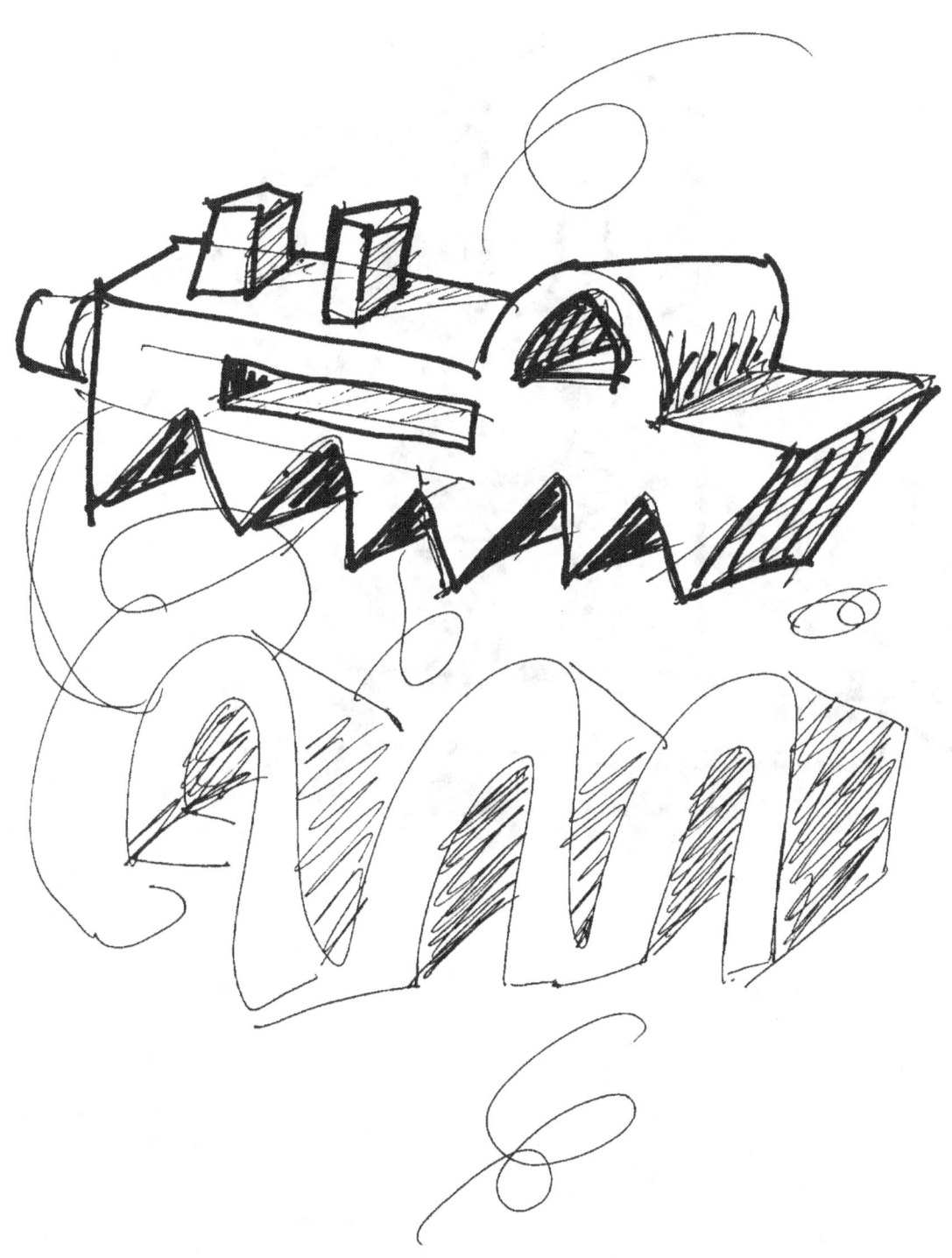

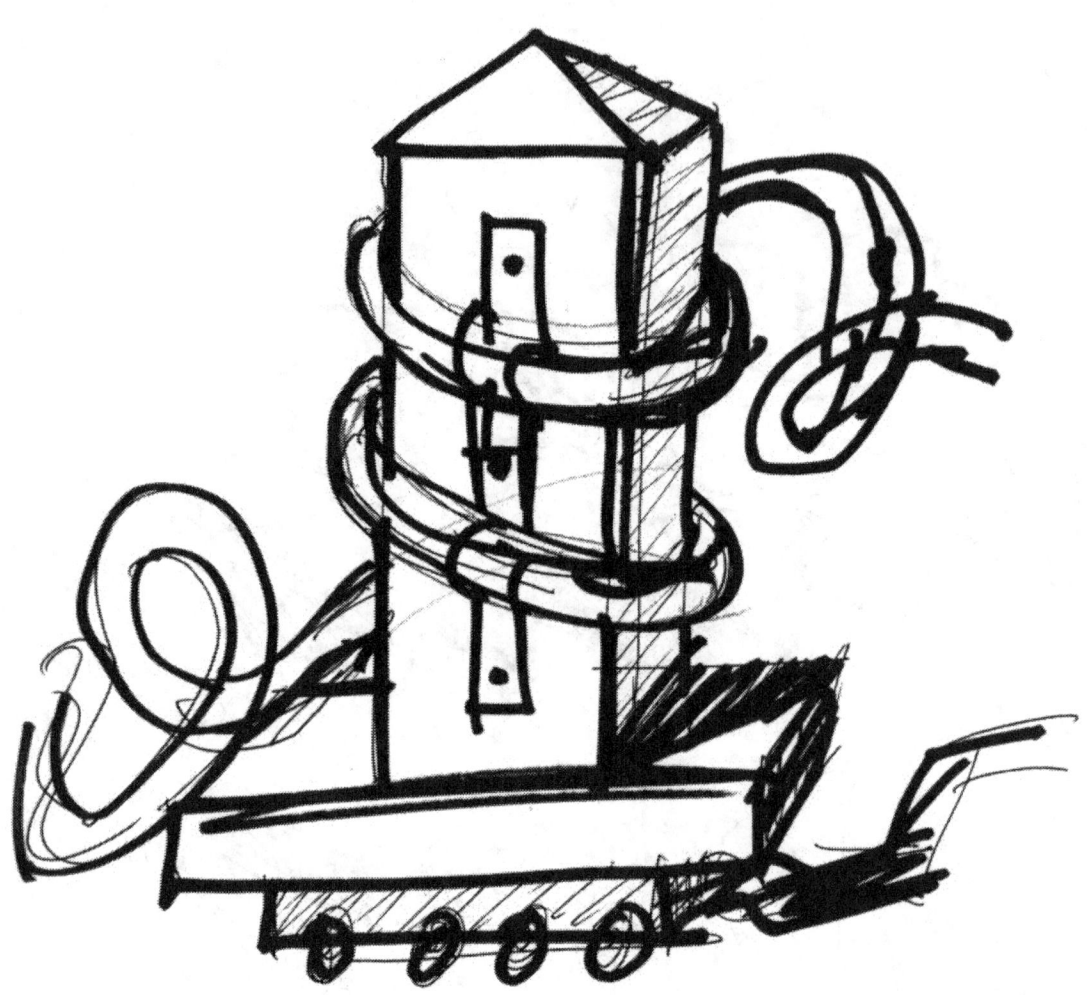

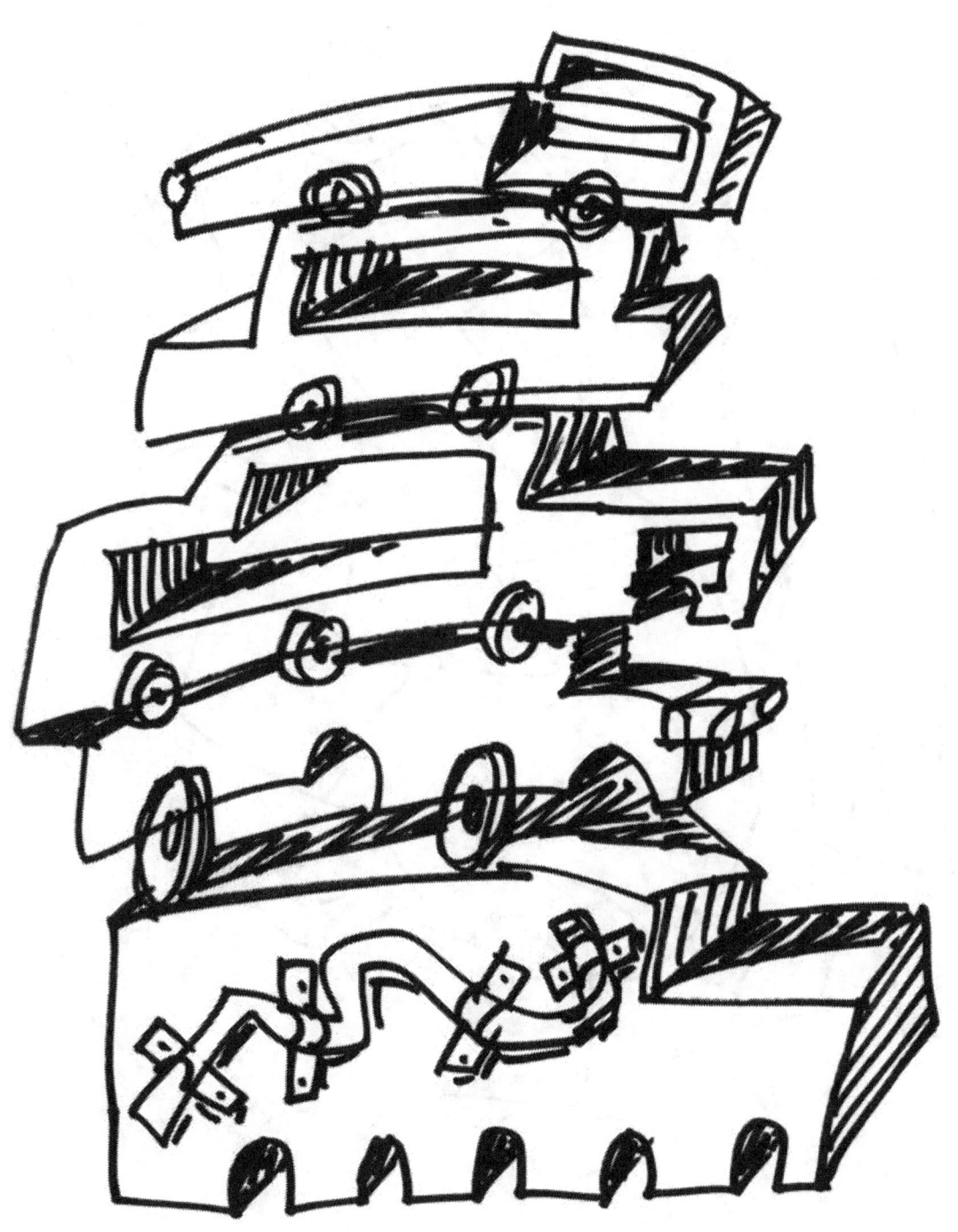

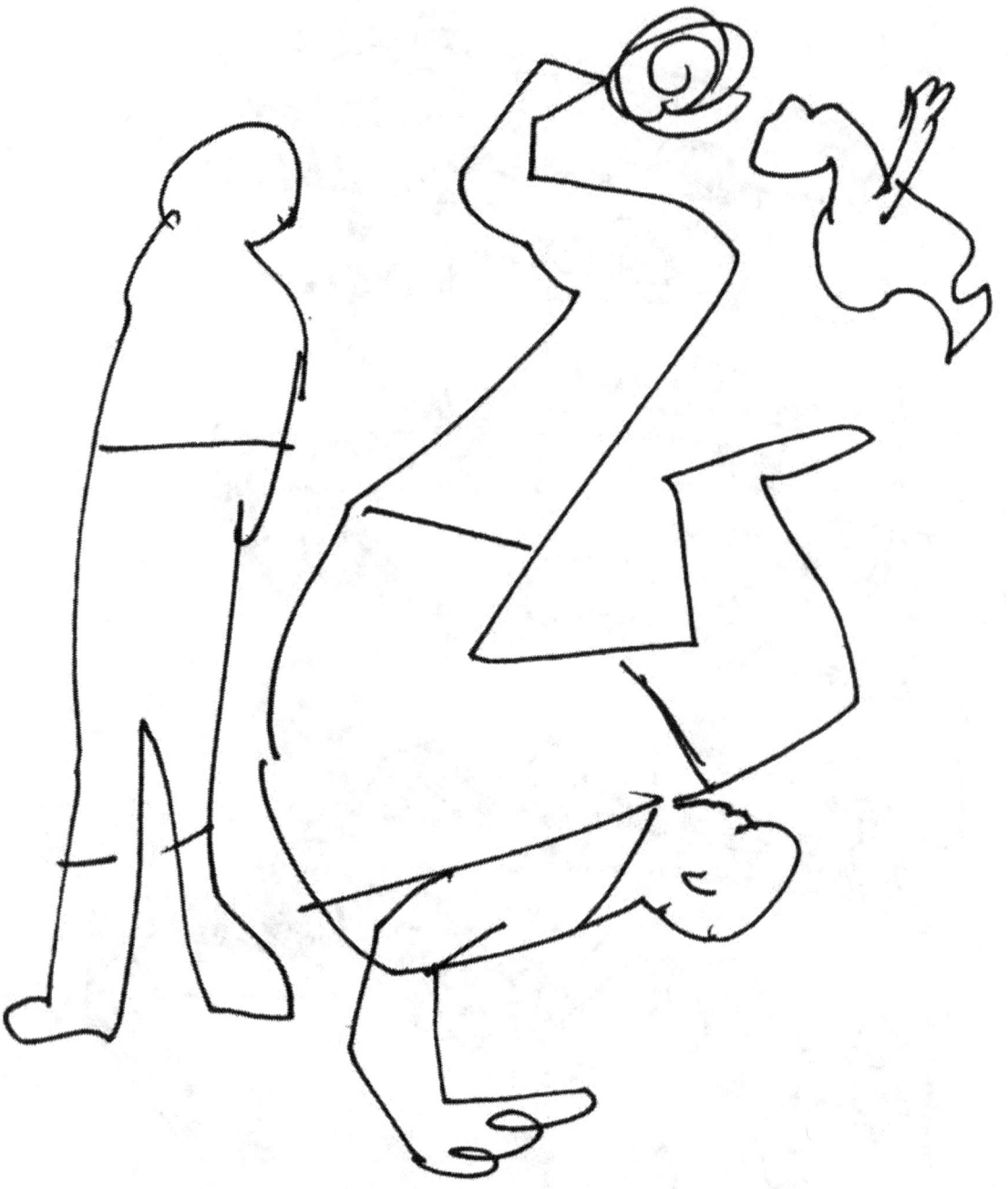

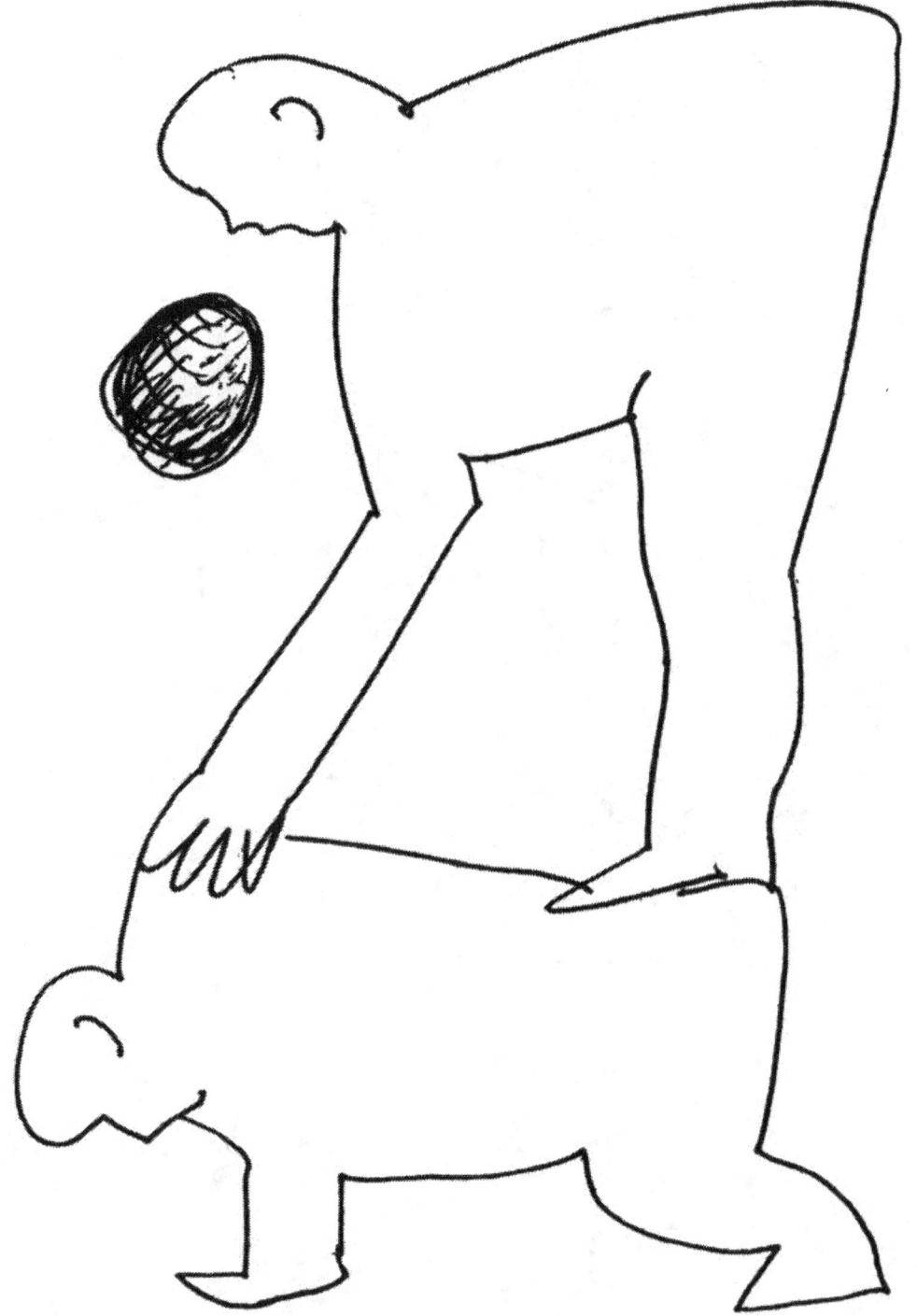

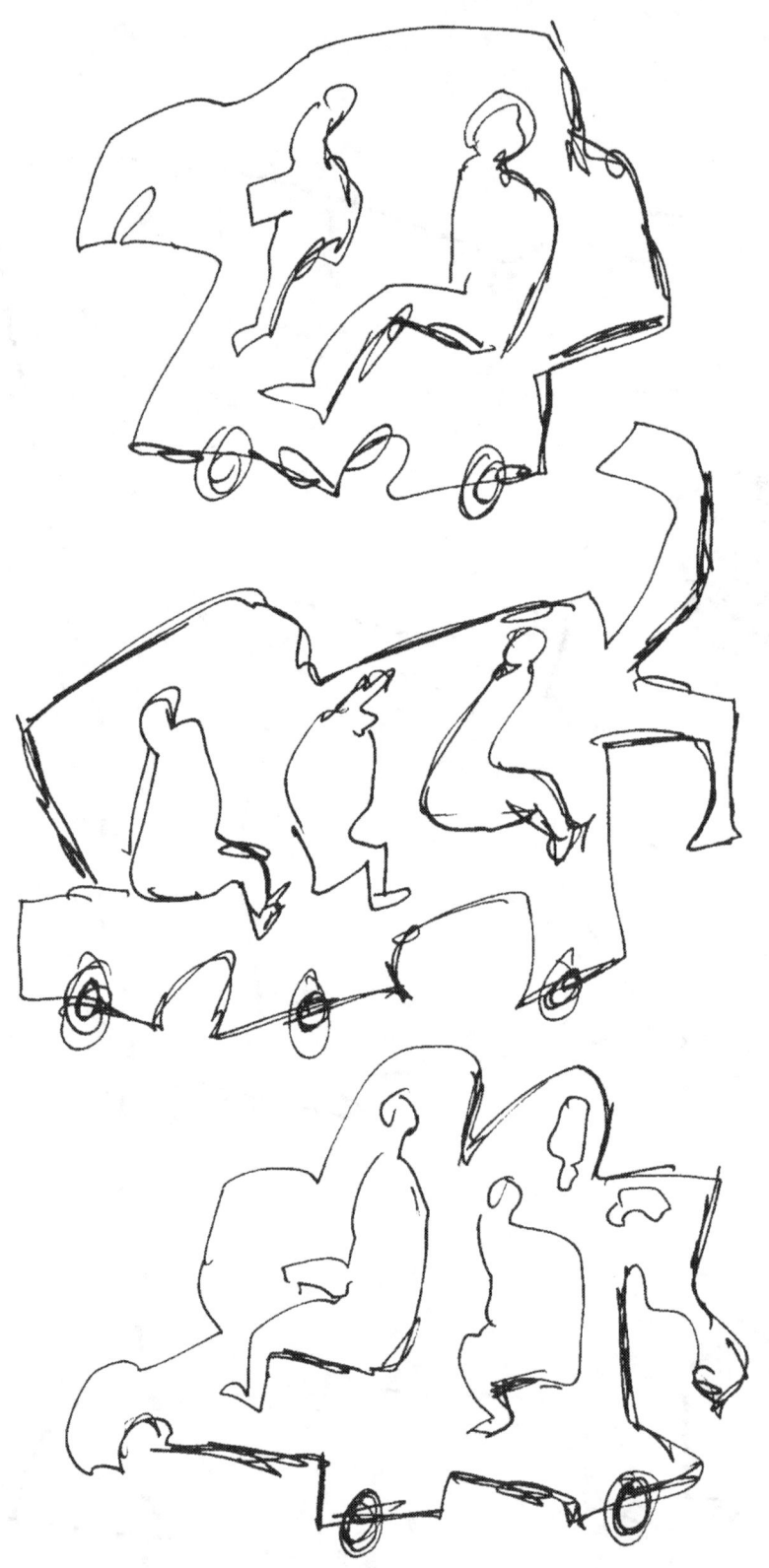

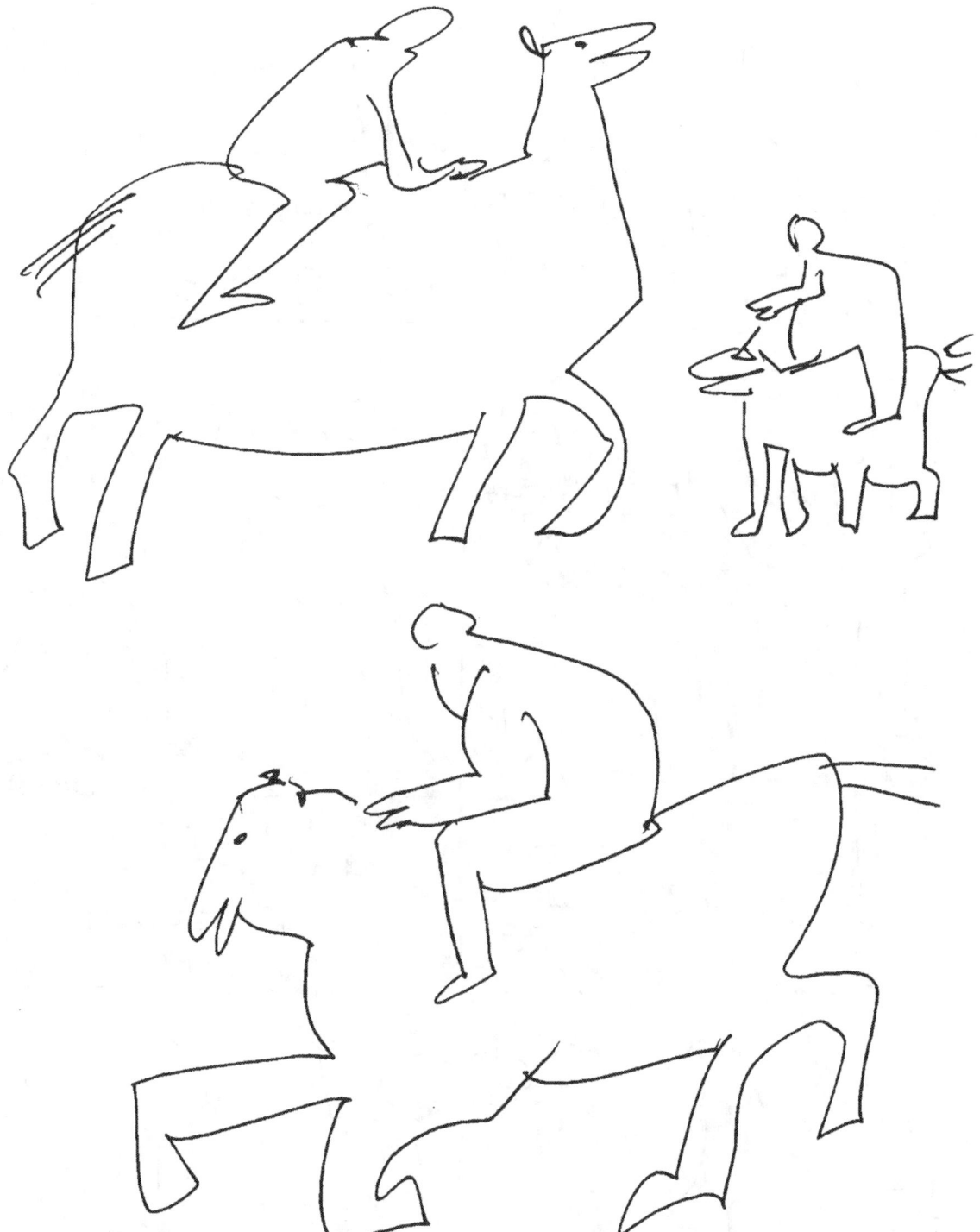

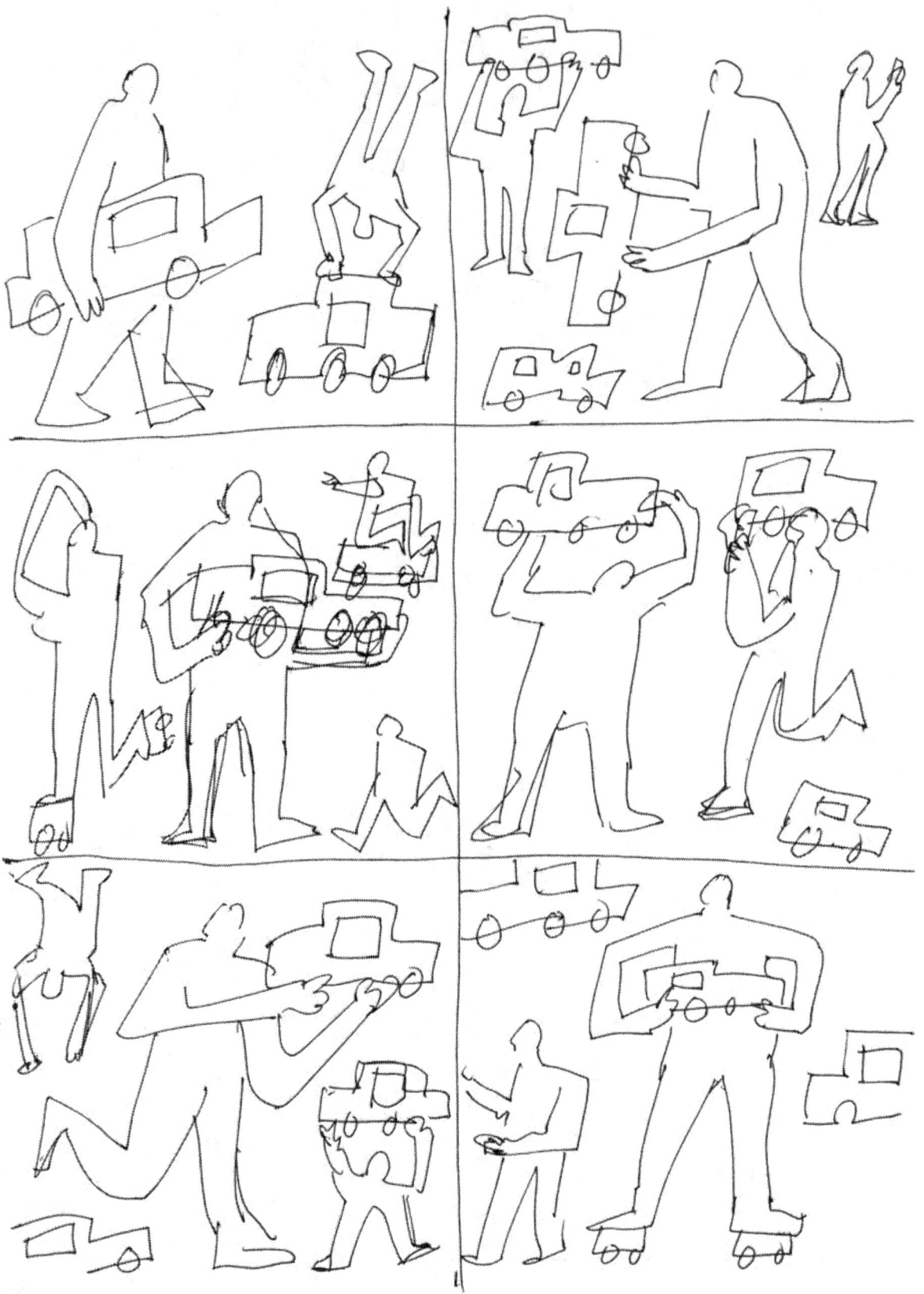

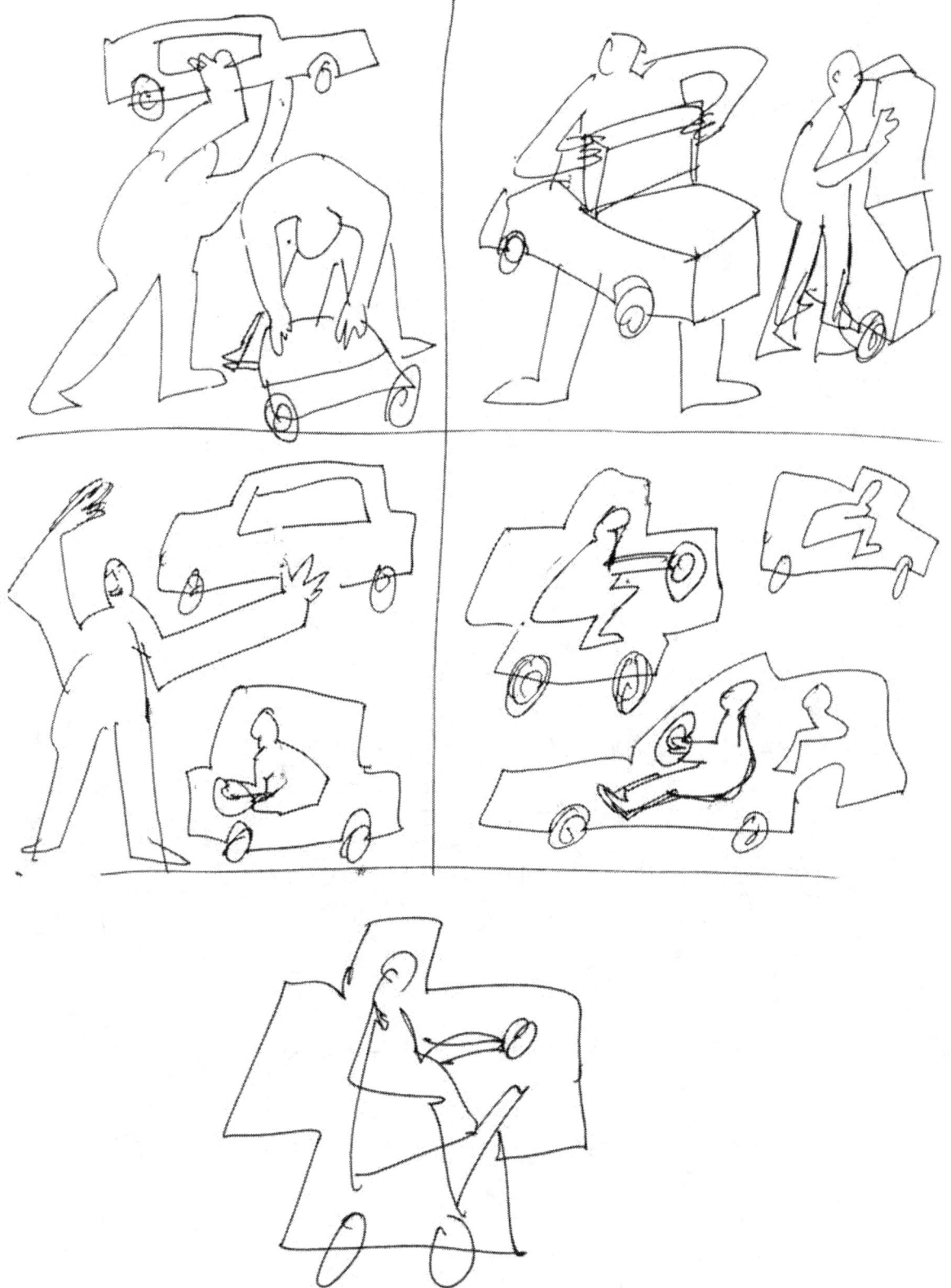

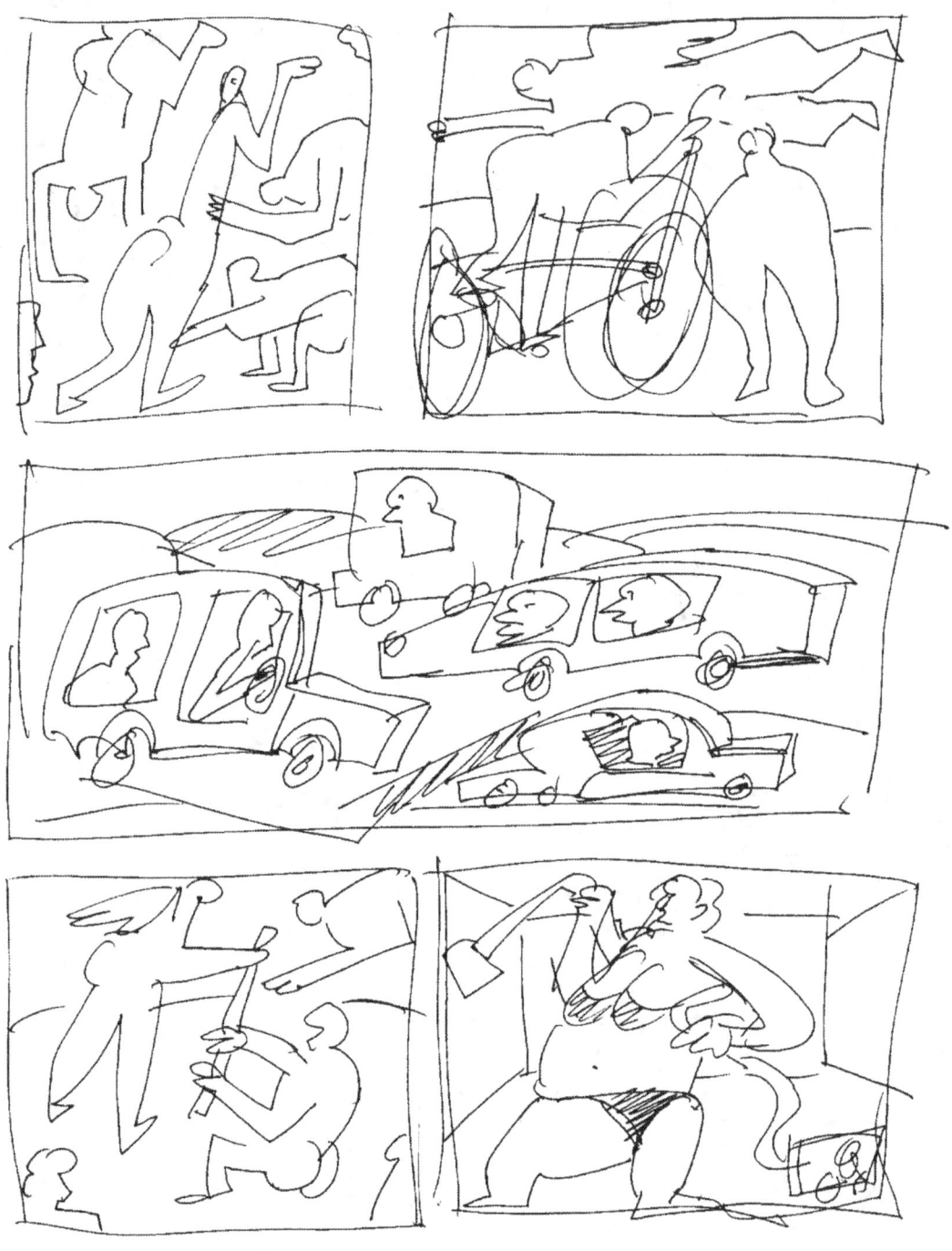

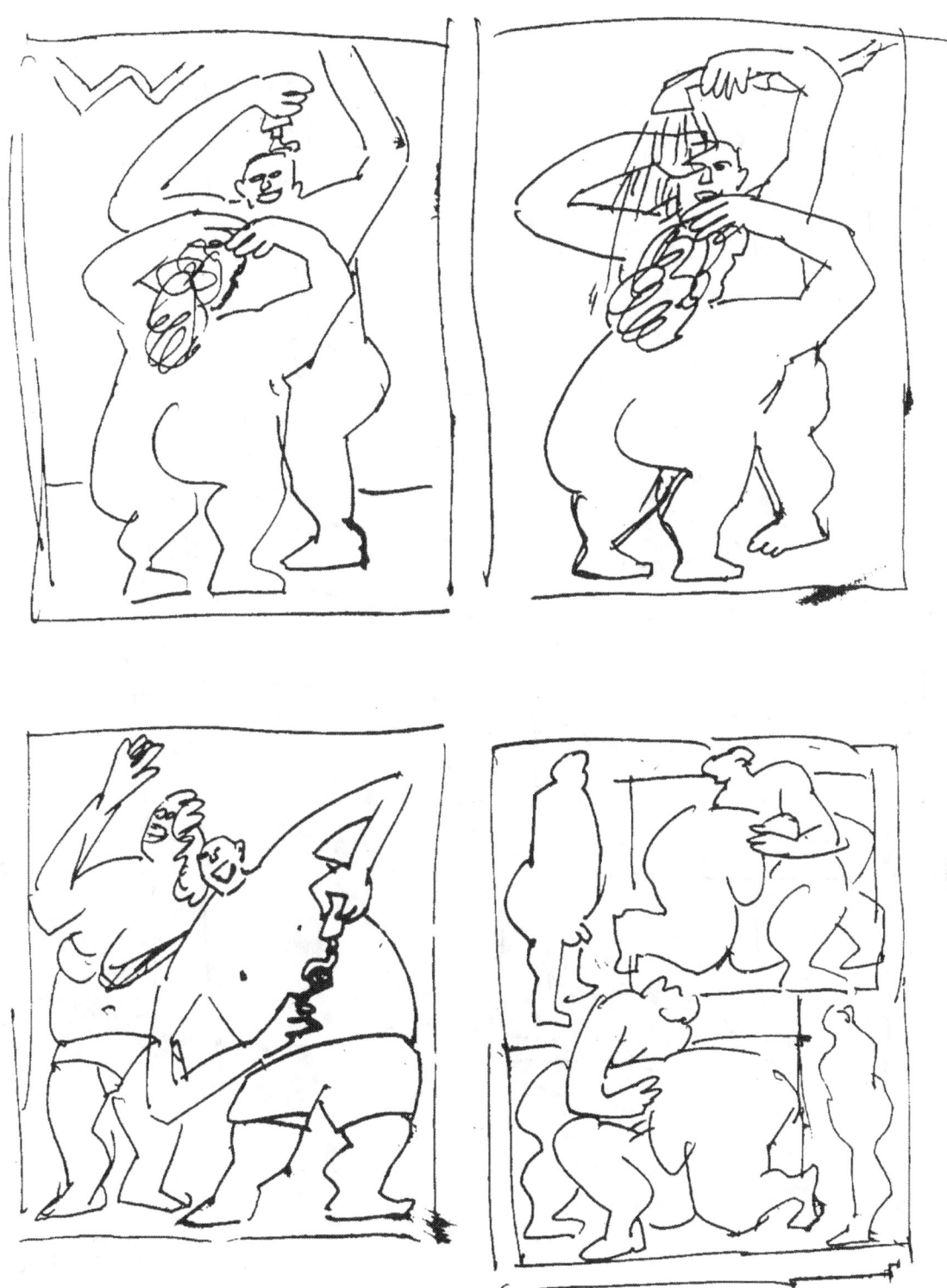

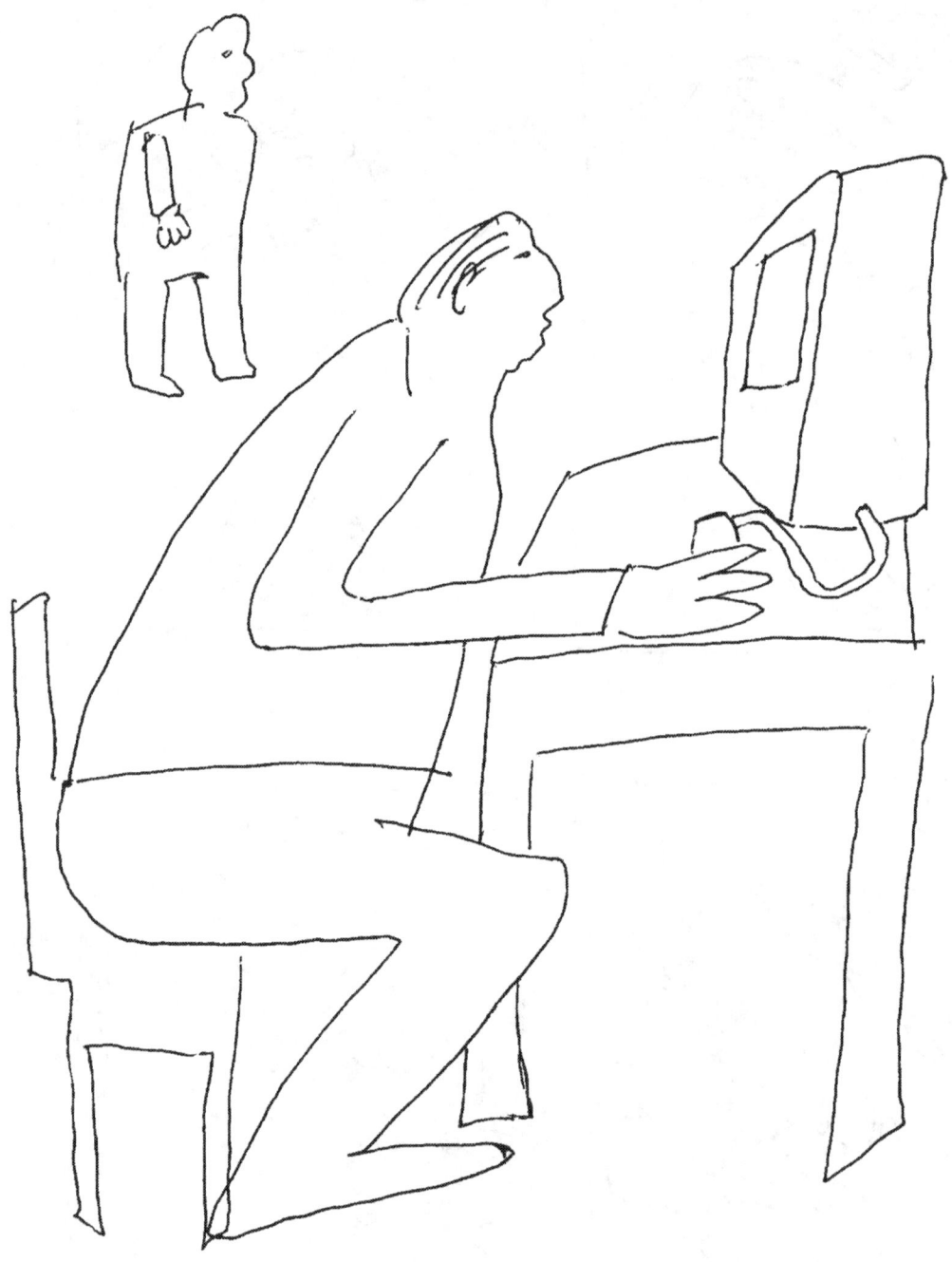

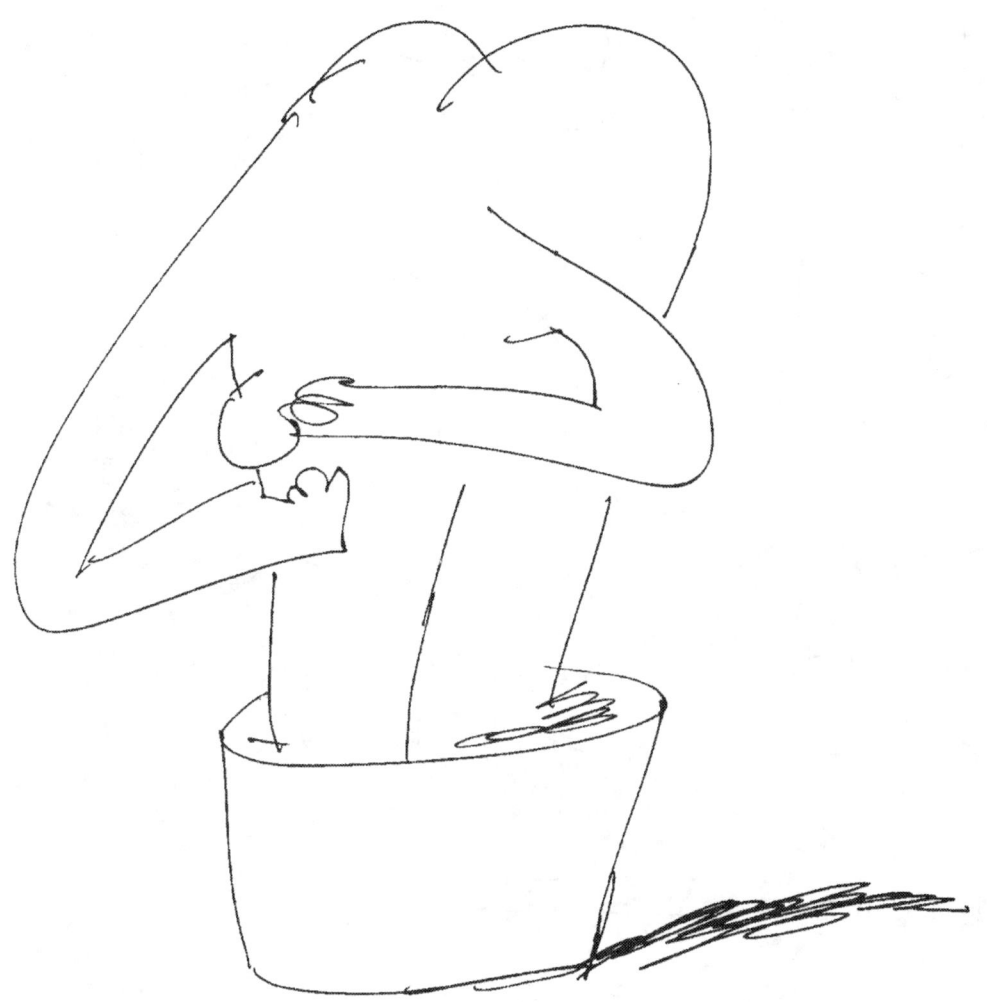

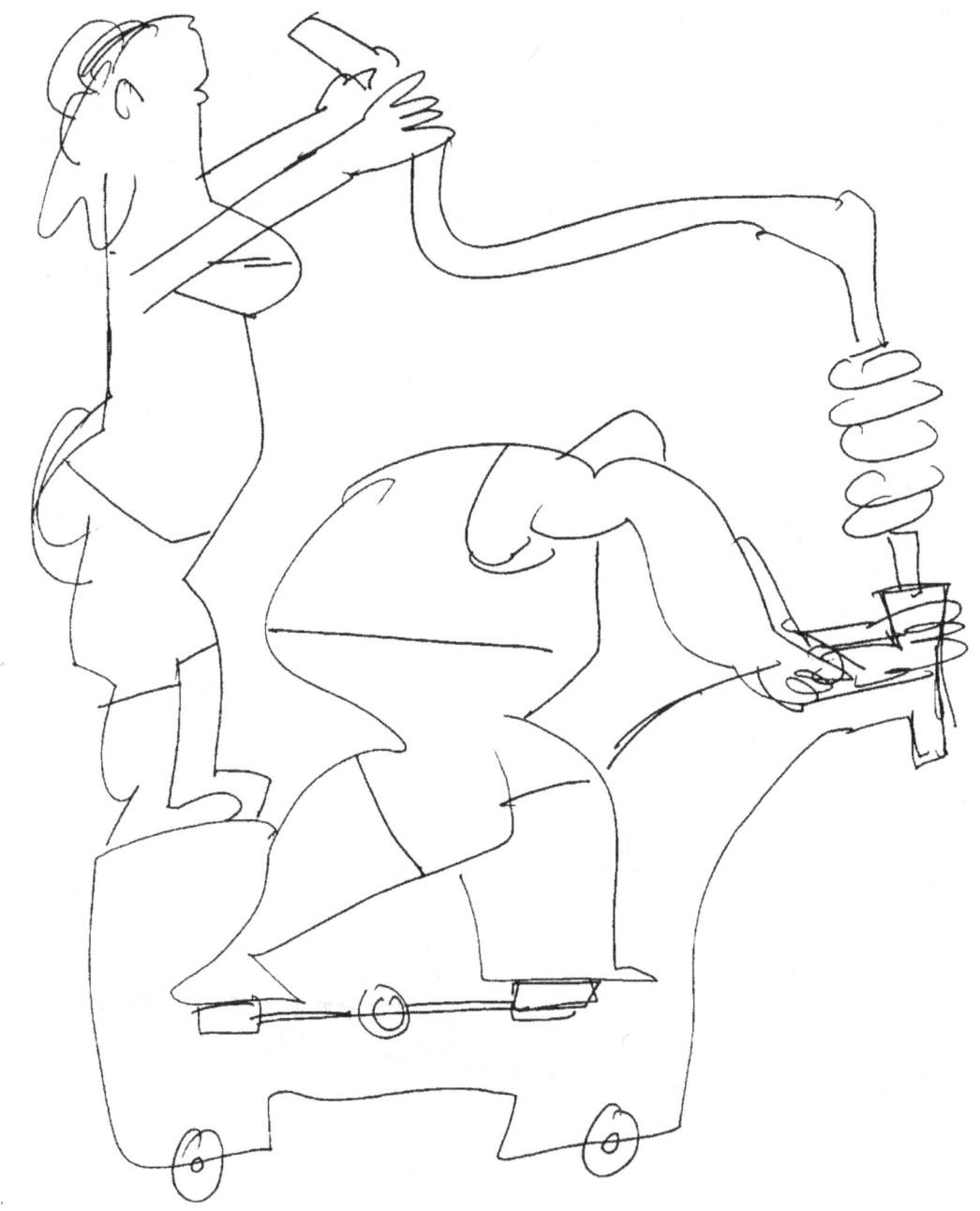

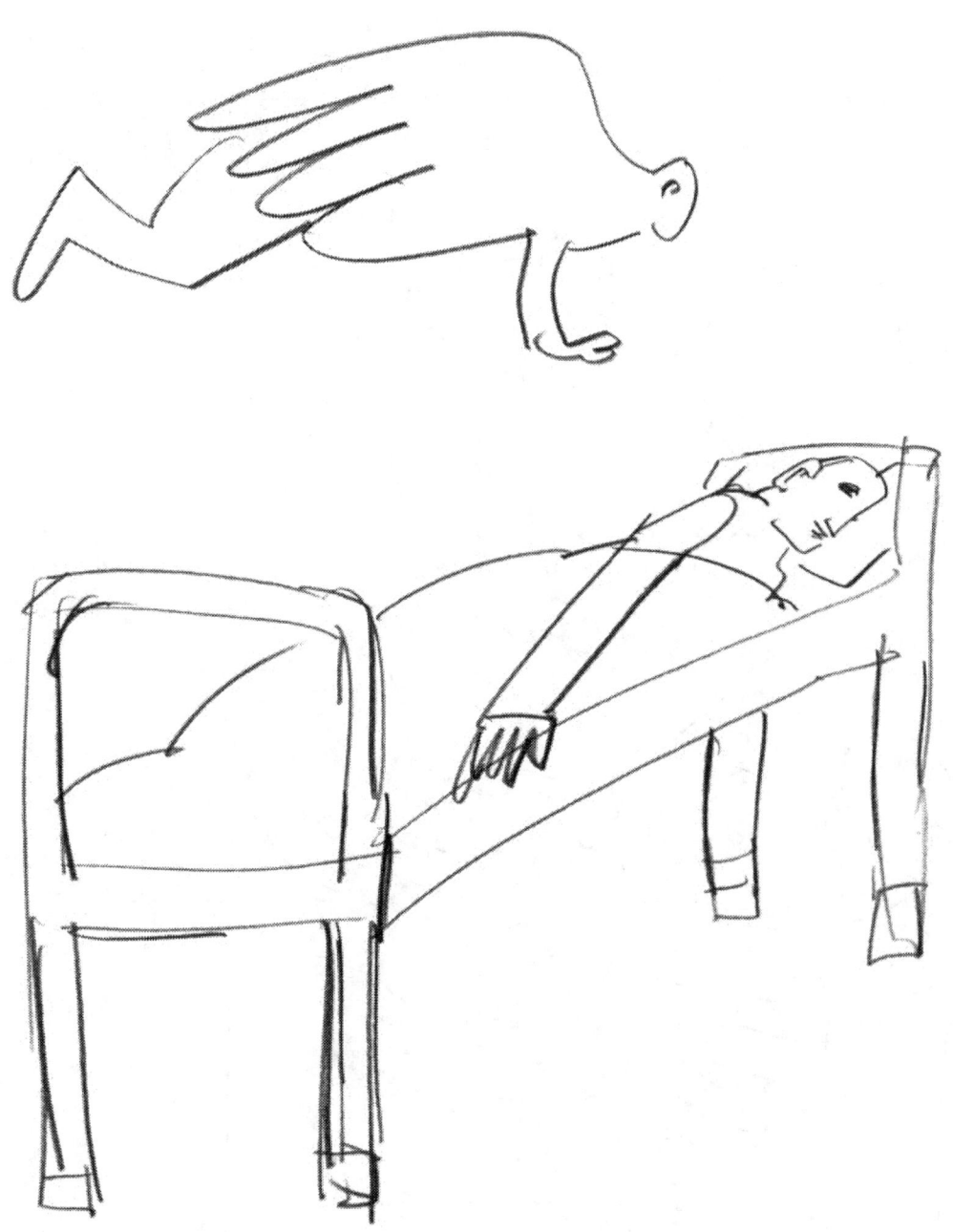

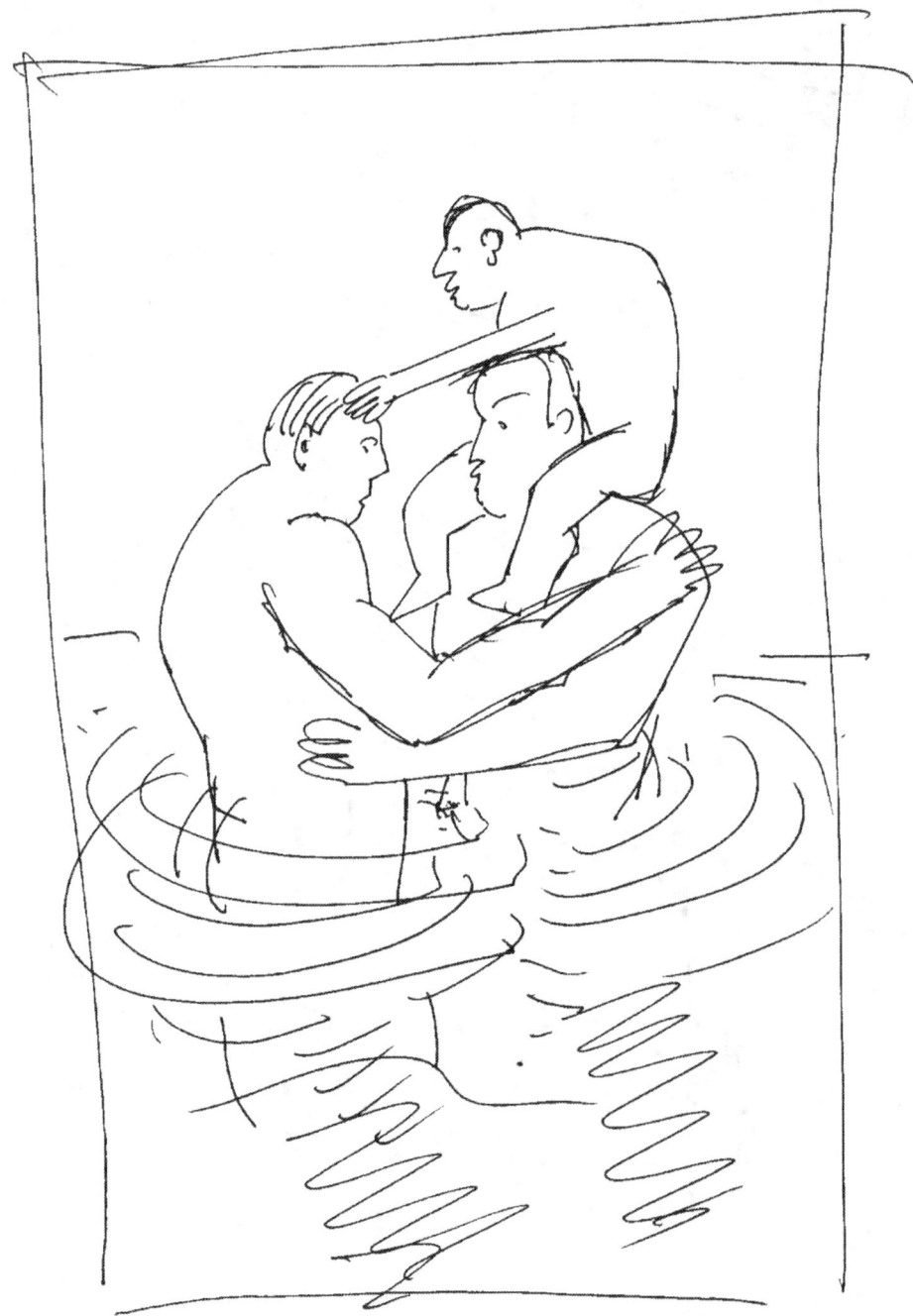

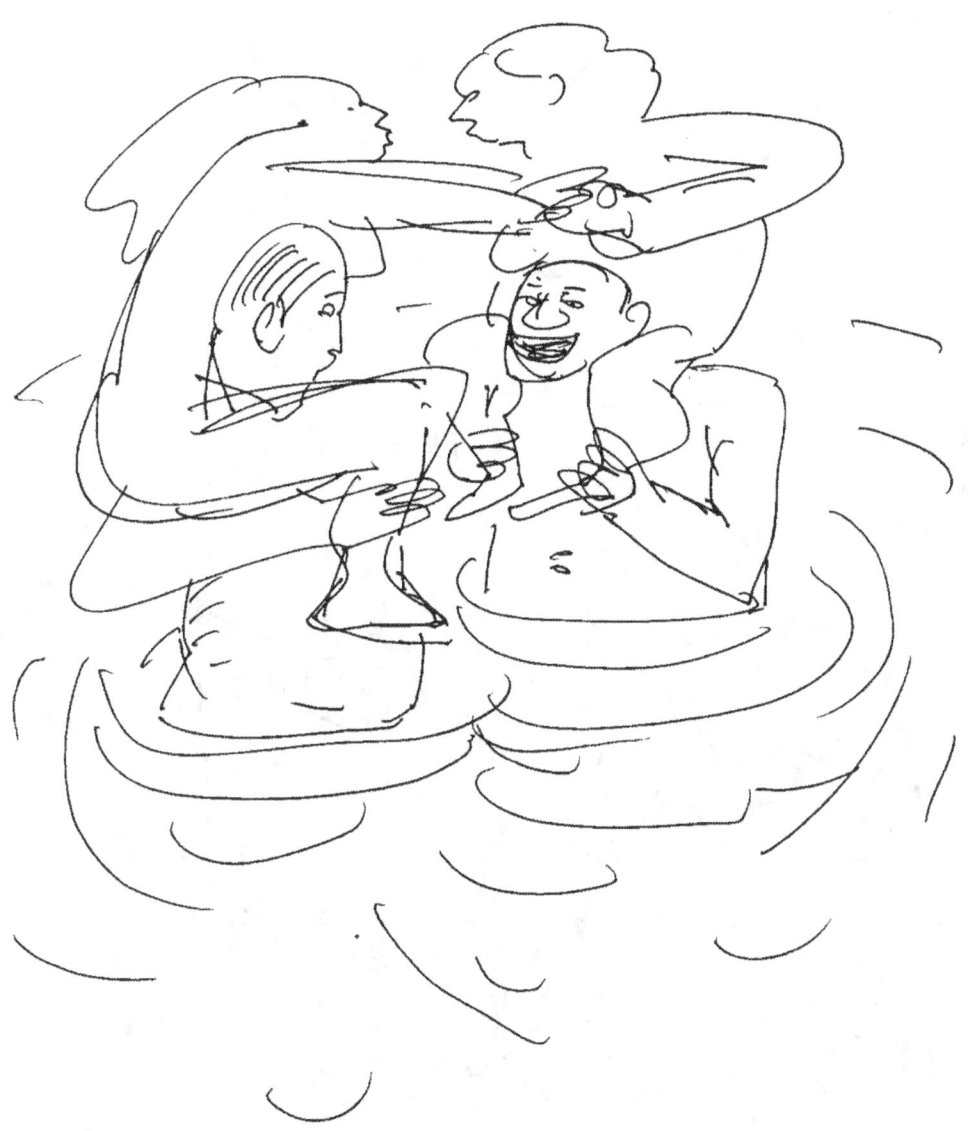

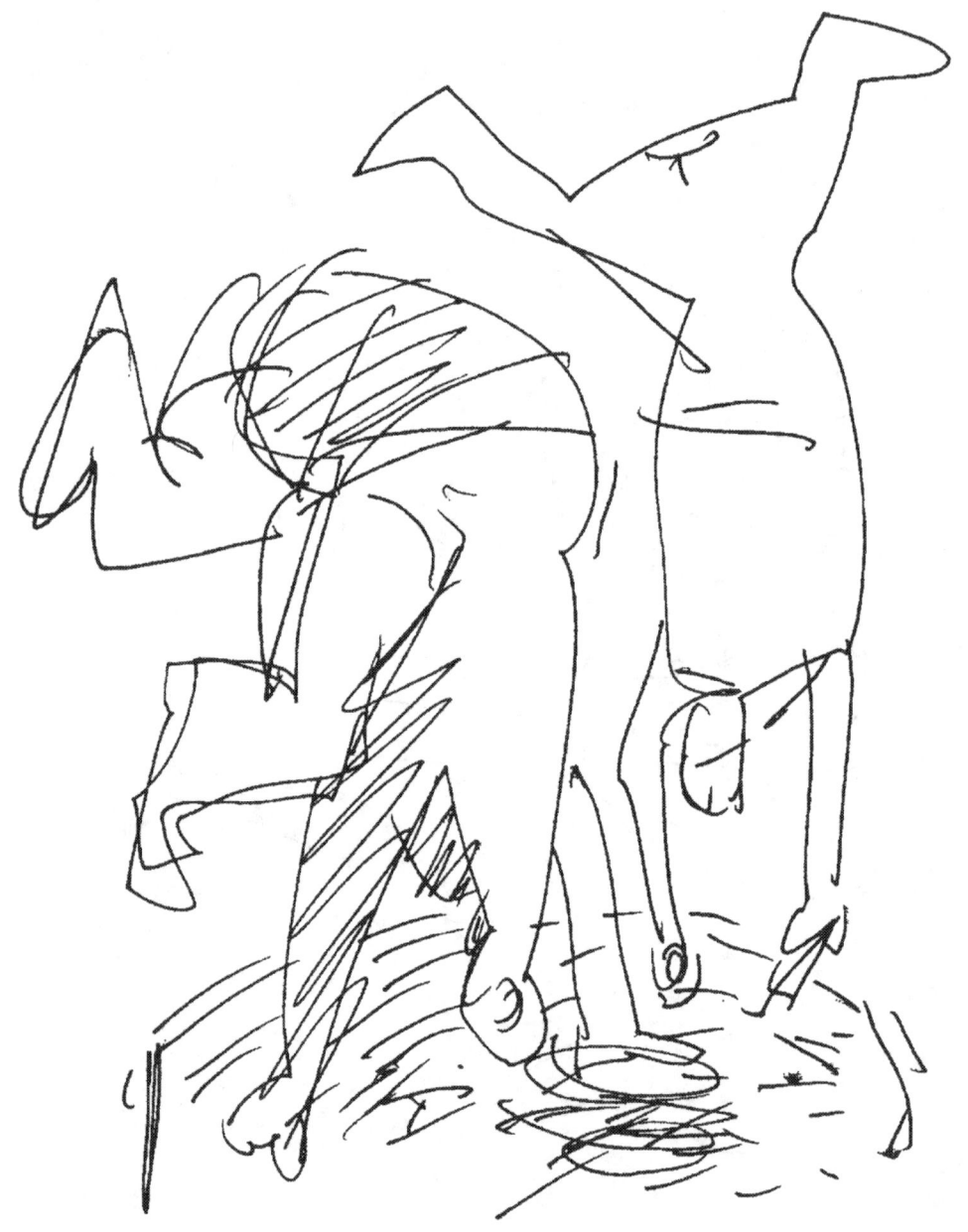

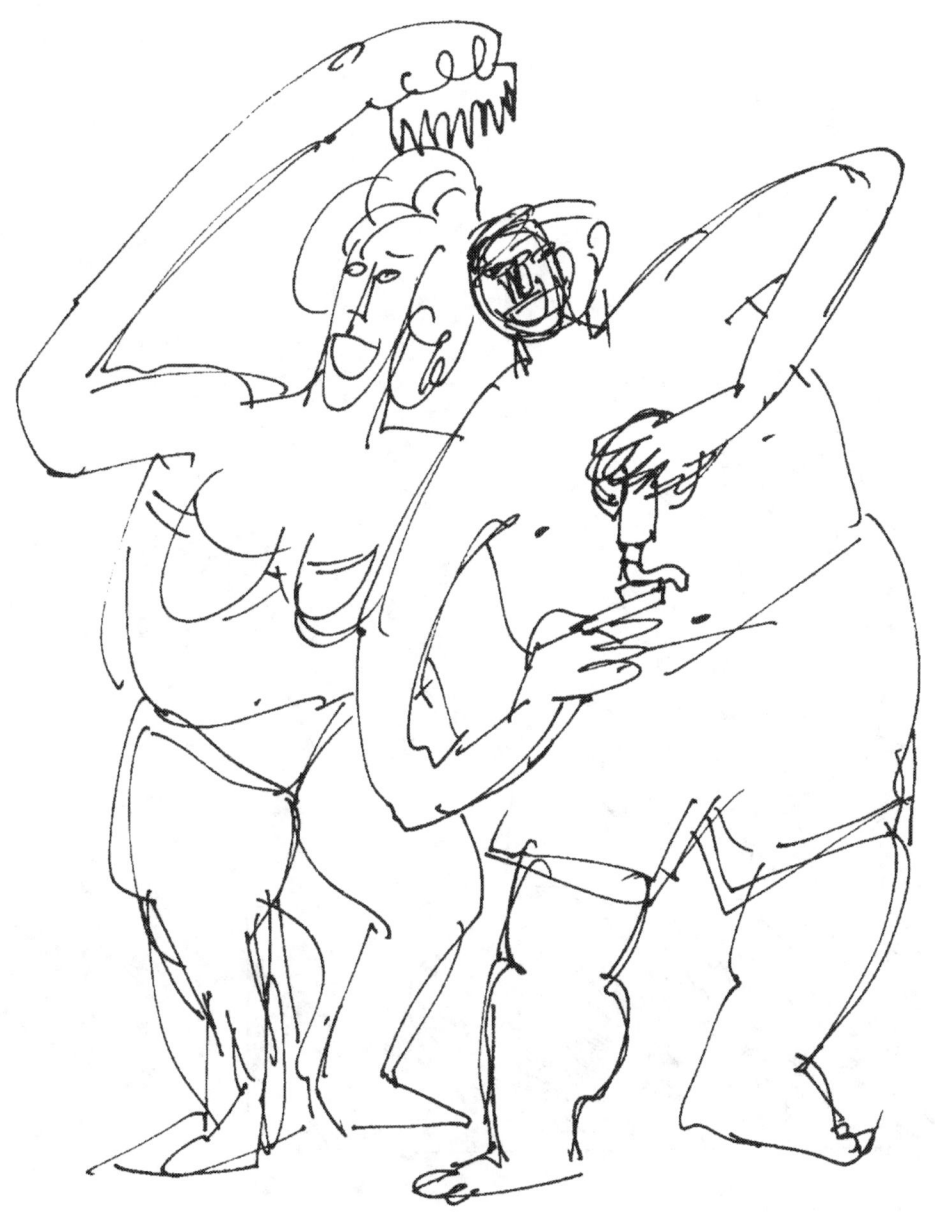

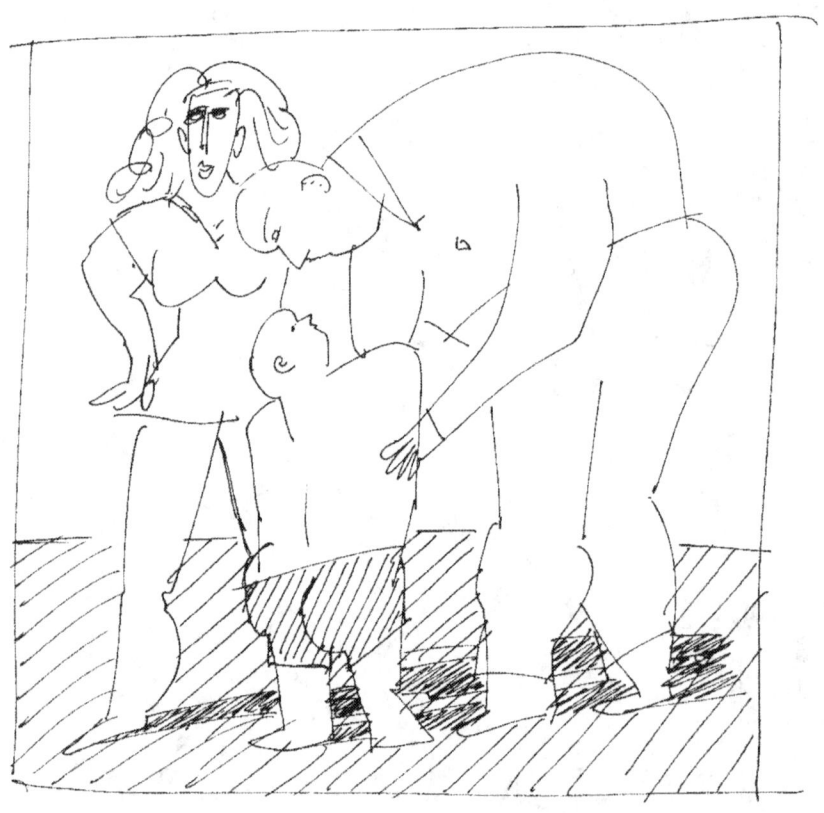

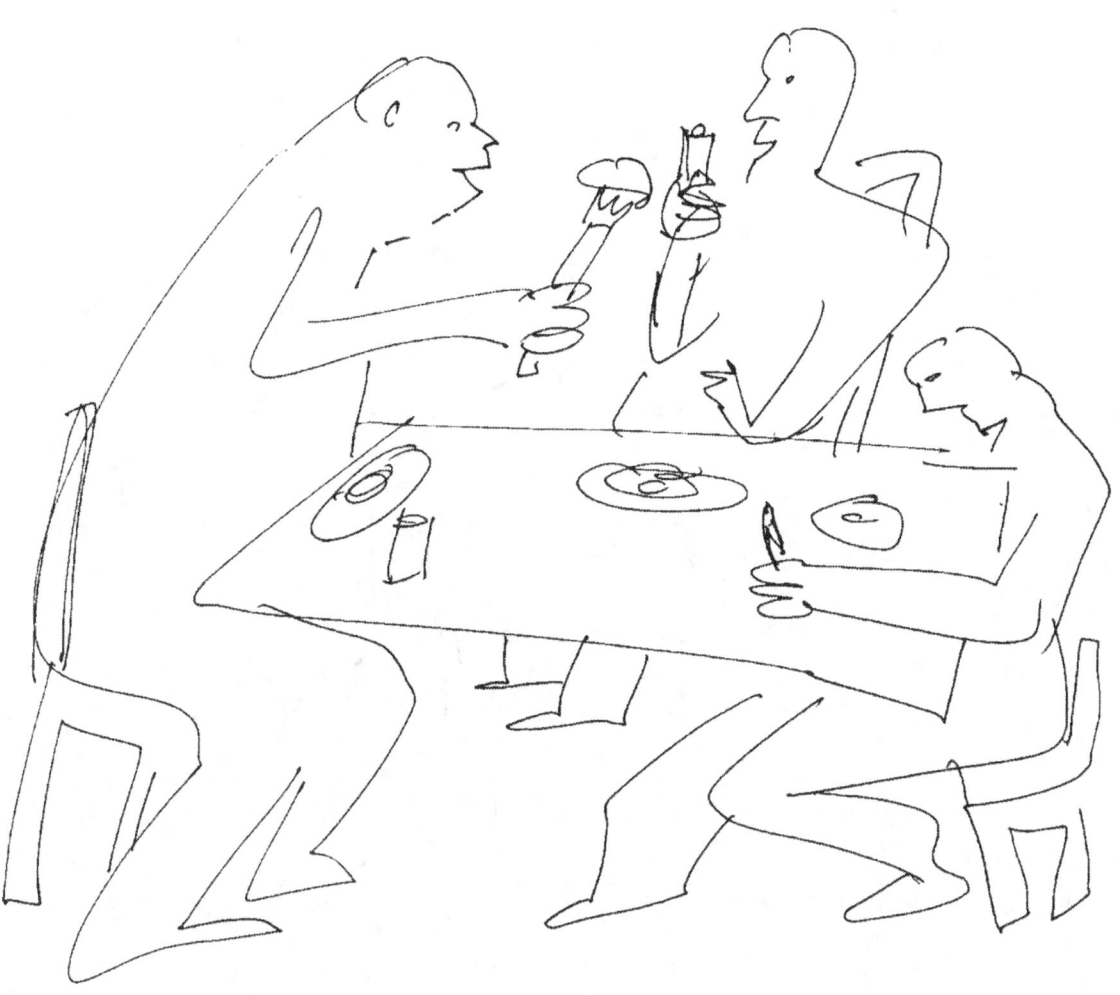

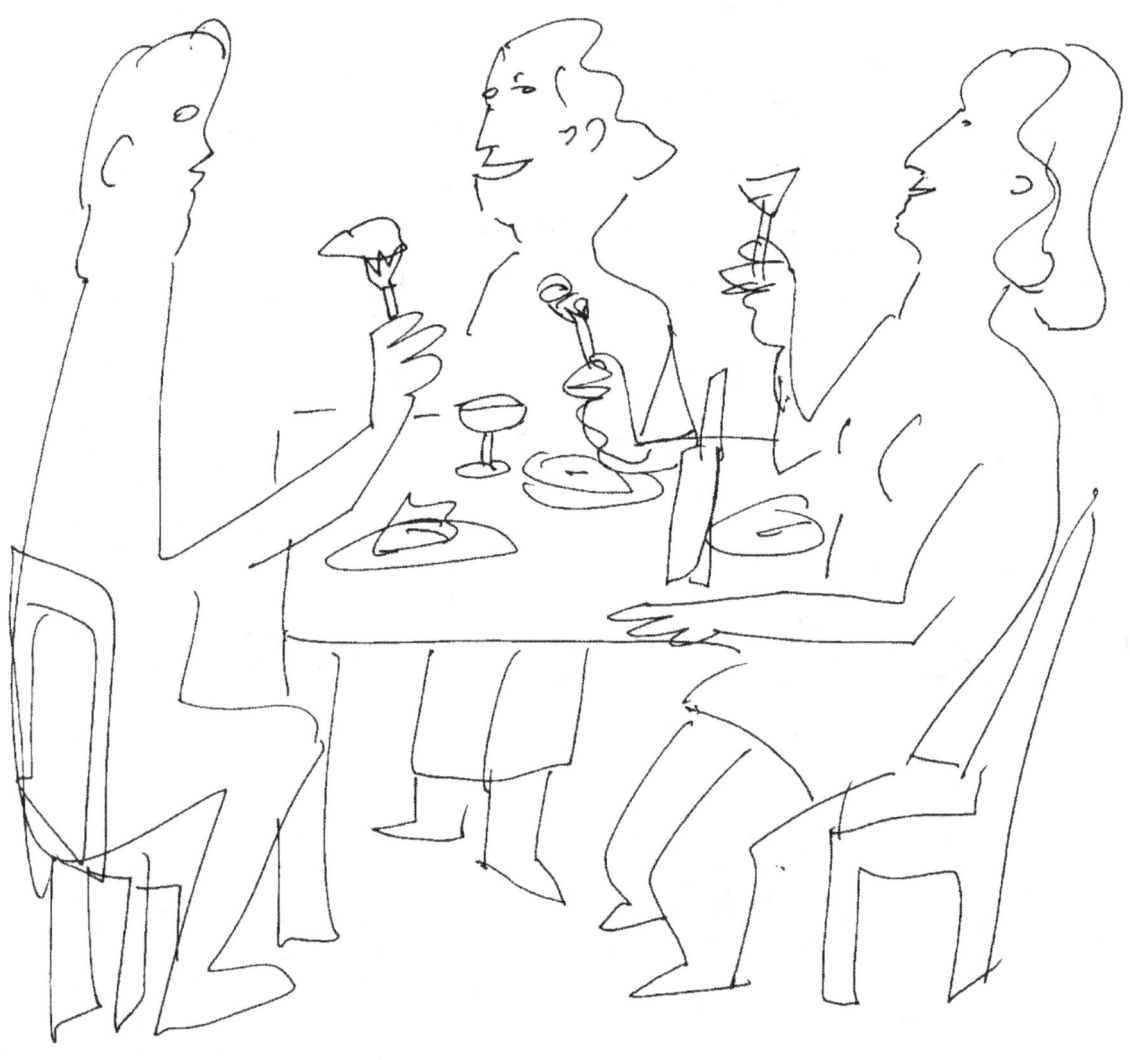

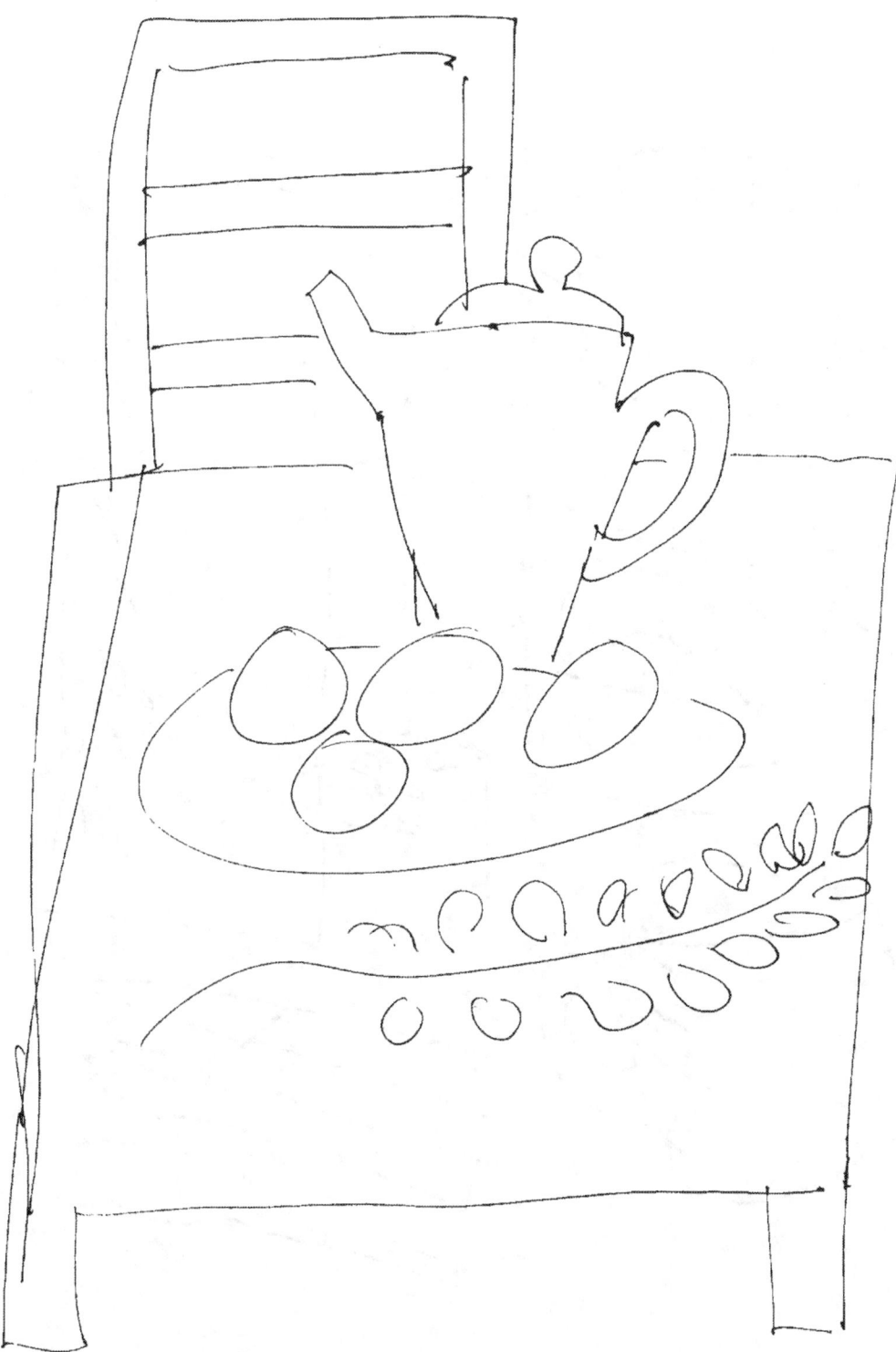

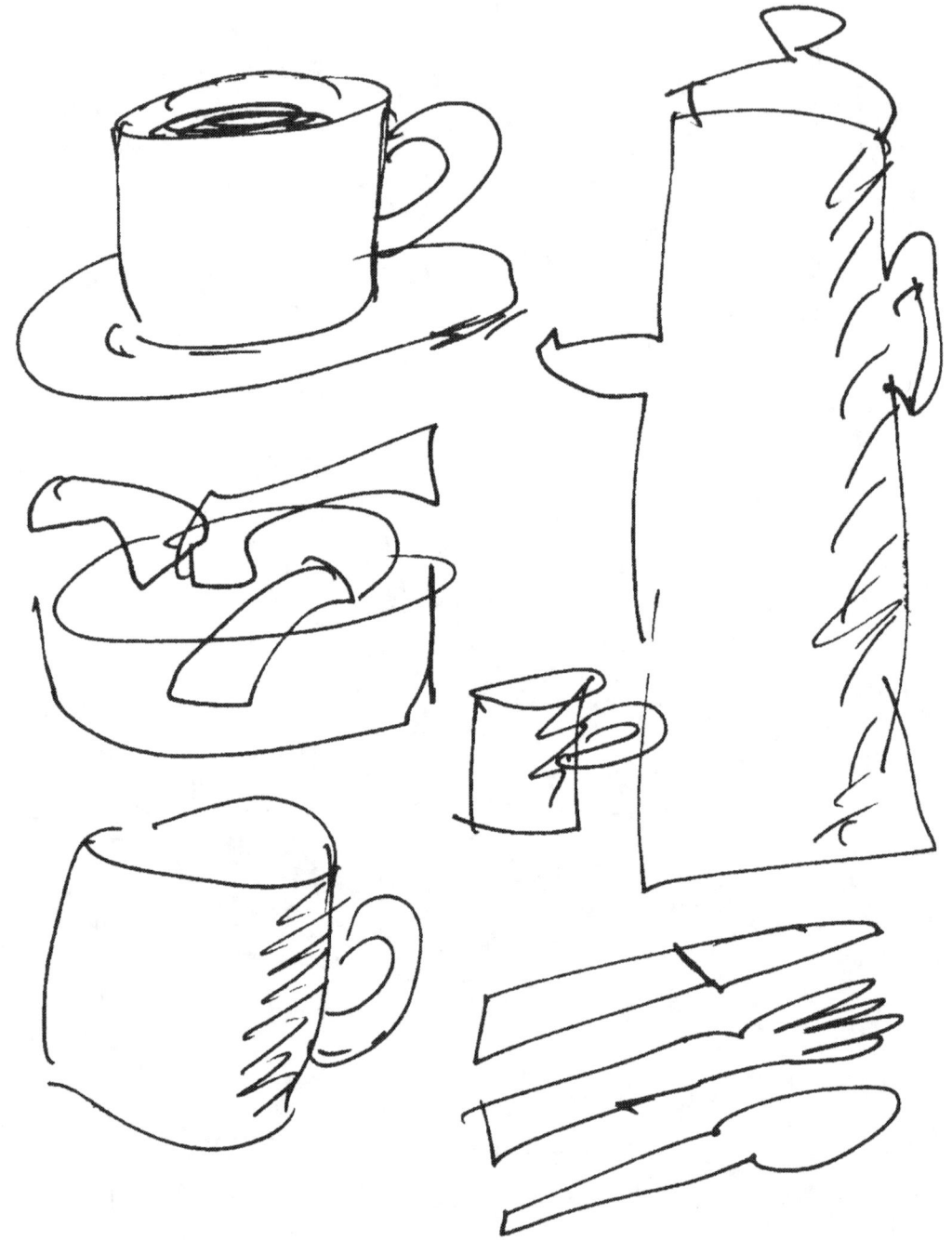

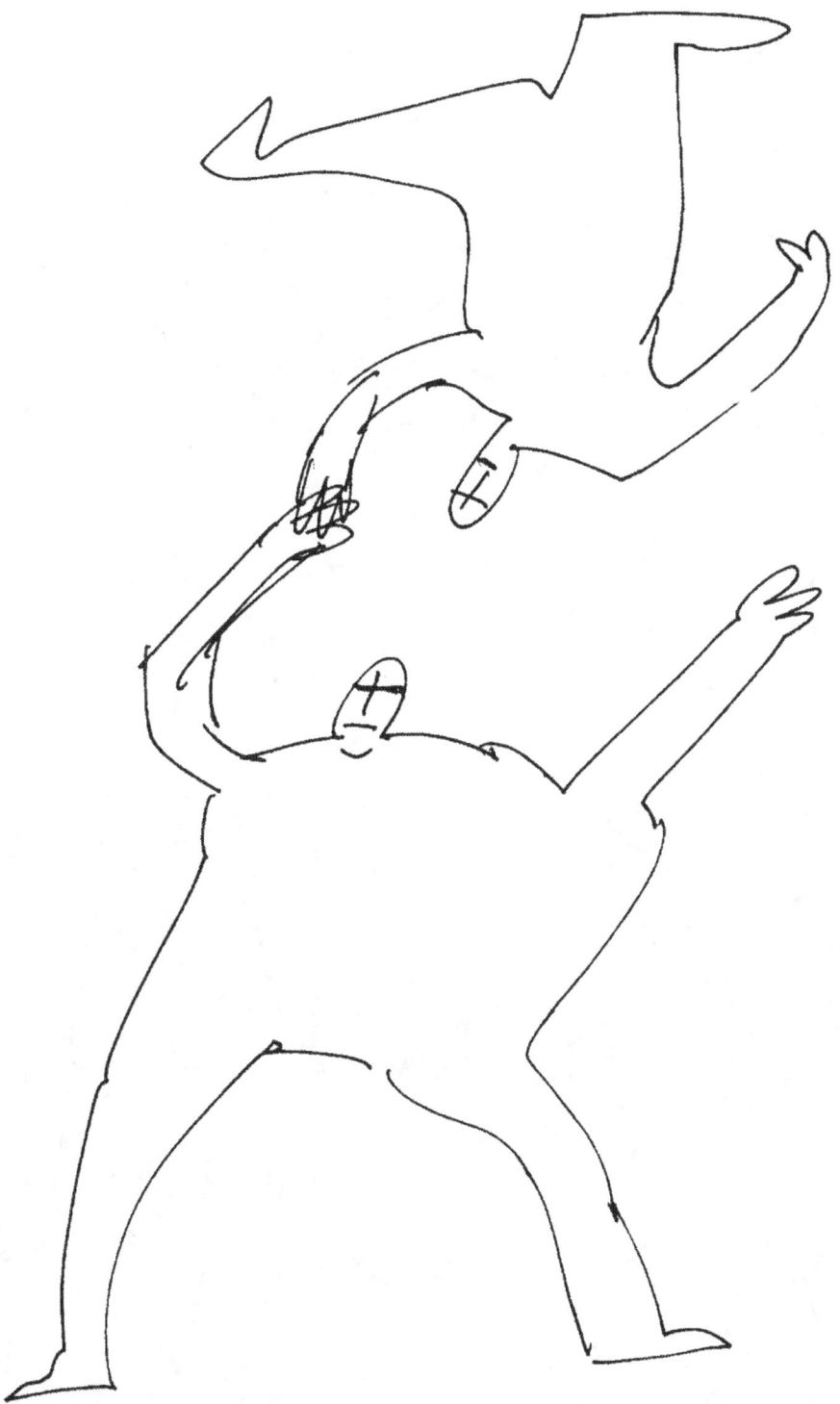

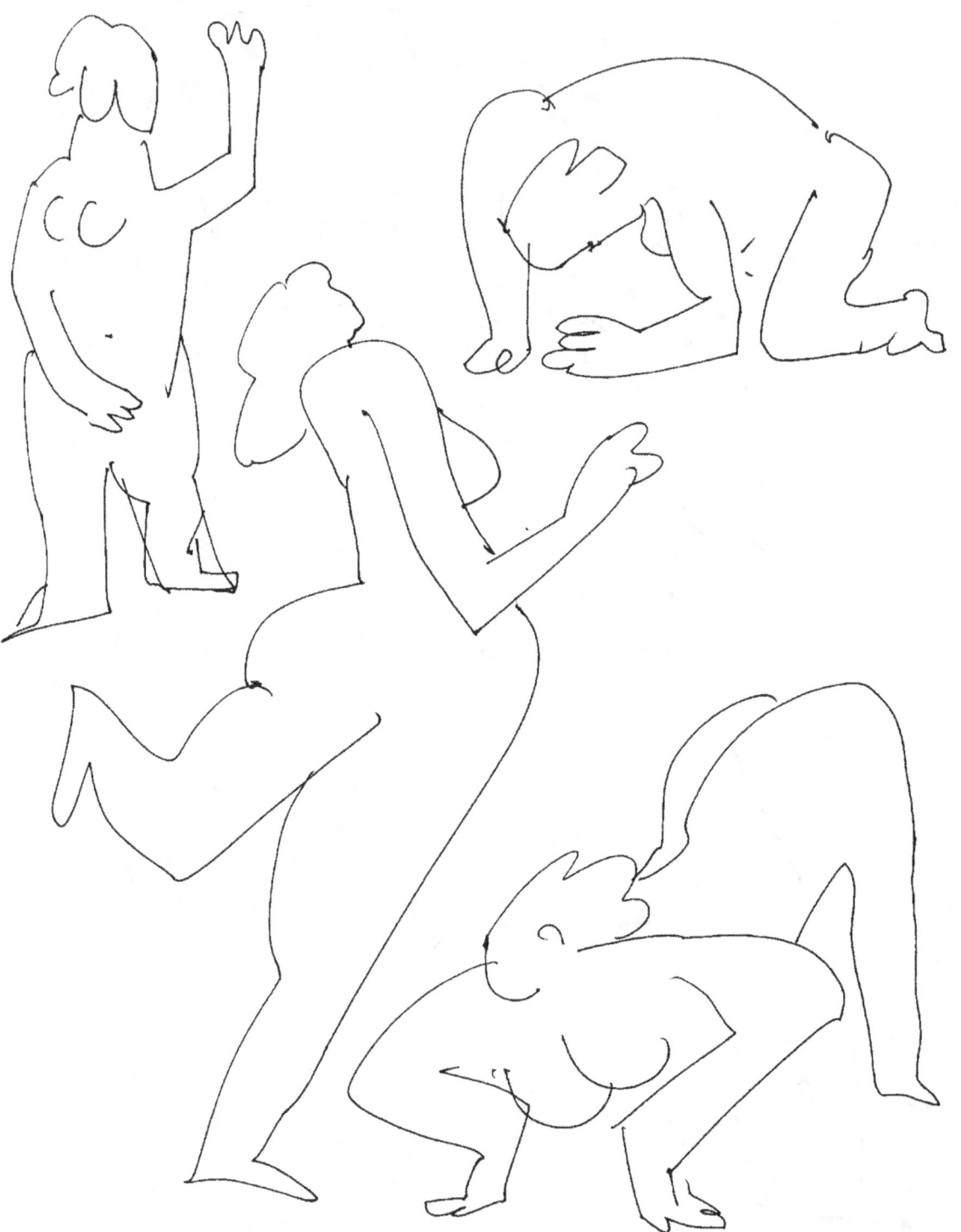

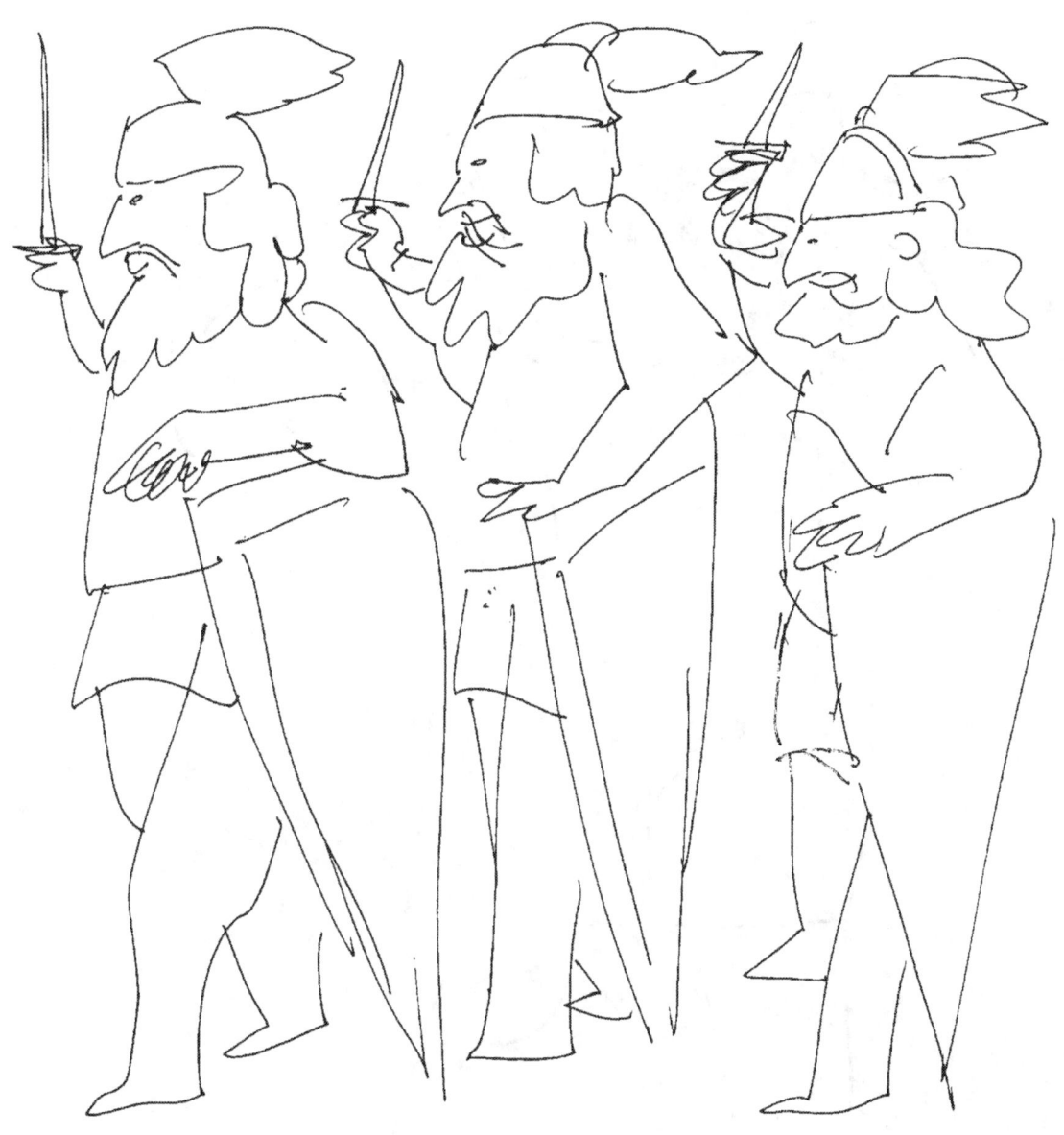

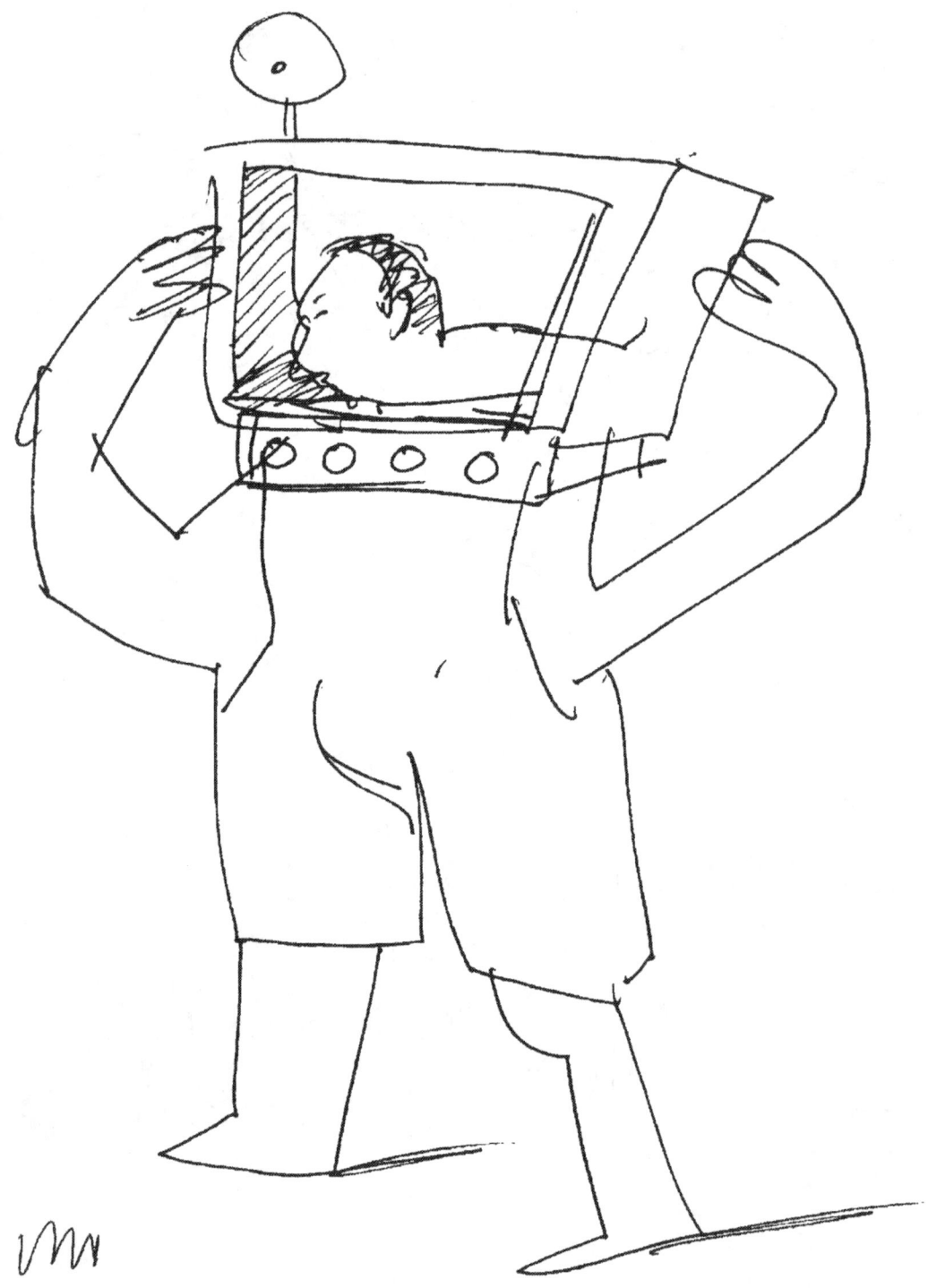

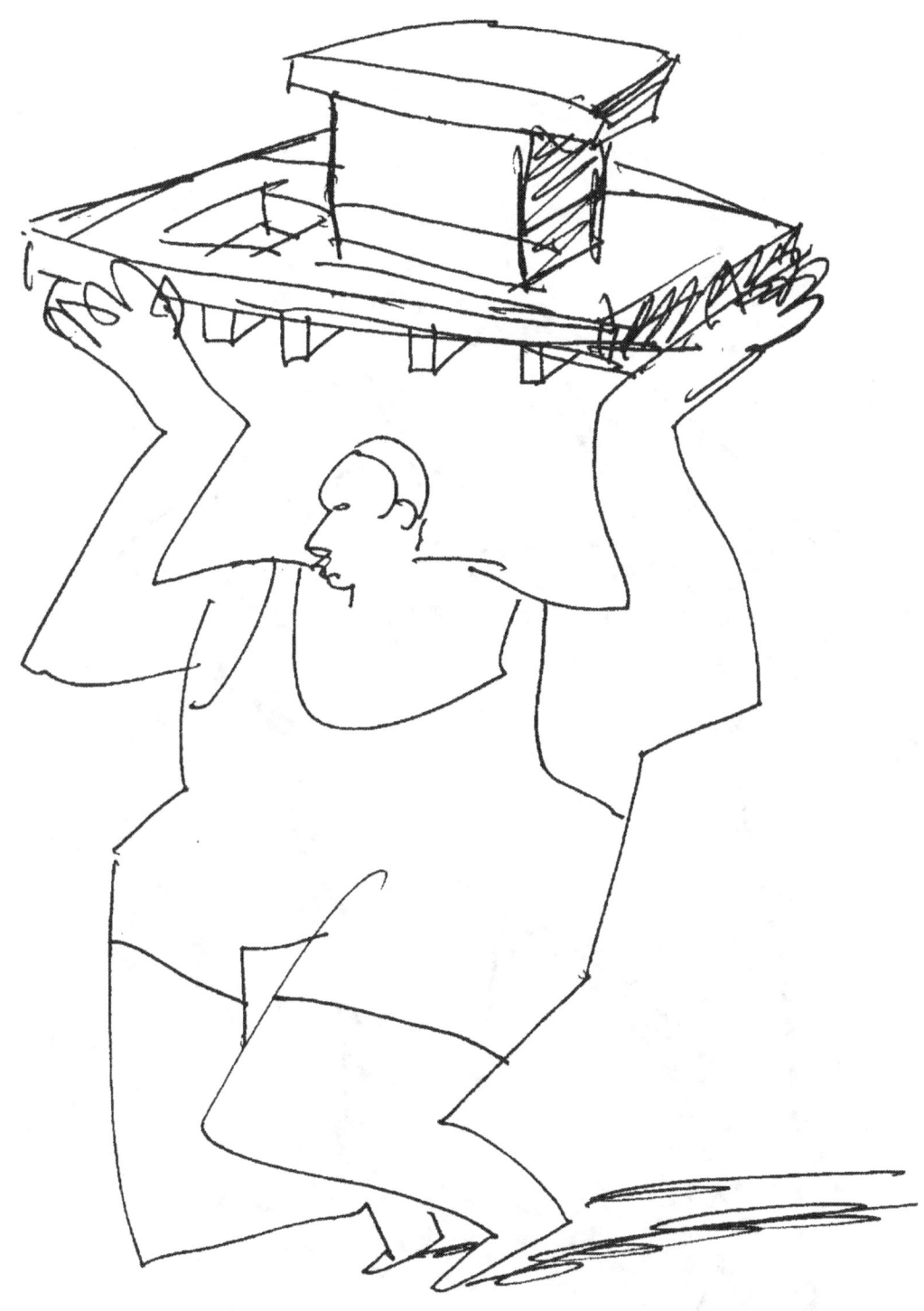

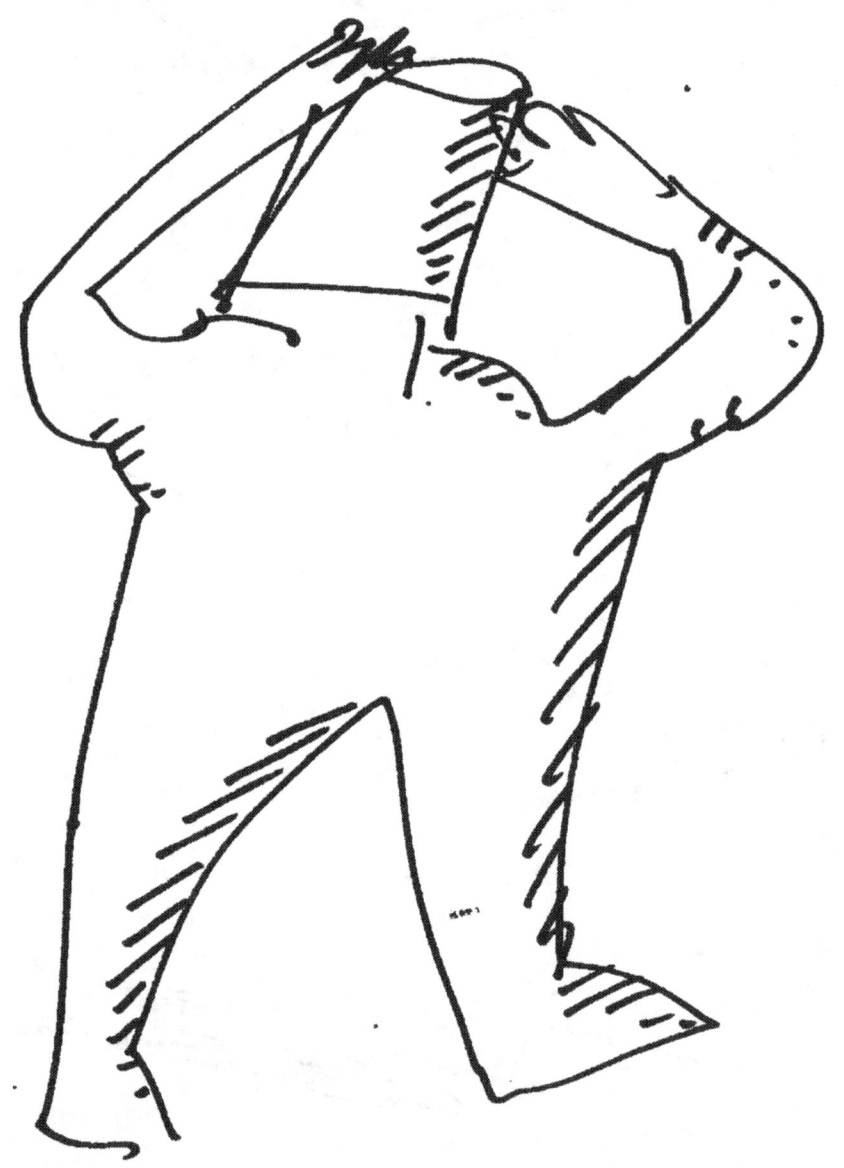

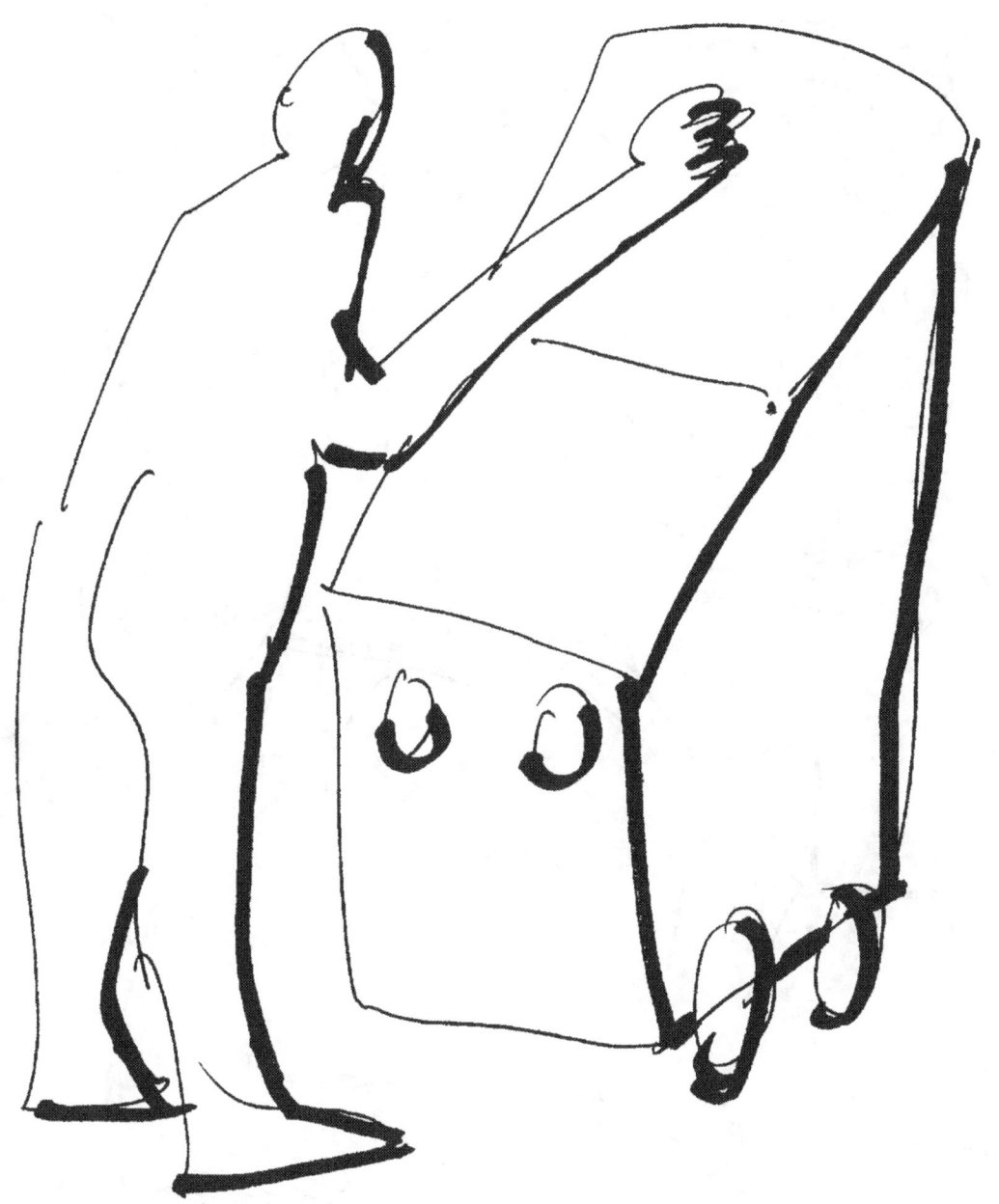

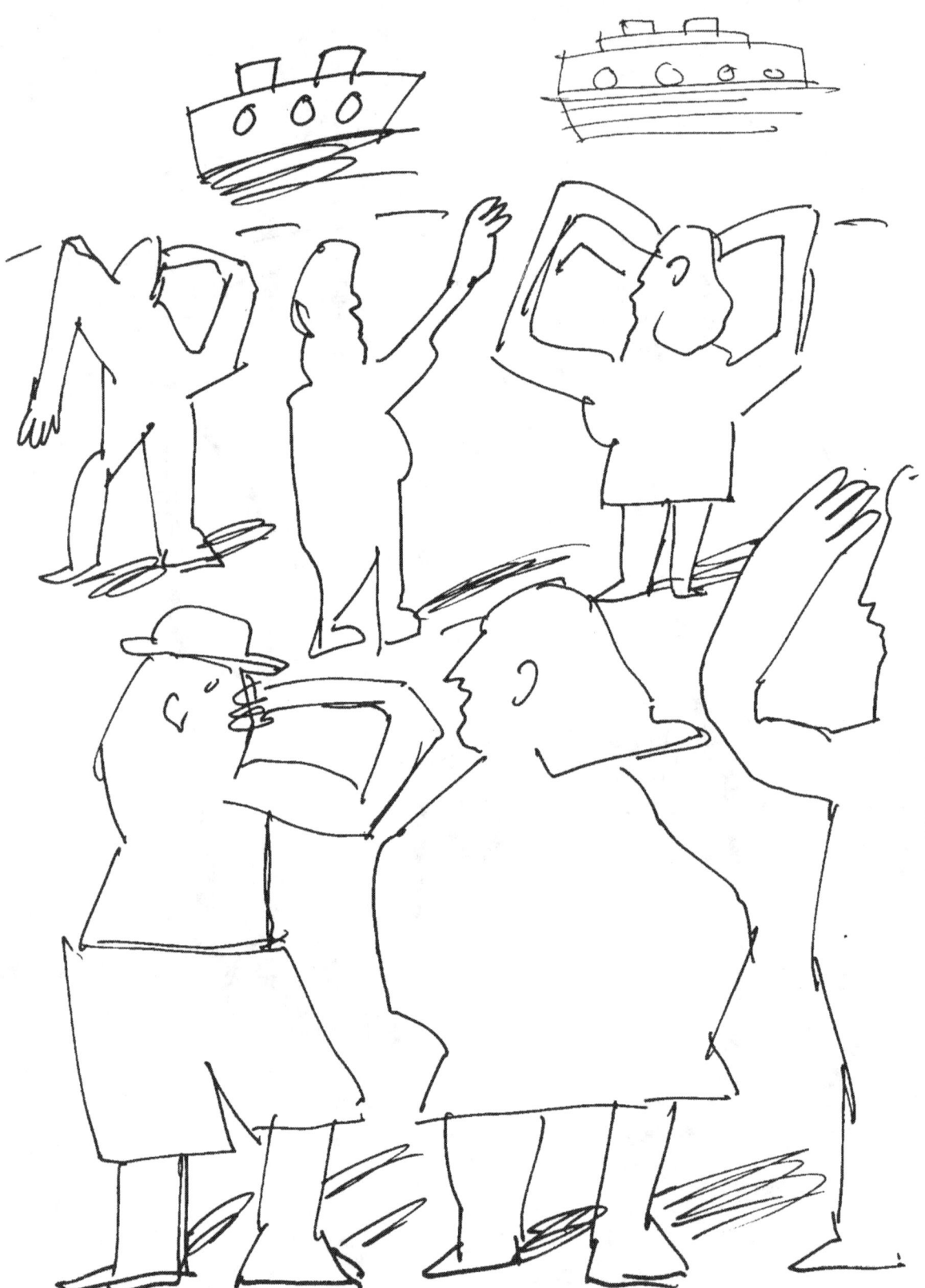

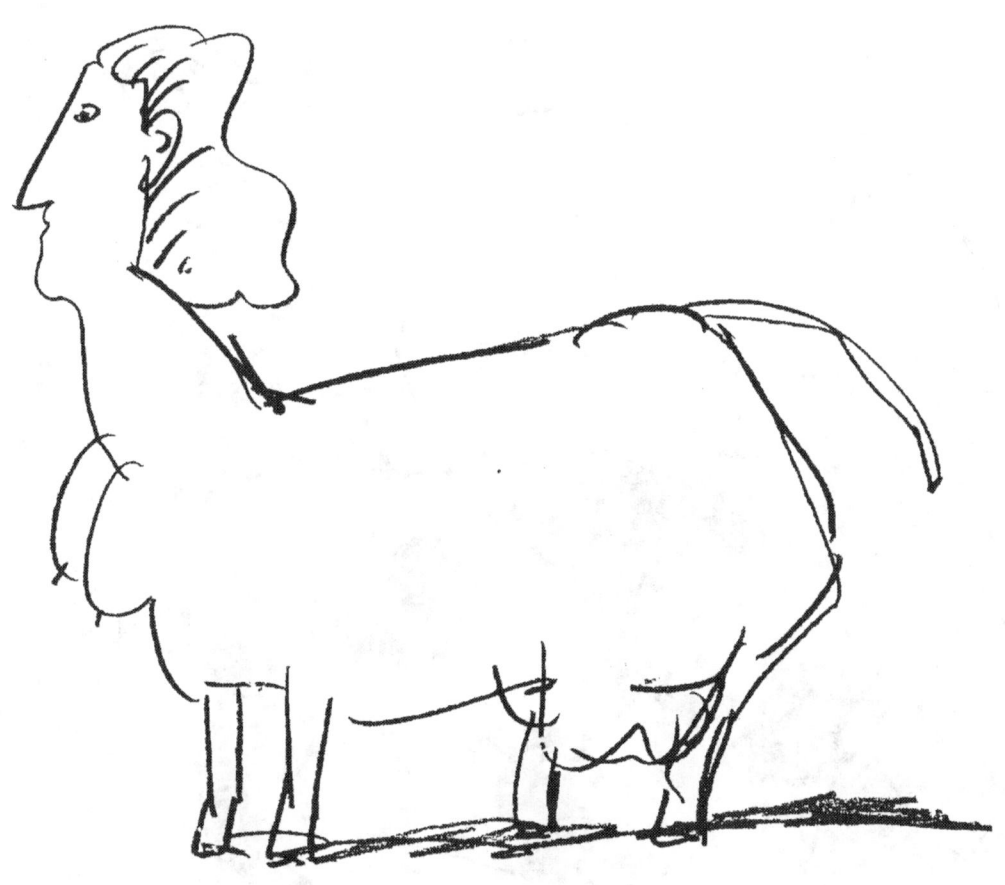

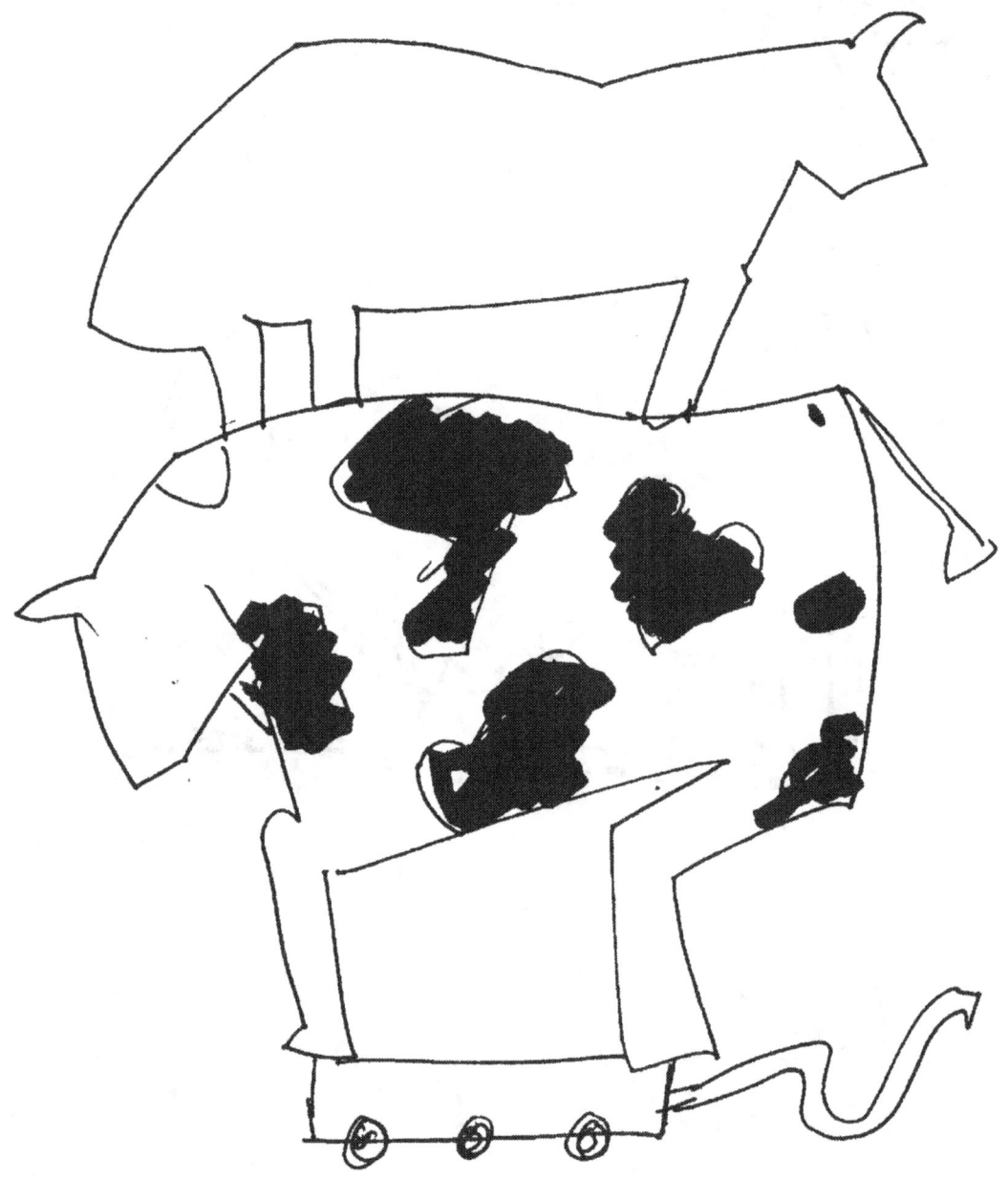

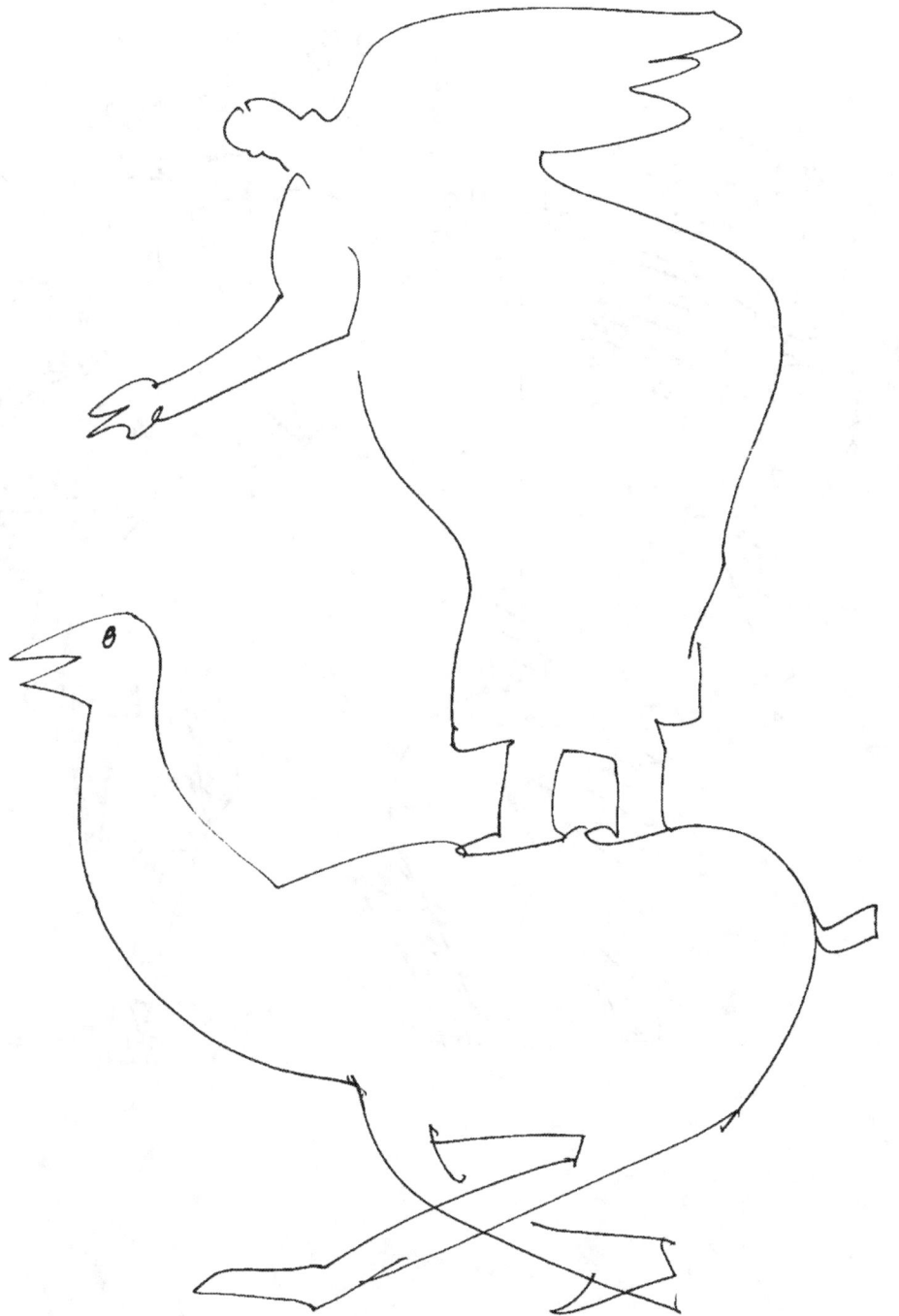

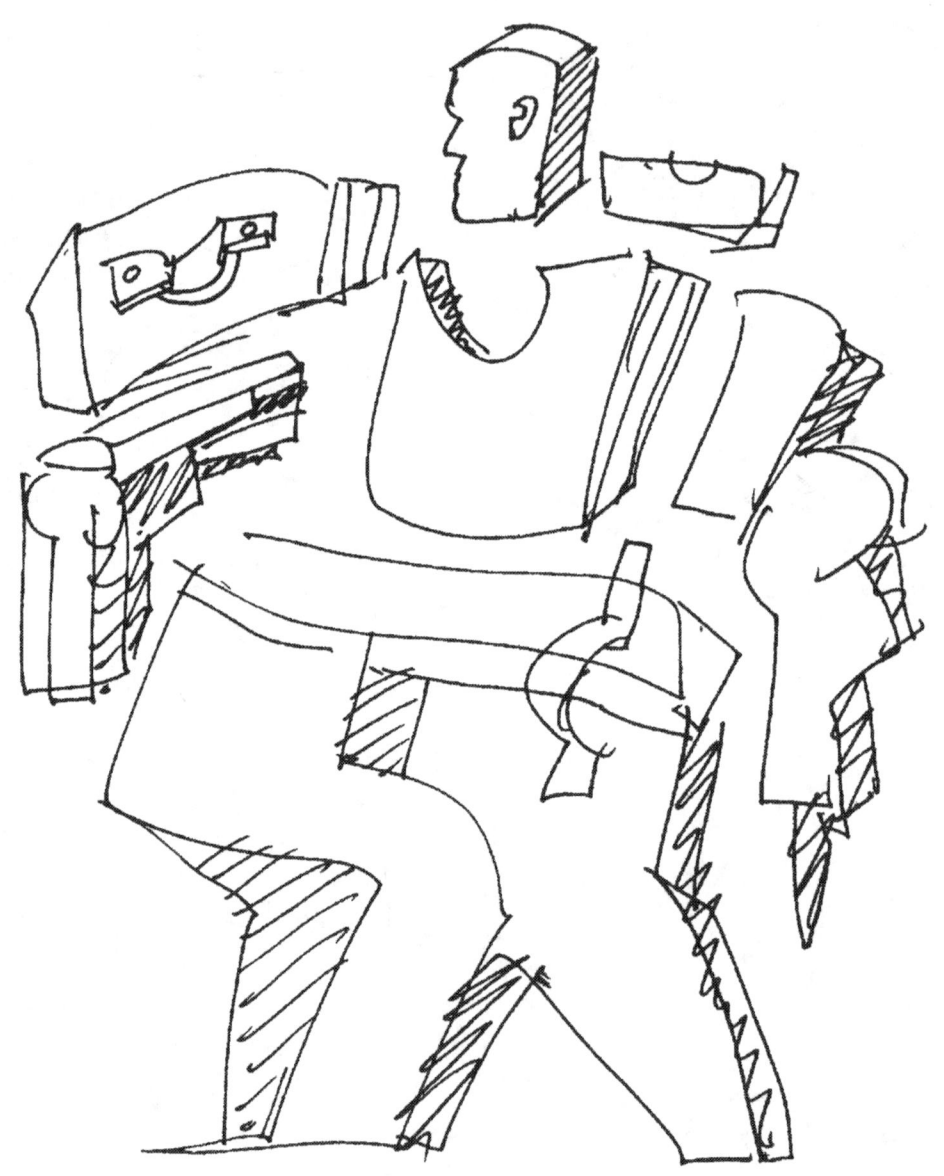

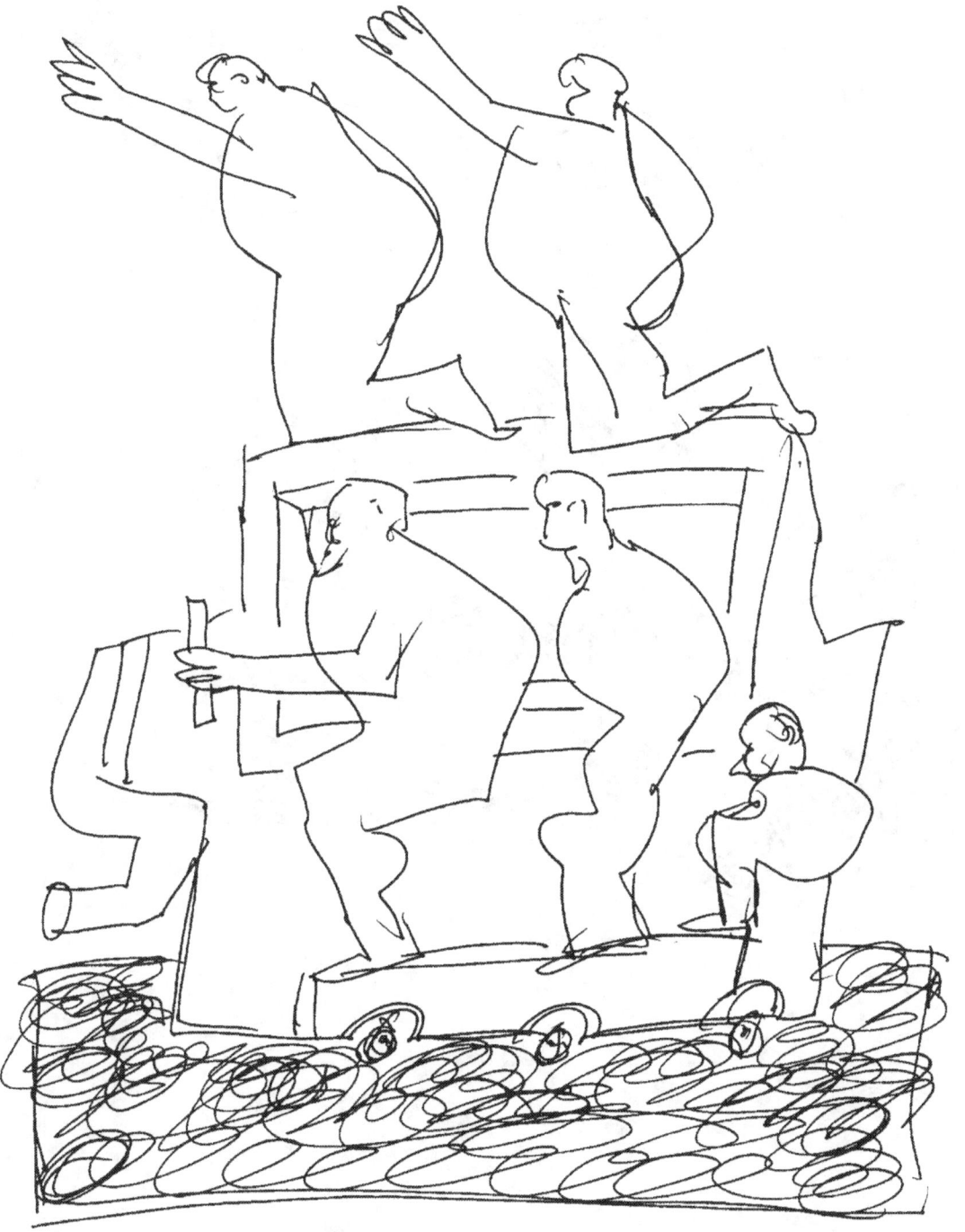

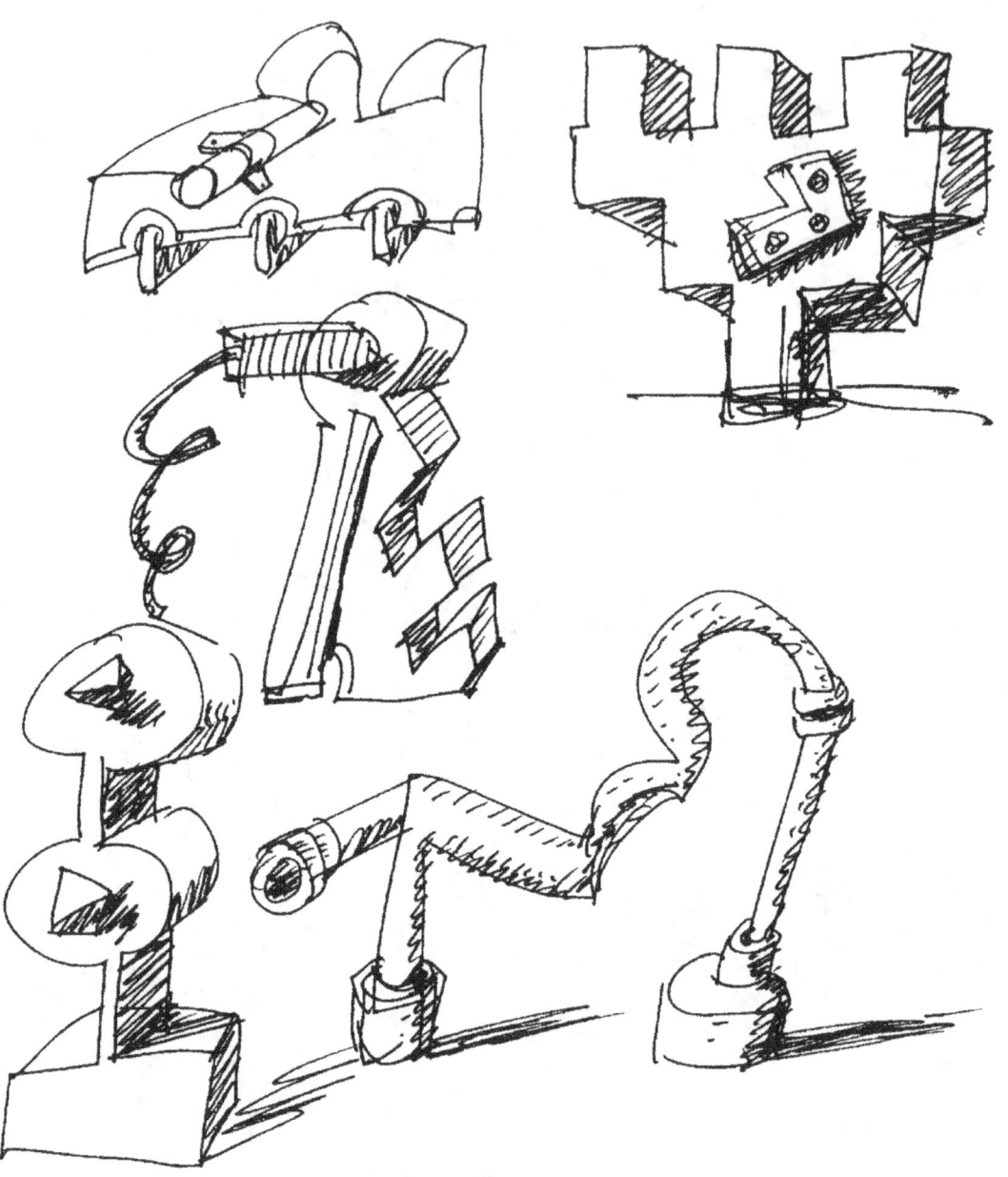

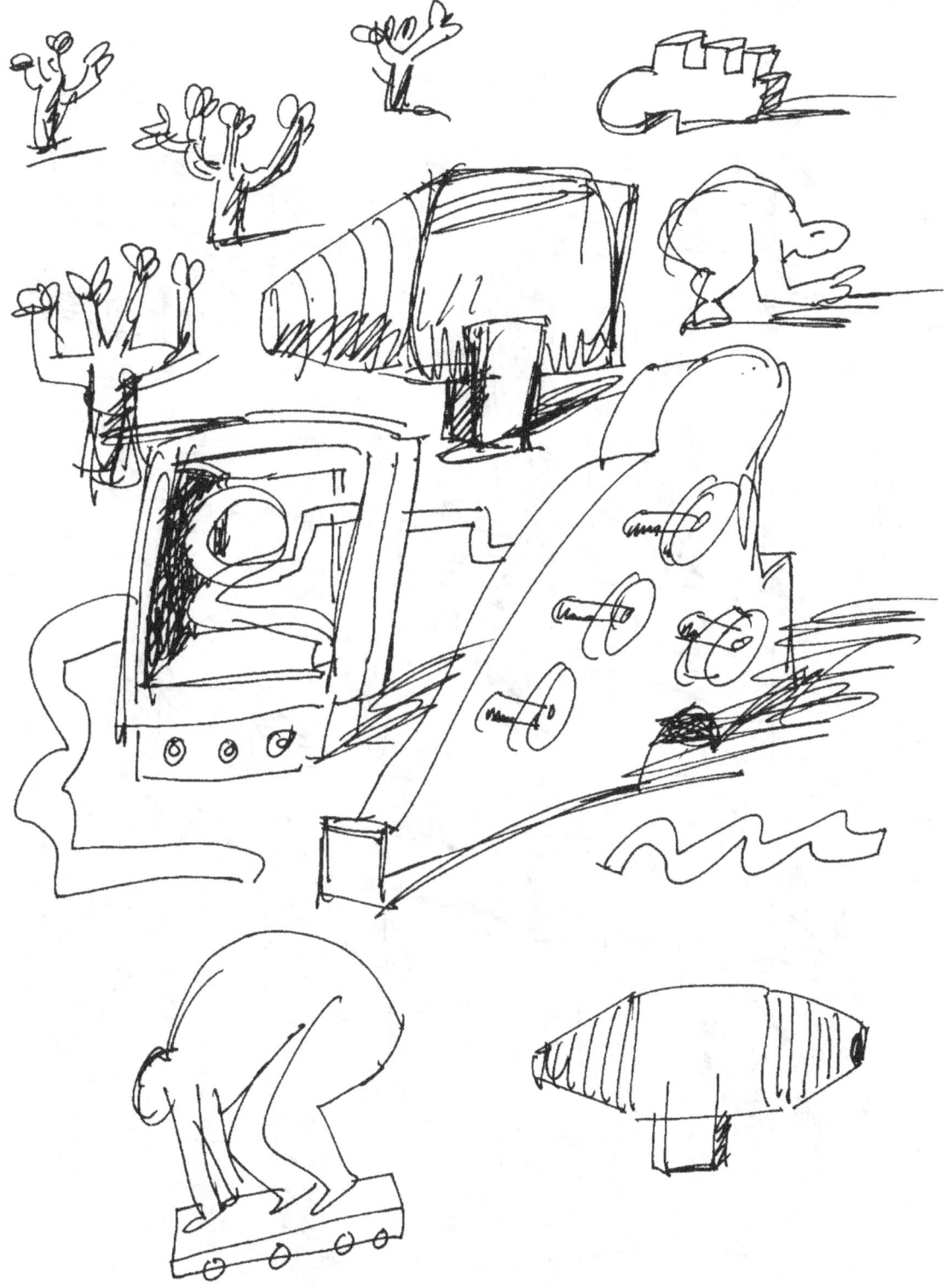

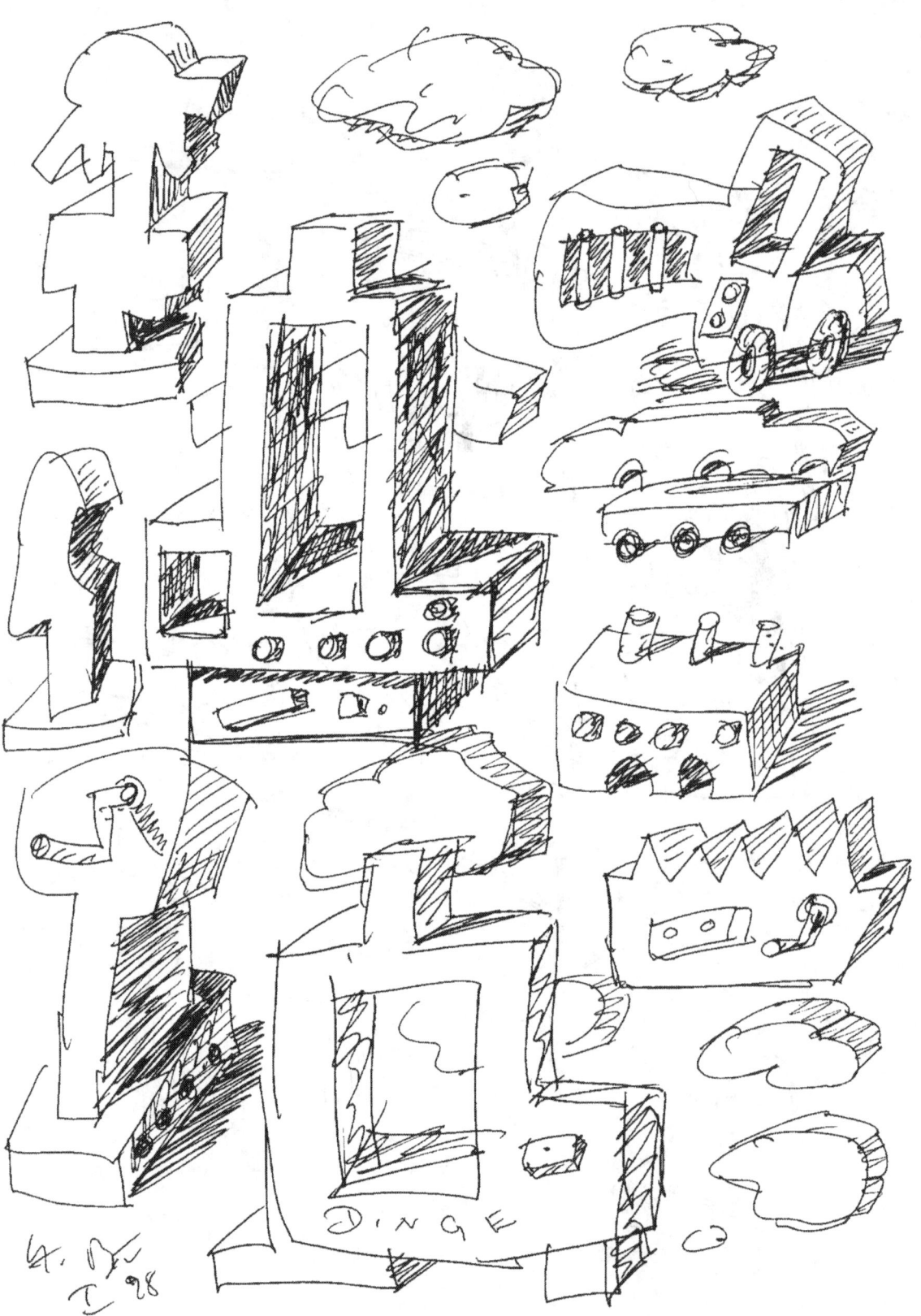

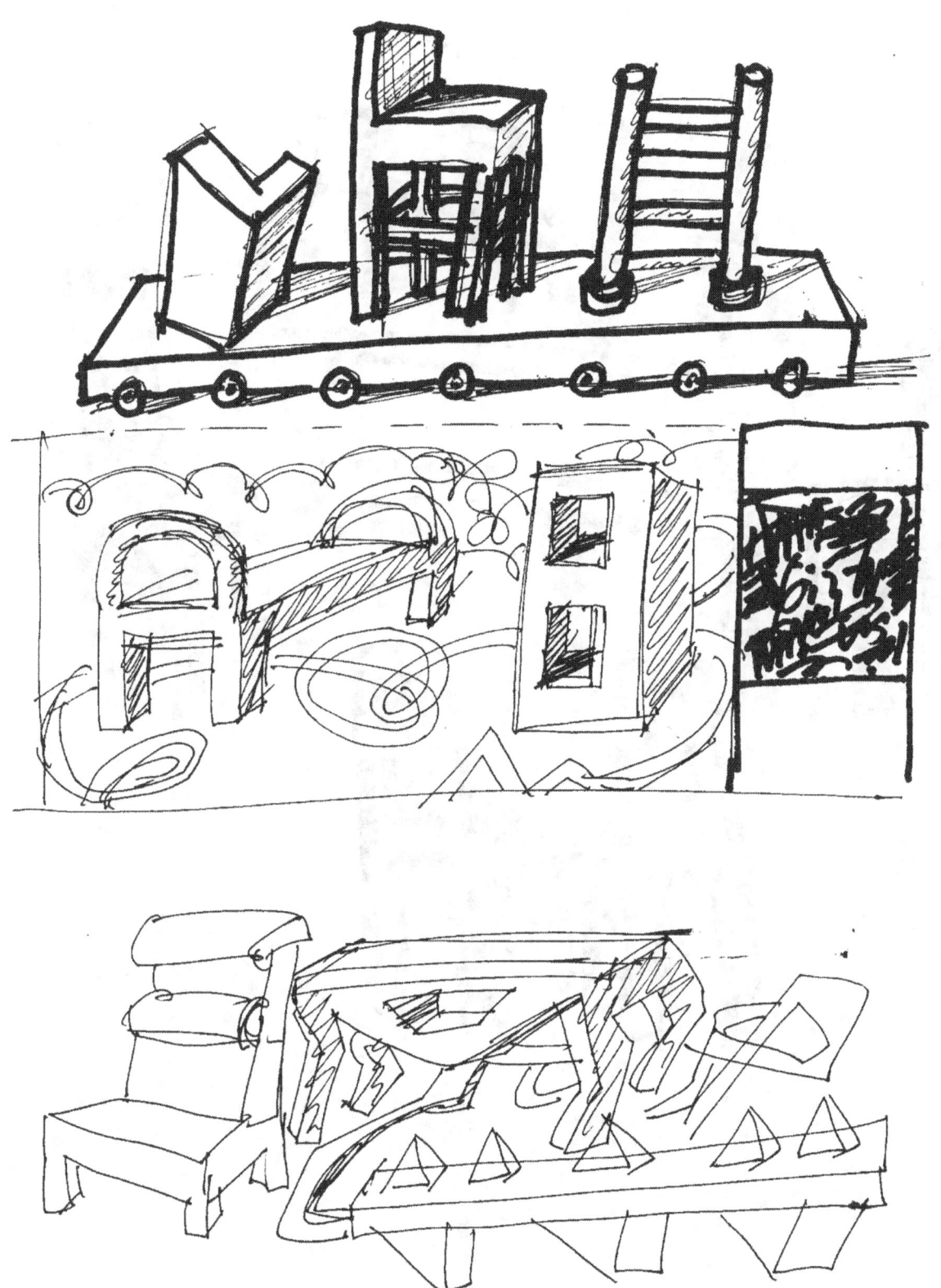

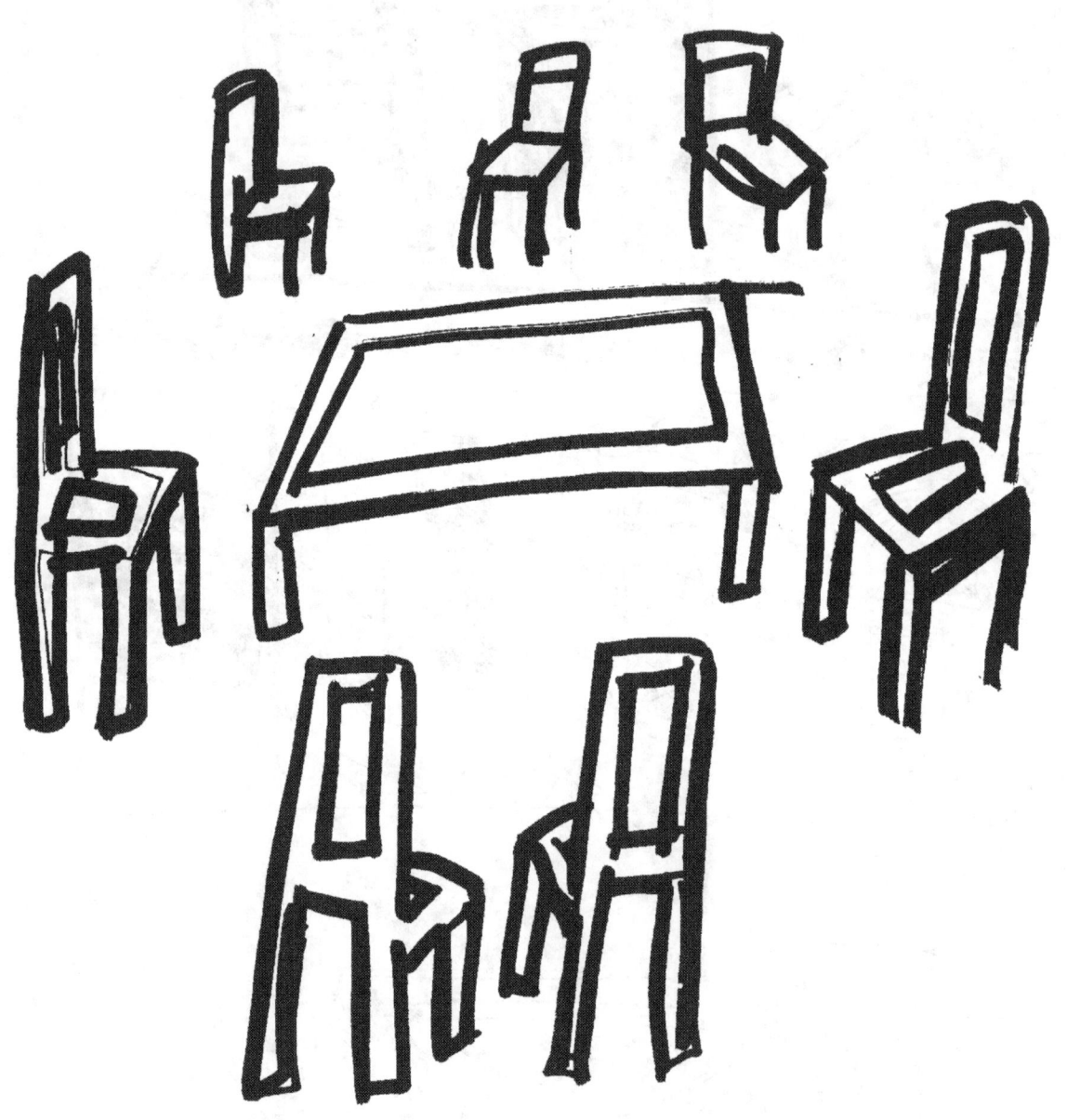

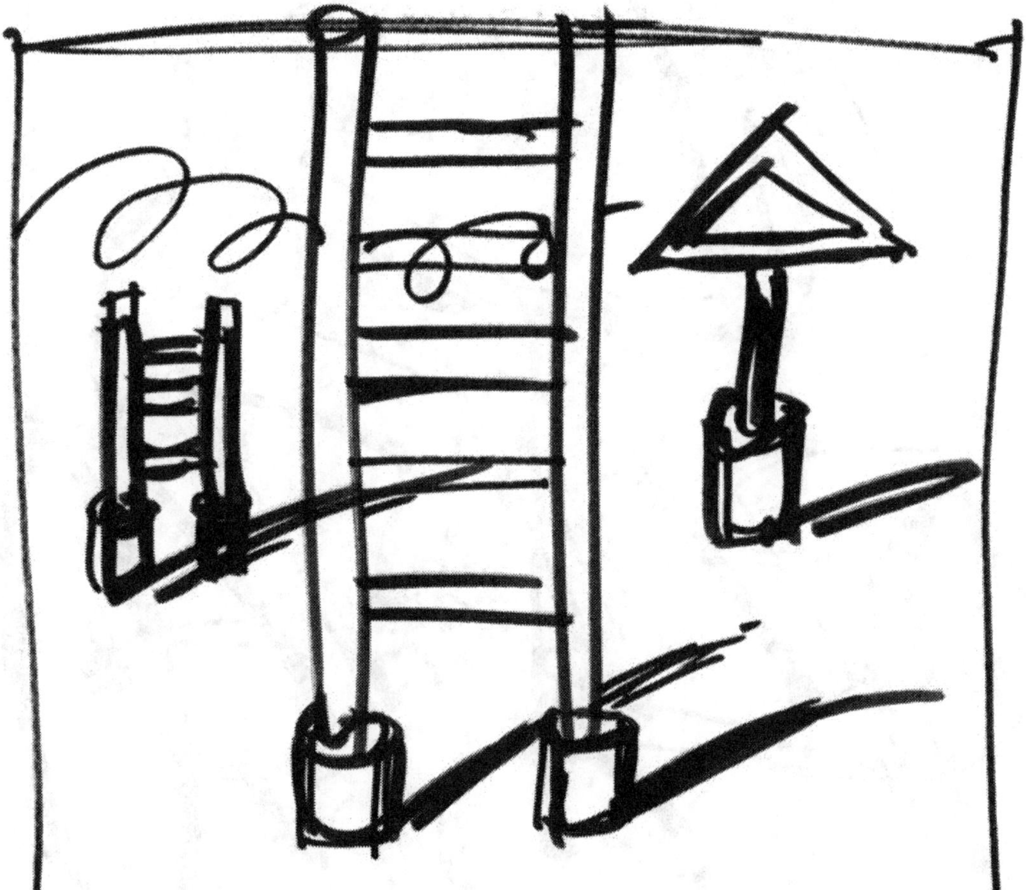

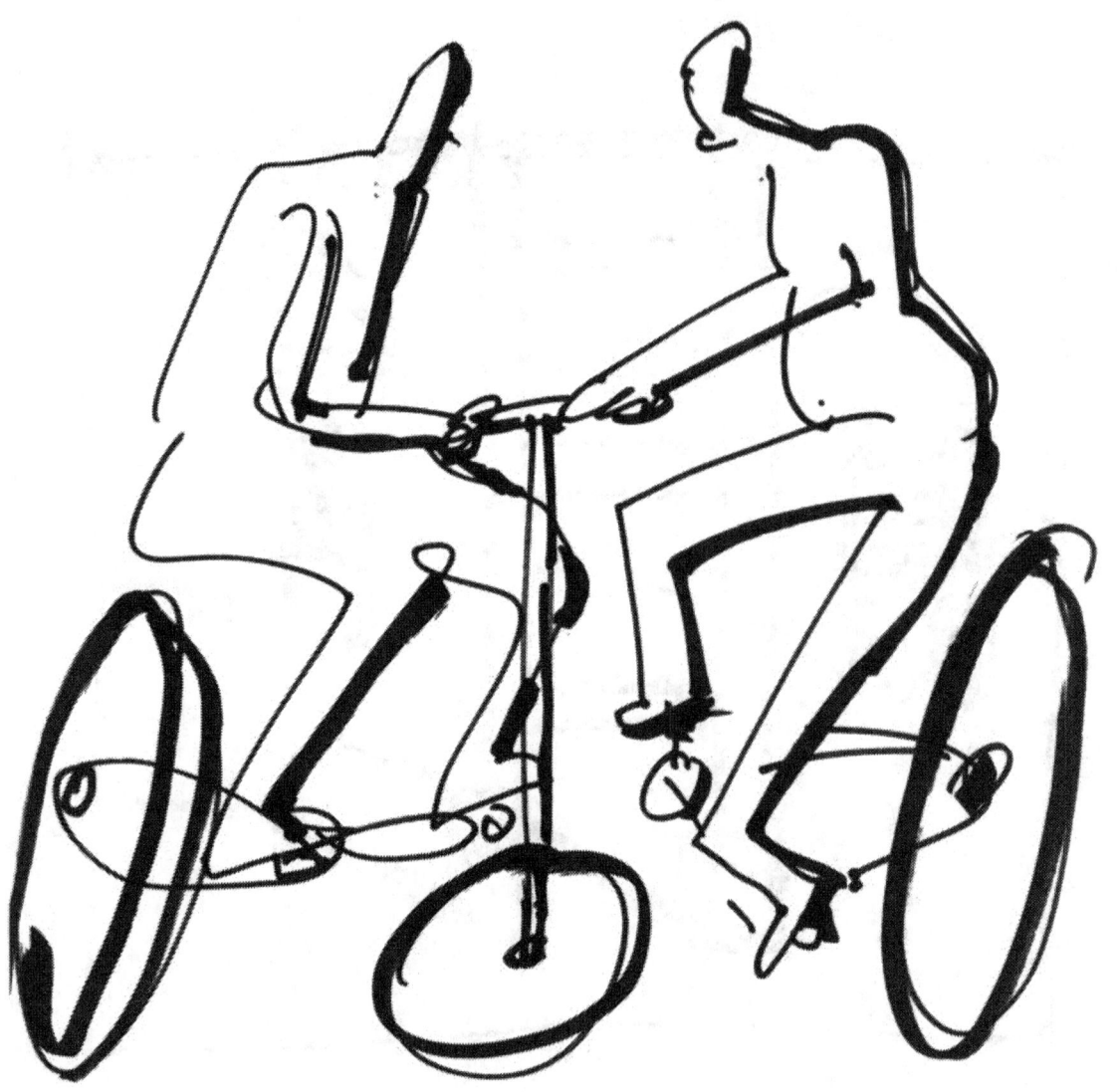

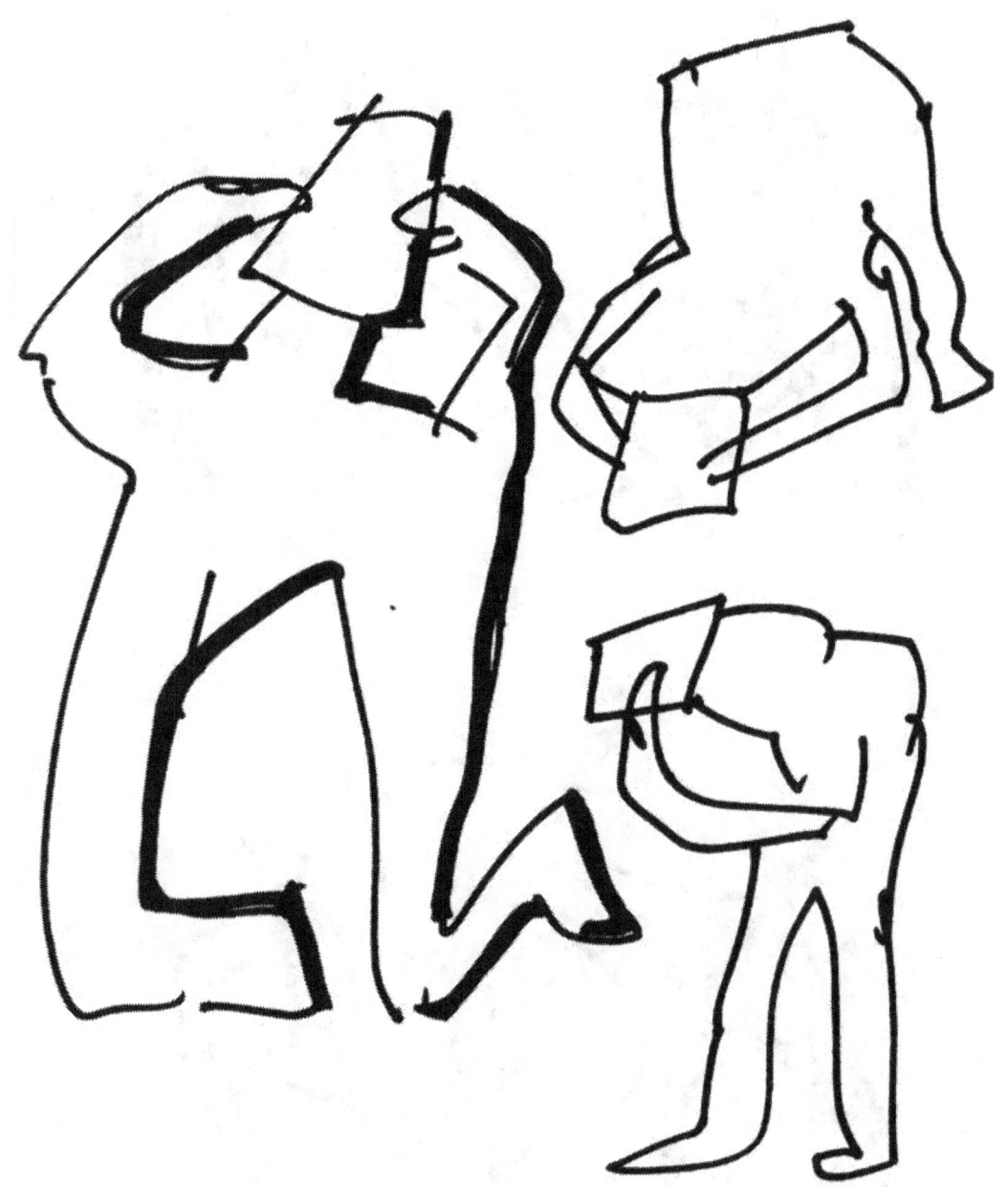

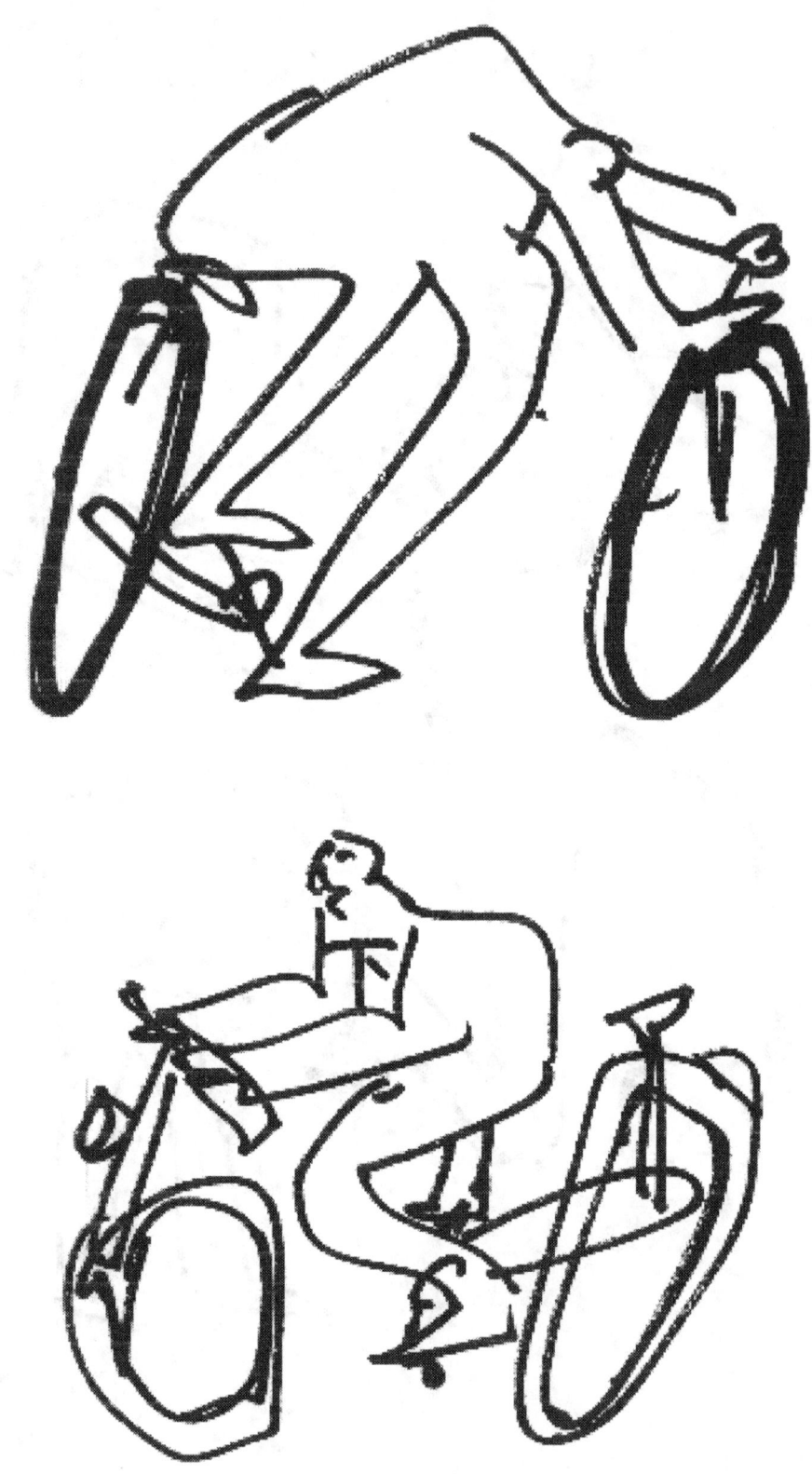

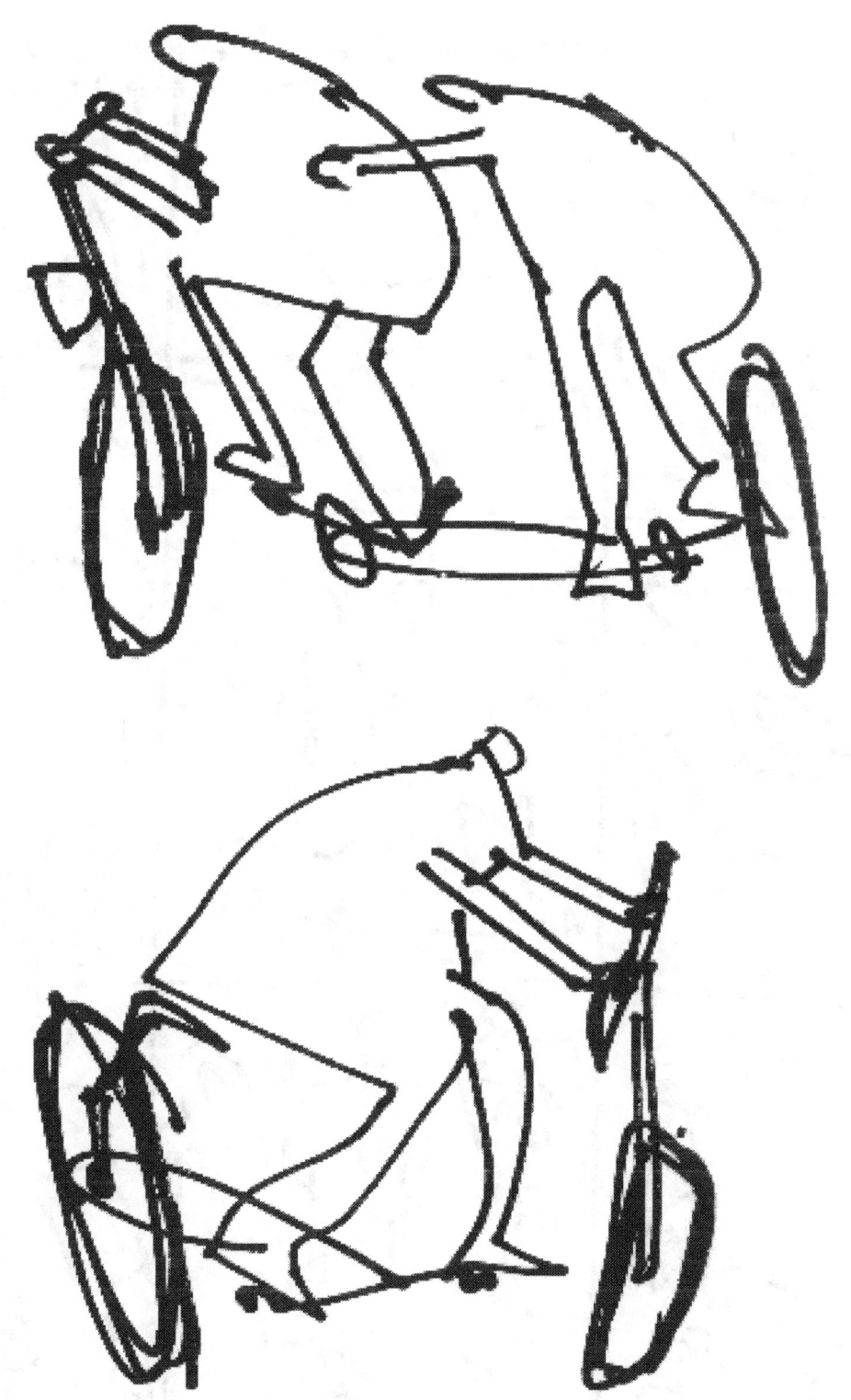

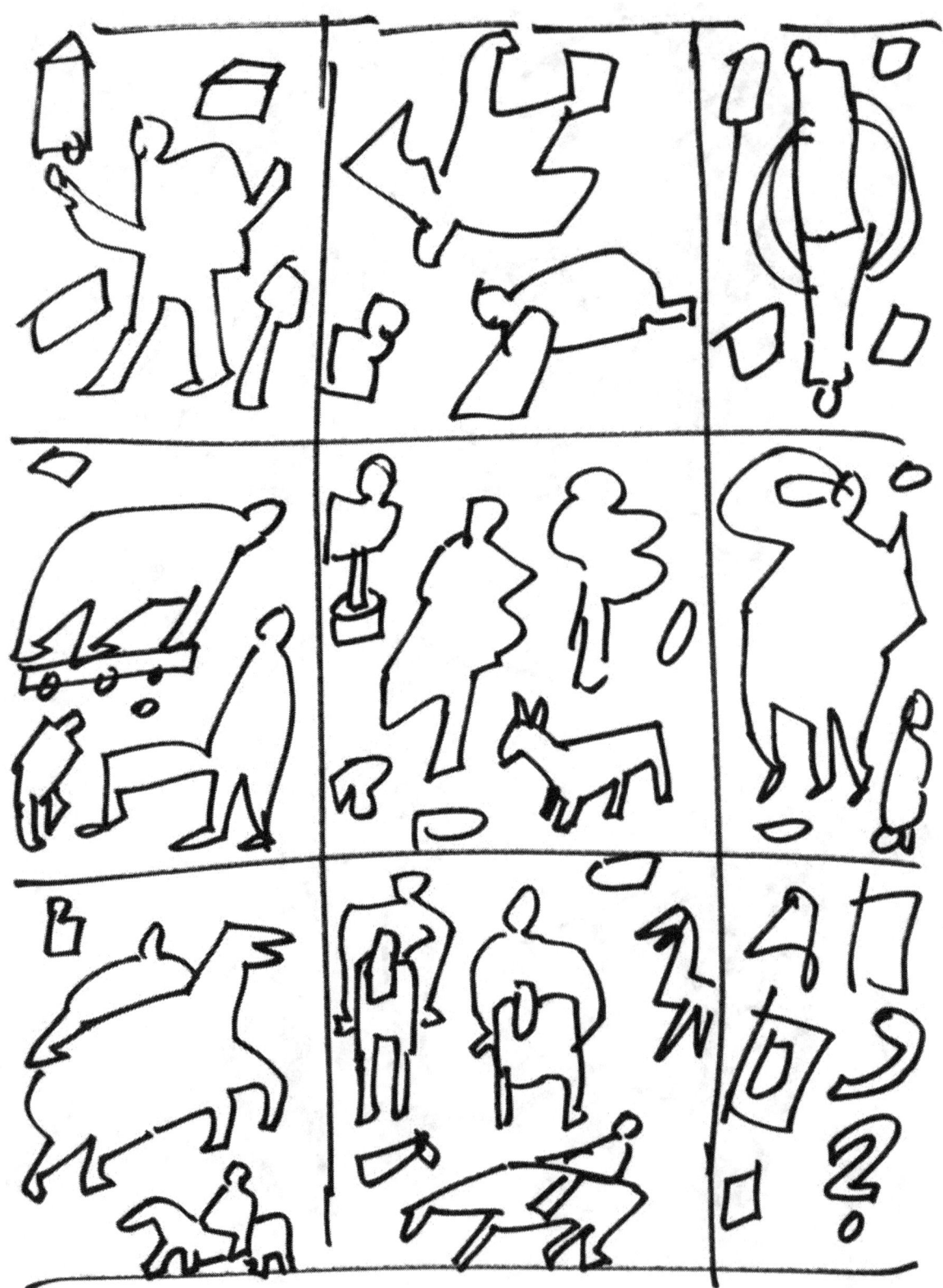

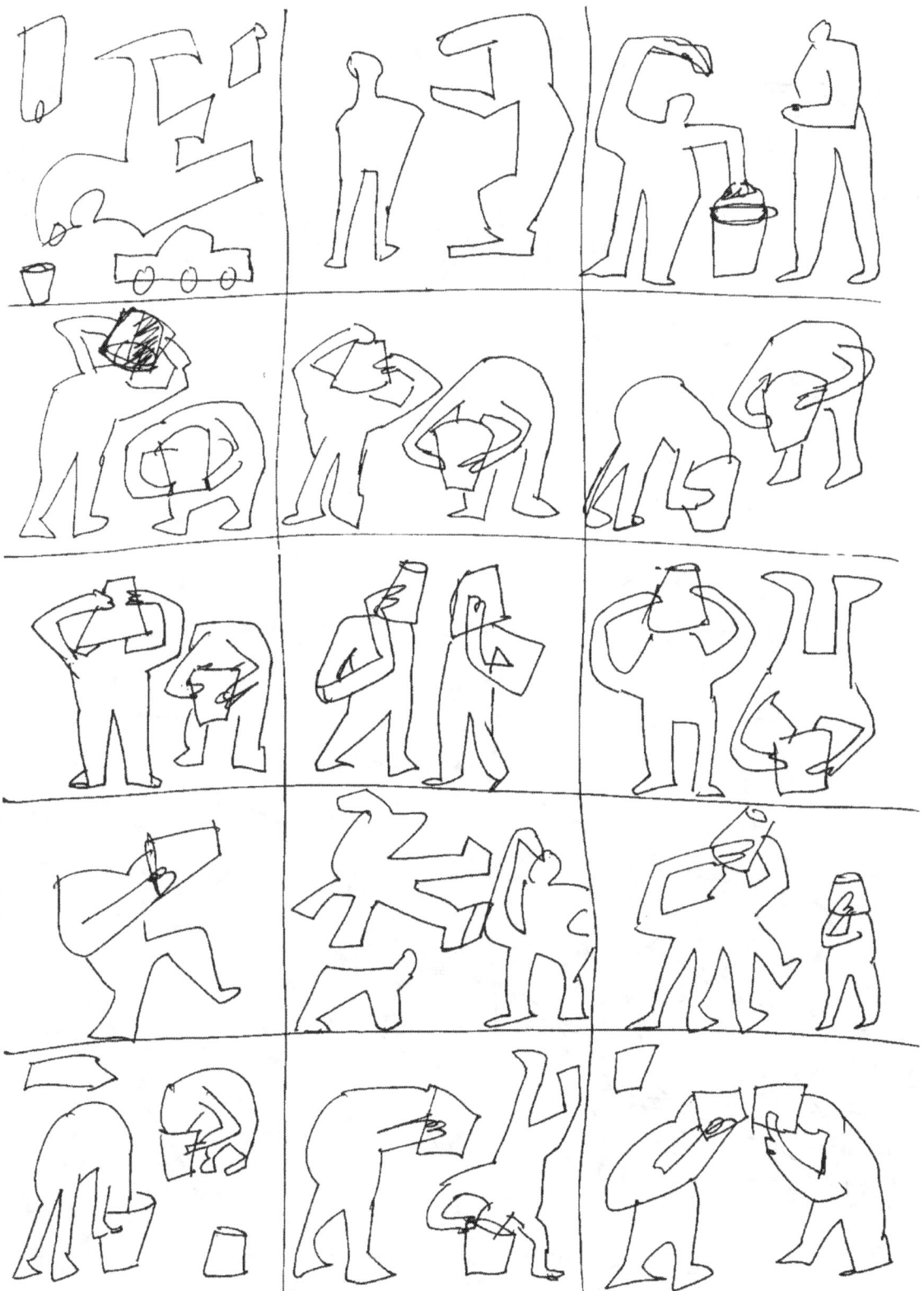

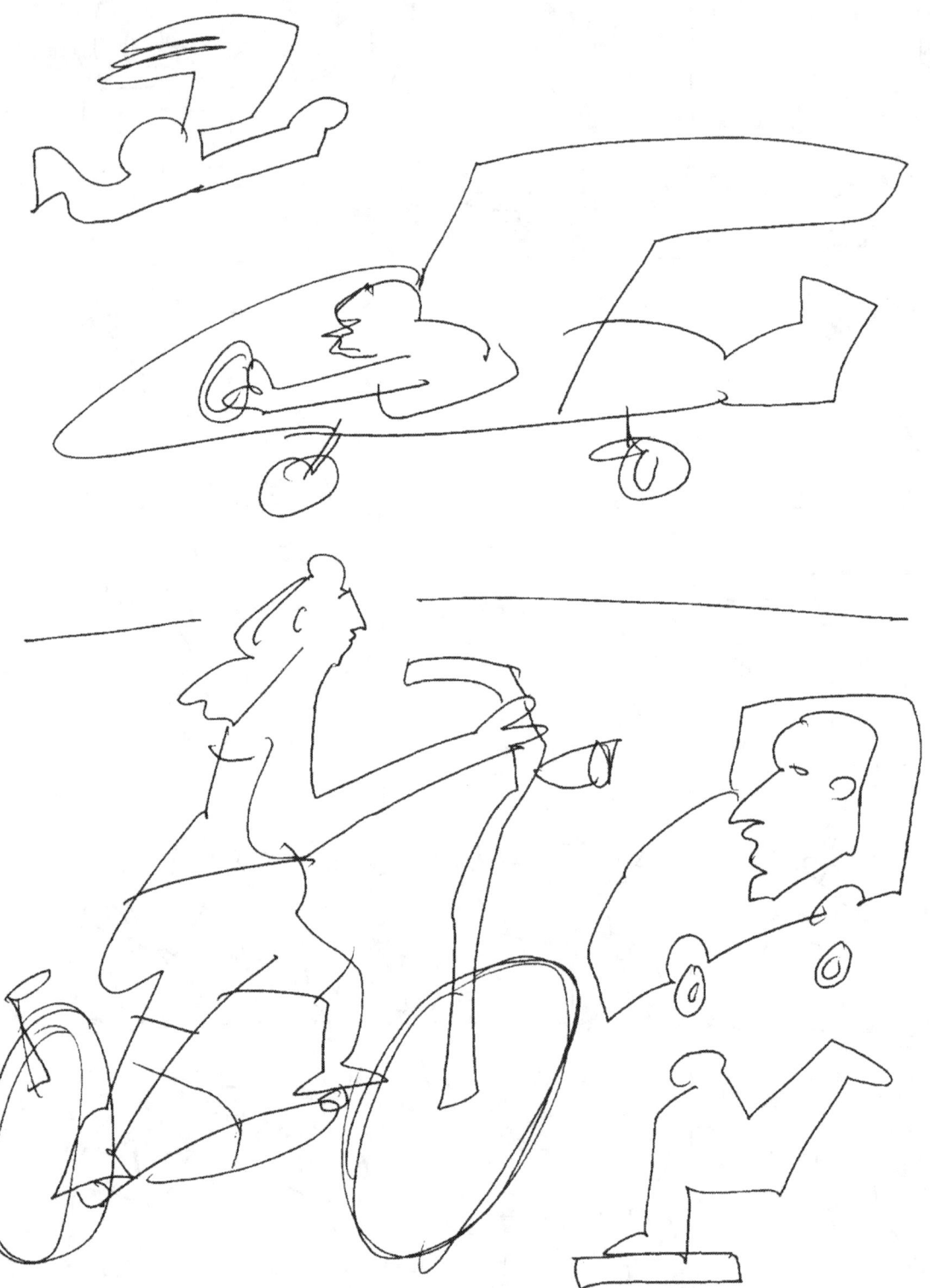

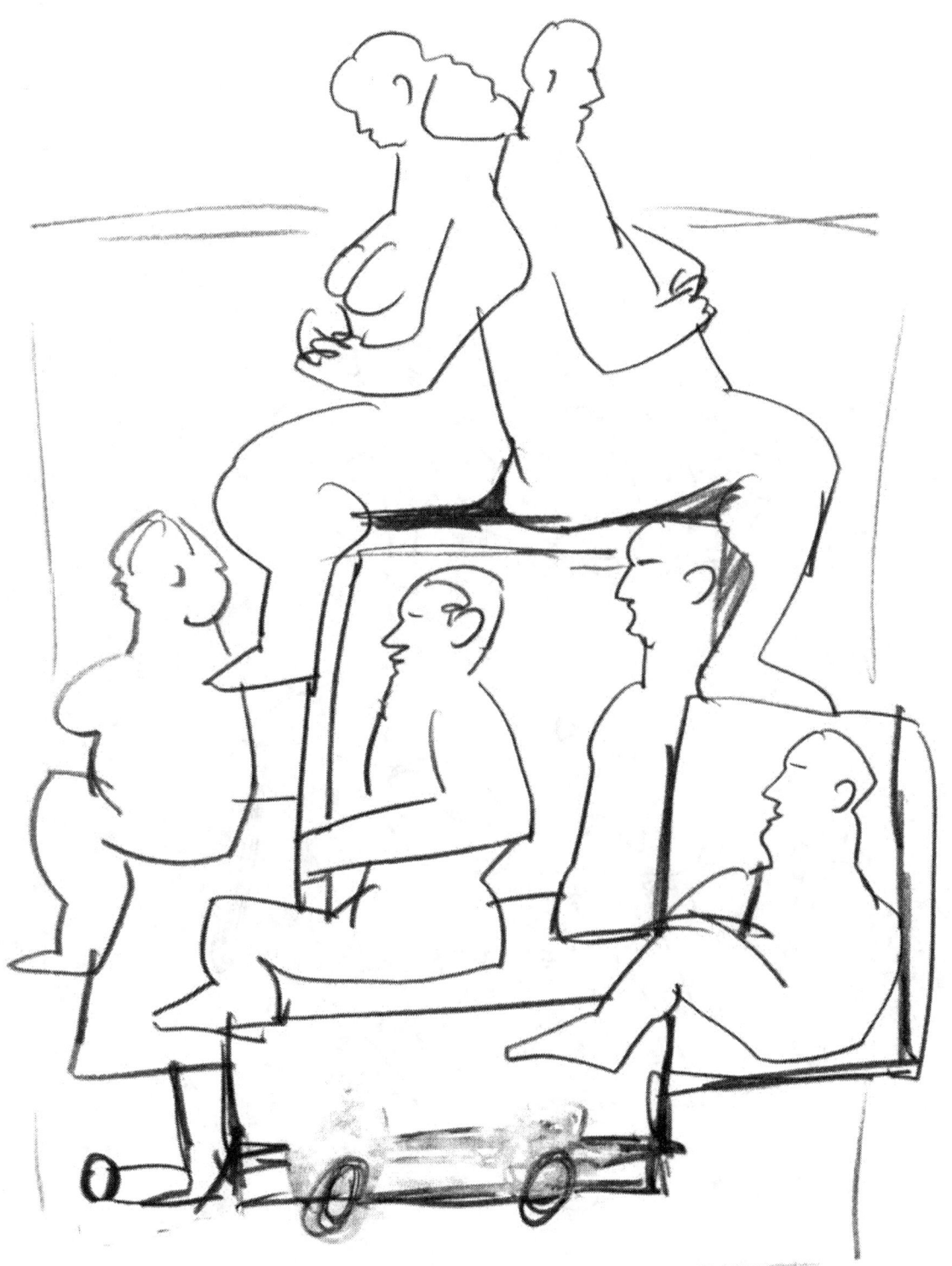

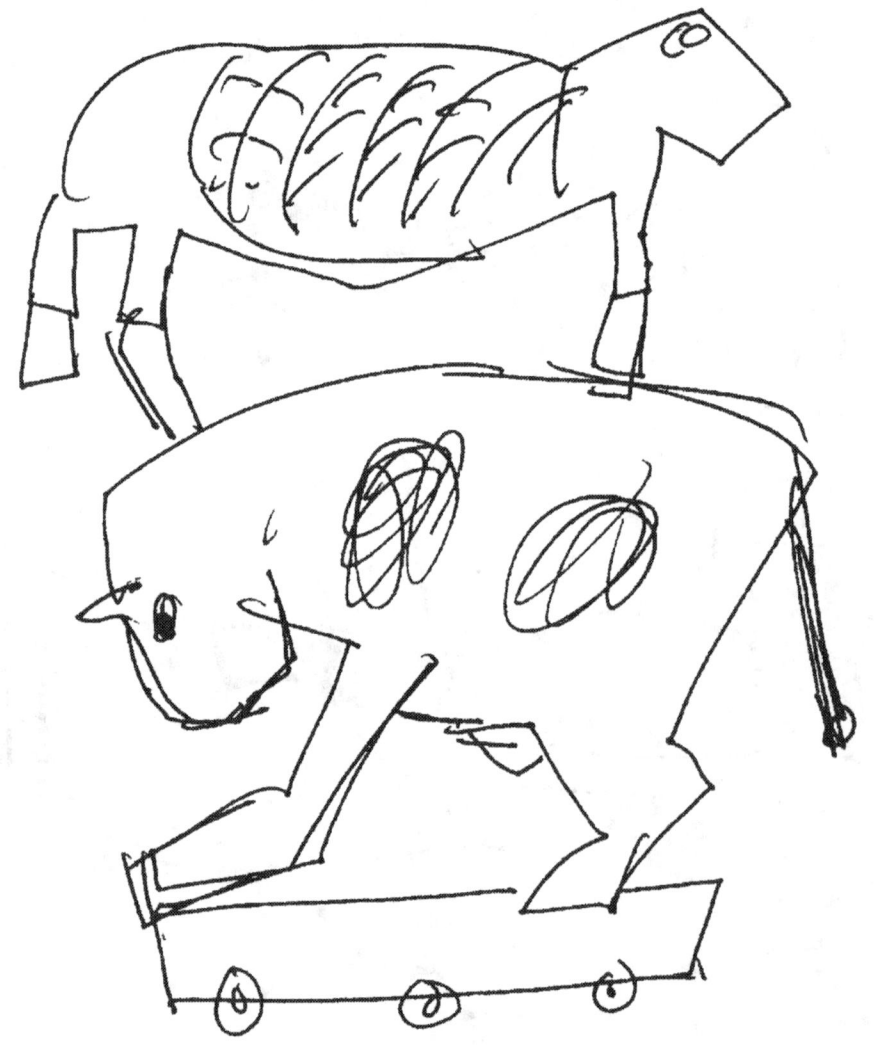

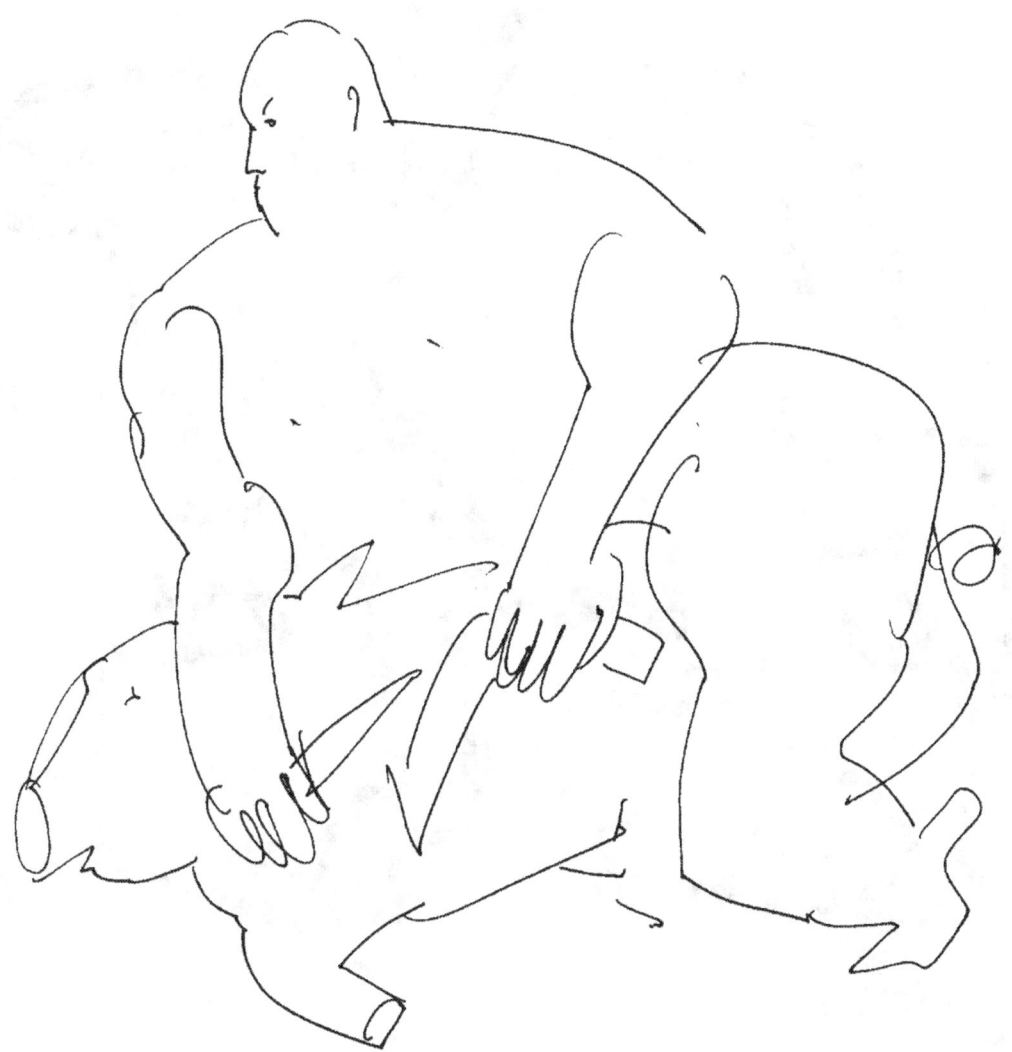

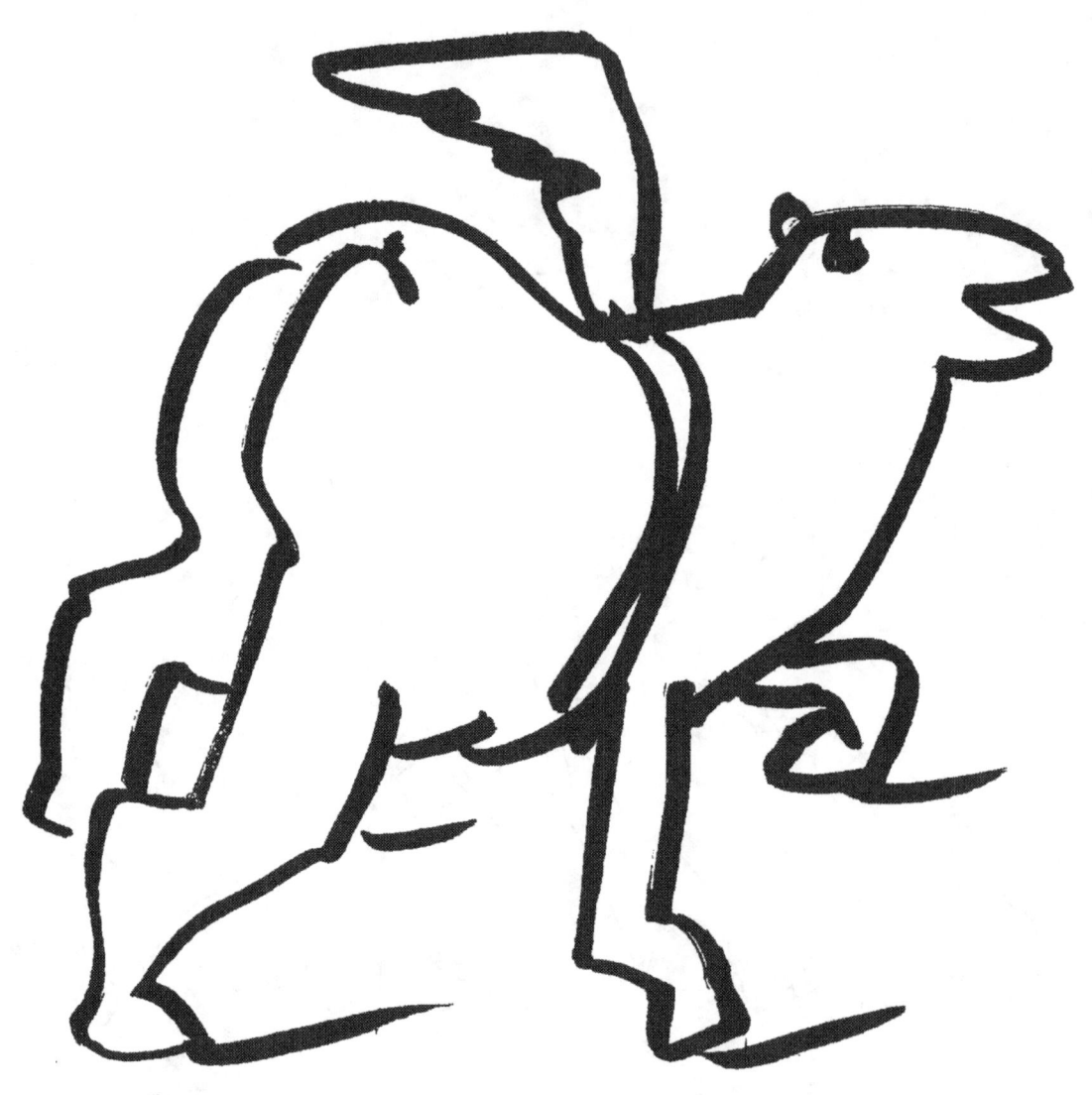

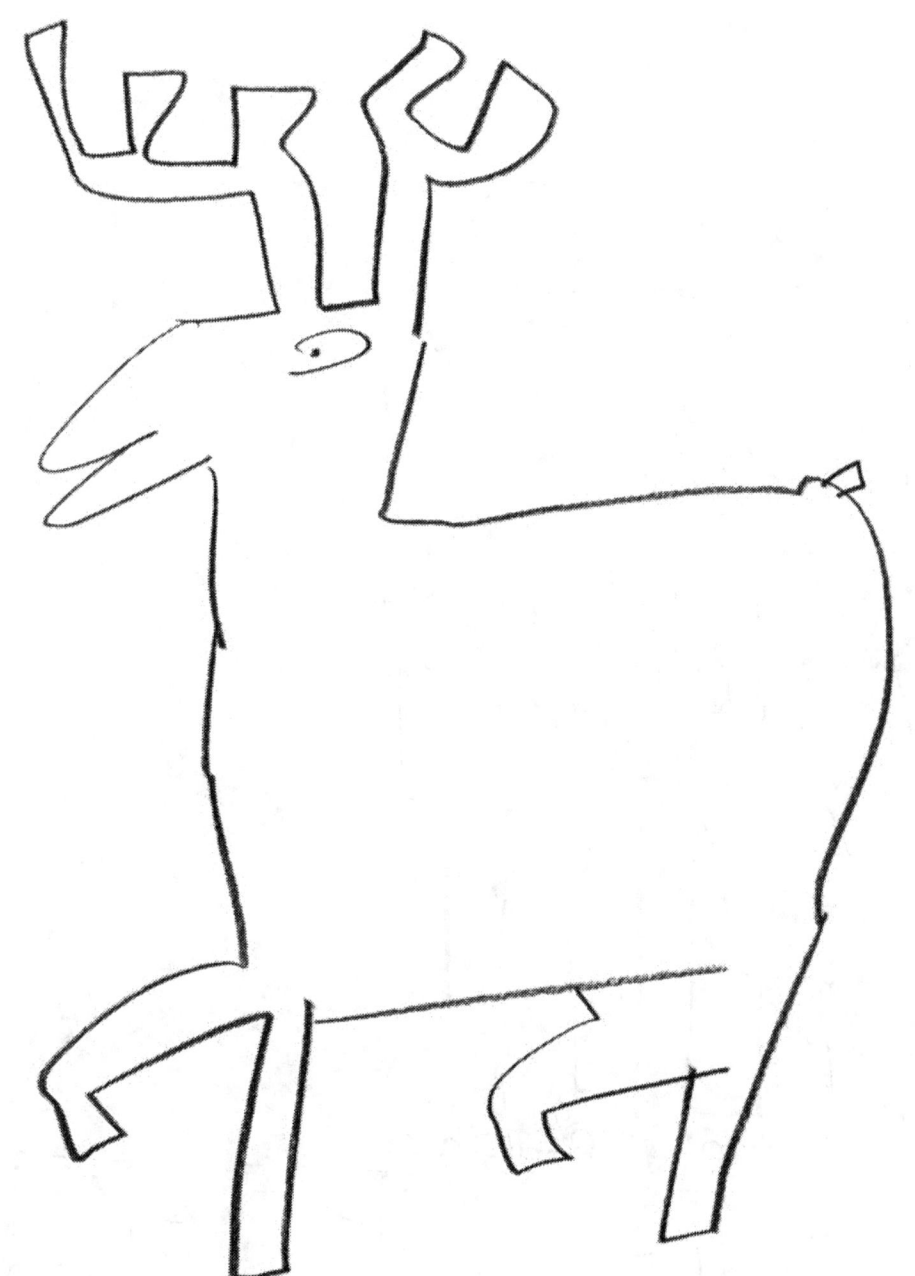

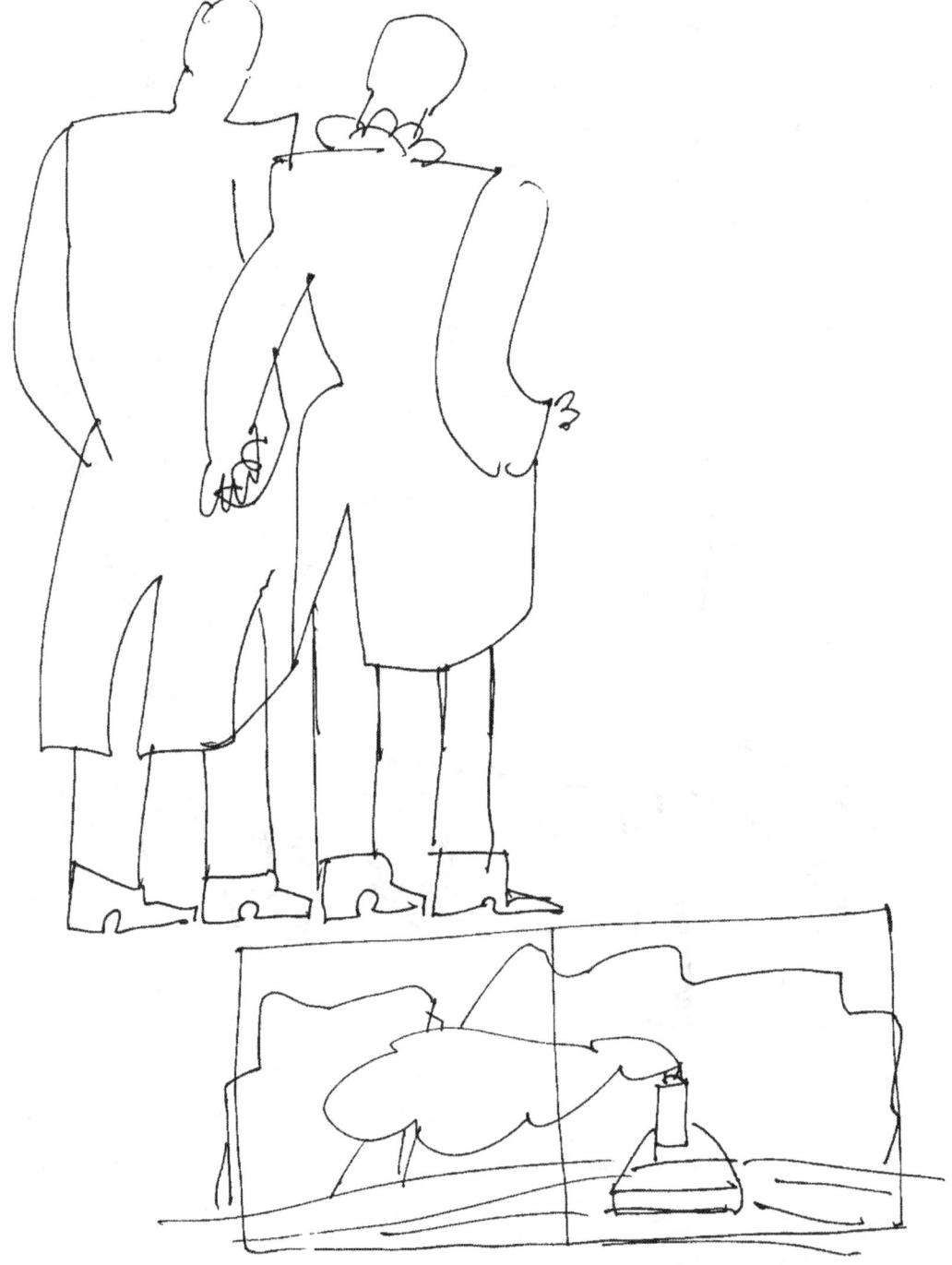

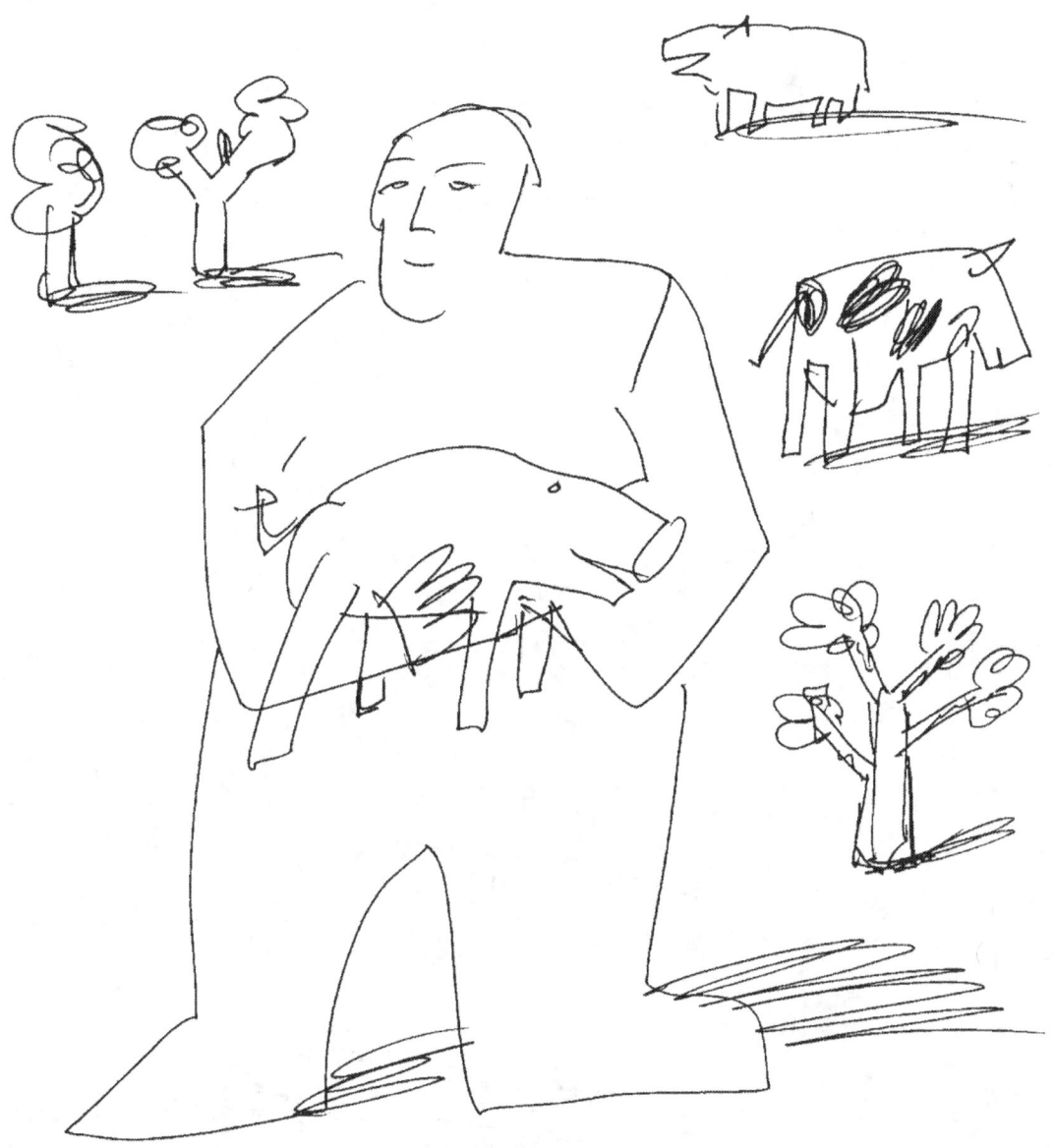

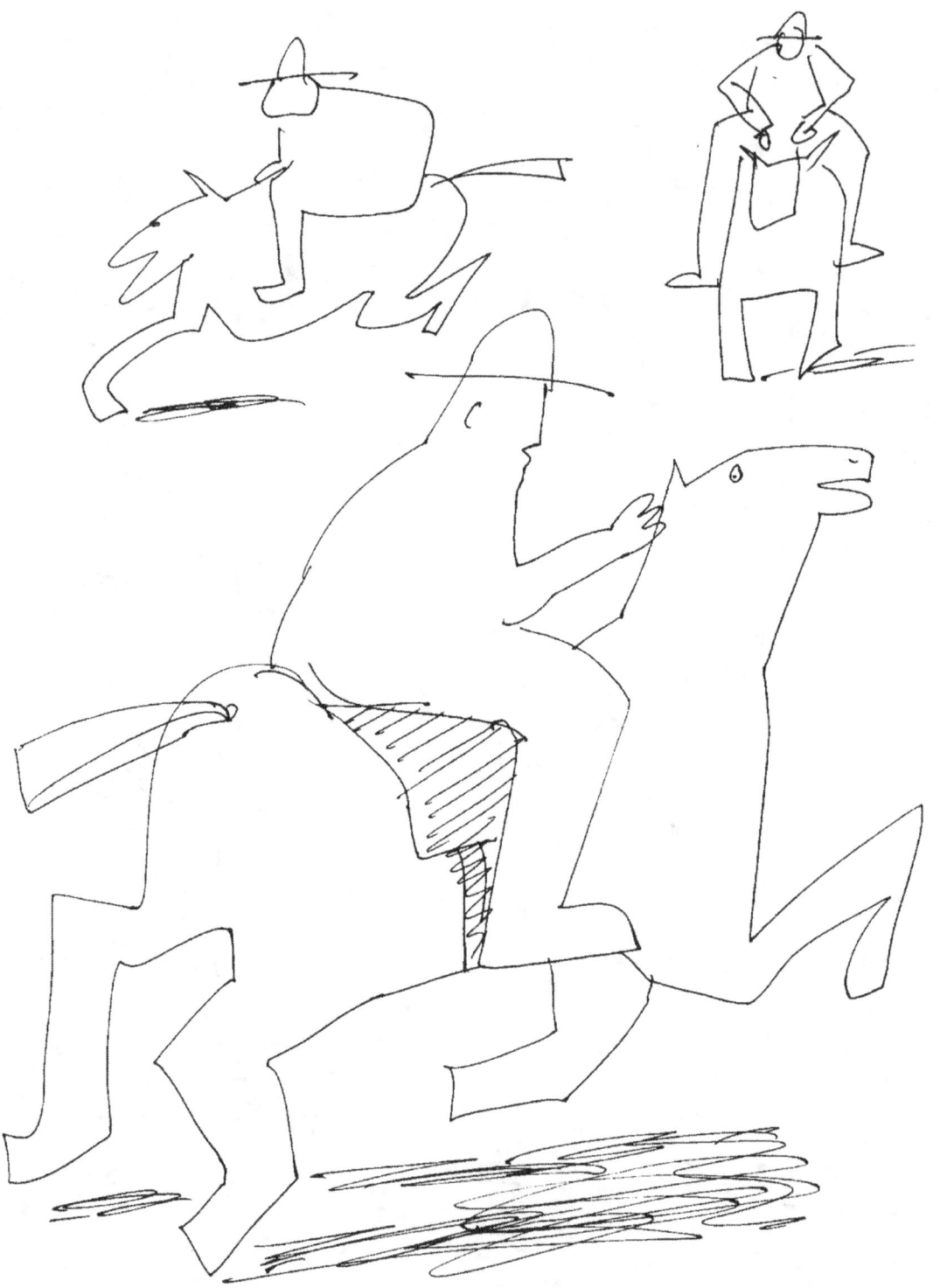

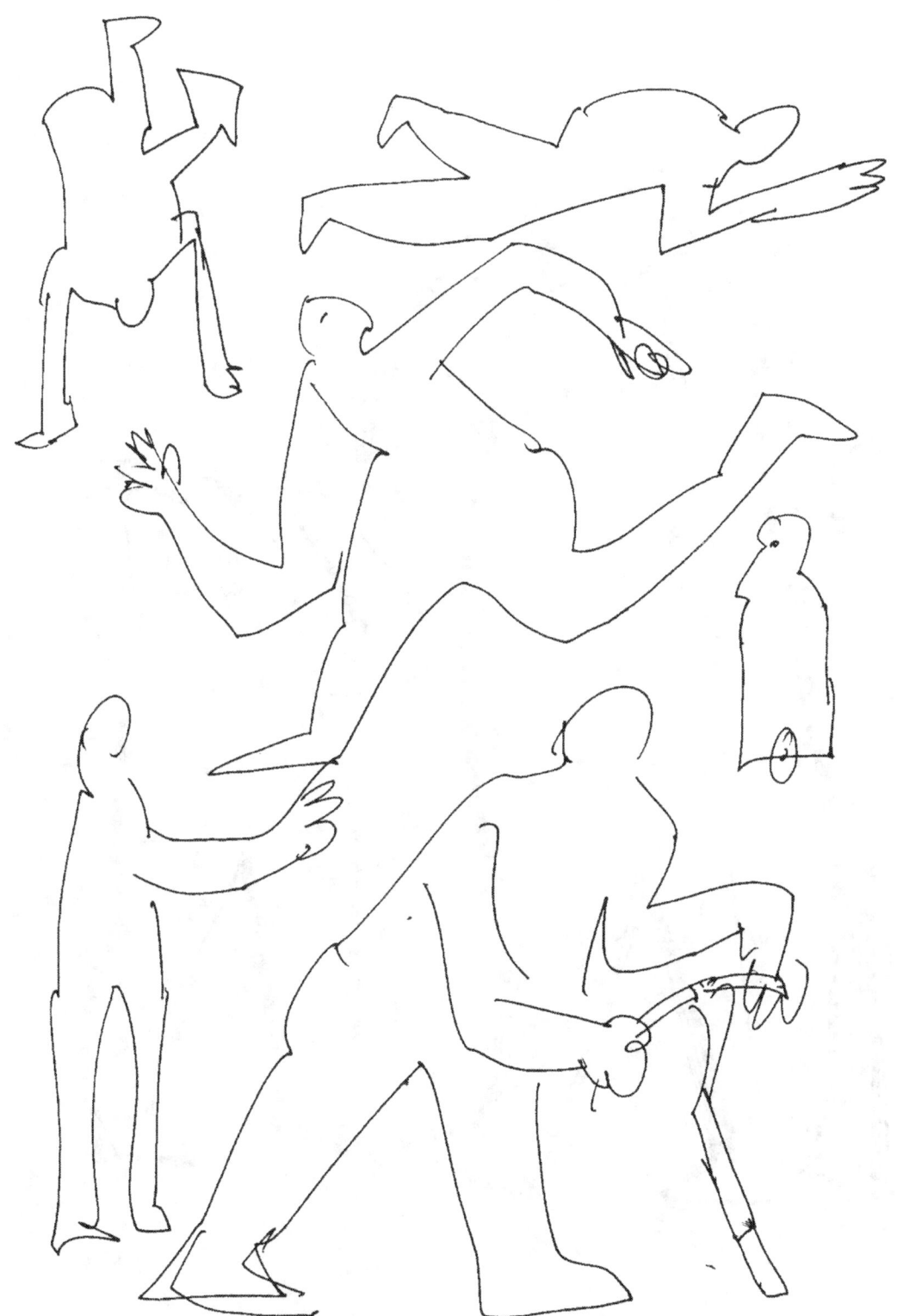

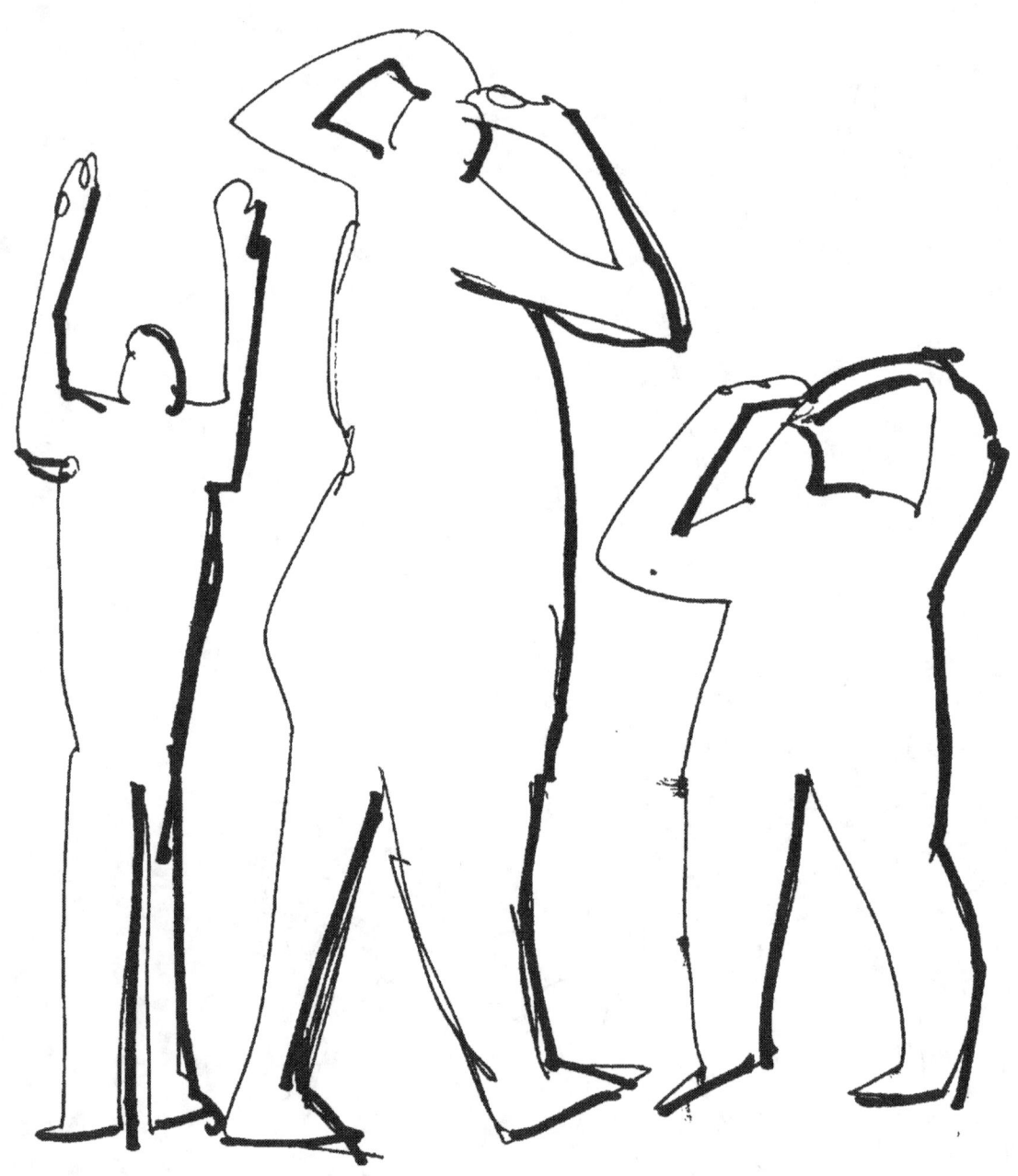

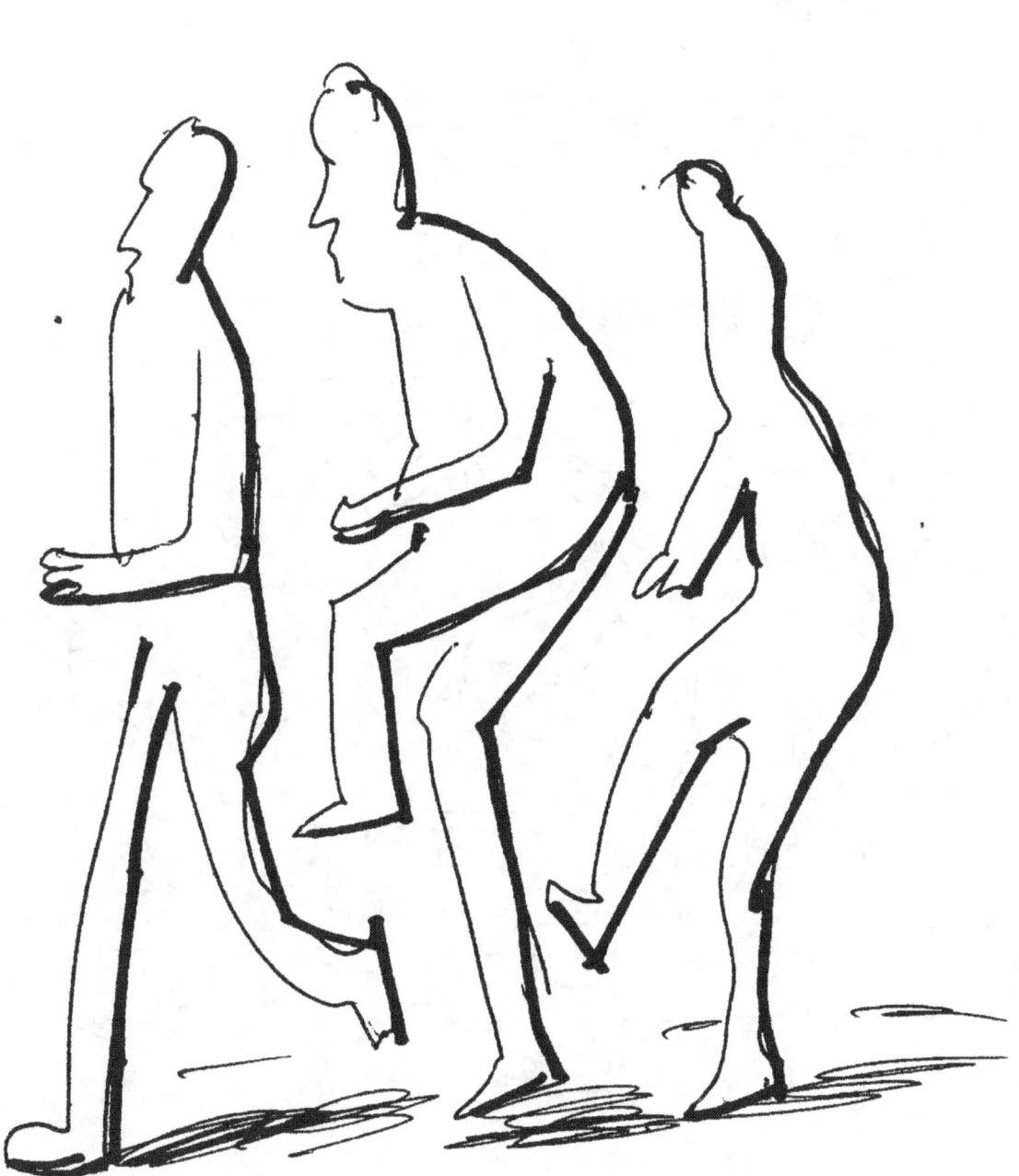

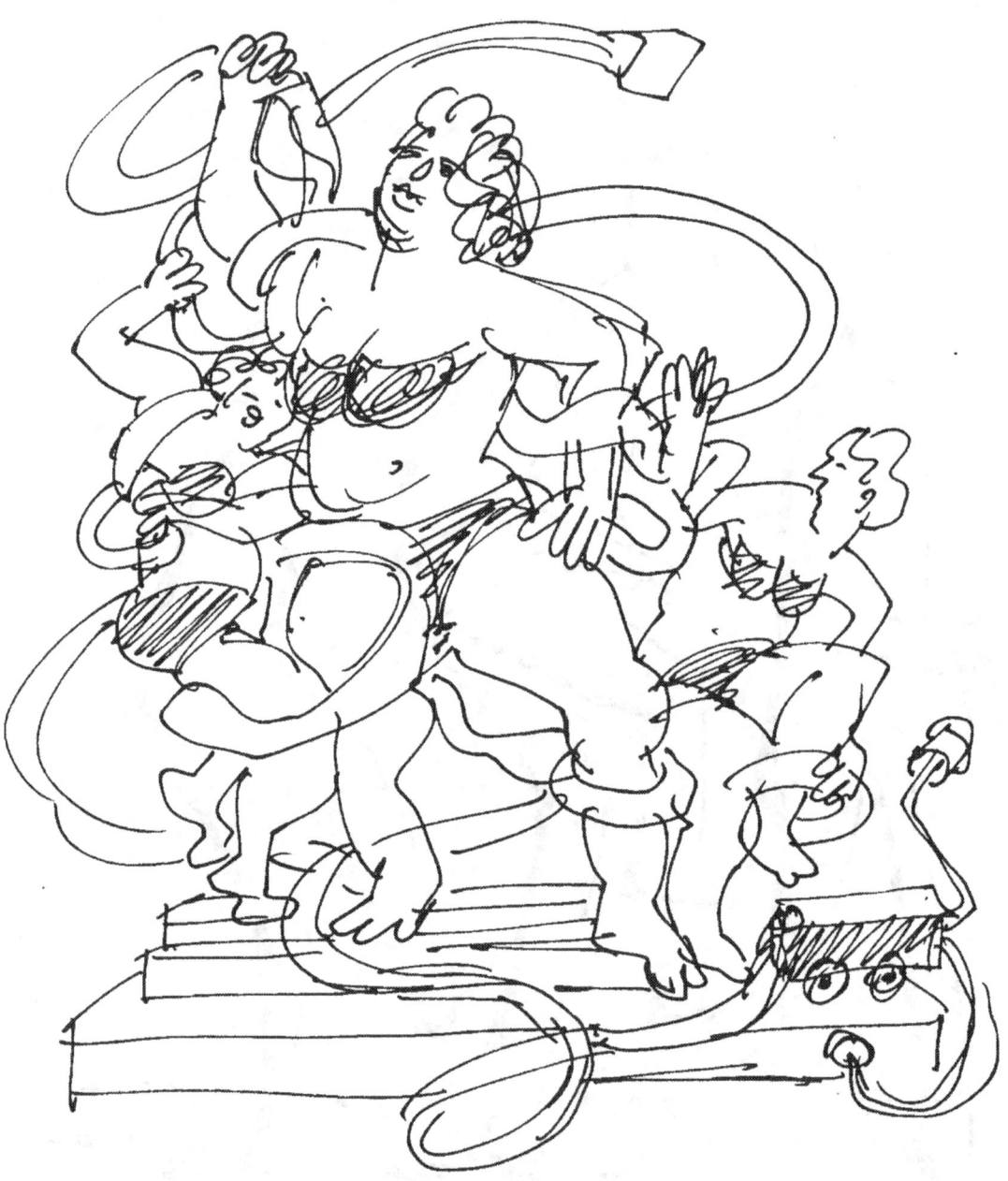

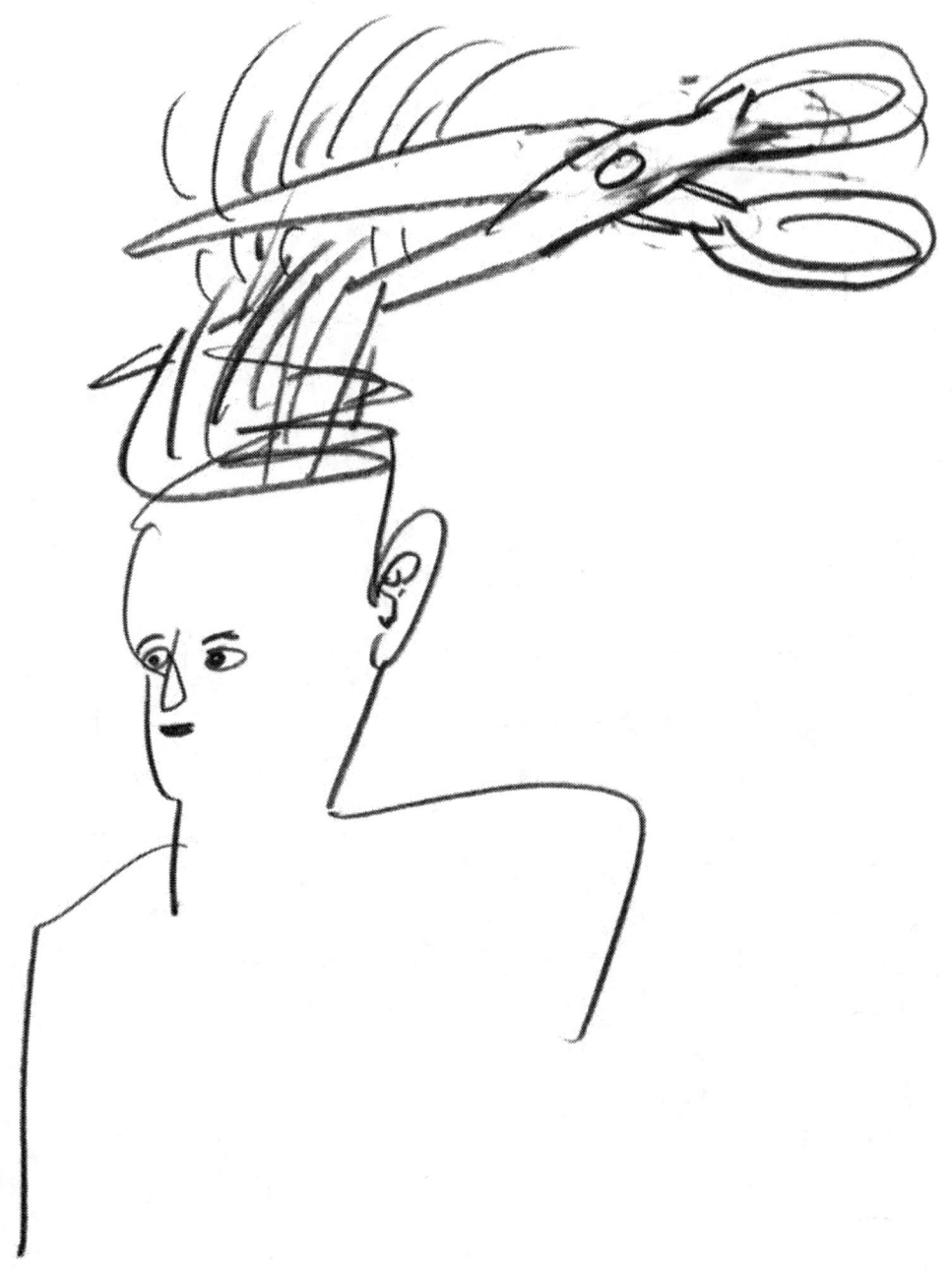

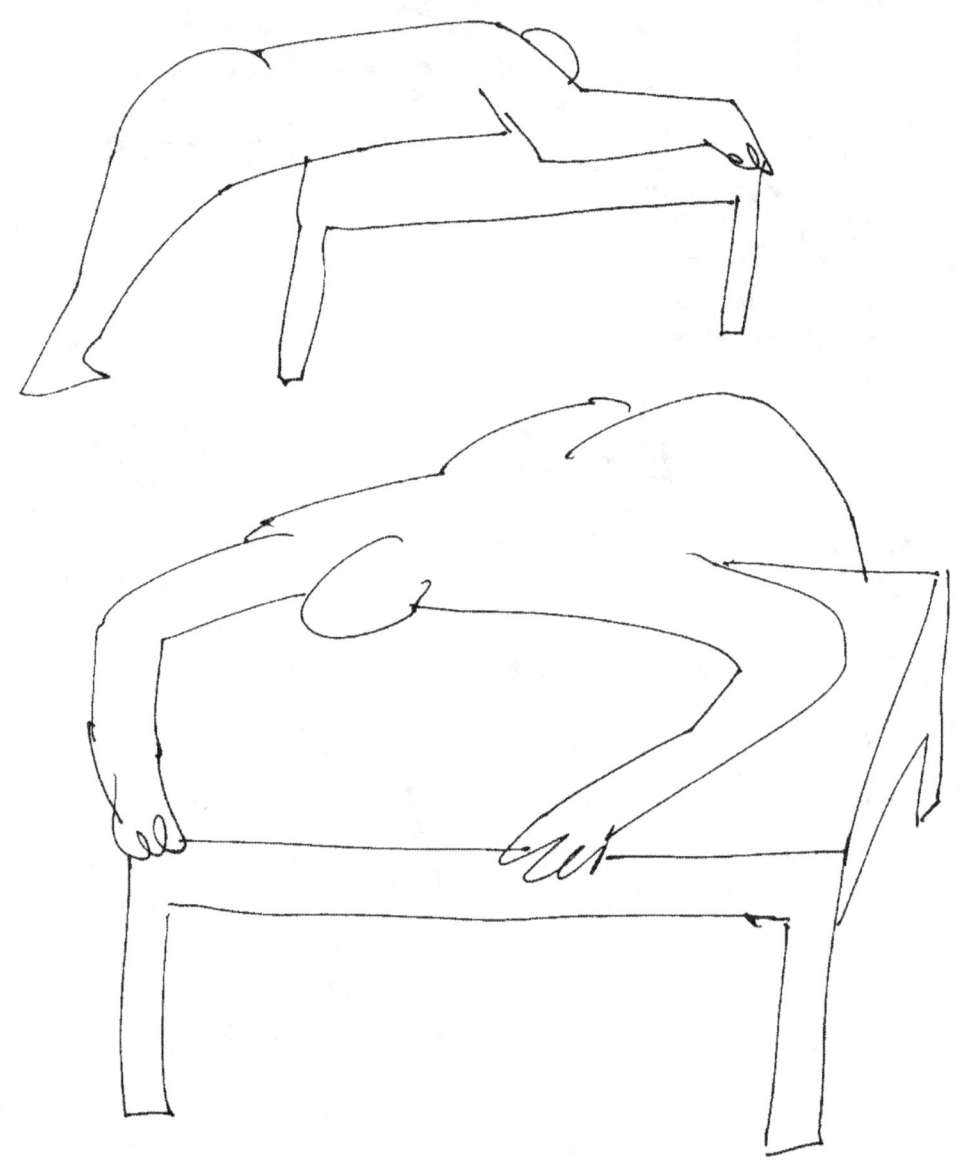

Biographie Harald Becker

1940	geboren in Lingen
1960	Werkkunstschule Hannover
1961-66	Hochschule für bildende Künste Berlin (Meisterschüler bei Harry Kögler)
1966-1972	Kunsterzieher in Bremen
1972	Alecto International Commission-Preis bei der 3. Int. Britischen Grafik-Biennale Bradford
1972	Mitglied im Deutschen Künstlerbund
1973	Förderankauf der Landes Nordrhein-Westfalen
seit 1973	Professur für Gestaltungslehre und Experimentelles Gestalten an der Fachhochschule Dortmund
1973	Arbeitsaufenthalt in den Studios von Editions Alecto Collectors´ Club, London
1979	Mitglied im Westdeutschen Künstlerbund
1980	Stipendium des Landes NRW für die Cité Internationale des Arts, Paris
1981	Stipendium der Aldegrever-Gesellschaft, Münster
1998	Kunstpreis der Sparkasse Karlsruhe
1998	1. Preis für Malerei der Stadt Kirn
2001	Sonderpreis des Lucas-Cranach-Preises der Stadt Kronach

seit 1970: 70 Einzelausstellungen und ca. 200 Ausstellungsbeteiligungen in Galerien, Kunstvereinen, Museen, Kunstmessen, Grafik-Biennalen und -Triennalen in Deutschland, Holland, Österreich, Belgien, England, Polen, Jugoslawien, Tschechien, Ukraine, Schweiz, Italien, Mazedonien, Litauen, Brasilien, USA, Neuseeland, Indien

Zur Edition

Die hier veröffentlichten Abbildungen von Skizzen, Fingerübungen und Kritzeleien wurden aus mehr als 1.000 Blättern ausgewählt. Alle Zeichnungen sind in der Zeit von 1995 bis 2003 entstanden. Die Originalblätter haben überwiegend das Format DIN A4, einige Zeichnungen entstanden auf kleineren DIN-Formaten.

In nahezu allen Fällen wurde in dieser Ausgabe das komplette Blatt reproduziert (in entsprechender Vergrößerung oder Verkleinerung), so daß die Positionierung der Zeichnung auf der Fläche erhalten blieb – mit Ausnahme der Querformate: Hier haben wir zugunsten des Blättervergnügens auf eine Drehung vollständig verzichtet, was nicht nur eine starke Verkleinerung, sondern auch eine andere Positionierung nach sich zieht. Nur in seltenen Fällen wurde das Motiv ausgeschnitten, um eine größtmögliche Wiedergabe zu ermöglichen.

Die Scans für diese Ausgabe wurden je nach Materiallage in unterschiedlichen Auflösungen und Farbtiefen vorgenommen, um dem Charakter der Vorlage möglichst nahe zu kommen. Dennoch ist dies kein Faksimile. Außerhalb des Motivs liegende Flecken und Eigenarten z.B. des verwendeten Papiers sind mit Rücksicht auf eine klare Darstellung entfernt worden.

www.ingramcontent.com/pod-product-compliance
Lightning Source LLC
Chambersburg PA
CBHW082324220526
45470CB00008B/2394